MIX
Papier aus verantwortungsvollen Quellen
FSC® C083411

1. Auflage

© Conbook Medien GmbH, Meerbusch, 2016
Alle Rechte vorbehalten.
www.conbook-verlag.de

Lektorat: Eva Reinitz
Einbandgestaltung: Benedikt Schmitz
Satz: David Janik
Druck und Verarbeitung: CPI books GmbH, Leck

Printed in Germany

ISBN 978-3-95889-138-8

MARKUS MARIA WEBER

EIN
COFFEE TO GO
IN TOGO

EIN FAHRRAD, 26 LÄNDER
UND JEDE MENGE KAFFEE

Für den senegalesischen Apotheker mit der Jägermeisterkappe.
Für Tine Wittler, meine Mutter und meine Therapeutin.

Ohne Euch wäre ich nicht so weit gekommen!

INHALT

PROLOG

G erade hatte ich den größten Schritt meines Lebens getan. Hinter mir lag Europa. Vor mir ragten die dunklen Schemen des afrikanischen Kontinents aus dem Nebel. In diesem Moment begriff ich noch nicht, was die kurze Überfahrt an unmöglichen und brenzligen Abenteuern für mich bringen sollte. Ich merkte nur, dass ich an Bord der grau-grünen RoPax-Fähre dem afrikanischen Kontinent mit jedem Atemzug ein Stück näher kam und mich gleichzeitig unaufhaltsam von meiner Heimat entfernte. Eine Heimat, die ich von diesem Tag an mit anderen Augen betrachten sollte.

Die schmale Wasserstraße zwischen dem grauen Fels von Gibraltar am südwestlichen Zipfel Europas und den dunklen marokkanischen Hügeln an der Spitze Afrikas ist ein magischer Ort. Knapp dreißig Kilometer sind es zwischen der spanischen Hafenstadt Algeciras und dem marokkanischen Tanger, dem Tor zu Afrika. Dazwischen liegt die Straße von Gibraltar, die den Atlantik mit dem Mittelmeer verbindet und die beiden Kontinente Europa und Afrika voneinander trennt. Fischer, Händler, Seeräuber und Walfänger sind früher durch die Meerenge gefahren. Heute sind es riesige, hochmoderne Frachter. Sie haben bunte Container, Lastwagen und Autos geladen und pendeln zwischen den beiden Welten hin und her. Die Natur lässt sich dadurch nicht beirren und die Meerenge ist noch immer ein eindrucksvoller Ort, um Schwertwale, Orcas und zahlreiche Delfinarten zu beobachten. Dreißig Kilometer Lebensraum für die großen Meeressäuger und Trennungslinie zwischen Europa und Afrika.

All das war mir in diesem Moment egal. Ich stand an Deck der rostigen Fähre und blickte auf den Horizont. Ich war alleine. All die anderen, exotisch aussehenden Frauen und Männer befanden sich im Inneren des Schiffes. Nur ich stand oben an Bord, hielt es in der Enge des Innenraums nicht mehr aus. Genauso wie einige Monate zuvor, als mich alles erschlagen hatte: Die Enge der Büroräume, die Enge der Aufgaben und die Engstirnigkeit der Kollegen, Kunden und Vorgesetzten, die vor lauter Vertiefung in ihre Exceltabellen und Powerpointfolien die eigentliche Aufgabe nicht mehr gesehen hatten. Und so auch ich. Eingenommen von der täglichen Routine und eingeengt von mir selbst. Immer im selben Trott, im selben Rhythmus.

Meine Flucht aus der Zivilisation war nun genau ein halbes Jahr her. Gerade hatte ich die ersten sechs Monate meines Abenteuers überstanden, und nun war ich an Deck der großen Fähre, die dreimal täglich zwischen Afrika und Europa pendelt.

Durch das fleckige Seitenfenster im Bug blickte ich in den Innenraum des Schiffes. Ich beobachtete die Mütter, wie sie ihren aufgeregten Kindern die Delfine zeigten, die neben dem stählernen Frachter mitschwammen, und die Väter, die für ihre Familien die Einreisedokumente ausfüllten. Ich beobachtete die dickbäuchigen Lkw-Fahrer, die an der Theke standen, sich unterhielten und Tee aus weißen Porzellantassen schlürften. Und einige traditionell gekleidete Moslems, die sich zum Mittagsgebet in eine ruhige Ecke zurückgezogen hatten.

Ich blickte über den Bug der Fähre nach vorne. Im Dunst des Horizonts konnte ich ein dunkelgrünes, düsteres Stück Land erkennen, das sich mit seinen Felsen bedrohlich schnell näherte. Afrika – viel wusste ich nicht über den Kontinent. Noch nie hatte ich ihn betreten. In meinen Gedanken mischten sich fröhlich-bunte Fantasien von Menschen, Landschaften und wilden Tieren mit grauen Vorurteilen von Kriegen, Hunger und Krankheiten. Was würde mich hier wohl erwarten?

In meiner Hand hielt ich einen Pappbecher mit Kaffee. Schwarz, so wie ich ihn immer trank. Tiefschwarz und stark. Hätte ich den Rat meiner Familie und meiner Kollegen beherzigen und lieber in Europa bleiben sollen? War ich nicht viel zu naiv an dieses Abenteuer herangegangen? Vielleicht war es mir aber auch vorherbestimmt, diesen entscheidenden Weg in meinem Leben so blauäugig anzutreten. Afrika. Togo. Wie konnte ich mir dieses verrückte Vorhaben in den Kopf setzen?

Ich erinnerte mich an den Tag, an dem alles begonnen hatte. An den Tag, an dem ich wusste, dass ich es tun würde. An den Tag, ab dem ich nur noch in verständnislose, fragende Gesichter geblickt hatte, wenn ich mein Vorhaben erläuterte. Auf einmal musste ich grinsen. Viele meiner Freunde und Kollegen hatten mir nicht zugetraut, dass ich es überhaupt bis hierher schaffen würde. Ganz alleine, nur mit Fahrrad und Zelt.

Ich lachte in mich hinein, dachte an die vergangenen Monate und trank noch einen Schluck des inzwischen lauwarmen Kaffees. Dann blickte ich auf das immer näher kommende Land vor mir. Tanger, Marokko. Das Tor zu Afrika.

ETAPPE 0

ALLER ANFANG IST SCHWER

EIN KAFFEE, DER ALLES VERÄNDERT

1 JAHR ZUVOR, 6 MONATE VOR DEM AUFBRUCH

E s war ein frostiger Montagmorgen im November. Die Sonne war gerade aufgegangen und badete die kühlen grauen Betonsäulen des Düsseldorfer Hauptbahnhofs in einem warmen orangen Licht. Die krächzende Durchsage kündigte den mir bekannten Zug an: ICE 527 Wetterstein von Dortmund nach Nürnberg. Den Fahrplan kannte ich auswendig, der ICE fuhr die schnelle Strecke, hielt nur in Köln Messe/Deutz und Frankfurt Flughafen. In einer Stunde und dreißig Minuten würde ich am Frankfurter Hauptbahnhof aussteigen und mich in den wartenden schwarzen A8 setzen, der mich zu einem Frankfurter Geldinstitut fuhr. Kurz nach neun würde ich die Bank betreten, freundlich lächelnd die ersten Hände der drängelnden Kunden und Kollegen schütteln, und meine Arbeitswoche würde beginnen. Sie würde beginnen mit dem Hochfahren meines Rechners und dem Lesen meiner E-Mails. Mit den immer gleichen, sinnfreien Meetings und mit immer neuen, fantastischen Wünschen der Kunden. Wenn ich Glück hätte, würden die monotonen Tätigkeiten aufgehellt werden durch einen cholerischen Wutanfall des Projektleiters oder ein belangloses Bundesliga-Streitgespräch mit den Kollegen in der Kaffeeküche. Hoffentlich war die Woche bald zu Ende, dachte ich.

Mit einem lauten Quietschen fuhr der ICE ein, und zusammen mit einer Schar junger Männer und Frauen in dunklen Anzügen und strengen Kostümen nahm ich neben der Zugtür Aufstellung. Am Nebeneingang drängelte sich ein bärtiger, aufgedunsener Mann grob ins Innere. Mit bayrischem Akzent forderte er eine ältere, in orangene Leinenhosen gehüllte Dame auf, ihm Platz zu machen. Dann verschwand er brummend hinter seinem dicken Rollkoffer im überfüllten Wagen der zweiten Klasse.

Ich folgte dem steten Strom aus dunklen Anzügen und Kostümen in den ruhigen Bereich der ersten Klasse. Hier gab es keinen wild gestikulierenden bayrischen Rüpel und keine in Esoterikfarben gekleideten Damen. Hier gab es nur adrette, junge Menschen, in dunkler, tailliert geschnittener Businesskleidung. Wie ein Schwarm fleißig dienender Ameisen bewegten sie sich stetig und unauffällig vorwärts. Jede Ameise hielt in der rechten Hand den Griff eines schwarzen Rollkoffers, auf dem eine schmale Laptoptasche befestigt war, in der linken Hand einen Kaffeebecher. Einheitlich verstauten sie die Köfferchen über den Sitzen und nahmen Platz. Ich blickte in die gestressten Gesichter der Berufspendlerkollegen, bei denen sich bereits jetzt die Sorgenfalten der Arbeitswoche auf der Stirn abzeichneten. Einige der Gesichter waren mir sehr vertraut. Man begegnete sich, kannte sich aber nicht.

Der ICE setzte sich in Bewegung und die Ameisen verschwanden hinter grauen Zeitungen oder begannen ihre ersten Telefonkonferenzen. Hier und da ertönte der bekannte Windows-Dreiklang, wenn eine Ameise ihren Rechner hochfuhr.

An diesem Morgen hatte ich bereits nach wenigen Minuten genug von all dem. Ich faltete die Süddeutsche zusammen, steckte sie in das blaue Gepäcknetz vor meinen Knien und begann, meine Ameisenkollegen näher zu betrachten. An dem weißen Pappbecher des Mannes neben mir blieb mein Blick hängen. Kaffee war das Einzige, was mir an diesem frühen Montagmorgen zwischen Powerpointfolien, Telefonkonferenzen und Smartphones vernünftig erschien. Seltsam, dachte ich, wie selbstverständlich wir alle diesen Kaffee tranken. Bei der hektischen Arbeit am frühen Morgen fiel vermutlich niemandem in diesem Zug auf, was da alle in sich hineinschütteten. Ein Coffee to go war mittlerweile ja eine Selbstverständlichkeit: »Einen Kaffee und ein Croissant. Zum Mitnehmen, bitte!« Vermutlich hatte keiner der Anwesenden in diesem Zug schon mal eine echte Kaffeepflanze gesehen. Und überhaupt, dieser Coffee to go, wie haben wir eigentlich Kaffee getrunken, als es noch keinen Kaffee zum Mitnehmen gab? All diese Coffee Shops, Starbucks, McCafés, Segafredos, Backshops – alles to go. Schnell einen Kaffee und auf dem Weg noch die Lieben zu Hause anrufen. Hatte der Coffee to go womöglich zu dieser Beschleunigung beigetragen, über die so viele in den letzten Jahren klagten? In den Ländern, in denen er angebaut wurde, gab es mit Sicherheit keinen so hektischen Kaffee zum Mitnehmen, dachte ich. Aber wo kam der Kaffee überhaupt her? Kam Coffee to go womöglich aus Togo? Und wie schmeckt eigentlich Kaffee in Togo?

An meiner Nase zog das gelb leuchtende Logo der Bayer AG vorbei. Graue Fabrikgebäude und grüne Büsche verschwammen zu einer undurchsichtigen Masse. In meinem Kopf begannen die Gedanken zu kreisen. Sie kreisten um Kaffee und um fremde Welten, in denen es kein *to go* und keine Hektik gab.

Um mich herum nahm ich das Klicken von Laptoptastaturen und das Blinken und Surren von Smartphones wahr. Die Ameisen, dachte ich, trotz guter Bezahlung und teuren Anzügen waren sie keine Unternehmer, keine echten Manager, wie ihre Titel es versprachen. Sie waren fremdbestimmt, moderne Arbeitssklaven, gesteuert von blinkenden Smartphones und E-Mail-Programmen.

Und ich? Ich gehörte genauso dazu. Trotz Prokura, trotz Bonus und trotz Mitarbeiterverantwortung hatte ich doch nichts, was ich wirklich selbst entscheiden konnte. Ich steckte genauso im Hamsterrad wie all die anderen.

Eine schlanke Zugbegleiterin legte mir lächelnd eine dunkle Schokopraline auf den blaugrauen Ausklapptisch. Ein weiteres Lockangebot, mit dem man die Arbeitsameisen in der ersten Klasse befriedigte. Ich nickte ihr schweigend zu.

Als ich beobachtete, wie sie weiter durch den Gang ging und ihre Pralinen verteilte, wurde mir schlagartig klar, dass es so nicht weitergehen konnte. Nein, ich musste etwas ändern! Ich musste raus aus der Tretmühle, den Arbeitstrott hinter mir lassen und aussteigen. Nicht nur aus dem ICE und aus dem Pendeln nach Frankfurt, ich musste wirklich raus. Weg, weit weg! Nach Amerika oder Australien. Oder nach Afrika, wo der Kaffee herkam. Ich musste die engen schwarzen Lederschuhe abstreifen und barfuß über eine Wiese laufen, die gebeugte Haltung über dem Computer aufgeben und in einem See schwimmen. Ich musste raus aus dem Alltag und rein in ein echtes Abenteuer!

Mit einem schrillen Läuten riss mich mein Handy unsanft aus meinen Tagträumen. Es war mein Kollege, der wissen wollte, ob ich ihn in Frankfurt auf dem Weg zum Kunden mitnehmen könne.

»Kein Problem«, antwortete ich abwesend. Und in Gedanken fügte ich hinzu: »Ich werde aussteigen, abhauen! Krawatte und Handy beiseitelegen und mich aufs Fahrrad schwingen. Raus aus Deutschland. Raus aus Europa und nach Afrika. Nach Togo. Da werde ich halten und einen Kaffee trinken, einen *Coffee to go in Togo*.«

AUS DER NUMMER KOMM ICH NICHT MEHR RAUS!

FÜNF MONATE
VOR DEM AUFBRUCH

Ich zweifelte an meinem Verstand! Togo, Afrika. Mit dem Fahrrad! Aber inzwischen war es zu spät. Es gab kein Zurück. Ich hatte soeben mit meinem Chef gesprochen und den Vertrag unterzeichnet. Begeistert war er nicht, mein Vorgesetzter, ließ mich aber zähneknirschend ziehen. Im Juli würde mich mein Arbeitgeber aus seinen Diensten entlassen, ein Jahr lang Urlaub. Oder Sabbatical, wie der Unternehmensberater das nennt. Nach einem Jahr würde ich mehr oder weniger in einem Stück zurückkommen und könnte meinen alten Job wieder aufnehmen. Alles war geregelt, unter Dach und Fach.

Dass ich eine Auszeit brauchte, konnte mein Chef verstehen. In den letzten Monaten hatten viele Kollegen gekündigt, schließlich war die Arbeit als Unternehmensberater trotz Reisekomfort und ordentlicher Bezahlung kein Traumjob. Als Consultant stand man stets unter Strom, es galt, illusorische Anforderungen von Kunden umzusetzen, Vorgesetzte mit Umsatz glücklich zu machen und die eigenen Mitarbeiter mit spannenden Aufgaben zu motivieren. Meine Kollegen und ich arbeiteten an großen Mergers, an BI-Implementierungen und globalen Process-Reengineering-Projekten. Oft wurden wir erst gerufen, wenn das Kind schon in den Brunnen gefallen war, und mussten Tage und Nächte in unbekannten Städten verbringen, um in den Bürotürmen fremder Unternehmen Konzepte zu schreiben und Lösungen zu entwickeln. Unsere Lösungen drehten sich um Balanced Scorecards und virtuelle Organisationen, um Management Dashboards, um Kennzahlen, Daten und andere, kaum greifbare Dinge. Nach einigen Jahren stressiger Projekte und unzähliger Nächte in Zügen, auf Flughäfen und in fremden Hotelbetten fühlten sich viele Berater verschlissen und versuchten in Form einer neuen Anstellung ihre Work-Life-Balance wieder geradezubiegen.

Meine Kollegen und ich hatten kürzlich wieder eine besonders anstrengende Projektphase hinter uns gebracht, und als ich meinen Chef um ein persönliches Gespräch gebeten hatte, war er sogar froh, dass ich nur eine Auszeit forderte und der Firma nicht ganz den Rücken kehren wollte. Nur das mit Togo, das wollte er nicht verstehen.

»Ein Jahr Malediven, Bahamas oder auf die Kanaren, ja, das wäre was!«, hatte er gesagt. »Oder eine Rucksackreise durch Amerika, eine Auszeit in Australien! Es gibt so viele spannende Möglichkeiten. Aber Togo? Mit dem Fahrrad?«

Die Idee mit dem Fahrrad hatte sich einige Tage vor dem Gespräch gefestigt, als ich im Internet über Globetrotter und deren Reisen gelesen hatte.

»Mit einem Fahrrad reist man schnell genug, um fremde Länder zu erkunden, und doch langsam genug, um Menschen und Natur zu erleben.« So hatte das einer der Abenteurer formuliert, der mit Rad und Packtaschen die halbe Welt umrundet hatte. Der Satz hatte mich tief beeindruckt. Womöglich brachte er genau das zum Ausdruck, was mir in den letzten Jahren gefehlt hatte.

Auf alle Fälle war das Fahrrad das genaue Gegenteil zu meinen bisherigen Geschäftsreisen in der ersten Klasse. Ein Auto würde mich nicht weit genug bringen. Geografisch mit Sicherheit, aber nicht auf meiner inneren Suche. Womöglich war es die asketische Lebensweise, ein Jahr nur aus den Packtaschen zu leben. Vielleicht der sportliche Faktor, monatelang im harten Ledersattel zu schwitzen, anstatt im bequemen Vitra-Sessel im Büro zu sitzen. Was ich genau suchte, wusste ich nicht. Ich wusste nur, dass ich suchte. Ich wusste, dass ich eine Änderung wollte und auf Antworten hoffte. Antworten auf eine Frage, die ich bisher gar nicht formuliert hatte.

Was auch immer ich mir erhoffte, es war zu spät, einen Rückzieher zu machen. Der Vertrag für meine Auszeit war unterzeichnet, meine Kollegen informiert und die Übergabe meiner beruflichen Tätigkeiten hatte bereits begonnen.

Noch bedeutender als die Arbeit waren natürlich meine Freunde aus der Heimat und meine Familie. Denen hatte ich meine Idee ebenfalls schon erzählt, und nun konnte ich nicht mehr kneifen. Jeder in meinem Heimatort wusste inzwischen: Der Weber radelt mit seinem pinken Fahrrad nach Togo, um Kaffee zu trinken. Nein, aus der Nummer würde ich nicht mehr rauskommen!

Einige Tage nach dem Gespräch mit meinem Chef setzte ich mich an die Vorbereitungen zu meiner Reise.

Togo, wo war das doch gleich? Viel wusste ich ja nicht über das ferne, fremde Land. Es soll mal eine deutsche Kolonie gewesen sein. Togoland, wie es einst hieß, am westlichen Zipfel Afrikas. Ein langgezogener, schmaler Streifen mit etwa 50 Kilometern Atlantikküste, umrandet vom großen Ghana im Westen und dem kleinen Benin im Osten.

Wie ich Togo überhaupt erreichen sollte, war mir schleierhaft. Vollkommen. Ich hatte nicht einmal annähernd eine Vorstellung. Sollte ich von Deutschland aus starten, würde es Sinn machen, über Spanien nach Marokko zu radeln. Von dort aus konnte ich vermutlich irgendwie entlang der Küste bis nach Togo fahren. Allerdings würde auf Marokko die Westsahara folgen, ein Territorium, das von Marokko annektiert worden war. Weder wusste ich etwas über die Sicherheitslage des eingenommenen Gebietes, noch, ob man in einer Wüste Fahrradfahren konnte. Auf die Westsahara folgte Mauretanien, ein islamischer Staat, der zum Großteil ebenfalls aus Wüste bestand. Sollte ich von Entführungen und Anschlägen verschont bleiben, könnte ich in den Senegal reisen und dort das abenteuerliche Schwarzafrika betreten. Auf den Senegal würde ein Land folgen, das so winzig war, dass es kaum in meinem Atlas auftauchte: Gambia. Es war weder leicht, es auf einer Karte zu entdecken, noch verlässliche Informationen über das Land herauszubekommen. Danach würde es erneut in den Senegal gehen, in die von Rebellen besetzte Casamance, eine landschaftlich beeindruckende Region, die seit den 80er-Jahren in einem bewaffneten Konflikt versuchte, sich vom großen Senegal zu spalten. Weiter entlang der Küste würden mich Guinea-Bissau und Guinea erwarten, zwei Staaten, von denen ich kaum im Leben etwas gehört hatte. Mit den darauffolgenden Ländern Sierra Leone und Liberia konnte ich allerdings etwas verbinden, leider nur Tragisches wie Sklaverei, Bürgerkriege und Blutdiamanten. Als letzte Etappen würden die Elfenbeinküste und Ghana auf mich warten, bevor ich im kleinen Togo ankommen würde. Dort dann nur noch einen Kaffee trinken und wieder zurück.

Eigentlich klang das auch nicht anders als meine letzten Projekte, die ich als Unternehmensberater durchgeführt hatte: Ein unmögliches Ziel, viel zu wenig Vorbereitung, ein enger Zeitplan, knappe Ressourcen, nicht abschätzbare Risiken und keine Idee für eine Backup-Planung. Damit befand ich mich also auf bekanntem Terrain, und es konnte losgehen. Frohen Mutes hinein in das neue Projekt.

TAUSCHE HOTELBETT GEGEN ZELT

VIER MONATE VOR DEM AUFBRUCH

Donnerstagabend in der Frankfurter Bankenmetropole. Ich hatte mich gegen die Afterworkparty im Kingka entschieden. Stattdessen lag ich in meinem Hotelzimmer im Bett und dachte nach. Das Bett war frisch bezogen. Die freundliche Putzdame hatte die Bettdecke getauscht, über die ich am Abend zuvor die Sojasoße vom Sushi ausgeleert hatte. Die Kopfkissen waren frisch aufgeschüttelt, auch frische Handtücher lagen im Bad. Gestern früh hatte ich die beiden kleinen Shampooflaschen in den Koffer gepackt, nun standen wieder neue da.

Ach, all die kleinen wiederkehrenden Freuden. Und die Ordnung! Ich würde das Hotelleben vermissen. Ich stopfte das extragroße Kissen hinter meinem Kopf zurecht, starrte an die Decke und dachte daran, wie furchtbar ungemütlich es wohl werden würde, wenn ich erst das Hotelbett gegen ein Zelt eingetauscht hatte.

Wann hatte ich überhaupt das letzte Mal gezeltet? Das musste eine Ewigkeit her sein! Mit 16 bei den Pfadfindern, dachte ich. Heute war ich bereits Ü30, in dem Alter schläft man nicht mehr in einem Zelt – und als Unternehmensberater schon zweimal nicht!

Anfang der Woche war ich in einem riesigen Outdoorgeschäft gewesen, das von erfahrenen Abenteurern besucht wurde, um sich mit Kleidung, Kochutensilien, Schlafsäcken und anderem Equipment auszurüsten. Ich hatte mir dort ein Zelt gekauft. Ein Zelt für 549 Euro. Ich dachte, wenn es teuer ist, dann ist es bestimmt auch schön gemütlich.

Gemütlich war es nicht, dafür aber leicht. Nur zwei Kilo. Wie mein Firmenrechner. Ich hatte mich bewusst für ein schwedisches Fabrikat entschieden, denn die Menschen in Skandinavien wussten, wie man in der Natur überlebte und was man dafür alles brauchte. Insbesondere die Schweden. Sie hatten Ikea erfunden, Volvo, Scania, AB&B und H&M, sie hatten Männer wie Björn Borg, Alfred Nobel, Dolph Lundgren und Zlatan Ibrahimović. Und dann hatten sie noch all die schwedischen Polarforscher und Entdecker. Ja, wenn ich mir ein Zelt kaufte, dann nur ein schwedisches!

Der schmächtige Verkäufer im Outdoorladen hatte ebenfalls stolz von einer schwedischen Firma geschwärmt.

»Die nähen die Zelte mit gekühlten Nadeln, damit sich die Nähte nicht zu weit ausdehnen. Der Zeltboden ist aus polyurethanbeschichtetem Nylon, das Außenzelt aus dreifach silikonbeschichtetem Perlon.«

Eine Weile hatte ich den Ausführungen des jungen Mannes gelauscht und die vielen Zahlen und Materialbeschreibungen mit vorsichtigem Nicken und »Aha, ist ja interessant« kommentiert. Nachdem er mir alle Vorzüge erklärt und das zusammengefaltete Zelt in die Arme gelegt hatte, strahlte er mich an.

»Da haben Sie wirklich einen tollen Kauf gemacht, ich gratuliere! Passen Sie nur auf, dass Sie das Zelt nicht direkt in der Sonne stehen lassen. Starke UV-Einstrahlung kann das Material auf Dauer beschädigen.«

»Wie bitte?«, entgegnete ich.

»Na, das ist natürlich bei allen Zelten so, auch im Premium-Segment. Wenn Sie lange Spaß damit haben möchten, sollten sie es eben vor zu starker Sonneneinstrahlung schützen. So ein Expeditionszelt nutzt man ja eh nur für echte Abenteuer und nicht für einen Campingurlaub.«

Aha, also kein Campingurlaub, hatte ich gedacht, als ich das 549 Euro teure Zelt an der Kasse einpacken ließ. Das würde ich bestimmt als allererstes machen, wenn ich in der Wüste um fünf Uhr morgens aufstand: das doofe Zelt einpacken, um es vor der Sonne zu schützen. Mannomann, ein Zelt, das man von Tageslicht fernhalten musste, so etwas hatte ich noch nie gehört. Vermutlich, weil die Schweden da oben so wenig Sonne hatten.

Da lag ich also in meinem Hotelbett und dachte über Outdoorausrüstung nach, während meine Kollegen sich beim Frankfurter Afterwork amüsierten. Am Montag hatte ich das Zelt gekauft. Drei Tage lang hatte ich es unberührt liegen lassen. An diesem Donnerstagabend wagte ich es schließlich und baute das Zelt auf. In meinem Hotelzimmer.

Es kostete mich eine halbe Stunde Arbeit und eine Macke in der Schreibtischlampe, die ich mit einer der Zeltstangen vom Nachttisch fegte. Dann stand das Zelt. Es war grün und oval und passte genau zwischen die Kante meines King-Size-Betts und die Badezimmertüre. Trotz der 549 Euro machte es auf mich keinen besonders vertrauenserweckenden Eindruck. Ich traute mich noch nicht einmal, mich hineinzulegen.

Da das Zelt den Weg zwischen mir und der Toilette versperrte, fasste ich mir schließlich doch ein Herz, öffnete den niedrigen Zelteingang und kroch vorsichtig hinein. So gut es ging machte ich es mir im Schneidersitz gemütlich und betrachtete durch das gelbe Moskitonetz den Fernseher an der Wand, in dem eine Wiederholung vom dritten Harry-Potter-Teil lief.

Die wiederhergestellte Nachttischleuchte ließ das Zeltinnere in einem sanften grünen Licht erstrahlen. Ich legte mich flach auf den Rücken und brachte dabei das Innenzelt, das mir trotz der 549 Euro erschreckend eng vorkam, in bedrohliches Wanken. Nach einem kurzen Schreckmoment beruhigte ich mich und versuchte, mir vorzustellen, wie abenteuerlich und fantastisch es wäre, nun im Wald zu liegen und bei einer sternenklaren Nacht einzuschlafen. Doch irgendwie konnte ich mich auf dem harten Boden des Hotelzimmers nicht recht konzentrieren.

Ich kroch aus meinem neuen Heim, blieb dabei mit meinem Fuß an einem der Abspannseile hängen und fiel mit einem lauten Krachen auf das vertraute King-Size-Bett. Als ich den Schrecken verdaut und mein Fußgelenk aus der Nylonschnur befreit hatte, wurde mir klar: Ich würde mein Hotelbett vermissen!

BESUCH BEIM TROPENARZT

DREI MONATE VOR DEM AUFBRUCH

Meine Vorbereitungen für den Tourstart waren in vollem Gange. Zwar wusste ich noch immer nicht, was genau mich in Afrika erwarten würde, aber auf Drängen meiner Mutter holte ich mir zumindest für meine Gesundheit Rat bei einem Experten. Zum verabredeten Zeitpunkt wählte ich die Nummer des Freiburger Tropeninstituts.

»Tropeninstitut Freiburg, Dr. Stephanie Schröder, guten Tag.«

»Guten Tag, mein Name ist Weber und ich werde in ein paar Wochen nach Afrika radeln, daher möchte ich mich erkundigen, welche Vorkehrungen man dafür treffen muss.«

»Herr Weber, guten Tag. Erzählen Sie bitte, wo wollen Sie denn genau hin?«

»Marokko, Sahara, Mauretanien, Senegal, Gambia, Guinea und so weiter. Immer an der Küste entlang bis nach Togo.«

»Togo, Moment, ich muss mir das mal auf der Karte ansehen.«

Es folgte eine Pause.

»Und was machen Sie dort?«

»Ich fahre Fahrrad und möchte Land und Leute kennenlernen.«

»Mit dem Fahrrad?«

»Ja.«

»Alleine?«

»Ja.«

»Und wo übernachten Sie?«

»Im Zelt.«

Es folgte eine weitere Pause.

»Mit Fahrrad und einem Zelt?«

»Ja.«

»Übernachten Sie denn auch bei Einheimischen?«

»Na, wenn ich auf welche treffe, bestimmt.«

»Ganz alleine?«

»Hören Sie, ich kenne leider niemanden, der Lust hat, im Sommer mit mir mit dem Fahrrad durch Westafrika zu radeln.«

Das lange Schweigen am anderen Ende des Telefons unterbrach ich mit einer ausführlichen Erklärung meines Togo-Plans. Frau Doktor Schröder konterte mit einer Tirade über die Gefahren durch Krankheiten und Sicherheitsrisiken, die auch von meiner Mutter hätte stammen können.

»Na gut, dann kommen wir mal zur Sache«, sagte sie schließlich doch. »Das größte Risiko ist die Malaria. Außerdem gibt es die Tsetsefliege, die die Schlafkrankheit überträgt, und Risiken für Hepatitis, Denguefieber, Bilharziose und andere hochgefährliche Krankheiten, die Sie sich einfangen können. Eine ordentliche Durchfallinfektion werden Sie in jedem Fall bekommen, denn Ihr deutscher Magen wird sich so schnell nicht an die Hygiene vor Ort gewöhnen. Am gefährlichsten bleibt dennoch die Malaria. Ab Mauretanien befinden Sie sich in einem Malaria-Hochrisikogebiet. Und von dort an die ganze Strecke runter bis Togo.«

»Oh, das klingt nicht gut. Und was kann man da machen?«

»Also, Malariaprophylaxe ist absolute Pflicht!«

»Ok. Dann brauche ich da mal was für so sechs bis acht Monate.«

»Moment, so einfach ist das nicht. Für die Malariaprävention gibt es grundsätzlich drei Möglichkeiten. Neben den üblichen Nebenwirkungen wie Übelkeit, Durchfall, Erbrechen, Schwindel, Migräne und Schlaflosigkeit hat jedes der drei Mittel ein paar Besonderheiten.«

»Hm. Und welche?«

»Das älteste Mittel heißt Lariam, der Wirkstoff ist Mefloquin. Sie müssen einmal wöchentlich eine Tablette nehmen, um einen Schutzspiegel aufzubauen. Die hohe Wirksamkeit ist über Jahrzehnte hinweg erprobt und der Schutz gegen Malaria ist relativ hoch. Allerdings würde ich es Ihnen nicht empfehlen, wenn Sie alleine reisen.«

»Wieso?«

»Mefloquin kann zu neurologischen und psychiatrischen Nebenwirkungen führen. In etwa einem Viertel der Fälle machen sich Auswirkungen auf die Psyche bemerkbar, und zwar mehr als reine Stimmungsschwankungen. Die Einnahme kann zu einer Depression oder epileptischen Anfällen führen. Auch Koordinationsschwierigkeiten sind nicht auszuschließen. Besonders in den USA wird Lariam kritisch gesehen, vor einigen Jahren wurden vermehrt Suizide von heimgekehrten Afghanistan- und Irak-Veteranen gemeldet, die zur Malariaprophylaxe während ihrer Auslandseinsätze Lariam eingenommen hatten. Sollten Sie vollkommen alleine unterwegs sein, kann ich Ihnen das Mittel nicht empfehlen. Stimmungsschwankungen und mögliche Anzeichen von Depression oder Epilepsie würden Sie alleine vermutlich gar nicht mitbekommen. Und das auch noch in der fremden Umgebung Afrikas.«

»Aha.«

»Falls Sie sich für Lariam entscheiden, müssten wir die Einnahme und Ihre psychische Reaktion darauf im Vorfeld in jedem Fall testen. Ich schlage vor, dass Sie es über einen Zeitraum von vier Wochen einnehmen und wir regelmäßig Ihre psychische und physische Verfassung überprüfen. Sie müssten allerdings dafür sorgen, dass Sie bei Ihrer Arbeit entbehrlich sind und in diesem Zeitraum auf das Autofahren verzichten.«

»Hm, das passt mir gerade nicht wirklich. Ich denke, dieses Mittel hat sich bereits erledigt. Wenn ich zukünftig zehn Stunden am Tag vollkommen alleine auf dem Rad sitze, wird die Einsamkeit mir vermutlich schon ohne Medikamente an den Nerven nagen. Das fällt raus. Was ist denn mit den anderen beiden?«

»Die zweite Möglichkeit besteht in der Einnahme von Doxycyclin. Doxy ist ein Antibiotikum mit einem breitem Anwendungsspektrum. Unter anderem wird es von der WHO zur Prophylaxe gegen Malaria empfohlen. Es schützt nachweislich vor Malariainfektionen und kann auch zur akuten Behandlung herangezogen werden.«

»Okay, klingt gut.«

»In Deutschland gibt es zu diesem Zweck allerdings kein zugelassenes Medikament. Grund ist, dass es sich um ein Antibiotikum handelt und eine langzeitige Einnahme daher vom Deutschen Institut für Arzneimittelzulassung nicht empfohlen wird. Ein weiteres Problem ist, dass es häufig zu einer UV-Lichtunverträglichkeit führt. Bei starker Sonneneinstrahlung können beispielsweise toxische Sonnenbrände entstehen, die Sie nicht einfach mit Hautkühlung heilen können. Das muss dann wirklich mit Kortison und stärkeren Medikamenten behandelt werden.«

»Verstehe ich das richtig? Sie schlagen mir ein in Deutschland nicht zugelassenes Medikament vor, das zu einer Sonnenlichtunverträglichkeit führen kann? Und das soll ich nehmen, wenn ich in Afrika bin? Nein, dann verzichte ich lieber.«

»Das Medikament wird von der Deutschen Gesellschaft für Tropenmedizin zur Malariaprophylaxe aufgrund seiner nachgewiesen Wirkung durchaus empfohlen. Aber ich verstehe natürlich Ihre Bedenken. Ehrlich gesagt halte ich es aufgrund der UV-Lichtunverträglichkeit ebenfalls für ein Risiko, da Sie als Radfahrer der Sonne für mehrere Stunden am Tag direkt ausgesetzt sind.«

»Und die dritte Möglichkeit?«

»Die letzte Alternative der drei Arzneimittel heißt Malarone. Es ist ein Kombiprodukt aus den beiden Wirkstoffen Proquanil, das die Ausbreitung von Malariaerregern verhindert, und Atovaquon, das den Stoffwechsel der Erreger stört und damit deren Absterben fördert. Aufgrund dieser Kombination ist es hocheffektiv und nur wenige Nebenwirkungen sind bekannt. Ein weiterer Vorteil von Malarone ist eine relativ kurze Einnahmedauer. Bei Malarone müssten Sie mit der Prophylaxe erst einen Tag vor Ihrem Aufenthalt in Risikogebieten beginnen. Der Anwendungszeitraum für das Medikament ist damit im Vergleich zu den beiden eben genannten deutlich kürzer.«

»Sehr gut, und wo ist der Haken?

»Über einen längeren Zeitraum ist es unbezahlbar.«

MIT VIEL ELAN UND OHNE PLAN

EIN MONAT VOR DEM AUFBRUCH

Togo? Das wird schwierig. Ich glaube, die aktuellste Karte ist irgendwann aus den 90ern.« Der graue Haarschopf des Mitarbeiters der Landkartenabteilung verschwand hinter dem schwarzen Flachbildschirm.

»Jepp, Erscheinungsdatum 2001, aber die Vermessung ist von 92. Es gibt eine Dreiländerkarte, da sind Ghana und Benin noch mit drauf. Ist von Anfang 2000. Was Aktuelleres gibt es nicht.«

»Und was ist mit der Elfenbeinküste?«

»Das ist ähnlich. Wirklich aktuelle und verlässliche Karten für Westafrika sind kaum vorhanden. Vor allem, wenn du mit dem Fahrrad unterwegs bist, ist das schwierig. Da kann eine breite Straße auf der Karte dann schon mal eine Schotterpiste in der Pampa sein. Oder umgekehrt, die kleine Piste ist inzwischen eine mehrspurige Fernstraße.«

Der Kopf des Mannes verschwand erneut hinter dem Bildschirm. Das helle Klicken einer Tastatur erklang, dann schob sich das Gesicht wieder nach oben.

»Hab ich's mir doch gedacht ... Also, die gute Karte ist vergriffen. Irgendwas Verlässliches, was nach dem Bürgerkrieg vermessen worden ist, wirst du nicht bekommen.«

Mit meiner rechten Hand fuhr ich mir über den akkurat gestutzten Dreitagebart. »Vielleicht etwas weiter oben. Was ist denn mit Mauretanien? Das wäre wichtig, wegen der Wüste. Ist ja auch ziemlich groß.«

»Ha, also das wird ganz schwer. Vielleicht gibt's da noch eine alte Sowjetkarte von der Sahara aus dem Kalten Krieg. Musst mal im Internet danach suchen. Die Bilder der russischen Militärsatelliten sind noch immer hilfreich. Da müsstest du nur aufpassen, weil die Sowjetkarten in den afrikanischen Ländern am Zoll oft beschlagnahmt werden. Moment mal, vielleicht find ich noch was.«

»Ist schon okay. Ich glaube, ich nehme dann erst mal nur eine Karte von Westafrika, um mir einen Überblick zu verschaffen.«

»Na, das ist einfach.« Der Mann stand auf und zog mit einem geübten Handgriff eine dünne Karte aus einem der vollgestopften Bücherregale hinter sich. »Hier haben wir etwas. Da sind alle Küstenländer drauf, vom Senegal bis runter nach Nigeria. Der Maßstab ist 1:2,2 Millionen. Das ist riesig, viel wirst du damit nicht planen können, aber für einen groben Überblick sollte es reichen.«

Ich ergänzte die Karte, auf der Togo so groß war wie eine afrikanische Minibanane, mit einem *Rough Guide* für Westafrika, der unter Abenteurern aufgrund seiner realistischen Tourenvorschläge sehr beliebt war. Und das sollte es dann mit der Vorbereitung gewesen sein.

Zufrieden verbrachte ich den Abend mit meinen Freunden bei zu viel Bier und Spinnereien über meine bevorstehenden Abenteuer. Inzwischen wusste der ganze Ort, dass ich mich auf die abenteuerliche Reise begeben wollte, und einen Rückzieher konnte ich nun nicht mehr machen. Daher blieb mir nichts anderes übrig, als möglichst selbstbewusst über mein Vorhaben zu philosophieren.

Einige Stunden und mehrere Biergläser später waren sowohl meine Zuhörer als auch meine Euphorie verflogen. Ich lag in meinem Bett und konnte nicht schlafen. Eine innere Unruhe hielt mich wach.

Noch vier Wochen, dann sollte es losgehen! Wie sollte ich das bloß schaffen?

Ich schloss die Augen und atmete tief ein. Der strenge Geruch von Plastik kroch mir in die Nase. Am Fuße des Betts stapelte sich das Outdoorequipment. Nagelneu und zum Teil noch in der Originalverpackung. Online hatte ich Produkte aus der ganzen Welt eingekauft: Ein hochmoderner Wasserfilter aus der Schweiz, eine Ultraleicht-Isomatte aus den USA, eine ausklappbare Handsäge aus Finnland und eine extralaute Signalpfeife aus England. In meinem Fahrrad-Reparaturset befanden sich acht Ersatzspeichen, ein zweiter Satz Bremsblöcke, neue Schaltzüge, eine zweite Luftpumpe und ein beängstigend schweres Multi-Tool, mit dem man sogar eine gerissene Fahrradkette reparieren konnte. Meine gesamte Ausrüstung lag geordnet neben den neuen wasserdichten Fahrradpacktaschen. Technisch schien ich vorbereitet zu sein, von der Polarexpedition bis zur Wüstendurchquerung.

Aber all das beruhigte mich nicht. Im Gegenteil, ein ungewohntes Gefühl von Unsicherheit und Angst übermannte mich, als ich an all die Ausrüstung dachte. Denn allmählich wurde mir bewusst, dass ich überhaupt keine Ahnung hatte von einem Leben als fahrradfahrender Weltenbummler. Ich hatte keine Ahnung, wie ich ein neues Kettenglied in eine gerissene Kette einsetzen sollte, wie ich einen Ölwechsel an meiner Fahrradnabe vornehmen konnte oder wie ich die Hydraulikbremsen einstellen sollte. Ich wusste nicht, wie man einen Wasserfilter benutzte oder mit welchem Benzin ich meinen Kocher füllen durfte. Ich hatte keinen blassen Schimmer, wie ich all die neuen Geräte überhaupt benutzen sollte, ich konnte ja noch nicht mal einen platten Reifen flicken!

Ernüchtert zog ich mein Fazit: Ich war überhaupt nicht vorbereitet! Ich konnte nicht einfach durch Frankreich und Spanien radeln, dann wäre ich nach ein paar hundert Kilometern bereits in Afrika und hätte überhaupt keine Ahnung vom wilden Leben eines Abenteurers und den Herausforderungen, die im Sattel eines Reiserads auf mich warten würden.

Nein, so ging das nicht! Ich würde mich vorbereiten müssen. Ich musste mich erst einmal warmradeln, meinen ersten platten Reifen flicken und wissen, wie ich mir außerhalb des Hotelzimmers einen sicheren Schlafplatz suchen konnte.

Verzweifelt richtete ich mich auf und schaltete den Fernseher ein, um mich von den wirren Gedanken abzulenken. Im Ersten lief die Tagesschau, im ZDF fiedelten die Berliner Philharmoniker auf der Waldbühne und auf den privaten Sender tummelten sich Auswanderer, Promiköche und Supermodels. Als ich auf Kanal 35 angelangt war, hielt ich inne. Eine Luftaufnahme zeigte den dunkelblauen Lauf eines beeindruckenden Flusses, der sich seinen Weg durch hügelige grüne Landschaften bahnte. Die stete Bewegung des tiefblauen Wassers hatte eine beruhigende Wirkung.

»Im weiteren Verlauf nimmt der majestätische Fluss an Größe zu, bis er am Ende Europas in einem weitläufigen Delta ins Schwarze Meer mündet«, erklärte die ruhige Stimme des Kommentators.

Gefesselt betrachtete ich die flimmernde Landschaft auf dem Bildschirm. Die Donau, dachte ich, wieso eigentlich nicht? Dann fielen mir die Augen zu.

Am nächsten Morgen hatte ich nach einer halbstündigen Internetrecherche und drei Tassen Kaffee die Lösung gefunden: Ich würde die Donau entlangfahren, von ihrer Quelle im badischen Donaueschingen bis zum Donaudelta in Rumänien, am Ende Europas. Die Donau war der perfekte Start für einen Abenteuerneuling. Der Donauradweg galt als einer der besten und sichersten Radwege der Welt, und mit jedem Kilometer würde er mich tiefer in mein Abenteuer führen. Der kleine Umweg würde etwa drei Monate in Anspruch nehmen, und in dieser Zeit könnte ich meine ersten Nächte im Zelt verbringen und meinen Kocher ausprobieren, ohne allzu weit weg von der Zivilisation zu sein. Und das allerbeste: Ich musste nur dem Fluss folgen, eine Karte war also nicht erforderlich.

Der Plan mit der Donau stimmte mich zufrieden, und in den letzten Tagen vor meiner Abreise konzentrierte ich mich auf die bevorstehenden Hürden in Afrika. Tagsüber arbeitete ich in Anzug und Krawatte für die anstehende Bankenfusion in Frankfurt, die Abende verbrachte ich in meinem Hotelzimmer, tief gebeugt über die Westafrikakarte oder versunken in Wikipedia-Artikeln.

Während die Nächte im Hotel immer länger wurden, die Minibar immer leerer und ich ein Abenteuerforum nach dem anderen durchforstete, wurde mir allmählich klar, dass Westafrika noch weniger erschlossen war, als ich gedacht hatte.

Klar, da gab es Marokko, das als hervorragendes Reiseland galt, und auch große Teile des Senegals waren touristisch entwickelt. Aber bereits über die an Marokko grenzende Westsahara oder die Casamance im Süden des Senegals waren aufgrund von Krisen, Rebellen und sonstigem Chaos kaum verlässliche Reiseinformationen zu erhalten. Von Ländern wie Guinea, Sierra Leone oder Liberia ganz zu schweigen.

Berichte über Radfahrer in Afrika gab es zu meinem Erstaunen – allerdings nur über Ostafrika. Dort gab es sogar ein jährlich stattfindendes Fahrradrennen, die Tour d'Afrique, die die Teilnehmer von Kairo bis nach Kapstadt führte, an den südlichsten Zipfel des Kontinents. Verrückt!

Über Radfahren in Westafrika hingegen gab es praktisch nichts. Einen einzigen Reiseblog hatte ich ausfindig machen können, in dem der britische Lehrer Peter Gostelow berichtete, wie er von England über die afrikanische Westküste nach Kapstadt radelte. Gespannt verschlang ich die ersten Einträge, bis Peter im Senegal angelangt war.

In der Hauptstadt Dakar wurde er von vier Afrikanern mit Macheten überfallen und ausgeraubt. Als sich der Radler zur Wehr setzte, wurden ihm die rostigen Klingen der Macheten in Beine und Arme geschlagen, und er musste verletzt mehrere Tage im Krankenhaus verbringen. Mir blieb mein Club Sandwich im Hals stecken und ich hörte an dieser Stelle mit dem Lesen des Blogs auf.

So verging die Zeit. Mit viel Elan arbeitete ich an vielen Dingen, nur nicht an der praktischen Vorbereitung meiner Reise. Die letzten Tage vor dem Abschied flüchtete ich mich in Arbeit und versuchte, meinen Job möglichst gut an meinen Nachfolger zu übergeben. Im Keller meiner Eltern stapelten sich das neue Fahrrad, Werkzeug, Outdoorkleidung und das schwedische Zelt. Das meiste davon noch in Originalverpackung, blitzblank und unbenutzt.

Die Sorgen und Nachfragen bei Freunden und Familie mehrten sich, und ich versprach, mich regelmäßig zu melden. Dabei blieb die Frage offen, wie ich das anstellen sollte. Konnte ich aus Osteuropa überall nach Hause telefonieren, wenn ich Heimweh hatte? Gab es tief in Afrika Möglichkeiten, E-Mails zu schreiben? Gab es überhaupt genügend Strom, um mein Handy zu laden und ab und an eine SMS zu schicken? All diese Fragen konnte ich nicht beantworten, aber das sollte sich schon irgendwie ergeben.

Dann kam mir die Idee mit dem Blog. Zusammen mit einem Freund erstellte ich eine einfache Website mit viel Platz für Fotos von der Tour und die Abenteuerberichte. Der Blog würde nicht alle Fragen beantworten können, aber er würde helfen, mit einer Vielzahl von Freunden und Verwandten in Kontakt zu bleiben. Ein genialer Plan, dachte ich. Da wusste ich noch nicht, dass meine Mutter die Kommentarfunktion der Website regelmäßig nutzen würde. Am Tag vor meinem Aufbruch schrieb sie:

Hallo Sohn,

Du bist vollkommen übergeschnappt, dass Du wirklich versuchst, nach Afrika zu radeln. Meine einzige Hoffnung ist, dass Du Dich noch in Europa so oft verfährst, dass Du keine Lust mehr hast und bald umkehrst. Ich wusste ja schon immer, dass Du verrückt bist, aber ohne Karte nach Afrika?

DER AUFBRUCH

Die ersten Meter trat ich kraftlos in die Pedale. Ob es an dem ungewohnten Gewicht meines beladenen Fahrrads lag? Oder an der Träne, die sich für einen Moment in meinem rechten Auge löste und dann, vom Fahrtwind erfasst, rasch die Wange hinunterrann? Vielleicht lag es einfach an den wackligen Knien, die ich gehabt hatte, als ich an diesem Sonntagmorgen des 8. Juli das schwere Rad aus der Garage geschoben und mich in den unbequemen Ledersattel gesetzt hatte.

Während ich vorsichtig meine ersten Pedalumdrehungen machte und den Hügel vor meinem Elternhaus hinunterrollte, stand meine Familie im Hof und winkte mir nach. Die besorgten Blicke von Mutter, Vater, Schwester, ihrem Mann und den Kindern lasteten schwer.

Meine Mutter war natürlich diejenige, die sich am meisten Sorgen machte. Überhaupt konnte sie mein Vorhaben kaum verstehen. Ihr Junge! War er in der Schule noch ein kleiner Rowdy gewesen, hatte er sich dann doch am Riemen gerissen, ein gutes Abitur gemacht, BWL studiert und eine steile Karriere als Berater eingeschlagen. Vermutlich wusste sie gar nicht, was ich die vergangenen Jahre in meinem Beruf überhaupt getan hatte, als ich Transformationsprojekte geleitet, Migrationen begleitet und IT-Einführungen koordiniert hatte, aber stolz hatte sie ihren Freundinnen in der wöchentlichen Tennisrunde berichtet, dass ich in tollen Hotels wohnte, mit bestem Komfort reiste und Prokura hatte.

Eines hatte sie allerdings ganz schnell begriffen, noch bevor ich es selbst realisiert hatte: All das Wissen, wie man Projekte managt, wie man Meetings moderiert und Vorstände überzeugt, die gesamte Expertise über IT-Tools, BI-Systeme und Datenbanken, das alles würde mir nichts nutzen, wenn ich mich mit Fahrrad und Zelt in die Wildnis stürzte.

Meine Mutter war sehr still bei unserem Abschied gewesen. Sie hatte mich fest an sich gedrückt und gemeint, ich sei verrückt und solle ja gesund wiederkommen, sonst bekäme ich es mit ihr zu tun. Auch mein Vater, meine Schwester, ihr Mann und unsere Nachbarn hatten mich noch einmal wehmütig gedrückt. Nur Luise und Johannes, meine beiden Patenkinder, waren guten Mutes, winkten freudig und riefen mir fröhlich »Gute Reise!« hinterher. In meine Lebensplanung hatten Kinder bisher nicht hineingepasst. Aber als ich den zweijährigen Johannes bei meinem Abschied auf dem Arm gehalten hatte, wurde mir doch ganz schön mulmig. Auf einmal wurde mir bewusst, dass ich plante, für ein Jahr unterwegs zu sein. Ein Jahr. Für den kleinen Johannes bedeutete das fast eine Verdoppelung seiner Lebenserfahrung. Für einen durchschnittlichen Menschen im beruflichen Hamsterrad bedeuten zwölf Monate hingegen meist nur ein weiteres Jahr des Älterwerdens. Vielleicht ein paar graue Haare, ein paar Pfunde mehr auf den Hüften oder einen neuen Titel auf der Visitenkarte. Wenn man sich nicht bewusst machte, was in einem Jahr alles passieren konnte, zog die Lebenszeit schnell an einem vorüber.

Aber nicht für mich. Nicht mehr. Ich beschloss, wie der kleine Johannes mit wachen Augen einen neuen Lebensabschnitt zu beginnen und die neuen Erfahrungen und Eindrücke in mich aufzusaugen. Ein ereignisreiches neues Jahr würde auf mich warten. Eines, das mich für immer verändern würde.

Und während mir die Gedanken des Abschieds noch durch den Kopf schossen und die Träne meine Wange hinunterlief, merkte ich kaum, wie mein Fahrrad leise den Hügel unseres beschaulichen Ortes hinunterrollte. Die dicke Nabe im Hinterrad schnurrte wie ein Kätzchen und die frisch geschmierten Laufräder drehten sich leise auf der schmalen Asphaltstraße.

Ich hatte mich bewusst gegen eine klassische Kettenschaltung entschieden und für eine Nabe aus deutscher Herstellung, die ausgesprochen langlebig und wartungsfrei sein sollte. Auch der Rahmen aus Aluminium und ein Großteil der Ausstattung stammten aus einer heimischen Fabrik. Mein pinkfarbenes Fahrrad hatte stabile 26-Zoll-Laufräder, breite Mountainbikereifen, eine solide Gepäckträgerkonstruktion und Halterungen für zwei extragroße Trinkflaschen. Ein guter Ledersattel und eine gefederte Sattelstütze waren der einzige Komfort, den ich mir gönnte. Stabilität war das Motto gewesen, als ich das Fahrrad zusammengestellt hatte. Schließlich würden in Afrika echte Herausforderungen auf mich zukommen, und da war Robustheit wichtiger als der Luxus einer Federgabel.

Sowohl am hinteren Gepäckträger als auch vorne an der Gabel hingen zwei dicke graue Taschen aus Lkw-Plane, alle vier bis zum Rand gefüllt: Eine Tasche mit Kleidung, die mich nicht nur in den kalten Regionen Europas warmhalten, sondern auch in Afrika vor der gleißenden Sonne schützen sollte. Eine Tasche mit Schlafsack und ultraleichter Isomatte, Kochgeschirr, Laptop und Kamera. In der rechten Fronttasche stapelten sich Fahrradwerkzeug, Kocher, Benzinflasche und Wasserfilter, in der linken Tasche nahm ein Erste-Hilfe-Set, prall gefüllt mit Antibiotika, Kohletabletten, Malarianotfallmittel und allerlei Mullbinden, Kompressen und Pflastern, den Großteil des Platzes ein. Ganz oben auf dem Gepäckträger lag eine Rolle mit dem neuen Zelt und meiner dünnen Regenjacke. Vor meiner Nase hatte ich eine Lenkertasche befestigt, in der Sonnenbrille, Handy, Geldbeutel und allerlei Schokoriegel Platz fanden. Rad und Ausrüstung hatten einen Wert von über fünftausend Euro, und trotzdem half das kaum, mein leichtes Unsicherheitsgefühl und die Melancholie des Abschieds zu verdrängen.

Ich bog auf die wenig befahrene Hauptstraße meines Heimatortes und rollte auf dem Teer in Richtung Stadt. Die mir bekannten Häuser der Nachbarn, die vertrauten grünen Vorgärten zogen an mir vorbei. Die ersten Sonnenstrahlen wärmten meinen Rücken. Ich atmete tief ein und roch die feuchte Luft des frühen Morgens. Körper und Geist bildeten eine Einheit und mein schwer beladenes Fahrrad führte mich hinein in mein Abenteuer.

Erst am Kreisverkehr am Ende des Ortes stoppte ich das Fahrrad, stellte den Fuß auf den Boden und blinzelte in die noch tiefstehende Sonne. Dann wurde ich aus der Trance des Fahrradfahrens geweckt. Aber nicht aufgrund der Melancholie des Abschieds, sondern weil ich mich verfahren hatte – und das bereits auf den ersten beiden Kilometern meiner Tour.

ETAPPE 1

TIEF IM OSTEN

FRAGEN UND FREIHEIT
IN DER HEIMAT

TITISEE-NEUSTADT, DEUTSCHLAND, JULI 2012
– 78 KILOMETER –

Die ersten Tage meiner Tour gestalten sich als Wechselbad der Gefühle: Eine Mischung aus Euphorie über meine neu gewonnene Freiheit und schmerzhafter Ungewissheit über die mir bevorstehenden Monate. Freiheit und Unsicherheit, zwei Gefühle, von denen ich wusste, dass sie mich auf meiner Reise öfter begleiten würden. Dass mich beide bereits in der mir vertrauten Heimat, im idyllischen Schwarzwald übermannen würden, hatte ich allerdings nicht erwartet.

Ich erwachte mit einem Kribbeln im Bauch. Als ich die Augen öffnete, blickte ich auf eine mit hellem Holz vertäfelte Decke und einen verstaubten Deckenstrahler aus Messing. Auf dem niedrigen Nachttisch neben dem Bett lag auf einem weißen Spitzendeckchen mein nagelneuer Tacho. Er zeigte 7.23 Uhr und 78 Tageskilometer an. Die Pension, in der ich aufgewacht war, lag am Fuße des Titisees. Wahnsinn! Ich hatte es gestern also wirklich geschafft und das schwere Rad 800 Meter hinauf in die Höhen des Schwarzwalds bewegt.

Ich schlug die weißen Bettlaken zur Seite und stand auf. Ein Stechen in meinem rechten Oberschenkel ließ mich zusammenzucken. Da waren sie also, die Folgen meiner ersten Kilometer, ein ordentlicher Muskelkater. Ich verdrängte den Schmerz und öffnete das Fenster. Dann betrachtete ich die Umrisse der dunklen Tannen und die breite Asphaltstraße unter mir. Nun begann es also, mein Abenteuer!

Aus Mangel an Vorbereitungszeit hatte ich die Strecke nur grob geplant. Mithilfe des Diercke Weltatlas aus meinen Schultagen und Google Maps hatte ich für das Warmradeln entlang der Donau etwa zwei Monate berechnet. Der Anfang schien schließlich überschaubar, und gerade im heimischen Deutschland würde das Radfahren ja nicht weiter schwer werden – so hatte ich zumindest gedacht.

Vom hübschen Titisee sollte es nach Donaueschingen an die Quelle der Donau gehen. Von dort über den Bodensee in das Herz des Allgäus. Danach weiter in das pulsierende München, um ein letztes deutsches Weißbier zu trinken, bevor in Salzburg meine erste Landesgrenze auf dem Plan stand. Ab Wien sollte es einfach werden: Zurück an die Donau und dann immer den breiten Fluss entlang, durch die Slowakei, nach Ungarn, Kroatien, Serbien, Bulgarien und bis nach Rumänien ans Schwarze Meer.

Beim Gedanken an mein erstes großes Ziel im fernen Rumänien kehrte das Kribbeln zurück, und voller Vorfreude stieg ich in die viel zu enge Radlerhose. Dann stopfte ich die herumliegende Kleidung in die Packtaschen und ging ins Badezimmer. Ich konnte es kaum erwarten, endlich wieder im Sattel meines Fahrrads zu sitzen. Jahrelang war ich in fremden Hotelbetten aufgewacht, doch nie zuvor war ich mit so guter Laune in den Tag gestartet wie an diesem Morgen in der kleinen Pension.

Ich nahm meine Packsäcke, hängte meine Lenkertasche um den Hals und ging beladen aus dem Zimmer. Kurz bevor ich die Türe hinter mir schloss, drehte ich mich noch einmal um und tat etwas, das ich in meinem Leben als gut verdienender Manager viel zu selten getan hatte: Ich stellte die Taschen ab, trat zurück an das Bett und legte ein Zwei-Euro-Stück auf das Kopfkissen. Dann lächelte ich zufrieden und verließ das enge Zimmer.

Im Speisesaal empfing mich die Hotelchefin höchstpersönlich.

»Guten Morgen, Herr Weber, ich hoffe, Sie haben gut geschlafen.«

»Sehr gut sogar. Vielen Dank.«

»Na dann genießen Sie Ihr Frühstück! So viel wie Sie gestern auf Ihrem Rad transportiert haben, brauchen Sie viel Energie!« Die Frau ging zurück an die Rezeption und drehte sich noch einmal um. »Und eine sichere Fahrt wünsche ich, kommen Sie bald wieder!«

Ich lächelte sie an, wusste aber genau: Ganz so schnell würde ich mich nicht wieder blicken lassen. Vor mir lagen tausende von Kilometern und ein Jahr der Freiheit!

Nach einem ausgiebigen Frühstück hievte ich kurz nach neun mein gut beladenes und immer noch blitzblankes Fahrrad aus dem Keller der Pension und stellte es an den Gehsteig. Es war Montagmorgen, und ein wenig schadenfroh dachte ich an meine Kollegen. Hätte ich nicht die Idee mit dem Kaffee gehabt, würde ich nun zusammen mit ihnen in einem Bürogebäude sitzen, mich auf Meetings vorbereiten und durch meine E-Mails wühlen. Doch nun würden meine Arbeitstage anders aussehen!

Bevor ich in den Sattel stieg, stemmte ich die Hände in die Hüften, schloss die Augen und atmete tief ein. Ich roch die klare Morgenluft und die feuchte Wiese hinter der Straße. Nahm den würzigen Geruch des nahen Kiefernwalds wahr, der den dunklen Titisee stolz umrandete. Dann konzentrierte ich mich auf die Geräusche, blendete die vorbeifahrenden Autos aus und lauschte dem Vogelgezwitscher, das mich umgab. Der Morgen eines Globetrotters, so fühlte er sich also an.

Ich zog den Reißverschluss meiner neuen Gore-Tex-Jacke nach oben, schwang mich in den Sattel und startete erwartungsvoll in den Tag. Euphorisiert von meiner neuen Selbstständigkeit fuhr ich durch den hübschen Ortskern von Titisee-Neustadt, scheuchte eine Gruppe japanischer Touristen auf, die im warmen Morgenlicht den blauen See fotografierten, und verließ den Ort in Richtung Donaueschingen. Ich bog auf eine verlassene Landstraße und trat kräftig in die Pedale. Mein erster Tag im Abenteuer, so konnte es weitergehen.

Keine zehn Minuten später war meine Euphorie verflogen und mich durchbohrten erste Zweifel. Leichter Regen hatte eingesetzt und ich spürte die unangenehme Kälte, die vom nahen See herüberkroch. Ich begann zu frieren und konzentrierte mich auf die breiter werdende Straße.

Hatte ich wirklich das Richtige getan? Ich ließ Familie und Freunde hinter mir. Wenn ich zurückkäme, würde der kleine Johannes bestimmt schon sprechen können. Ich würde meine Freunde ein Jahr lang nicht sehen, ich verpasste Geburtstage, Familienfeiern, das gemeinsame Weihnachten.

Monoton trieb ich das schwer beladene Fahrrad voran. Die dunklen Tannen, die hügeligen Wiesen und Felder, die Schönheit des Schwarzwalds boten mir plötzlich keine Befriedigung mehr. Die Freude am Radfahren war mir vergangen, angestrengt trat ich in die Pedale, meinen Blick starr auf die Straße vor mir gerichtet. Auf einmal erfasste mich eine zusätzliche innere Kälte, und mir wurde bewusst, dass ich Karriere, Freunde, Familie, ja, womöglich mein gesamtes Leben für dieses Abenteuer aufs Spiel setzen würde.

Mit jedem Meter, den ich mich langsam die ersten Hügel des Schwarzwalds hinaufquälte, wuchsen meine Zweifel. In Melancholie versunken und mit einem ersten Stechen der Ermüdung in den Waden trat ich weiter. Wie ein grauer Schleier legte sich der sanfte Nieselregen über meine rote Regenjacke. Er setzte sich auf die Tasche an meinem Lenker, verschleierte die Anzeige auf dem Tacho und drückte auf meine Stimmung. Gepaart mit der Kühle des Vormittags bohrte sich der Zweifel wie ein Virus in mich hinein. Würde ich so jemals in Togo ankommen?

Meine nagenden Zweifel hielten den gesamten Vormittag an. Von wirren Gedanken geplagt merkte ich nicht, wie die Straße unter meinen Reifen breiter wurde. Ich folgte der Beschilderung nach Donaueschingen, und erst als ich das blaue Schild der Fernverkehrsstraße vor mir sah, begriff ich, dass ich mich nicht mehr auf der Landstraße befand, sondern auf der Auffahrt zu einer Bundesstraße. Doch da war es schon zu spät. Vor mir führte die Fahrbahn in einer Kurve auf die bedrohliche Schnellstraße. Abfahren war aufgrund der hohen Leitplanke an der Seite nicht mehr möglich. Hinter mir tauchte hupend ein grauer Passat auf und röhrte bedenklich nah an mir vorbei. Meine Finger klammerten sich um die braunen Ledergriffe und kalter Schweiß rann mir den Rücken hinunter. Scheiße, dachte ich, das war wirklich gefährlich! Jetzt bloß keine Panik, Weber!

Ich begann mich umzusehen, das nächste Auto kündigte sich an und raste an mir vorbei. Ich überlegte fieberhaft. Hier in der Auffahrt zu stoppen, war lebensgefährlich, also trat ich in die Pedale und versuchte, so schnell es ging auf die breitere Bundesstraße zu gelangen.

Einen Moment später radelte ich im zähen Berufsverkehr der B31 in Richtung Donaueschingen. Ich bog auf den winzigen Seitenstreifen und balancierte das sperrige Fahrrad möglichst nah an der stählernen Leitplanke. Pkw und Lastwagen donnerten in ungebremster Geschwindigkeit an mir vorbei. Immer wenn ein Auto besonders dicht an mir vorbeiraste, wurde mein Fahrrad von einem kräftigen Windzug gepackt, und es erforderte meine ganze Konzentration, das beladene Rad in der Spur zu halten. Eigentlich war ich ein disziplinierter, analytischer Mensch, aber die Situation überforderte mich und ich begann innerlich über mich selbst zu fluchen: Verdammt, das konnte doch nicht wahr sein! Wieso hatte ich denn nicht aufgepasst, ich konnte mich doch nicht am ersten Tag im Abenteuer so verfahren!

Ich errang meine Fassung wieder, konzentrierte mich und scannte die Straße nach einem Ausweg. Erst nach zehn unendlich langen Minuten tauchte am Horizont ein gelbes Schild auf. Kurz hoffte ich auf die rettende Abfahrt, dann erkannte ich das gelbe Warnschild einer Baustelle.

Die breite Bundesstraße verdichtete sich auf eine einzige Spur. Mit wenigen Zentimetern Abstand schoben sich die Autos an mir vorbei, und ich konnte die bohrenden Blicke der Fahrer in meinem Nacken spüren. Trotz der langsam einsetzenden Mittagshitze bekam ich eine Gänsehaut.

Meter um Meter kämpfte ich mich durch die gefährliche Baustelle. Erst nach zwei Kilometern erkannte ich rechts von mir eine Tankstelle und einige graue Wohnhäuser. Ich steuerte mein Rad nach rechts und an zwei Baustellenwarnleuchten vorbei über den bröckelnden Asphalt. Nach wenigen Metern erreichte ich die noch im Bau befindliche Auffahrt der Tankstelle. Dann begriff ich, dass ich in Sicherheit war, und mir fiel ein Stein vom Herzen. Völlig außer Atem stoppte ich das Rad und lehnte es an die Mauer des Tankstellenshops. Dann ließ ich mich seufzend auf den Bordstein sinken.

So konnte das nicht weitergehen! Wie sollte ich jemals in Togo ankommen, wenn ich bereits hier in Deutschland scheiterte und mich keine hundert Kilometer nach meinem Start in so eine bedrohliche Situation manövrierte? Vielleicht war das ganze Vorhaben doch eine Nummer zu groß?

Zitternd vergrub ich mein Gesicht in den Händen und kämpfte mit den Tränen.

DREI STÜCKE KUCHEN UND DREITAUSEND KILOMETER

DONAUESCHINGEN, DEUTSCHLAND, JULI 2012
– 116 KILOMETER –

38 Kilometer zeigte der Tacho. 38 Tageskilometer hatte ich hinter mich gebracht, und doch war ich der Donauquelle kaum ein Stück näher gekommen. Durch mehrmaliges Verirren und den gefährlichen Abstecher auf die B31 hatte ich kaum Strecke gutmachen können.

Der Schrecken der Schnellstraße saß noch immer tief und zu meinem Pech befand sich die Tankstelle gerade im Umbau, eine kalte Cola oder ein Schokoriegel für bessere Laune blieben mir verwehrt.

Frustriert stieg ich zurück auf mein Rad und fuhr hinter der Tankstelle auf die Hauptstraße eines kleinen Industriegebiets. Nach wenigen Minuten endete der namenlose Ort und ein neuer begann. Niedrige Wohnhäuser, weitläufige Bauerngehöfte, Bushaltestellen und winzige Geschäfte zogen an mir vorbei. Eine halbe Stunde konnte ich mich noch motivieren, weiterzufahren, dann stoppte ich mein Fahrrad vor einer nostalgisch anmutenden Dorfbäckerei. Ein Stück Kuchen sollte mir den Schrecken der Bundesstraße aus den Knochen treiben.

Zu meinem Erstaunen funktionierte es merklich gut. Leicht unterzuckert und noch immer in Schockstarre schlang ich gerade das zweite Stück des saftigen Käsekuchens in mich hinein, als das Gefühl der Freiheit in mir erneut die Oberhand gewann: Die Berge des Schwarzwalds überwunden, die Bundesstraße überlebt, keine Ahnung vom Fahrradfahren, keine Karte, keine Erfahrung, und trotzdem war ich hier! Wer wollte mich jetzt noch aufhalten? Wer wollte mir nun noch etwas vorschreiben? Ein Jahr lang konnte ich tun und lassen, was ich wollte! Ich konnte so viel Kuchen essen, wie ich wollte, so weit fahren, wie ich wollte und so viele Pausen einlegen, wie mir der Sinn danach stand! Ich konnte nackt in die Donau springen und, wenn ich wollte, jeden Tag lauthals schiefe Lieder singen.

Wie ein kleines Kind, das gerade die versteckte Keksdose der Großmutter entdeckt hatte, freute ich mich über diese Erkenntnis, bestellte, um es mir zu beweisen, noch ein drittes Stück von dem schmackhaften Kuchen und schob es genüsslich zu den anderen beiden. Dann verließ ich mit einem zufriedenen Übelkeitsgefühl die Bäckerei und setzte meine Fahrt fort.

Drei Stunden und zwei Butterbrezeln später hatte ich Donaueschingen erreicht. Voller Vorfreude schob ich mein Fahrrad durch den begrünten Schlosspark, in dem sich die Quelle des mächtigen Flusses befinden sollte. Ich war aufgeregt, schließlich stand ich gleich vor dem Ursprung des zweitlängsten Gewässers Europas, das vom Schwarzwald bis ans Schwarze Meer so viele Länder quert wie kein anderer Fluss der Welt.

Eine weiße Informationstafel wies den Weg zur Donauquelle. Ich lehnte mein Fahrrad an eine kräftige Buche, und während ich die letzten Meter zur Quelle zu Fuß zurücklegte, malte ich mir meine Reise entlang des Flusses aus.

Ich stoppte vor einer steinernen Treppe, die einige Stufen nach unten führte, dann blickte ich hinab. Kurz dachte ich, ich wäre erneut in einen Tagtraum verfallen, aber es war Realität: Da, wo ich einen idyllischen Bergbach erwartet hatte, gähnte ein dunkles künstlich angelegtes Loch, in das Touristen Münzen warfen und vor dem sie sich in unterschiedlicher Pose fotografierten. Donaueschingen hatte der Donauquelle nur einen plumpen runden Brunnen in einer touristischen Parkanlage gewidmet, mehr gab es nicht zu sehen.

Verwundert betrachtete ich das trübe Wasser im Becken für einen Moment. Ich hatte mir vorgestellt, dass ich meinen Kopf in den hübschen kalten Bergbach halten und einen symbolischen Schluck Quellwasser trinken würde, stattdessen musste ich mich nun zwischen Touristen um ein Geländer drängen, um auf ein dunkles, mit Algen versehenes Brunnenloch zu starren.

Enttäuscht drehte ich mich um und wollte die schmale Treppe zurücksteigen. Dann machte ich eine Entdeckung. In die rote Sandsteinwand der Brunnenumrundung war eine Innschrift eingelassen: »2.840 Kilometer bis zum Meere«.

Ich stoppte und las die Zahl noch einmal: 2.840 Kilometer. Das klang wirklich beeindruckend und nach einem großen Abenteuer. 2.840 Kilometer auf einem Fahrrad! Und das war ja nur die Strecke zum Warmradeln. Ich dachte an die qualvollen siebzig Kilometer, die ich an diesem Tag hinter mich gebracht hatte, und allmählich wurde mir bewusst, was in den nächsten Wochen noch auf mich zukommen würde.

ODYSSEE INS ALLGÄU

OTTOBEUREN, DEUTSCHLAND, JULI 2012
– 282 KILOMETER –

S anft geschwungene Hügel, grüne Täler, wilde Bäche und saftige Weiden. Felder voll goldenem Roggen, Wiesen gespickt mit wildem Löwenzahn und Weiden voll glücklicher Kühe. Historische Bauernhäuser, idyllische Gaststätten und romantische Dorfkirchen. Das Allgäu, ein Juwel für Wanderer, Wellnessfreunde und Menschen auf der Suche nach Erholung.

Ich legte das Werbeprosekt beiseite, bekam die bunten Bilder aber nicht mehr aus dem Kopf. Natürlich hatte auch ich mir eine gewisse innere Befriedigung und geistige Entspannung erhofft, bevor ich mich mit dem Fahrrad ins Allgäu gewagt hatte. Allerdings war diese Vorstellung schnell der Ernüchterung gewichen, denn ich war weder ein Tourist in einem Wellnesshotel mit Vollpension und Kuchenbuffet, noch ein Rentner auf einem motorisierten Elektrofahrrad, wie sie mir am Bodensee scharenweise entgegengekommen waren; ich war ein untrainierter Unternehmensberater mit einem vollbeladenen, fünfzig Kilo schweren Fahrrad. Und in dieser Position betrachtete ich die Hügel des Allgäus auf ganz andere Weise.

Das Allgäu, das ich an diesem Tag durchquerte, war keine grüne Idylle, sondern eine hügelige Hölle. Für mich bestand das Allgäu aus unzumutbaren Steigungen, gefährlichen Kurven, dreckschleudernden Traktoren und geschlossenen Dorfläden. Überall, wo ich hinblickte, sah ich Berge, Bauern und FC-Bayern-Fans.

Während ich am fünften Tag der Reise einen Anstieg nach dem anderen bewältigte, kam ich aus dem Fluchen gar nicht mehr heraus. Steigungen so weit das Auge reichte. Noch nie zuvor hatte ich so viele Bergstraßen, Berggassen, Höhenwege, Talwege, Kirchberge, oder Hügelwege bezwungen wie hier im Allgäu. Unaufhörlich ging es hinauf und wieder hinunter, hinauf, hinunter, hinauf, hinunter.

Mit jeder Steigung, die ich hinter mich brachte, verfluchte ich die Streckenplanung, die ich zu Hause mit Google Maps und unter dem Einfluss von zu viel Euphorie und dem ein oder anderen Bier durchgeführt hatte. Eigentlich hatte ich schon viel weiter sein wollen. München stand am Ende der Woche auf dem Plan und drei Tage später Salzburg. Und jetzt? Ich war noch nicht einmal in Memmingen, das Wetter wurde schlechter und die vielen Anstiege raubten mir den letzten Nerv. Es war einfach unmöglich, das Allgäu in der geplanten Zeit hinter mich zu bringen.

Vermutlich hätte ich auf meinen Vater hören sollen, der mir vor einer Weile den Kauf einer ordentlichen Radkarte ans Herz gelegt hatte. Ich fand seinen Vorschlag grundsätzlich ja auch gut, hatte aufgrund der praktischen Umsetzung dann aber davon abgesehen. Ansonsten hätte ich ein ganzes Sammelsurium an Karten kaufen und kilometerweit mit mir herumschleppen müssen. Inzwischen musste ich zugeben, dass er vermutlich Recht gehabt hatte und zumindest für meine ersten Tage auf Tour eine verlässliche Routenplanung nicht verkehrt gewesen wäre.

Zu allem Übel fing es dann auch noch an zu regnen. Es regnete unaufhörlich, aber irgendwo mussten all die saftigen Wiesen aus den Werbeprospekten ja herkommen.

Ich hatte meine rote Gore-Tex übergezogen und den Reißverschluss bis unters Kinn hinaufgezerrt. Schwitzend quälte ich mein Fahrrad die schwäbische Straße hinauf, Serpentine für Serpentine. Als ich nach einer mir bisher unbekannten Kraftanstrengung endlich den Gipfel erreicht hatte, stoppte ich mein Rad, stieg ab und lehnte mich an ein Verkehrsschild. Ich öffnete meine Regenjacke und lies die kühle Morgenluft unter meine Kleidungsschichten dringen. Dann schloss ich die Augen, nahm zwei, drei tiefe Atemzüge und verinnerlichte den Geruch des frisch gedüngten Ackers hinter mir. Ich öffnete die Augen und fluchte erneut, als ich erkannte, dass ich mit dem linken Schuh in einem hellbraunen sumpfigen Misthaufen stand.

Es hatte alles keinen Zweck, ich streifte die Scheiße vom Schuh, setzte mich wieder in den Sattel und begann die Abfahrt. Nach einer kurzen Endorphinausschüttung war mir auch die Abfahrt leid, denn mit zunehmender Geschwindigkeit schlich sich der beißende Fahrtwind unter die Jacke und kroch mir den Rücken hinauf. Bei fünfundvierzig Stundenkilometern verwandelte sich der sanfte Nieselregen in einen peitschenden Schauer, und ich spürte, wie sich an meinen Händen und Zehen eine eisige Kälte ausbreitete.

Nein, so machte selbst der Rausch der Geschwindigkeit keinen Spaß mehr. Trotz teurer Funktionskleidung und gutem Fahrrad, so kräftezehrend hatte ich mir das Allgäu nicht vorgestellt.

Einige Hügel quälte ich mich noch weiter, dann legte ich im überschaubaren Kurort Bad Wurzach eine Pause ein. Frierend und abgekämpft trat ich durch die quietschende hölzerne Türe eines winzigen Cafés. Im Inneren wehten mir eine mollige Wärme und der süße Geruch von Gebackenem entgegen. Ich bestellte einen heißen Pfefferminztee und ein Stück Apfelkuchen und pellte mich aus meinen Kleidungsschichten. Irgendwie schien ich trotz der Kühle viel zu warm angezogen zu sein für das Bergauffahren, denn selbst meine teure Regenjacke trug nicht nach außen, was sich unter ihren Schichten an Nässe sammelte.

Ich war gerade damit beschäftigt, meine diversen Kleidungsstücke auf mehreren Stühlen auszubreiten, als sich der ältere Mann vom Nebentisch zu mir drehte. Der Alte trug einen gepflegten grauen Vollbart und hatte ein wettergegerbtes, sympathisches Gesicht. Er lächelte mich an und fragte, wo meine Reise hingehe.

»Togo«, antwortete ich beschäftigt.

»Wie bitte?«

»Donau«, korrigierte ich. »Ich fahre nach München, um Freunde zu besuchen, und dann die Donau entlang bis ans Schwarze Meer.«

Die Idee mit Togo würde mir hier im tiefen Allgäu vermutlich eh niemand abnehmen, daher hatte ich beschlossen, meine Reiseroute in Gesprächen auf die Donau zu begrenzen.

»Oh, wie spannend.« Der Alte drehte seinen Stuhl unaufgefordert zu mir und setzte sich an meinen Tisch.

Mir war nicht nach reden zumute, ich wollte meine Pause in Ruhe genießen. Eigentlich wollte ich nur einen kurzen Stopp einlegen und sofort wieder aufbrechen, schließlich hatte ich noch ein ordentliches Stück Strecke vor mir. Da es draußen aber weiter regnete und der Alte sowieso schon an meinem Tisch saß, beschloss ich, den Mann nicht gleich wieder abzuwimmeln.

»Ha, das nenn ich ein Abenteuer! Pass bloß auf vor den vielen Mücken. Ich bin vor dreißig Jahren einmal einen Teil der Donau mit dem Kanu hinuntergefahren.«

»Mit einem Kanu?«, überrascht blickte ich den Alten an. Das hätte ich ihm nicht zugetraut.

»Ja, mit einem Kanu. Damals stand das Wasser noch höher, und nachts habe ich am Ufer gezeltet. An einem heißen Abend habe ich siebzig Mückenstiche gezählt.«

»Siebzig?«

»Ja. Ich habe Zwiebeln draufgerieben und Schnapswickel gemacht. Mein Ganzer Körper war voll mit dicken, juckenden Beulen.«

Bei der Vorstellung an siebzig juckende Beulen am Körper schob ich den Teller mit der Butterbrezel unmerklich ein Stück beiseite.

»Und was haben Sie dann getan? Ich meine, das klingt nicht gut mit den Mückenstichen. Kann zu einer Allergie führen.«

»Da hast du recht, die Zwiebeln haben kaum geholfen und der Schnaps war viel zu schade, um Wickel draus zu machen. Letzten Endes hab ich den Schnaps getrunken, und als der Schnaps leer war, hat das Jucken einfach aufgehört!« Der Mann lachte laut auf.

Durch die abenteuerliche Geschichte und sein Lachen hatte er meine Sympathie gewonnen. Und dann begann der Mann mit dem Bart zu erzählen. Er berichtete von seiner Verwandtschaft, die vor dreihundert Jahren nach Ungarn ausgewandert sei, und von den Donauschwaben, wie man sie heute noch nennen würde. Er erzählte vom Allgäu, vom Wurzacher Ried, vom Almauftrieb und der leckeren Punschtorte aus seiner Jugend. Der Alte redete und ich hörte gespannt zu. Eine ganze Weile verging, dann stand er ohne Ankündigung auf und verabschiedete sich. So plötzlich wie er gekommen war, so schnell verließ er mich wieder.

Kurz vor der Türe drehte er sich noch einmal um.

»Übrigens, wenn du dir bei dem Wetter nicht den Arsch abfrieren willst, dann steck dir bei den Abfahrten ein paar Zeitungen unter dein Hemd. So haben das die Fahrer der Tour de France früher auch gemacht, bevor Sie alle mit dem Doping angefangen haben.«

Verwirrt blickte ich dem Graubart hinterher. Ich nippte am lauwarmen Rest meines Tees und stellte fest, dass dies das erste ungezwungene Gespräch mit einem Fremden gewesen war, das ich seit langer Zeit geführt hatte. Und es hatte gutgetan. Einfach nur, weil ich mich interessiert gezeigt hatte. Oder vielleicht, weil ich wie ein hilfloser begossener Pudel aussah. Vielleicht aber auch, weil ich gerade nicht wie sonst mit meinem Smartphone gespielt und unwichtige E-Mails beantwortet hatte. Weil ich einfach dagesessen und zugehört hatte.

Ich blieb noch eine Weile sitzen und dachte an den alten Mann und eine Welt ohne Hektik, Computer und Smartphones. Schließlich schnappte ich mir die Zeitung vom Vortrag, die im Schirmständer neben der Eingangstür steckte, zahlte meinen Tee und verließ das Café.

Und ab diesem Moment funktionierte es. Mit den Zeitungsseiten unter der Jacke fielen die Abfahrten tatsächlich deutlich entspannter aus, und auch sonst gefiel mir das Leben als Fahrradfahrer zusehends besser. Es war zwar noch immer kein Wellnessurlaub, aber ich arrangierte mich. Wenn die Hügel zu hoch und das Wetter zu schlecht wurden, hockte ich mich unter das schützende Dach einer Bushaltestelle und holte ein staubiges Brötchen aus den Packtaschen, wärmte mich bei Kaffee und Kuchen in einer Bäckerei oder beendete den Tag früh bei guter Hausmannskost in einer kleinen Pension. Und wenn mir die Bedienung ein Jägerschnitzel vor die Nase stellte oder ich bei einem Glas badischem Spätburgunder mit den Männern am Stammtisch ins Gespräch kam, kehrte die Zufriedenheit zurück. Ich verwarf meine ehrgeizigen Tagesziele und ließ mich auf die Langsamkeit des Lebens ein, auf Gespräche, auf Pausen und Zeit für mich selbst, denn nur so würde ich es schaffen, bis ans Schwarze Meer zu kommen. Ans Schwarze Meer und noch ein Stück weiter.

KÜSS DIE HAND, GNÄ' FRAU

WIEN, ÖSTERREICH, JULI 2012
– 727 KILOMETER –

Glaubt man den Vorurteilen vieler Deutscher, sind die Öster-
reicher ein wenig langsam. Sie sprechen Wienerisch, nörgeln,
sind schrecklich altmodisch und tragen merkwürdige Trachten.
In Österreich angekommen hatte ich mir fest vorgenommen,
diese Vorurteile zu entkräften, hielt ich unsere Nachbarn
doch für ein geselliges und humorvolles Volk. Ganz ist es mir
allerdings nicht gelungen. Schlimmer noch, in Wien bin ich
das erste Mal an meine kulturellen und sprachlichen Grenzen
gestoßen – ausgerechnet bei der Bestellung eines Kaffees.

n Salzburg überquerte ich die erste Landesgrenze auf meiner Reise. Die Einfahrt in die verspielte Barockstadt gestaltete sich wenig bezaubernd, da mich der dichte Berufsverkehr auf einer mehrspurigen Schnellstraße bis in den Stadtkern begleitete. Da ich die Maße meines beladenen Fahrrads noch nicht richtig abschätzen konnte, schlängelte ich mich vorsichtig durch die Kolonnen an brummenden Bussen, Autos und Motorrädern und streifte zweimal die Außenspiegel von parkenden Fahrzeugen. Erst als ich mit viel Adrenalin und Abgasen im Blut die buntbelebte Fußgängerzone in Salzburg erreichte, konnte ich mich endlich entspannen. Ich stieg aus dem Sattel und schob mein Rad, beeindruckt von Prunk und Pracht, durch die überfüllten, engen Gassen der österreichischen Altstadt. Ich betrachtete die historischen Gebäude, die hohen Kirchen, die verspielten Türme und die bunt verzierten Häuserfassaden.

Meine Reise hierher hatte mich durch das nördliche Alpenvorland und entlang des Europäischen Donauradwegs EuroVelo 6 geführt. Über den Rücken des Donautals ging es von Salzburg weiter nach Melk, in die Wachau, Österreichs prächtige Natur- und Weinregion. Die Wachau leitete mir den Weg vorbei an sonnenverwöhnten Reben, an steilen Hängen und Steinterrassen. Es war Ende Juli und ich kam mir vor wie in einem Werbeprospekt. Die Marillenernte stand an und die orangenen Früchte hingen zahlreich an den knochigen Bäumen. An einem unbemannten Feld hielt ich an und füllte rasch Bauch und Fahrradtaschen. Wie in meiner Jugend freute ich mich über den Mundraub, und die Aprikosen, die ich während der weiteren Kilometer aus meiner Lenkertasche in den Mund steckte, schmeckten gleich doppelt so gut wie gekauft.

Es ging weiter durch verschlafene Dörfer und auf historischen Pfaden bis nach Krems. Alle paar Kilometer tauchte wie aus dem Nichts eine Burg, ein Schloss, eine beeindruckende Kirche oder ein Kloster auf. Und immer an meiner Seite die Donau, der beeindruckende blauschwarze Fluss.

Seit meiner ersten Begegnung in Donaueschingen war die Donau nicht mehr wiederzuerkennen. Auf ihrem Weg durch das Alpenvorland hatte sie über die Isar, die Iller, den Lech und den Inn an Kraft und Größe gewonnen. In der Wachau stieß ich nun auf einen stolzen Strom, der sich eindrucksvoll seinen Weg in Richtung Osten bahnte.

Inzwischen hatte ich die ersten drei Reisewochen hinter mir und genoss meine Tour in vollen Zügen. Die Fahrt auf dem Donauradweg war ein Kinderspiel: Gut geteerte Radwege, eine vorbildliche Beschilderung und zahlreiche Cafés und Restaurants für die Pausen zwischendurch. Auch mein morgendlicher Muskelkater hatte sich auf ein Minimum verringert und mein harter Ledersattel bildete mit meinem Hinterteil allmählich eine natürliche Symbiose. Es ging mir gut, fröhlich blickte ich meinem Stopp in der österreichischen Hauptstadt entgegen.

Besonders begeistert war ich über die Tatsache, dass ich inzwischen über meine allererste Landesgrenze hinausgeradelt war. Zugegeben, ohne Grenzkontrolle und mit gemeinsamer Sprache und Währung sowie der Nähe zu den etwas befremdlichen Bayern fiel mir manchmal gar nicht auf, dass ich mich bereits im Ausland befand. Nur in den Städten merkte ich an den Werbeplakaten, an den fremden Nummernschildern und ungewöhnlichen Geschäften, dass ich nicht mehr in Deutschland radelte: Aldi hieß hier Hofer, Rewe war Billa und Almdudler und Kaiserschmarrn erinnerten mich an meine Kindheitsurlaube im Nachbarland.

Aber auch in anderen Dingen zeigten sich die Unterschiede: Neben dem lustigen Dialekt, den seltsamen Trachten und den Schnauzbärten gab es gehörige Differenzen in der Sprache. Wobei uns die Österreicher hierbei, ähnlich wie die Niederländer, weit überlegen waren. Der Österreicher versteht, was eine Tomate ist, kaum ein Deutscher hingegen weiß, was Paradeiser bedeutet oder dass Palatschinken nicht aus Fleisch bestehen.

Ein besonderer Typ in Österreich, den auch die Einheimischen nur selten verstehen, ist der Wiener. Er gilt als launisch oder *grantig,* wie man in Österreich sagt, und soll den Vorurteilen nach das ganze Jahr in Tracht gekleidet sein. Und tatsächlich bewies mir ein Besuch in einem Wiener Kaffeehaus, dass manche der Vorurteile zutreffender waren als befürchtet und dass es nicht einfach werden sollte, wenn ich ungeübt in Kultur und Sprache meine Reise fortsetzten würde.

In einem feinen Kaffeehaus in der Nähe des Praters hatte ich es mir an einem Tisch am Fenster gemütlich gemacht. Das Café war in dunklem Holz verkleidet und versprühte eine liebreizende, altertümliche Atmosphäre. Schwere Holzstühle mit fluffigen Bezügen, kleine runde Tische mit spitzenverzierten Decken und goldenen Kerzenständern luden zum Verweilen ein.

In meiner grauen, aber immerhin noch relativ sauberen Outdoorkleidung hob ich mich von den anderen, vor allem älteren Cafébesuchern ab. Geduldig wartete ich auf die Bedienung und studierte derweil die Karte. Neben den für Österreich bekannten Mehlspeisen wie Germknödel oder Topfenstrudel zog besonders eine Kategorie meine Aufmerksamkeit auf sich. Unter dem Stichwort Heißgetränke stolperte ich über Einspänner, Melange, Franziskaner, Kleiner Brauner, Großer Brauner, Blondl und Kapuziner.

Was für mich anfangs nach einer Übersicht diverser Biersorten klang, erwies sich als Beschreibung der unterschiedlichen Kaffeegetränke. Trotz viel Fantasie war ich mit der Auswahl überfordert und beschloss, es bei einem einfachen schwarzen Kaffee zu belassen. Da konnte ich schließlich wenig falsch machen, dachte ich.

Ein kugelrunder Ober in Weste und mit dickem Schnauzbart kam an meinen Tisch.

»*Griass di! Woas mogsch hob'n?*«

»Äh, Grüß Gott! Einen Kaffee, bitte.«

»*Was füa'oan?*«

»Einen normalen Kaffee.«

»*Was füa'oan Kaffee?*«
»Einen normalen Kaffee. Schwarz.«
»*Also oa Verlängerten?*«
»Nein, eine ganz normale Tasse Kaffee. Keine Milch, keinen Zucker.«
»*Also oa Verlängerten!*«
»Nein, nichts Verlängertes. Einen ganz normalen Kaffee bitte.«
»*I hau mi o! Des hoamma ned. I bring dir jetzt a Verlängerten!*«
Mit einem grimmigen Gesichtsausdruck kehrte mir der Kellner
den Rücken zu und verschwand in der Küche. Einige Minuten später
kam er zurück und stellte mir mit einem mürrischen Grunzen einen
doppelten Espresso in einer großen Porzellantasse und ein Glas hei-
ßes Wasser auf den Tisch.

»Danke schön«, sagte ich.

»*Poasst scho*«, antwortete der Kellner und wandte sich dem Nachbartisch zu.

Ich betrachtete die seltsame Kombination. Ob man den Kaffee in
Wien immer so trank oder ob es sich nur um ein Verständigungspro-
blem gehandelt hatte, war mir nicht ganz klar.

Ich entschied, nur den Espresso zu trinken und das lauwarme Wasser stehen zu lassen. Zwar hätte ich mir dazu nun doch Zucker gewünscht, hatte aber zu viel Respekt vor einer erneuten Diskussion mit
dem grantigen Kellner und schüttete den Kaffee ungesüßt hinunter.

Mit dem bitteren Geschmack des Espressos im Rachen schrieb ich
die Gedanken zu meinem ersten Reiseland in mein Notizbuch. Als
ich am Abend in meinem Hotel den neuen Eintrag für meinen Blog
hochlud, prangte keine fünf Minuten später ein neuer Kommentar
unter dem Bericht:

*Sohn, wenn Du bereits in Deinem ersten Land an der Bestel-
lung eines Kaffees scheiterst, dann will ich gar nicht wissen, wie
Du die Hindernisse lösen willst, die nun noch auf Dich zukommen! Gib Bescheid, wenn Du umkehren willst, bis Budapest
holen Dein Vater und ich Dich noch ab. Danach musst Du
selber gucken, wie Du klar kommst!*

Grüße
Mutter

IN DER FREMDE

BRATISLAVA, SLOWAKEI, JULI 2012
– 861 KILOMETER –

Hinter Wien begann für mich eine fremde Welt. Mein nächster Stopp hieß Bratislava, Hauptstadt der Slowakei. Hier sollte mein Abenteuer in Osteuropa beginnen. Bratislava war etwas anderes als das Allgäu oder die Wachau! Bratislava klang nach Ferne, nach Wagnis, Wodka und steuerfreien Zigaretten. Und dann sollte es ja noch weitergehen, hinaus über den Balkan und hinein in den Ostblock. Fremde Städte, fremde Länder, fremde Sprachen und fremde Kulturen lagen vor mir. Endlich war ich angekommen, ich war da wo ich hinwollte: in der Fremde, im Abenteuer.

Es war Dienstagmorgen und ich brach früh auf, um die österreichische Hauptstadt noch vor dem Berufsverkehr zu verlassen. Die Luft roch nach Regen und die Sonne erhellte nur schwach die morgendliche Dunkelheit über dem Gelände des Wiener Praters. Ich lenkte mein Fahrrad vorbei an leeren Pappbechern, Bierflaschen und riesigen bunten Fahrgeschäften. Am Abend zuvor hatten sich hier noch tausende Menschen vergnügt, heute, kurz nach sieben, lag die große Vergnügungsmeile wie ausgestorben zu meinen Füßen. Nur vereinzelt waren erste Budenbesitzer damit beschäftigt, ihre Schaubuden herzurichten, die Würstchengrills zu reinigen oder mit verschlafenem Gesicht ihre Melange zu schlürfen und an der ersten Zigarette des Tages zu ziehen.

Ich folgte dem orangenen Warnblinklicht einer Putzmaschine und radelte vorbei am Riesenrad, der Wildwasserbahn, dem Autoscooter und der Bitzinger Würstelbude. Der Geruch von Pommesfett und süßen Lebkuchen wehte mir um die Nase, ich ließ mich treiben von den bunten Eindrücken und fand schließlich den Weg zurück an die Donau. Ein breiter, gut geteerter Radweg führte mich am kurvigen Verlauf des Wassers entlang, tiefer in Richtung Osten. Die Sonne kletterte über die Dächer Wiens und leuchtete mir grell entgegen, und mit jedem Meter, mit jedem Pedaltritt nahm meine Vorfreude auf das neue Land, das vor mir lag, zu.

Mit Rückenwind und bei herrlichem Sommerwetter überquerte ich am frühen Nachmittag die Grenze zur Slowakei. Kurze Zeit später fand ich mich im Zentrum von Bratislava wieder.

Von der bunten Geschichte, die die slowakische Hauptstadt durchlebt hat, hatte ich schon einiges gehört. Im 18. Jahrhundert war sie noch Hauptstadt Ungarns gewesen und nach dem ersten Weltkrieg in den Besitz der Tschechoslowakei übergegangen, wo sie friedliche Heimat von Slowaken, Ungarn, Juden, Tschechen, Kroaten und Deutschen geworden war. Der Zweite Weltkrieg hatte die Harmonie zerstört und die Stadt sich dem faschistischen Deutschland angeschlossen. Auf den Nationalsozialismus war der Kommunismus gefolgt, 1993 dann die Unabhängigkeit, und Bratislava war zur Hauptstadt der eigenständigen Republik Slowakei geworden.

Und so bunt die Geschichte Bratislavas war, so bunt war auch ihr Erscheinungsbild, das mich am frühen Nachmittag erwartete. Bei einer kleinen Runde durch die Stadt fuhr ich an Burgen, Kirchen und prächtigen Brunnen vorbei, ich stieß auf kleine Cafés, verspielte Gassen, Kunst, Eisdielen, Kneipen und Graffiti. Aus der fein renovierten Altstadt waren H&M, Mango, McDonald's, Starbucks und Co. in die Außengebiete verbannt worden, und Bratislava war eine der wenigen Hauptstädte Europas, in der sich die Schaufenster nicht stetig wiederholten. Am alten Rathaus tummelten sich Männer in Anzügen und Frauen in kurzen Röcken. Die Menschen sprachen eine fremde, abgehackte, aber durchaus sympathische Sprache. Aus den kleinen Buden und Restaurants wehte mir der kräftige Geruch von gegrilltem Fleisch entgegen, und auf klapprigen Holzstühlen saßen Einheimische und Touristen und tranken Bier aus großen gekühlten Steinkrügen. Hier ließ es sich aushalten.

Bevor ich mir das wohlverdiente *pivo* gönnen wollte, besichtigte ich das Wahrzeichen der Stadt. Die viertürmige Burg Bratislava thronte auf einem mächtigen Hügel über dem Stadtkern. Von oben hatte ich einen wunderschönen Ausblick auf die darunterliegende Innenstadt, die Donau und die benachbarten Regionen.

Zurück in der Altstadt stellte ich meinen beladenen Koloss vor einem rustikalen Restaurant ab und bestellte ein kühles Bier im Steinkrug. Mit 1,50 Euro war das Zlatý Bažant für eine Hauptstadt erstaunlich günstig und gleichzeitig schmackhaft. Osteuropa gefiel mir schon jetzt!

Während ich auf das Essen wartete, las ich online einen Artikel über die Umgebung. Auch die benachbarte Stadt mit dem geheimnisvollen Namen Petrzalka war hier erwähnt. Die Beschreibung des Ortes ließ mich allerdings schnell von dem Vorhaben abkehren, ihr am Morgen einen Besuch abzustatten:

»Sollten Sie ein impertinentes Verlangen nach einer der hässlichsten Satellitenstädte aus der Phase des Realen Sozialismus haben, dann überqueren Sie die Donau vom Šafárikovo námestie aus und besuchen Petrzalka. Die Routenwahl bleibt Ihnen überlassen, das Bild des Schreckens bleibt das gleiche.«

Beim Lesen der Zeilen ahnte ich, dass ich nun angekommen war in der Fremde. Von nun an würde mich eine andere Seite meiner Reise erwarten. Nicht nur die bezaubernde Landschaft der Wachau und die schönen Dammwege der Donau, sondern auch sozialistische Industrieanlagen, graue Wohnsiedlungen, qualmende Fabriken und zunehmende Armut.

Während ich noch in Gedanken schwelgte und überlegte, ob ich mir Petrzalka und ihre zeitgeschichtlichen Stahl- und Fabrikmonumente am kommenden Morgen nicht trotzdem ansehen sollte, stellte mir der opulente Wirt krachend ein frisches Bier vor die Nase und nahm mir meine Entscheidung damit ab. Bei einem frischen Pils am Tresen konnte man die Kultur der Fremde schließlich genauso gut kennenlernen. *Na zdravie!*

EVERY ROSE
HAS ITS THORN

Ich hätte wissen müssen, dass es so enden würde. Es war ein Fehler. Ein großer Fehler. Aber mir blieb nichts anderes übrig! Und dann habe ich es getan: Ich habe Budapest früh am Morgen ohne Kaffee verlassen. Und es hat sich sogleich gerächt.

Nach vier Tagen im Sattel hatte ich in der ungarischen Hauptstadt einen Ruhetag eingelegt und einen entspannten Aufenthalt genossen. Viel gutes Essen für meinen Radfahrermagen, ein paar Besichtigungen für mein kulturelles Gewissen, ein paar Krüge kühlen Biers auf dem Liszt Ferenc tér, der berühmten Kneipenmeile Budapests, um die Schmerzen in meinem Hintern vergessen zu machen.

Nach dem fahrradfreien Tag und mehreren Litern des lokalen Biers wollte sich mein Körper gerade wieder an das Ausschlafen gewöhnen, da klingelte auch schon mein Wecker. Es war ein Sonntagmorgen und viel zu früh. Aufgrund der unerträglichen Mittagshitze und der vermutlich langwierigen Fahrt aus der großen Stadt, hatte ich am Abend zuvor meinen Wecker auf ehrgeizige sechs Uhr gestellt, und nun trillerte der helle Klingelton meines Handys in einer Lautstärke, die ich nicht mehr ignorieren konnte.

Das war ja ein toller Sonntag in meinem Urlaub, ging es mir durch den Kopf, als ich mit noch halb geschlossenen Augen meine Zähne putzte und dabei den Rest meiner Ausrüstung in die dicken Taschen stopfte. Nach einer kurzen Dusche schmiss ich mich in meine Fahrraduniform. Angezogen und mit gepackten Sachen schlich ich mich aus der Jugendherberge im Herzen Budapests.

Ich sattelte mein Ross und machte mich auf die Suche nach einem ordentlichen Frühstück. Zu meinem Glück hatte eine Bäckerei um die Ecke an diesem Sonntagmorgen geöffnet. Wie immer in den zauberhaften Konditoreien Osteuropas wehte mir der Geruch von frischem Brot und süßem Gebäck bereits vor dem Betreten der Backstube in die Nase. Und wie immer bog sich die schmale Auslage der Bäckerei bereits früh morgens unter dem Gewicht von kernigem Brot, knusprigem Baguette, fettigen Croissants, Kuchen und klebrigen Teigteilchen. Hinter dem Tresen strahlte mir ein dickbäuchiger Bäckermeister stolz durch sein mit Mehl und Puderzucker verschmiertes, schwitzendes Gesicht entgegen.

»Welcome, Welcome, young tourist! I see you are pushing a big bicycle, so you need many many sweet cakes for much much energy!«

So sah ich das auch. Ordentlich Kuchen und einen ordentlichen Kaffee, mehr brauchte es nicht für einen guten Start in den Tag.

Bei all den süßen Sachen fiel die Auswahl schwer. Schließlich entschied ich mich für ein gigantisches belegtes Baguette mit Käse und Tomaten und ein nicht minder großes Stück von einem saftigen Mohn-Marzipankuchen. Ich wechselte ein paar Worte mit dem Bäcker und lobte ihn für seine so vielfältigen, duftenden Leckereien. Doch leider musste ich feststellen, dass der Kaffee fehlte, denn der freundliche kugelrunde Ungar war nur auf Süßigkeiten und nicht auf Getränke spezialisiert.

»No, we don't have coffee here. But you will for sure find some when you reach the Black Sea. Wow, that's so cool man! You're really a brave guy! Good luck!«

Wahrhaft, dachte ich, als ich mit dem schweren Stück Mohnkuchen und dem meterlangen Baguette die Bäckerei verließ, ich war ein echter Pfundskerl!

Mit gestärktem Ego und den schweren Teigteilen in der Hand machte ich mich auf die Suche nach einem ordentlichen Kaffee. Fast eine Stunde lang irrte ich durch die engen Gassen der ungarischen Hauptstadt, musste dann aber feststellen: An einem Sonntag um sieben Uhr morgens gibt es in Budapest keinen Kaffee!

Ohne das notwendige Koffein radelte ich über die Elisabethbrücke und ließ mich am Fuße des Gellértbergs unterhalb der Zitadelle nieder. In einem hübschen Park spülte ich den mächtigen Mohnkuchen mit einer Flasche Leitungswassers herunter. Doch trotz meines reichhaltigen Frühstücks und dem einmaligen Blick auf die Donau und die langsam aufwachende ungarische Hauptstadt fühlte ich mich so ganz ohne morgendlichen Kaffee nicht richtig wohl. Allerdings konnte ich es nun nicht mehr ändern.

Ich brach wieder auf, konzentrierte mich auf die stark befahrene Straße und versuchte meine Gedanken an den Kaffee zu verdrängen. Es gab immer ein erstes Mal, dachte ich, ganz so schlimm würde es schon nicht werden!

Nach einer Stunde hatte ich mir den Weg durch die Großstadt gebahnt und die schmutzigen Vororte Budapests hinter mir gelassen. Die Straßen wurden kleiner, die halsbrecherischen osteuropäischen Autofahrer weniger und ich begann mich zu entspannen und nach einem Café oder einer kleinen Bar umzusehen. Es war höchste Zeit für Koffein!

An einem grauen Eckhaus entdeckte ich eine Ansammlung von Menschen. Ich näherte mich und erkannte ein halbes Dutzend Männer, die vor einem einfachen Café hockten und vermutlich ihr Sonntagsfrühstück einnahmen. Doch bereits wenige Pedalumdrehungen später bemerkte ich die schäbige Kleidung und die eingefallenen Gesichter der Männer, und mir wurde klar, dass die transparente Flüssigkeit in den großen Gläsern kein Leitungswasser war.

Da war es aber schon zu spät und ich stand mit meinem bepackten Rad vor ihnen.

»*Jó napot!*«, grüßte ich freundlich.

Mein ungarisches »Guten Tag« wurde mit Schweigen und skeptischen Blicken beantwortet.

»*Do you have coffee here?*«, versuchte ich es erneut. »*Kaffee? Kávé? Café?*«

Missmutig blickten mich die Männer an. Zwei von ihnen begannen sich leise zu unterhalten, ein anderer nahm seinen Zigarettenstummel aus dem Mund und antwortete mit kratzender Stimme: »*Nem! Jelenleg csak vodka!*« Dann blickte er mich aus glasigen Augen an und übersetzte: »*Only vodka!*«

Ich lächelte verlegen, winkte kurz zu einem Abschiedsgruß und saß wieder auf, das kratzende Lachen der Männer noch immer in den Ohren.

Kaum hatte ich mich entfernt, trieb mich der Gedanke an Kaffee schier in den Wahnsinn. Es war Sonntagmorgen, ich war mit viel zu wenig Schlaf aufgestanden und hatte mich ohne Koffein durch den Großstadtdschungel geschlagen. Eigentlich hatte ich Urlaub, und da musste doch genügend Zeit für einen Kaffee sein!

Mein innerer Schweinehund beschwerte sich immer stärker, und das fehlende Koffein machte sich in Form von Missmut breit. Passend zu meiner sinkenden Stimmung verschwand allmählich auch die Straße unter meinen Reifen. Mit jedem Meter, den ich mich von Budapest entfernte, wurde das graue Teerband löchriger, und eine Viertelstunde nach meiner Begegnung mit den trinkenden Ungarn bestand die Straße fast nur noch aus Löchern und Asphaltresten.

Ich hatte mich gerade auf ein frühes Mittagessen eingestellt, um den Gedanken an den fehlenden Kaffee zu verdrängen, da hörte ich ein ungewohntes, monotones Klappern: *klack, klack, klack, klack*. Immer im gleichen Rhythmus.

Zuerst machte ich mir keine Sorgen, schließlich tauchten solche Geräusche hin und wieder auf, wenn beispielsweise ein Riemen der Fahrradtasche nicht ordentlich befestigt war und durch den Fahrtwind an den Rahmen schlug. Aber dieses Geräusch war neu.

Langsam lies ich mein Fahrrad ausrollen und steuerte an den Straßenrand. Noch im Rollen entdeckte ich einen grauen Gegenstand, der in meinem Vorderreifen steckte. Mit böser Vorahnung schob ich das Rad in den Schatten eines Baumes und stellte kurz darauf fest, dass sich ein riesiger Dorn in meinen Vorderreifen gebohrt hatte. Vorsichtig zog ich den grauen Dorn mit den Fingerspitzen aus dem Gummi und hörte im selben Moment ein unheilvolles Zischen. Dann sah ich zu, wie mein Reifen unter der ausweichenden Luft in wenigen Sekunden in sich zusammensank. Frustrierend! Aber irgendwann musste es ja so weit sein, da hatte ich also meinen ersten Platten, mitten in der ungarischen Pampa!

Noch immer nicht ganz wach wegen des Koffeinmangels war nun mein handwerkliches Geschick gefragt, das in den letzten Jahren als Unternehmensberater so sehr gelitten hatte. In einer sehr schmutzigen und aufwändigen Operation schaffte ich es, den Schlauch gegen einen neuen auszutauschen und das Rad wieder zu montieren. Ich rieb meine öligen Hände mit dem Sand neben der Straße sauber und wischte die schwarzen Schlieren des Werkzeugs sorgfältig an meiner grünen Fahrradhose ab. Dann befestigte ich die Radtaschen am Gepäckträger und schob das Fahrrad nach der schweißtreibenden Unterbrechung zurück auf die Straße.

Gerade wollte ich wieder aufsteigen, da blitzte etwas Graues am Vordermantel auf. Ich sah genauer hin: Im frisch gewechselten Rad steckten neue Dornen. Der Reifen war gespickt von dicken grauen Stacheln! Mit böser Vorahnung wagte ich einen Blick auf das Hinterrad. Hier dasselbe Unheil, auch der hintere Mantel war von Dornen durchlöchert und sah aus wie ein Käseigel.

Vollkommen frustriert blickte ich zurück: Ich hatte meinen ersten platten Reifen inmitten eines Dornenbusches geflickt! Lauthals verwünschte ich das ungarische Dorf und alle dort wachsenden Pflanzen und trat kräftig gegen den nächsten Baum. Am liebsten hätte ich mein Fahrrad mit all den Packtaschen ins nächste Gebüsch geworfen, aber selbst das ging nicht, denn dafür war es viel zu schwer! In meiner Verzweiflung entschied ich mich fürs Weiterfahren. Ich riss grob alle Dornen aus den Reifen und schwang mich ohne Reparatur zurück in den Sattel. Wenn ich schon keinen Kaffee bekam, dann sollte mein Fahrrad auch keine neuen Schläuche kriegen!

Die Fahrt ging knappe zwei Minuten gut, dann war die Luft aus den Schläuchen vollends entwichen. Es gab kein Weiter mehr, die Löcher waren zu groß und eine Reparatur unausweichlich.

Während ich frustriert mein Werkzeug aus den Tiefen meiner Taschen suchte und mir in der mittäglichen Hitze Schweiß und Ölschmiere von der Stirn tropften, dachte ich an den morgendlichen Kaffee, den ich jetzt hätte so gut gebrauchen können. Unweigerlich ging mir der Satz einer der größten Philosophen der Neuzeit durch den Kopf: »Haste Scheiße am Fuß, haste Scheiße am Fuß!«, hörte ich Andreas Brehme zu mir sprechen.

Die Löcher in den Reifen sollten aber nicht die einzige Misere an diesem Tag bleiben. Kurz nachdem die Schläuche geflickt waren, führte ich mein Fahrrad zurück auf den unwegsamen Donaudamm, auf dem ich mich die folgenden sechzig Kilometer vorankämpfte.

Der Damm verlief etwa zehn Meter neben und drei Meter oberhalb des Flusses, sodass das kühle Nass von der Piste aus ständig zu sehen, aber nicht zu erreichen war. Anfangs überholte mich hier und da noch ein Auto, dann wurde der Weg zur Einöde. Kein Auto, kein Motorrad hätte auf dieser Piste mehr vorankommen können. Trockener Lehm, körniger Kies und staubiger Sand wechselten sich ab. Vermutlich hätten selbst geübte Wanderer Schwierigkeiten auf diesem Weg entlang des Flusses gehabt. Mehrfach stieg ich ab und schob oder zerrte mein

Fahrrad voran. Gleichzeitig brannte die Sonne auf mich herab und meine Wasservorräte leerten sich. Nach einem morgendlichen Start ohne Kaffee und mit drei platten Reifen hintereinander war das kein guter Verlauf des Tages.

Erst zwei Stunden nachdem ich sämtliche Wasser- und Schokoladenvorräte aufgebraucht hatte, erreichte ich am späten Abend endlich den ersehnten Campingplatz. Die Besitzerin war eine unfreundliche Hexe und wies mir ein Fleckchen neben der Toilettenbaracke auf dem steinigen Boden zu. Das gesamte Areal war heruntergekommen. Es gab keine kalte Cola, kein Internet und keine Dusche. Die Toilette bestand aus einem stinkenden Loch im Boden, das mit einem Duschvorhang von den Blicken der Campingnachbarn abgeschirmt werden sollte. Aber Campingnachbarn gab es sowieso nicht, neben drei rostigen Caravans mit osteuropäischen Nummernschildern war ich der einzige Gast, der sein Zelt auf der vermüllten Rasenfläche aufschlug.

Ich fühlte mich miserabel und kramte mein Handy aus den Tiefen der Packtaschen. Ich wollte zu Hause anrufen, um vertraute Stimmen zu hören. Das Display des alten Smartphones leuchtete kurz auf, dann erlosch es. Der Akku war leer. Vergeblich versuchte ich auf dem Areal des dubiosen Campingplatzes eine Steckdose zu finden. Als ich nach einigen Minuten zu meinem Zelt zurückkehrte, waren die Nudeln im Kocher angebrannt. Verzweifelt hockte ich mich auf meine Isomatte und stocherte in den verkohlten Essensresten.

Ich spürte, wie die Einsamkeit in mir empor kroch, und verschwand früh in meinem Zelt. Als ich bei einbrechender Dunkelheit von übel juckenden Mückenstichen und einem Wadenkrampf vom Einschlafen abgehalten wurde, kam mir in den Sinn: Das alles wäre nicht passiert, hätte der Tag mit einem Kaffee begonnen!

KROATISCHE KATASTROPH'

ERDUT, DORF BEI VUKOVAR, KROATIEN, AUGUST 2012
– 1.617 KILOMETER –

Der EuroVelo 6 führte mich entlang der Donau über den Balkan tief hinein in das Herz Europas. Von den geteerten, breiten Fahrradstraßen führte der Radweg in eine offene Feldflur und ich radelte durch eine Landschaft voll dunkelbrauner Äcker und goldener Weizenfelder. Mit jedem Tag in Richtung Osten wurde die Fahrradstraße schmaler, und nach einigen Wochen war von dem ehemals gut gepflegten europäischen Vorzeigeradweg nur noch ein holpriger Pfad auf dem Donaudamm übrig. Ich radelte und radelte und spürte, dass ich endlich angekommen war, da wo ich hin wollte: in der Fremde, im Abenteuer.

Als ich Anfang August in Kroatien angelangt war, hatte ich meine anfänglichen Schwierigkeiten überwunden und meinen Radfahrrhythmus gefunden. Ich trat freudig in die Pedale und genoss die Fahrt auf den schmalen Wegen und durch die hübschen Dörfer. Letztere gab es in Kroatien in Massen: kugelförmige Wassertürme, hohe Kirchtürme und Storchennester kündigten die kleinen Orte bereits von Weitem an. Eine bunte Ansammlung an blauen, roten und gelbgrauen Häusern und Buden säumte die Straße. Vor den Häusern reihten sich gut gepflegte Beete mit Tomaten, Paprika, Gurken und Salat. Die Eingänge der Wohnungen waren mit schattenspendenden Weinreben verhangen und in den Einfahrten stapelte sich frisch geschlagenes Holz für die kommenden Wintermonate. Braungebrannte Bauern winkten mir vom Straßenrand zu, Autos hupten freundlich beim Überholen und Kinder auf klapprigen Fahrrädern versuchten ein Stück mit mir mitzuhalten, bis ich sie mit dem Wechseln eines Ganges und einigen kräftigen Pedaltritten lachend abhängte.

Ja, ich genoss meine Auszeit und mein neues Leben als Fahrradfahrer. Morgens wachte ich in meinem Zelt auf, das ich tief im Gebüsch versteckt hatte, packte nach einem ersten Kaffee rasch meine Sachen und radelte los, bevor die Hitze drückend wurde. Mittags deckte ich mich in den Dorfbäckereien mit zuckersüßem Gebäck und fettigen Teigtaschen ein und streckte im Schatten der Dorfkirchen meine harten Waden aus. Und abends suchte ich am Wegrand Möglichkeiten, mein Zelt am Ufer der Donau aufzuschlagen.

Wirklich alleine war ich auf meiner Reise allerdings nie. Im Gegenteil, selten konnte ich mich länger ausruhen, denn bei jeder Rast, bei jeder kurzen Pause zogen mein beladenes Fahrrad und mein seltsames Aussehen die Aufmerksamkeit der Dorfbewohner auf mich. Nach einigen Momenten an der kühlen Wand eines kleinen Geschäfts oder im Schatten eines breiten Baumes näherten sich vorsichtig Kinder, Feldarbeiter und Rentner und begannen neugierig kurze Gespräche. Die Alten sprachen Deutsch, die Jungen Englisch, manch einer nur Kroatisch. Egal in welcher Sprache, mit Zuhilfenahme von Hand und Fuß unterhielten wir uns prächtig und philosophierten über das Fahrradfahren, die Hitze, Kroatien, die EU und Gott und die Welt.

In meiner fünften Woche im Sattel hatte es mir gerade im Schatten des hohen Kirchturms eines namenlosen kroatischen Dorfes gemütlich gemacht und biss in meinen süßen Vanillekipferl, da setzte sich ein hagerer Kroate neben mich. Nachdem er sich also Ivo vorgestellt und herausgefunden hatte, dass ich von Deutschland aus hergestrampelt war, ließ seine Begeisterung nicht mehr ab, und irgendwie bekam ich das Gefühl, dass der Kroate auf etwas hinaus wollte.

»Du fahrst bis Romania, mit dem *bicikl!* Du bist wahrer Held!«

»Nein, hör auf, Ivo«, entgegnete ich. »So schwer ist das nicht. Jeden Tag ein paar Kilometer und irgendwann kommt man schon ans Ziel.«

»Oh, doch schwer! Früher, ich auch viel gefahrt mit Fahrrad. Heute kaputt. Alles kaputt. Füßen, Knien, Zahne. Zahne viel kaputt, guckst du!«

Ivo öffnete seinen Mund und streckte mir eine schwarzbraune Kolonie aus Zahnstümpfen entgegen. Ein Geruch von Alkohol und süßlicher Verwesung wehte mir entgegen. Der Bissen meines Vanillekipferls blieb mir im Halse stecken.

»Ähm, ja. Das sieht nicht gut aus, Ivo.«

»Katastroph'«, bestätigte er. »Ich gehen Arzt, aber kein Geld für Medizin.«

Dann blickte mich Ivo aus geröteten Augen an. »Du bestimmt haben Medizin.«

Ich zuckte die Achseln und versuchte dabei das Bild der braunen Zahnstümpfe aus meinem Kopf zu verdrängen. Doch Ivo ließ nicht locker. Da ich nicht antwortete, rutschte er ein Stück näher. »Antibiotikum, Penicillin! Du verstehen?«

Ivos Mundgeruch mischte sich mit dem stechenden Aroma von altem Schweiß. Das war es also, worauf er hinauswollte.

»Antibiotikum, ich? Ähm, nein. So was hab ich nicht dabei!«

»Doch, doch. Große Taschen, viel Medizin. Zahne viel kaputt!«

Für einen kurzen Moment überlegte ich, Ivo etwas aus meinem Erste-Hilfe-Set zu geben, denn ich schleppte in der Tat ein Breitbandantibiotikum für den Notfall mit mir herum. Dann dachte ich an die bevorstehenden Gefahren auf meiner Reise und entschied mich schweren Herzens dagegen, ihm zu helfen.

»Antibiotikum? Nee, das habe ich nicht.«

Der Kroate hob die Augenbrauen. »Bestimmt! Du haben viel großen Taschen. Vielen Sachen dabei!«

So nett Ivo auch sein mochte, hätte er nur bei jedem zehnten Radler Erfolg, den er auf dem EuroVelo traf, würde er schnell zum Medikamentendealer der benachbarten kroatischen Dörfer aufsteigen.

»Mir helfen nur Gott und die Natur!«, schloss ich mit einer Lüge, die ich mir selbst niemals abgenommen hätte. Ivo anscheinend auch nicht, denn er versuchte es noch ein paarmal, gab sich dann aber mit zwei Zuckerschnecken aus der Bäckerei und meiner halbleeren Flasche Cola zufrieden.

Nach einer Weile stieg ich wieder auf mein Rad.

»Du bist starke Mann aus Deutschland! Pass auf die Hunden in Rumunjska!«, rief Ivo mir beim Abfahren hinterher.

Ja, das tat gut. Ein starker Deutscher war ich und auf einem großen Abenteuer! Ich dachte noch eine Weile an Ivo, und während ich weiterradelte fragte ich mich, was er wohl mit den Hunden in Rumänien gemeint hatte.

DONAUDURCHBRUCH
IM MAISFELD

IN EINEM MAISFELD IN SERBIEN, AUGUST 2012
– 1.914 KILOMETER –

Zwei Bäume am Rand warfen einen dünnen Schatten auf den Damm. Ich nutzte den Moment und hielt an. Ohne den Fahrtwind spürte ich die Hitze sofort, ich war ihr nun direkt ausgesetzt, sie war unerträglich.

Der Schweiß lief meinen Nacken hinunter. Meine Sonnenbrille beschlug und ich nahm sie ab. Der Boden unter mir wurde mit Tropfen bedeckt, Schweißtropfen, die über mein Gesicht, an meiner Nase und meinem Kinn hinunterliefen. Ich starrte auf den sandigen Lehm unter meinen Füßen und mir wurde schwindelig. Wie hatte ich mich darauf nur einlassen können? Ich war noch nicht einmal in der Nähe von Afrika und die Hitze machte mich bereits fix und fertig!

Ich nahm einen Schluck aus der Wasserflasche, dann leerte ich den Rest über meinen Kopf. Ich zuckte zusammen als ich bemerkte, wie heiß das Wasser war. Anstatt der erwarteten Abkühlung bekam ich eine Gänsehaut von der unerwartet heißen Flüssigkeit, die nun meinen Nacken herunterlief. Diese unerträgliche Hitze!

Ich schüttelte mich und seufzte in den wolkenlosen Himmel über mir. Der einzige Ausweg war das Weiterfahren, der einzige Hoffnungsschimmer war der Fahrtwind. Also wieder aufsitzen. Aufsitzen und weiter.

Das monotone Treten begann von Neuem, mein Hintern schmerzte und die enge Radlerhose klebte an meinen Schenkeln. Auch die Lenkergriffe klebten vom Schweiß, aber das störte mich kaum, ich musste die Griffposition sowieso häufig wechseln, da die Handgelenke von dem Geruckel auf dem Dammweg taub wurden. Die metallenen Hörnchen am Lenker konnte ich nicht greifen, damit hatte ich auf dem Kiesweg nicht genügend Kontrolle. Also weiter in der gewohnten Position, weiter in dieselbe Richtung. Das Einzige, was ich vor mir sah, war der holprige Dammweg unter meinem Vorderreifen und wie er am Ende des Horizonts in einem Flimmern verschwand.

Seitdem ich die serbische Grenze überquert hatte, hatten sich die Straßen in Pisten und die Sommersonne in eine Gluthitze verwandelt. Es war Ende August und die Tage wurden heißer. 38 Grad wurden an diesem Nachmittag gemessen. 38 Grad im Schatten! Der Donauradweg führte nun häufig über die sogenannten unbefestigten Dammwege: Kies- und Sand-Gemische, Lehmböden, Äcker, Wiesen und unzählige Schlaglöcher. Oft verliefen die schmalen Pfade in der Rinne einer Autospur, die die Reifen von Traktoren und Pkw im Lehm hinterlassen hatten.

Auch heute war die Hitze unerbittlich. Ich hatte die ersten Stunden auf dem Dammweg hinter mich gebracht, und mit dem letzten Schluck Wasser rollte ich vom Dammweg durch einen kleinen serbischen Ort.

Ich freute mich auf eine kalte Cola, aber das Dorf besaß kein einziges Geschäft, keinen Tante-Emma-Laden, kein Restaurant, keine Dorfschänke, ja noch nicht mal einen Wasserhahn in einem Hinterhof. Auf dem ausgestorbenen Marktplatz entdeckte ich schließlich meine Rettung: Am Rande des gepflasterten Platzes stand ein steinerner Brunnen. Aus einem rostigen Hahn plätscherte frisches Wasser in das veraltete Sandsteinbecken. Freudig steuerte ich darauf zu und stellte mein Rad neben dem rettenden Brunnen ab. Für einen kurzen Moment zögerte ich. Vielleicht war es gar kein Brunnen, sondern eine Tränke für die Pferde und Esel, die hier in Serbien regelmäßig vor die Karren gespannt wurden. Dann siegte die Gier über die Vernunft und ich trank von dem überraschend kühlen Wasser und schöpfte es mir mit beiden Händen ins Gesicht.

Ich hielt meine beiden Plastikflaschen unter den rostigen Hahn und füllte meine Wasserreserven auf. Frisches kühles Wasser, endlich! Nur das Gewicht der vollen Flaschen machte mir zu schaffen: wieder drei zusätzliche Kilo, die bewegt werden wollten. Wieder drei Kilo mehr, die ich über den unwegsamen Dammweg befördern musste. Aber es half ja alles nichts, ich musste trinken, und ich musste weiter.

Zufrieden radelte ich aus dem Dorf und fuhr zurück auf den Radweg. Gelb- und Brauntöne dominierten die trockene Landschaft, staubige braune Ackerböden, goldene Sonnenblumenfelder und gelber Mais. Auf dem Dammweg begegnete ich kaum einer Menschenseele, es war eine einsame Fahrt. Nach wenigen Kilometern schob sich die Sonne hinter den schützenden Wolken hervor und schickte ihre unerbittlichen Strahlen auf die dürre Landschaft – die Gluthitze hatte mich wieder.

Erst zweieinhalb Stunden nach dem Auffüllen der Trinkflaschen machte ich meinen nächsten Halt. In einem weiteren namenlosen Ort setzte ich mich in den Schatten einer steinernen Kirche, streckte meine Beine aus und trank die letzten Schlucke vom inzwischen brühwarmen Brunnenwasser. Dann lehnte ich mich an die kühle Steinwand und warf einen Blick in den dünnen Donau-Reiseführer, den ich mit mir herumschleppte. Hier in Serbien hatte ich noch ordentlich Strecke vor mir: Noch einen halben Tag bis Novi Sad, dann hundert Kilometer bis Belgrad und dann durch die südlichen Karpaten hin zum Eisernen Tor, wo sich der Donaudurchbruch befand.

Dem Donaudurchbruch widmete der Reiseführer besondere Aufmerksamkeit. Es sei die schmalste Stelle der Donau, hier verjünge sich die Donau auf wenige Meter und hier hätte sich der mächtige Fluss vor Jahrtausenden seinen Weg durch die Felslandschaft der Karpaten gefressen. Früher, bevor der Flusslauf angehoben worden war, hatten sich nur waghalsige Kapitäne getraut, ihre Frachter durch den engen Schlund zu leiten, und auch heute suggerierte mir der Reiseführer noch eine überwältigende Landschaft und »einen der imposantesten Taldurchbrüche der Welt«.

Ich schlug den Reiseführer zu und dachte an die kommenden Kilometer. Trotz Sonne und der bevorstehenden Steigungen war ich hoch motiviert, denn die kommende Landschaft sollte mich für die Schinderei und die Hitze entschädigen.

Einige Minuten verharrte ich noch im schwülen Schatten der Dorfkirche, dann saß ich wieder auf und lenkte mein Fahrrad zurück auf den Dammweg. Trotz der Vorfreude auf die kommende Strecke fiel mir das Weiterradeln schwer. Ich fühlte eine ungewohnte Erschöpfung in mir aufsteigen, und nach wenigen Kilometern zog sich mein Magen zusammen. Mit jedem Meter wurden die Bauchkrämpfe stärker und meine Hände klammerten sich fester um die braunen Griffe meines Lenkers.

Irgendetwas stimmte nicht. Vielleicht war es das Brunnenwasser, vielleicht das Gulasch, das ich am Abend zuvor in dem serbischen Dorf mit unaussprechlichem Namen gegessen hatte. Vielleicht aber auch die unerträgliche Hitze. Für einen Moment gab ich mich in meinen Gedanken dem Luxus eines klimatisierten Büros hin, dann riss mich ein Schlagloch zurück in die Realität.

Die Bauchschmerzen waren nicht mehr zu ignorieren. Ein lautes Grollen stieg tief aus meinem Magen und signalisierte, dass ich dringend für ganz große Unternehmensberater musste.

Ich stoppte mein Rad und blickte mich panisch um. Erneut zog sich mein Magen zusammen, jetzt ging es um Sekunden! Doch um mich herum nur der schmale Dammweg und ein brauner Acker. Das letzte Dorf lag mehrere Kilometer hinter mir, das nächste würde ich frühestens in einer halben Stunde erreichen. So lange konnte ich nicht warten! Im Kopf ging ich die verschiedenen Lösungsmöglichkeiten durch, dann nahm mir ein tiefes Stechen in meinem Magen die Entscheidung ab: Ich musste kacken und zwar jetzt sofort!

Ich ließ das Fahrrad mitten auf dem Dammweg stehen, kramte hastig das weiße vierlagige Toilettenpapier aus den Packtaschen, das ich aus einer Pension im Allgäu entwendet hatte, und rannte in das nahegelegene Maisfeld.

Kurz darauf hockte ich, mit heruntergelassener Hose auf einem serbischen Acker. Von oben schien mir die Sonne auf den ungeschützten Kopf und in meinem Inneren brodelte das scharfe serbische Gulasch. Ich kniete zwischen den gelben Maispflanzen und beobachtete, wie sich der ausgetrocknete Ackerboden unter meinen Füßen vom Schweiß dunkel verfärbte, der mir aus allen Poren rann.

Kurz dachte ich an die Zeit des schönen Hotellebens in Frankfurt. Was würde ich nur für eine saubere Keramikschüssel geben? Plötzlich riss mich ein stechender Schmerz zurück in die Realität. Mein Magen krampfte und ein tiefes Brummen stieg unter meinem schweißnassen T-Shirt hervor. Ich lief rot an, dann platzte es aus mir heraus.

Keine fünf Minuten dauerte mein Ausflug in das serbische Ackerland. Vollkommen erschöpft, das nasse T-Shirt am Oberkörper klebend, trat ich aus dem Maisfeld. Hätte mich jemand beobachtet, wie ich dort aus dem Feld wankte, hätte er wohl die Polizei gerufen, um den Acker nach Leichenteilen zu durchsuchen. Zum Glück war mein pinkfarbenes Fahrrad der einzige Zeuge, der am Seitenrand der schmalen Piste auf mich wartete.

Zurück am Rad wusch ich mir die Hände und kühlte mein schweißüberströmtes Gesicht mit Wasser aus meiner Trinkflasche. Dann blickte ich auf die vor mir liegende Strecke. Am Ende des Horizonts erkannte ich den kurvigen Verlauf der dunklen Donau. Bald würde ich die Ausläufer der Karpaten erkennen können und die beeindruckende Berglandschaft würde beginnen, in der sich die Donau ihren Weg durch die engen Felsen presste.

Die Donau, dachte ich, über tausend Kilometer war ich nun an ihrer Seite gefahren, und nun verband mich noch mehr mit dem mächtigen Fluss: der gemeinsame Durchbruch in Serbien.

FEAR OF THE DARK

TIEF IM GEBÜSCH IN SERBIEN, AUGUST 2012
– 1.976 KILOMETER –

Mit jedem Kilometer in Richtung Osten werden die heimeligen Pensionen und die schützenden Campingplätze weniger. Die Landschaft wird karger, die Ortschaften kleiner, und ich muss selbst für meine Nachtruhe sorgen: Wildcampen – eine vollkommen neue Erfahrung für mich. Und eine Erfahrung, die mich beinahe zum Aufgeben zwingt.

Es war fünf Uhr abends und ich hatte noch etwa eine Stunde, bevor es dunkel wurde. Entfernt nahm ich die Schläge einer Kirchenglocke wahr. Nun war ich also weit genug entfernt vom letzten Dorf, ich konnte mit der Suche beginnen. Ich scannte den steilen Waldrand zu meiner Rechten und prüfte das Donauufer zu meiner Linken. Eine versteckte Stelle, ein Trampelpfad durch das Blattwerk, eine Lichtung oder ein unbenutzter Parkplatz hinter den Bäumen würde für mich das Signal sein, mein Fahrrad von der Straße in das dunkle Unterholz zu schieben.

Die schmale Teerstraße führte mich um eine langgezogene Kurve. Am Ende der Kurve entdeckte ich eine Lücke im Dickicht. Ich bog von der Hauptstraße ab und führte mein Rad auf einem schmalen Trampelpfad durch ein Waldstück. Dreihundert Meter manövrierte ich das Fahrrad über Wurzeln und Äste, bis ich am lehmigen Ufer der Donau stand. Vor mir schlängelte sich der dunkle Fluss in einem kurvigen Verlauf in Richtung Rumänien, hinter mir lag ein schützendes Waldstück, das mich von nächtlichen Besuchern abschirmte. Es war ein guter Ort, das Zelt aufzuschlagen.

Ich lehnte mein Fahrrad an den dürren Stamm einer Birke und lief ein Stück flussabwärts, um die richtige Stelle für mein Nachtlager zu finden. Nach wenigen Metern entdeckte ich eine flache Ebene, gut versteckt zwischen Bäumen und Sträuchern und mit wenigen Pfützen oder spitzen Wurzeln. Geübt schnallte ich die Taschen von meinem Rad, lud den schweren Packsack vom Gepäckträger und breitete die Zeltplane auf dem Boden aus. Mit wenigen Handgriffen hatte ich die Stangen zusammengesteckt und sie in die schmalen Ösen der grünen Plane geschoben, dann richtete ich das Zelt auf und fixierte es mit den Heringen im schlammigen Boden. Ich verstaute die beiden hinteren Radtaschen im Inneren, breitete meine Isomatte aus, brachte vor dem Zelt den Kocher zum Brennen und machte es mir gemütlich. Ich betrachtete das schimmernde Wasser der Donau, beobachtete, wie ein Motorboot knatternd an mir vorbeifuhr und wie die Lichter der kleinen Stadt am gegenüberliegenden Ufer langsam heller wurden. Als die Nudeln gekocht waren, rührte ich eine Dose Tomatenmark und etwas Salz unter. . Ein Festmahl für einen ausgehungerten Abenteurer!

Während ich das heiße Essen hinunterschlang, dachte ich zurück an meine Tage als Unternehmensberater. Kürzlich war ich noch vollkommen unvorbereitet in meinem Hotelzimmer gesessen, hatte mir die Abende in Sushi-Restaurants und Steakhäusern um die Ohren geschlagen, und nun hockte ich verschwitzt am schlammigen Ufer der Donau, tief versteckt im Dickicht, und aß Nudeln vom Campingkocher. Meine Beine waren steif und schmerzten, und die Mücken begannen mich zu stechen – und trotzdem, ich war glücklich.

Eigentlich war es höchste Zeit, meine gepolsterte Fahrradhose und mein Radler-Shirt vom Salz freizuschrubben, wie so oft hatte ich aber keine Lust und warf beides über den Sattel meines Fahrrads. Inzwischen gab ich eh nicht mehr viel auf mein Äußeres. Meine grünen Shorts, die ich über der Radlerhose trug, hatte ich bisher noch nicht einmal gewaschen. Die Hose war, wie mein Shirt, von dunklen Flecken übersät und verbreitete abends einen seltsamen, stechenden Geruch. Anstatt der Turnschuhe trug ich nur noch die hässlichen, aber durchaus luftig-angenehmen Trekkingsandalen an den Füßen. Vor fünf Wochen hätte ich in diesem Aufzug nicht einmal den Müll vor die Türe gebracht!

Und auch an meinem Körper zeichneten sich die ersten Spuren des Lebens als Abenteurers ab. Fast zwei Monate auf Tour und zweitausend Fahrradkilometer hatten mich verändert. Ich war nicht mehr der blasse, untrainierte Unternehmensberater. Ich war der starke Deutsche, wie Ivo erkannt hatte. Inzwischen fuhr ich hundert Kilometer pro Tag, manchmal mehr, ohne darüber nachzudenken. Das Voranbringen des schweren Fahrrads und des Gepäcks waren zu meinem Alltag geworden. Meine Arme und Beine waren braungebrannt, die Schenkel steinhart und von Sehnen und Muskeln geformt. Meine Haare gingen in einen Wildwuchs über und mein brauner Bart, der mir aus dem Gesicht spross, konnte nur wenig von meinen heraustretenden Wangenknochen ablenken. Bei den seltenen Blicken in einen Spiegel auf Campingplätzen oder in den kleinen Hotelzimmern erschrak ich zunehmend selbst vor meinem Äußeren.

Es wurde dunkel. In einem rotgoldenen Spektakel verabschiedete sich die Sonne und der Vollmond tauchte das Donauufer in ein gespenstisches blaues Licht. Die krummen Bäume warfen bizarre Schatten auf mein Zelt und der Wind pfiff durch den nahen Wald. Irgendwie ein wenig gruselig. Aber nichts, was einen 33 Jahre alten Unternehmensberater schocken konnte. Da war schließlich niemand außer mir, bestimmt nicht!

Gerade räumte ich Kochgeschirr und Kocher zusammen, da hörte ich ein Rascheln im Busch hinter mir. Moment, war da wer? Ich knipste das Licht meiner Stirnlampe aus und lauschte in die nächtliche Dunkelheit. Eine Weile saß ich da, doch außer dem schnell pochenden Herz in meinen Ohren hörte ich nichts. Es war wohl nur ein kleines Tier gewesen, beruhigte ich mich, ein Eichhörnchen, ein Vogel, vielleicht eine Katze.

Ich knipste die Lampe wieder an und die Stechmücken sammelten sich in dem hellen Lichtkegel. Rasch packte ich zusammen und kroch hinter das schützende Fliegengitter meines Zelts. Müde und zufrieden mit dem Tag bettete ich mich auf meine Isomatte und lauschte in die serbische Wildnis, die mich umgab. Wind zog auf und zerrte an der Plane des Zelts, die leisen Wellen der Donau schwappten an das lehmige Ufer und das sanfte Rauschen des Flusses begleitete mich in den Schlaf.

Mitten in der Nacht schreckte ich hoch. Draußen war ein Geräusch. Ich setzte mich auf und horchte erneut in die dunkle Nacht. Irgendwo im nahgelegenen Dorf bellte ein Hund. So frei von allen anderen Geräuschen hörte ich ihn, als ob er neben mir stünde. Aber er war nicht bei mir, versuchte ich mich zu beruhigen, bestimmt nicht. Ich schob mir die Regenjacke unter den Kopf und drehte mich auf den Rücken.

Noch eine Weile lauschte ich dem Gebell des Hundes und versuchte, zurück in den Schlaf zu finden, doch beim Wegdösen holten mich meine Ängste ein. Was machte ich hier eigentlich? Was, wenn es gar nicht der Hund war, von dem ich wach geworden war, sondern ein Geräusch tief aus dem Unterholz? Vielleicht ein Dieb, eine wilde Bestie oder ein Psychopath!

Stundenlang lag ich wach, alleine das Knacken eines Astes im nahen Wald, das Rauschen der Wellen, ein vorbeifahrendes Boot schreckten mich auf und raubten mir den Schlaf.

Erst in den frühen Morgenstunden schlummerte ich unruhig ein. Doch leider hielt meine Ruhe nicht lange, denn plötzlich erhellten Autoscheinwerfer mein Zelt. Erneut rutschte mir das Herz in die Hose. Ohne mich zu bewegen lag ich leise da. Eine gefühlte Ewigkeit leuchteten die Scheinwerfer auf mein Zelt und tauchten das Innere in ein beängstigendes grünes Licht. Dann wendeten sich die Strahler ab und ich hörte, wie sich Autoreifen über den feuchten Lehmboden zu meiner linken bewegten. Kurz darauf trug der Wind tiefe Männerstimmen zu mir herüber. Autotüren schlugen zu und Flaschen begannen zu klirren.

Wo war ich nun schon wieder gelandet? Was, wenn es betrunkene Serben waren? Oder wenn an den Geschichten von den plündernden Zigeunern doch etwas dran war? Der aufkommende Wind heulte und das schrille Gelächter und dumpfe Klappern von Gegenständen wurden lauter. Was, wenn die Männer mich entdeckt hatten? Was, wenn sie gerade eine Leiche vergruben? Was würden sie mit mir anstellen, wenn sie wussten, wie viel mein Fahrrad wert war?

Als sich eine Weile lang die Stimmen nicht näherten, öffnete ich vorsichtig den Reißverschluss des Zelts. Durch das dünne Fliegengitter spähte ich hinaus. Weiter unten am Donauufer hatte ein Auto geparkt, im schwachen Mondschein erkannte ich einen langen Kombi und drei, vielleicht vier dunkle Gestalten. Zigaretten leuchteten auf und ließen die harten Gesichtszüge der dubiosen Männer erahnen. In den Händen hielten die Gestalten lange Geräte, Stöcke, vielleicht Säbel oder gar Gewehre.

Mich übermannte die Angst und erst als ich mehrere Male ein- und ausgeatmet hatte, senkte sich mein Puls. Leise, um bloß keinen Lärm zu machen, suchte ich in der Dunkelheit nach meinem Schweizer Messer. Viel würde es mir nicht helfen, vielleicht hatte ich den Moment der Überraschung auf meiner Seite. Ich traute mich nicht, auf dem Handy die Uhrzeit abzulesen, das Display war so hell, es konnte die Aufmerksamkeit auf mich ziehen.

Eine Ewigkeit saß ich angsterfüllt und hellwach in meinem Zelt und starrte aufgeregt in die Dunkelheit. Als das Gezwitscher der Vögel einsetzte, wusste ich, dass es nicht mehr lange war, bis der Tag anbrechen würde. Im Hellen würden die betrunkenen Gewalttäter es weniger leicht haben, mich ungesehen um die Ecke zu bringen.

Dann endlich erkannte ich am Horizont den schwachen Schimmer der aufgehenden Sonne. Ein Meer an warmen Rottönen kletterte am gegenüberliegenden Ufer die Tannen hinauf. Mein Mut kehrte zurück, und vorsichtig öffnete ich den Reißverschluss zur Außenwelt. Ich würde nicht kampflos aufgeben! Mit meinem Taschenmesser in der Hand kletterte ich aus dem Zeltausgang und blickte zu den Männern und dem Wagen.

Ich kniff die Augen zusammen und fixierte die Gestalten. Mit der heller werdenden Sonne formten sich die verschwommenen Schemen zu klaren Umrissen. Aus den dunklen Gestalten wurden dürre Männer, aus den langen Säbeln wurden dünne Ruten. Und dann verstand ich: Die gefährlichen Männer waren Angler. Angler, die im Morgengrauen ihre Ruten in die Donau geworfen hatten und Fische fingen. Fische, nicht arme kleine Abenteurer.

Als ich eine Viertelstunde später zu den Männern hinüber lief, wärmte mir die helle Sonne den Rücken.

»Zdravo«, grüßte ich verlegen und wurde von den Fremden mit einem heißen Becher Kaffee empfangen. Den Kaffee konnte ich wirklich gebrauchen nach dieser schlaflosen Nacht.

An die Nächte als wild campender Abenteurer musste ich mich wohl erst noch gewöhnen.

BEGEGNUNGEN
IN BULGARIEN

WIDIN, BULGARIEN, AUGUST 2012
– 2.319 KILOMETER –

Bulgarien, ein mir unbekanntes Land im Herzen des Balkans. Hätte ich nicht dem Lauf der Donau folgen wollen, hätte ich vermutlich niemals Fuß in diesen Teil Europas gesetzt. Nun stand ich vor dem bulgarischen Grenzübergang und überlegte angestrengt, was mir zu Bulgarien alles in den Sinn kam. Ich erinnerte mich an den Künstler Christo, der in den 90er-Jahren das Reichstagsgebäude in Klopapier gehüllt hatte. Berbatov natürlich, der für Leverkusen und Manchester United gestürmt hatte, und meine bulgarische Kollegin Daniela mit ihrem harten Akzent. Unterwegs hatten ein paar Rucksackreisende berichtet, dass es an der bulgarischen Schwarzmeerküste eine Art Ballermann gäbe, und einige Serben hatten mich vor der hohen Arbeitslosigkeit, Bandenkriegen und Korruption gewarnt – und natürlich vor angriffslustigen Hunden, klauenden Zigeunern und saufenden bulgarischen Bauern, die ihre Großmütter vor den Pflug spannten.

Die Einreise nach Bulgarien gestaltete sich überraschend einfach. Zum einen betrat ich nach Serbien wieder den Boden der Europäischen Union, zum anderen wurde ich weder mit langen Durchsuchungen noch mit langwierigen Passkontrollen aufgehalten.

Ich hatte gerade einen neuen Stempel in meinen Pass erhalten und wollte losradeln, da hörte ich hinter mir eine Stimme rufen: *»Salut, Marküs, attends!«*

Ich drehte mich um und erblickte Sébastien. Mit seinem blonden Haarschopf und dem leuchtend gelben T-Shirt erkannte ich den sympathischen Franzosen sofort wieder.

Ich hatte Sébastien und seine hübsche Freundin Anis vor einer knappen Woche beim Donaudurchbruch in Serbien getroffen. Beide waren ebenfalls mit dem Fahrrad unterwegs, wollten aber eine andere Strecke einschlagen, und nach einem kurzen Plausch am Nachmittag hatten sich unsere Wege schnell wieder getrennt. Hier, im fremden Bulgarien, war ich froh, beide wiederzusehen. Ich wartete kurz, bis die zwei die Grenze passiert hatten, dann schloss ich sie in die Arme wie zwei langjährig vermisste Freunde.

Die Freude des Wiedersehens war groß, und bevor wir die ersten Meter auf der bulgarischen Straße in Angriff nahmen, machten wir es uns im Schatten einer Kastanie gemütlich und gönnten uns ein zweites Frühstück. Ich packte Brot und Eselsalami aus, die beiden Franzosen hatten Marmelade, getrocknete Feigen, Kekse und Milch im Gepäck. Beim Frühstücken unterhielten wir uns über die Abenteuer, die wir in den letzten Tagen erlebt hatten. Nebenbei erzählte ich, dass ich nach dem Donaudelta noch weiter wollte, bis nach Togo. Eigentlich erwartete ich unverständliches Gelächter oder zumindest einen zynischen Kommentar, erstaunlicherweise war der großgewachsene Sébastien aber hellauf begeistert.

»Incroyable, quelle bonne idée«, rief er. *»L' afrique, c'est magnifique! Et bon avec le velo, très bien Marküs, très, très bien!«*

Dann berichtete Sébastien, dass er aus beruflichen Gründen öfter in Afrika unterwegs war. Er sei promovierter Biologe und begleitete mehrere Forschungsprojekte in Uganda und Kamerun. Mit leuchtenden Augen erzählte er von den freundlichen Afrikanern in den Städten, kaum bekannten Pygmäendörfern, den Mangaben und seinen Erfahrungen mit dem selbstgebrannten Schnaps der Eingeborenen.

Irgendwann fragte ich Sébastien, was er dort als Biologe denn eigentlich tun würde, so tief im Busch bei den Einheimischen. In ausschweifendem Französisch erklärte er mir etwas von der Wissenschaft und der Erforschung von Parasiten, von Viren und von Affen und internationalen Forschungsprojekten. Aber mein Schulfranzösisch reichte leider nicht aus, ihn wirklich zu verstehen, und nach einer Weile blickte ich ihn fragend an.

Sébastien überlegte kurz, dann fasste er seine Ausführungen in einem englischen Satz für mich zusammen: *»Well, I go into the jungle and collect poo from the apes, then I'll have a closer look and search for parasites in order to develop a cure.«*

Nicht nur ich, auch Anis, Sébastiens junge Begleiterin, war mit der Antwort zufrieden. Anis blickte den Franzosen aus ihren runden großen Augen verliebt an und erklärte mir dann in lupenreinem Englisch, dass sie von Sébastiens Arbeit so begeistert war, dass sie es ihm nachtäte und im Herbst in Mikrobiologie auf dem Gebiet der Parasitenforschung promovieren würde. Und wenn sie fertig war mit dem Studium, würde sie mit ihm gemeinsam in Afrika Forschungsprojekte unterstützen. Ich nickte höflich und stellte mir vor, wie die beiden Franzosen händchenhaltend durch den afrikanischen Dschungel spazierten und Affenscheiße einsammelten.

Nach einem ausgiebigen zweiten Frühstück mit außergewöhnlichen Gesprächsthemen sattelten wir erneut unserer Räder. In gemütlichem Tempo radelten wir in Richtung Widin, einer großen bulgarischen Stadt im Dreiländereck mit Serbien und Rumänien.

Gleich auf den ersten Metern fiel uns der Unterschied zum Nachbarland Serbien auf. Zwar war Bulgarien bereits seit 2008 Mitglied der EU, die Dörfer und Städte machten allerdings einen deutlich ärmeren Eindruck. Wo ich in Serbien hübsch renovierte Häuser mit gut gepflegten Gärten, frisch gemähte Rasenflächen und sogar kleine Swimmingpools entdeckt hatte, reihten sich in Bulgarien schmutzige Hütten und ungemütliche Baracken aneinander. Die schiefen Wohnhäuser machten einen verwahrlosten Eindruck, und Ziegen, Schafe und Kühe spazierten über die schmalen Dorfwege und hinterließen duftende Souvenirs vor den Hauseingängen. Selbst die angriffslustigen Hunde, vor denen mich die Serben gewarnt hatten, stellten sich als abgemagerte und bemitleidenswerte Kreaturen heraus. Das Einzige, was von den Bulgaren gut in Schuss und in liebevoller Art und Weise in Stand gehalten worden war, waren die unzähligen Kapellen in den Ortschaften und die bunten Jesusstatuen am Straßenrand.

Überhaupt schienen die Bulgaren sehr religiös zu sein. In den Dörfern betrachtete ich häufig die gebrechlichen Mütterchen, die ganz in schwarz gekleidet durch die Straßen humpelten. Sie waren meist mit schweren Körben und Kisten beladen und liefen tief gebeugt von der schweren Last durch die Gassen. Auf Höhe der Dorfkirche stellten sie ihre Körbe auf den Boden, verharrten eine Weile, bekreuzigten sich und setzten ihre Wanderungen durch die Ortschaft fort.

Die bulgarischen Männer arbeiteten meist in den Feldern. Auf den weitgestreckten Äckern standen die braungebrannten Kerle in einem Meer von vertrockneten Sonnenblumen oder goldenem Weizen und gingen mit langen Sensen oder anderem mittelalterlichen Gerät einer knochenharten Feldarbeit in der prallen Sonne nach. Sobald die Männer die beiden Franzosen und mich erblickten, hielten sie kurz inne und winkten uns mit ihren Strohhüten freundlich zu.

Wir radelten voran über die zunehmend hügliger werdende Landschaft und betrachteten, wie Männer mit Mistgabeln dicke Strohballen auf klapprige Eselkarren luden oder mit Pferdepflügen ihre spärlichen Äcker bestellten. Wir winkten den grüßenden Menschen freundlich zurück und fühlten uns um Jahrzehnte zurückversetzt. Die Einfachheit der Gegend und die Langsamkeit des Lebens verliehen Bulgarien einen außergewöhnlichen, romantischen Charme.

Mit holprigem Französisch, aber auf gut geteerten Straßen verbrachten Anis, Sébastien und ich zwei kurzweilige gemeinsame Tage. Am Morgen unseres dritten Tages nahmen die beiden in der Stadt Lom eine Fähre nach Rumänien, da das rumänische Ufer einfacher zu befahren war und Anis Schwierigkeiten mit den vielen Berganfahrten hatte.

Ich selber hatte mir noch keine Gedanken gemacht, wie meine Route weiter aussehen sollte, und warf einen kurzen Blick in meinen Donaureiseführer: »Das bulgarische Donauufer ist landschaftlich und kulturell interessanter als die rumänische Seite, es verlangt durch seine vielen schönen Hügel und den damit verbundenen Steigungen allerdings Ihrer Kondition einiges ab.«

Zu Rumänien las ich: »Zwei Mal gilt es kleinere Steigungen und verkehrsreichere Strecken zu überwinden, die übrige Zeit fahren Sie auf ruhigen und überwiegend flachen sowie sehr gut ausgebauten Landstraßen dahin.«

Damit war für mich die Entscheidung klar. Ich ließ die beiden Franzosen die Mädchenstrecke einschlagen und setzte meinen Weg fort durch das romantisch-hügelige Bulgarien. Wenn schon Abenteuer, dann auf die harte Tour!

Mit einer festen Umarmung verabschiedeten wir uns voneinander, dann radelten wir getrennte Wege. Eine Stunde später bereute ich meine Entscheidung. Sowohl die beiden Franzosen zu verlassen als auch freiwillig die anspruchsvollere Route einzuschlagen waren zwei schwere Dummheiten. Allein das kyrillische Alphabet, das in Bulgarien die Wegweiser und Ortschaften zur vollkommenen Unkenntlichkeit verschlüsselte, war eine Herausforderung für sich. Hinzu kam, dass der europäische Donauradweg zunehmend schlechter ausgebaut und später überhaupt nicht mehr ausgeschildert war.

Noch am selben Tag, an dem ich mich von Anis und Sébastien getrennt hatte, schaffte ich es, mich zehnmal zu verfahren. Mehrfach hielt ich in Dörfern, um nach dem Weg zu fragen. An der Straßenkreuzung eines namenlosen bulgarischen Ortes schnappte ich mir ein altes Mütterchen, das am Straßenrand an mir vorbeihumpelte. Erst wollte die bucklige Alte nicht mit mir sprechen, dann rief ich ihr verzweifelt hinterher: »*Hello, Lady, please, I need help!*« Damit hatte ich ihre Aufmerksamkeit, das Mütterchen hielt an und drehte sich zu mir um. Schnell fragte ich auf Englisch, wie ich weiter vorankommen könnte, wenn ich ans Donaudelta radeln wollte. Aber die Alte blickte mich nur verwirrt an.

Weil wir offensichtlich sprachliche Probleme hatten, beschränkte ich die Konversation auf das Wesentliche.

»*Is this the way to the Black Sea?*« Dann deutete ich in eine der beiden möglichen Richtungen und wiederholte deutlich: »*Romania, Donau, Black Sea?*«

Das Mütterchen schien zu begreifen und schüttelte vehement den Kopf. Aha, wenn es also nicht der linke Weg war, der nach Rumänien führte, musste ich den rechten einschlagen. Ich bedankte mich brav und setzte mich in Bewegung.

In dieser Art und Weise liefen unzählige Konversationen ab, und unzählige Male verfuhr ich mich. Leider sollte ich erst an meinem letzten Tag in Bulgarien erfahren, dass Bulgaren, ähnlich wie die Inder, den Kopf schütteln, wenn sie ja meinen, und nicken für nein.

RUHETAG IN RUSSE UND
SCHENKEL AUS SERRANO

RUSSE, BULGARIEN, AUGUST 2012
– 2.613 KILOMETER –

G *ood afternoon! Do you have a room available for two days?*«
Ich stand an der aus dunklem Holz verkleideten Rezeption des
Danube Plaza in Russe, dem teuersten Hotel in der bulgarischen Kul-
turhauptstadt, und blickte dem jungen Rezeptionisten in die Augen.

»*Good afternoon, Sir, welcome to the Danube Plaza Hotel! Yes, we
have a room available. There are two different rooms: one is unrenovated and costs 40 Leva, the other one is much nicer and costs 75 Leva.*«

»*Ehm, what does that mean, unrenovated?*«

»*Yes, Sir, this room is not renovated.*«

»*So it is old and dirty, right?*«

Auf der Stirn des Rezeptionschefs machten sich Denkfalten breit
und eine längere Pause folgte.

»*Oh no, let me explain! We have a usual room for 40 Leva and a lu-
xury room for 75. It has a big bed and good TV-connection.*«

»*Hm, understood. Well, I take the dirty one then for 40.*«

Pünktlich zum Wochenende kehrte ich dem Vagabundenleben den
Rücken und warf mich auf das Bett meines nicht renovierten Zimmers
für 40 bulgarische Leva, etwa 20 Euro. Russe – oder Rustchuck, wie die
Stadt früher genannt wurde – war im Osmanischen Reich eine der be-
deutendsten Städte des Ostens gewesen. Durch ihre Lage an der Donau
hatte sie sich schnell zum Handels- und Wirtschaftszentrum entwickelt,
hatte Kultur und Bildung angezogen und war bald als »das kleine Wien«
bezeichnet worden. Auch wenn ich diesen Vergleich für eine aberwitzi-
ge Kühnheit hielt, war die Stadt doch ganz nett anzusehen. Im Stadtkern
standen viele Prunkbauten, prächtige Kirchen und Verwaltungshäuser
mit hohen Marmorfassaden. Eine beeindruckende Stahlbrücke mit dem

passenden Namen »Brücke der Freundschaft« verbindet Bulgarien über die Donau mit dem benachbarten rumänischen Giurgi.

Aber das war mir bei meiner Ankunft in der Stadt herzlich egal. Die Fahrt auf dem Donauradweg war zunehmend zu einer Herausforderung geworden. Aus den schmalen Straßen waren holprige Pisten geworden und die wenigen schattigen Bäume am Donauufer waren vertrockneten Feldern gewichen. Die Sonne hatte unbeirrt auf mich hernieder geschienen, während ich mich über die hügeligen Ausläufer der Karpaten quälte. Russe war für mich eine Stadt mit vielen Cafés und Restaurants und damit hervorragend geeignet, um mich nach Tagen der Schinderei zu erholen, und das prächtige Danube Plaza am großen Platz der Freiheit schien mir wie gemacht dafür.

Wie mir der freundliche Mann an der Rezeption versehentlich mitgeteilt hatte, hatte das Zimmer, das ich gewählt hatte, in der Tat seinen luxuriösen Charme verloren und war alles andere als sauber. Das breite Bett, eine Kloschüssel aus Keramik, eine mäßige Internetverbindung und ein Fernseher ließen mein Vagabundenherz trotzdem höherschlagen.

Ich stand vom Bett auf, ließ heißes Wasser in die Badewanne und legte mich mit all meinen dreckigen Fahrradklamotten am Leib in die grüngeflieste Wanne. Das hatte den Vorteil, dass ich die überfällige Handwäsche der schmutzigen Kleidung später um einen Waschgang verkürzen konnte.

Das heiße Wasser tat meinen müden Knochen gut. Ich entspannte mich, massierte meine harten Waden und dachte zurück an die letzten Etappen über die bulgarischen Bergstraßen und holprigen Schlaglochpisten.

Allmählich verfärbte sich das Wasser braun und ich begann an mir herunter zu blicken und die Blessuren meiner Reise genauer zu betrachten. Mein Leiden begann tief unten, am Ballen meines linken Fußes. Die vielen harten Antritte an den bulgarischen Hügeln hatten wohl zu einer Überlastung geführt, denn beim Auftreten schmerzte das Fußbett stark, und sogar das Gehen in meinen gemütlichen Flip-Flops hielt ich inzwischen nicht mehr lange durch. Weiter ging es mit einem ziehenden Stechen in meinen Waden, die mittags begannen, sich steif und übersäuert anzufühlen. Meinen Oberschenkeln erging es kaum besser; durch die dauerhafte Beanspruchung waren diese so hart und sehnig geworden, dass ich mir zuletzt vorgestellt hatte, ich hätte zwei dicke Serrano-Schinken an den Hüften und keine menschlichen Oberschenkel. Vermutlich kam mir die Illusion in den Sinn, weil mein ungewaschenes Radlershirt gegen Nachmittag stets einen seltsamen Geruch verströmte, der unter Einfluss der heißen Sonne und eines knurrenden Radlermagens durchaus an den Geruch von geräuchertem Schinken erinnerte.

Der Zustand meines Hinterns war kaum besser. Trotz meines inzwischen eingefahrenen Sattels, hatte ich vor einigen Tagen schmerzhafte rote Stellen an der Innenseite meiner Schenkel entdeckt, die langsam bis an den oberen Teil meines Gesäßes geklettert waren. Noch ein paar Tage Belastung und die roten Stellen drohten sich zu öffnen.

Mit meinem Rücken hatte ich weniger Probleme, spürte aber immer häufiger ein unangenehmes Ziehen im Lendenbereich, wenn es über die holprigen Schlaglochpisten ging. Viel schlimmer waren die Handgelenke, die auf den schlechten Pisten das schwere Rad gegen die heftigen Stöße abdämpften. Die Entscheidung, aus Gründen der Wartbarkeit ohne Federgabel in das Abenteuer zu starten, war wohl doch nicht richtig gewesen.

Dann waren da noch ein versteifter Hals, eine verbrannte Nase, ein sonnenbrandgeplagter Nacken und mein immer knurrender Magen. Alles in allem schienen die Blessuren aber noch überschaubar, vor Beginn meiner Reise hätte ich bei 2.500 Radkilometern durch die Walachei mit schwereren Ausfällen gerechnet.

Ich lenkte meine Gedanken zurück an die Pizza, die ich heute Abend verspeisen wollte, und tauchte noch einmal mit dem Kopf in das wohltuende Wasser. Viele Radreisende behaupteten ja, es wären nicht die physischen, sondern die mentalen Herausforderungen, die einen Abenteurer früher oder später zum Aufgeben zwingen würden, und wenn ich mich an meinen holprigen Start in den Höhen des Schwarzwalds und den Hügeln des Allgäus zurückerinnerte, konnte ich das auch nachvollziehen. Mittlerweile glaubte ich aber, die mentalen Herausforderungen allesamt hinter mir gelassen zu haben. Ich war ein Level weiter, hatte nur noch mit dem physischen Schmerz zu kämpfen. Osteuropa hatte mich abgehärtet. Inzwischen war ich es gewohnt, acht, neun, zehn Stunden am Tag im Sattel zu sitzen und mir die vorbeiziehende Landschaft anzugucken. Ich konnte täglich neunzig, hundert, hundertzwanzig Kilometer zurücklegen, in der Gegend herumstarren und tagträumen, ohne mich zu langweilen. Ich konnte mir mein Essen selbst zubereiten, in den Busch kacken und mir abends einen Schlafplatz suchen, ohne mit der Wimper zu zucken. Ja, inzwischen war ich ein echter Abenteurer!

Eine halbe Stunde hielt ich es noch im warmen Wasser aus, dann schälte ich mich aus meinen Klamotten, duschte mich ab und hüllte mich in das harte Hotelhandtuch. Ich ging ins Schlafzimmer, rieb den Hintern mit Nivea Creme und die Oberschenkel mit Franzbranntwein ein. Dann öffnete ich eine kalte Cola aus der Minibar, schaltete den Fernseher ein und ließ mich auf das durchgelegene Bett fallen. Später würde ich noch einen Eintrag für den Blog schreiben, jetzt würde ich erst mal entspannen. Heute war Pause vom Abenteuer, heute war Ruhetag in Russe.

KOLCHOSEKÖTER

Ich wollte die Waffe nicht abfeuern. Aber ich war in Panik. Es war reine Notwehr. Ich habe einfach gezielt und abgedrückt, als er mit todesverachtendem Blick auf mich zugerannt kam.

A lles fing an mit einer Warnung. Kurz vor der rumänischen Grenze hatte ich Sabine und Hermann getroffen, ein älteres deutsches Ehepaar, das schon eine Weile entlang der Donau geradelt war und mir ihre Eindrücke vom rumänischen Nachbarland schilderte. Hermann, der in seinem wahren Leben Klempner war, meinte, ich solle mich vor den Hunden im wilden Rumänien besonders in Acht nehmen, die seien dort etwas verrückt und würden gerne auf Radfahrer losgehen. Seine Lebensgefährtin Sabine unterstrich Hermanns Aussage.

»Das Fahrradfahren macht gar keinen Spaß mehr. In den Dörfern bin ich ständig auf der Hut und halte Ausschau nach Hunden, die auf einmal um die Ecke gerannt kommen und uns verfolgen. So hab ich mir die Radtour durch Rumänien nicht vorgestellt!«

Natürlich ließ ich mich von Hermanns und Sabines Warnung nicht weiter beeindrucken. Solche Geschichten hatte ich auf meiner Reise viel zu häufig gehört. Auch über die zahlreichen, angeblich so aggressiven Hunde hatte ich bereits in Reiseführern und Internetforen gelesen. Die Hunde, die ich bisher in der Slowakei, in Ungarn, Kroatien, Serbien und Bulgarien angetroffen hatte, waren allerdings entweder sehr zutrauliche kleine Fluffies oder bemitleidenswerte Kreaturen, die sich mit eingekniffenem Schwanz davonstahlen, wenn ich mit meinem klappernden Gefährt um die Ecke bog. Nein, ich wurde von den verflohten Hunden kaum angekläfft und noch nie verfolgt oder gar angegriffen. Und wieso sollten ausgerechnet die Hunde in Rumänien anders sein?

Doch bereits kurz vor dem Grenzübertritt, im malerischen Fischerort Tutrakan, wurde mir bewusst, dass die rumänischen Hunde von anderem Kaliber waren. Es war ein milder Sommertag und einige Wolken verdeckten die unnachgiebigen Strahlen der osteuropäischen Sonne. Noch sechzig Kilometer waren es bis zur rumänischen Grenze und fröhlich steuerte ich mein Rad auf der schmalen Teerstraße durch das bulgarische Fischerdorf. Links und rechts tauchten niedrige bunte Steinhäuser auf und die Menschen hatten sich zu einer Siesta in die schattigen Häuser verzogen. Ich folgte der Straße auf einer Linkskurve und entdeckte im Augenwinkel einen dösenden mittelgroßen Mischlingshund am Straßenrand. Schon von Weitem fiel mir etwas an ihm auf, was ich zu Anfang nicht richtig deuten konnte. Als ich dann auf seiner Höhe war, erkannte ich den Unterschied: Im Gegensatz zu allen bisherigen Hunden blickte dieser mir nicht gelangweilt hinterher, sondern hob seinen Kopf und fixierte mich. Auf einmal richtete er die Ohren auf und gab ein rasselndes, zähnefletschendes Knurren von sich. In diesem Moment rutschte mir das Herz in die Hose, ich starrte den Hund an und gab Kette.

Als der Hund bemerkte, dass ich schnell davon wollte, sprang er wie von der Tarantel gestochen auf und rannte mir hinterher. Ein ungleicher Wettlauf begann: Ich hatte neben meinem Körpergewicht 50 Kilo Fahrrad voranzubringen, der Hund hingegen bestand nur aus Hass und Muskeln, die ihn Sekunde um Sekunde meinem Hinterrad näher brachten. Das braune Muskelpaket holte auf und ich spürte, wie mir das Adrenalin durch die Adern schoss. Ich beschleunigte mein schweres Gefährt auf dreißig, dann auf fünfunddreißig Kilometer pro Stunde und für eine furchtbar lange Minute war mir die Bestie auf den Fersen. Dann senkte sich die Straße zu meinem Glück leicht bergab und ich entfernte mich von der zähnefletschenden Kreatur. Zufrieden blieb der Hund am Ende der Straße stehen und signalisierte mit einem siegreichen Kläffen, wer der Herr in diesem Ort war.

Nur langsam erholte ich mich von dem Schrecken und dem anstrengenden Sprint und rollte mit ängstlichen Blicken in den Rückspiegel die breite Hauptstraße entlang. Gerade hatte sich mein Puls gesenkt und ich konzentrierte mich wieder auf den nächsten Anstieg, da schlug mein inneres Alarmsystem erneut an. Im rechten Winkel meines Blickfelds nahm ich eine Bewegung war. Über der Motorhaube eines verrosteten Passats tauchte der langgezogene schwarze Kopf eines Dobermanns auf.

Erneut schoss mir Adrenalin durch die Adern. Doch dieses Mal erkannte ich sofort die Aussichtslosigkeit meiner Lage. Es würde absolut keinen Sinn machen in die Pedale zu treten, das Tier war viel zu groß und ich hatte absolut keine Chance.

Der Dobermann starrte mich an. Zitternd vor Feindseligkeit schob er die Lefzen nach hinten und legte zwei gelblich-weiße Reihen an spitzen, taschenmessergroßen Zähnen offen. Das Tier legte die Ohren an und richtete das kurze Fell auf. Dann gab es ein röhrendes tiefes Knurren von sich.

Einen kurzen Augenblick hielt ich dem Blick des Monsters stand, dann zuckte ich kurz zusammen, und im selben Moment sprang der Dobermann über die Motorhaube des Wagens und schoss auf mich zu. Ich schloss die Augen und wartete auf die Attacke. Doch nichts geschah. Als ich wieder aufblickte erkannte ich, dass der Hund an einer verrosteten Kette angeleint war und knurrend mit all seiner Kraft daran zerrte. Durch den Lärm aufgeschreckt tauchte der Besitzer des Hundes aus seiner Garage auf. Er gab dem Dobermann einen festen Tritt in die Seite, rief mir etwas Unverständliches zu und lachte laut. Ich stand kreidebleich auf der Straße und starrte auf den Hund.

Nach diesem Vorfall verließ ich augenblicklich das malerische Fischerdorf und fuhr auf kürzestem Weg auf die bulgarische Schnellstraße in Richtung der rumänischen Grenze. Wenn ich meinem Schicksal an diesem Tag noch einmal ins Auge blicken sollte, dann lieber in Form von grellen Autoscheinwerfern als in Form des hasserfüllten Blickes eines osteuropäischen Kampfhundes!

Vier Stunden später und noch immer mit weichen Knien erreichte ich die bulgarische Grenzstadt Silistra. Bei Burger und Pommes in einem Touristenimbiss verarbeitete ich den Schrecken und bereitete mich mental auf die kommenden Tage vor. Scheinbar hatten Hermann und Sabine doch recht gehabt und die Bestien, die mich auf den kommenden Kilometern erwarten würden, waren wirklich anders als die Hunde zuvor. Aber was konnte ich tun? Ich saß ein paar hundert Meter von der rumänischen Grenze entfernt, und das Einzige, was mich jetzt noch vom Delta der Donau trennte, war Rumänien. Rumänien und die rumänischen Hunde. Kneifen konnte ich nun nicht mehr, dafür war ich viel zu weit gekommen. Irgendwie musste ich es mit den wilden Bestien aufnehmen.

Ich biss in den fettigen Burger und erinnerte mich an einen Bericht, den ich kurz vor meiner Abfahrt in einem Reiseforum gelesen hatte. Dort hatte ein Rumänienurlauber davon berichtet, wie er sich mit einem Pfefferspray den attackierenden Hunden entgegengestellt hatte. Damals dachte ich noch, was ein Typ, der die armen Hundis mit dem fiesen Pfefferspray quält! Nach den heutigen Begegnungen ärgerte ich mich, dass ich keine größere Schusswaffe mitgenommen hatte. Automatisch glitt meine Hand in meine Hosentasche, ich fühlte das kalte Metall der kleinen Dose und ein Gefühl der Beruhigung breitete sich aus.

Bewaffnet und mit neuem Mut überquerte ich am nächsten Morgen die bulgarisch-rumänische Grenze. Zu meinem Glück blieb die schmale Spraydose in meiner Hosentasche auch an dieser Grenze unentdeckt, und nach einer raschen Passkontrolle befand ich mich auch schon im abenteuerlichen Rumänien, dem letzten Land auf meiner Reise entlang der Donau.

Auf der rumänischen Seite herrschte erst einmal Ordnung. Die goldenen Sonnenblumenfelder waren langgezogenen grünen Weinreben gewichen. Die Straße war sauber, ein großes poliertes Schild hieß mich im neuen Land willkommen und von streunenden Hunden war keine Spur.

Das änderte sich jedoch hinter der nächsten Kurve. Etwa hundert Meter hinter dem Grenzübergang erwartete mich der erste Kontrolltrupp. Er bestand aus sieben Hunden. Drei große, vier kleine. Die Hunde lagen faul am Rand der geteerten Straße und machten keinen besonders angriffslustigen Eindruck. Ich betrachtete die Tiere angespannt und näherte mich vorsichtig mein Fahrrad schiebend, die Hand an der schmalen Spraydose.

Kurz bevor ich die Hunde passierte, preschte ein klappriger Kastenwagen an mir vorbei. Kaum hatte der Mercedes Sprinter die Hunde erreicht, sprangen diese auf und stellten sich todesverachtend und laut bellend dem riesigen Fahrzeug entgegen. Der Fahrer hupte, gab noch einmal Gas und bretterte durch die Gruppe an Hunden, die gerade noch rechtzeitig davonspringen konnten.

Wenig beeindruckt liefen die Hunde dem Transporter laut kläffend hinterher. Als sie sich beruhigt hatten, machten sie kehrt – und entdeckten mich.

Wagemutig ging ich weiter. Die dünnen Haare auf meinen Armen stellten sich auf, ein unruhiges Kribbeln machte sich in meinem Bauch breit. Ich ging ein paar Schritte vorwärts, dann rannten die Bestien zähnefletschend und knurrend auf mich zu. In meiner Not suchte ich mir den größten der Hunde aus und verpasste dem zerzausten Leitwolf eine Ladung Pfefferspray.

Es war das erste Mal, dass ich ein solches Geschoss benutzte. Wie bei einer Wasserpistole spritzte ein dünner transparenter Strahl aus der kleinen Metalldose und erwischte den Hund genau auf der Schnauze. Dieser, offensichtlich erst verwirrt und dann sehr beeindruckt von dem ätzenden Inhalt, zog sich jaulend und laut niesend zurück. Auch die anderen Hunde nahmen den scharfen Geruch wahr und waren durch den Rückzug ihres Anführers durcheinander. Ich nutzte die Verwirrung, schrie laut: »Achtung, der deutsche Pfundskerl kommt!«, und schwang mich in den Sattel. Dann stieß ich durch die Reihe der Hunde hindurch und begann meine Flucht. Zwei der kleineren Hunde liefen mir noch in gehörigem Abstand hinterher, verloren dann aber den Spaß. Das Bellen der rumänischen Bestien hallte noch lange in meinen Ohren, während ich mir einen Weg durch die rumänischen Weinberge bahnte.

NIKOLAI,
DER LEBENSRETTER

PECENEAGA, EIN WINZIGES DORF
IN RUMÄNIEN, AUGUST 2012
– 2.980 KILOMETER –

Mein erster Tag in Rumänien begann also mit einem Schrecken. Zwar war ich dem aggressiven Hunderudel glimpflich entkommen, die Attacken hatten allerdings traumatische Erinnerungen hinterlassen. Die folgenden Tage bahnte ich mir deutlich angespannter meinen Weg durch das hügelige rumänische Hinterland, und regelmäßig erinnerte ich mich an die warnenden Worte von Sabine und Hermann. Deutlich nervöser passierte ich die kleinen Dörfer und deutlich öfter war ich in Alarmbereitschaft, wenn sich plötzlich neben der Straße etwas bewegte.

Abgesehen von den schlechten Erfahrungen mit den wilden Hunden war Rumänien allerdings ein großartiges Land zum Fahrradfahren. Es war noch ländlicher als Serbien oder Kroatien und die Landschaft bestand aus beeindruckenden Wäldern, hügeligen Weinbergen und langgezogenen braunen Ackerflächen. Die Anstiege der Hügel wurden länger und der Asphalt auf den Straßen poröser. Die Ortschaften waren noch kleiner als in Bulgarien und noch mehr Ziegen, Schafe und Kühe trotteten über die staubigen Dorfstraßen. Die Sonne brannte noch ein bisschen stärker und die Menschen in den Feldern arbeiteten mit noch älteren Gerätschaften. Noch seltener stieß ich auf Autos und noch öfter radelte ich an hölzernen Wagen vorbei, die von Eseln oder Pferden gezogen wurden.

Gewitzte Bauern hatten an ihren Viehkarren europäische Nummernschilder angebracht. So überholte ich auf meiner Fahrt durch die Dörfer eine Pferdekutsche aus Bukarest mit dem Nummernschild »B-1056 KOK«, einen Eselkarren aus Cluj mit »CL-09XVO« und einen hölzernen Strohtransporter aus Rom mit »BX 887KF«. Wo die Bauern die Nummernschilder herhatten, wusste ich nicht, allerdings verstand ich schnell: die Rumänen besaßen Humor.

Zwei Tage lang durchquerte ich die trockene rumänische Ackerlandschaft. Die Hunde in den Dörfern hatte ich inzwischen im Griff, allerdings sorgte eine neue Dimension des Terrors für Unbehagen: Streunende Hunderudel, die nachts ihr Revier verteidigten, während ich schutzlos in meinem Zelt lag.

Zwei Abende schlug ich mein Zelt in den rumänischen Weinbergen auf. Beide Male stattete mir eine Gruppe streunender Hunde mitten in der Nacht einen Besuch ab. Ich war offensichtlich in ihr Revier eingedrungen, und bellend und knurrend umkreisten sie stundenlang meine kleine Behausung. Zwei Nächte lang brachte ich kein Auge zu, lag wach in meinem Schlafsack und umklammerte fest das Pfefferspray.

Am Morgen meines dritten Tages in Rumänien – ich war froh, dass die schlaflose Nacht endlich vorbei war – bekam ich dann erneut Besuch. Ich war gerade damit beschäftigt, mein Zelt einzupacken und den letzten Schluck Kaffee zu trinken, da umkreisten mich auf einmal acht riesige Bestien. Wie aus dem Nichts sprangen die Hunde hinter dem Gebüsch hervor und fletschten die Zähne.

Durch lautes Rufen und Fuchteln mit meiner Zeltstange konnte ich sie auf Distanz halten. Auch der junge rumänische Schafhirte, der kurz darauf um die Ecke bog, konnte seine Bestien kaum beruhigen. Als ich so von acht kläffenden Kolchosekötern, zweihundert Schafen und einem auf Rumänisch gestikulierenden Schäfer umkreist dastand, beschloss ich, dem Wildcampen in Zukunft so gut es ging aus dem Weg zu gehen. Die nächsten Tage bis ans Donaudelta wollte ich nicht mehr alleine in den Büschen schlafen. Nein, die kommenden Nächte würde ich wieder in einem weichen Bett eines sicheren Hotelzimmers verbringen.

Gegen Mittag hatte es 38 Grad im Schatten, und ich trieb mein Fahrrad voran. Ich hatte mir geschworen, erst anzuhalten, wenn ich eine Pension oder ein Hotel entdeckt hatte, das mir für die Nacht eine sichere Unterkunft bot. Mit der inneren Kraft der Ungewissheit meisterte ich zahlreiche schweißtreibende Anstiege, bis am frühen Nachmittag bereits 120 Kilometer auf dem Tacho standen.

Ausgetrocknet und leicht unterzuckert hielt ich im winzigen Dorf Peceneaga mitten im rumänischen Niemandsland an einer Dorfschänke. Ich schob mein Rad an das grüngestrichene Backsteinhaus im Zentrum des Ortes. Die Dorfgemeinschaft saß oberkörperfrei bei Bier und Nüssen auf weißen Plastikstühlen und betrachtete mich neugierig. Ich grüßte freundlich und ließ mich völlig erschöpft in einen der Stühle sinken. Zitternd vor Erschöpfung nippte ich an einer Cola, die ich bei der alten Dame in der Kneipe bestellt hatte, und beschloss, an diesem Tag keinen Meter mehr weiter zu radeln.

Eine Viertelstunde und zwei kleine Colaflaschen später konnte ich wieder auf beiden Beinen stehen und humpelte zum Nachbartisch.

»*Bună ziua!*«, grüßte ich und fragte auf Englisch, ob es ein Hotel oder eine Pension in der Nähe gebe. Die Antwort der biertrinkenden Männer war eindeutig.

»*Hotel? No, no. No Hotel.*« Mit Händen und Füßen erklärten sie mir, dass das nächstgelegene Hotel über 60 Kilometer entfernt lag und man einige Steigungen überwinden musste, um dorthin zu gelangen. Schnell war mir klar, das würde ich an diesem Tag nicht mehr schaffen.

Mit wachsender Verzweiflung erklärte ich den fünf angetrunkenen Männern meine missliche Lage, indem ich auf meine dicken Serrano-Schenkel deutete, das Bellen von wildgewordenen Hunden nachahmte und ein paar zusammenhangslose rumänisch anmutende Begriffe rief, die mir in den Sinn kamen: »*Germania, Romania, bicicleta, Dunarea.*«

Begeistert von meiner Schauspieleinlage riefen die Männer: »*Muschki, muschki, wau, wau, problema!*«, dann steckten sie ihre Köpfe zusammen und verfielen in eine aufgebrachte Diskussion.

Nach wenigen Minuten war in der kleinen Bar eine große Debatte ausgebrochen. Scheinbar suchten die Dorfbewohner nach Lösungen für das Muschki- und das Wauwau-Problem. Männer, die zufällig vorbeiliefen, reihten sich in die Diskussion ein, und auch die zahnlose Alte, die im Inneren der Kneipe das Bier ausschenkte, kommandierte aus dem Küchenfenster lauthals mit. Ich saß inmitten der Dorfbewohner und verstand kein Wort, nippte an meiner Cola und lächelte freundlich, wenn einer der Männer auf mich zeigte und den anderen etwas auf Rumänisch zurief.

Nach einer weiteren Viertelstunde war die Diskussion beendet und die Männer winkten mich an ihren Tisch. Dann erklärten sie mir in unterschiedlichen Sprachen die Situation. Ich verstand Folgendes:

Hotel: gab es nicht.

Bus: fuhr erst am nächsten Morgen wieder.

Auto: nicht möglich, da mein Fahrrad mit den Packtaschen zu sperrig war.

Lösung: Ich sollte mit Nikolai mitgehen.

Nikolai war einer der Männer am runden Plastiktisch, ein zwei Meter großer Rumäne, vielleicht Mitte vierzig und nur mit Badehose und Flip-Flops bekleidet. Er war braungebrannt und hatte einen breitschultrigen, muskulösen Bauarbeiterkörper. Lachend streckte er mir die Hand entgegen und erklärte mir noch einmal die Situation: »Okay«, sagte er. Und: »Deutschland gut!« Dann schlug er mir kräftig auf die Schulter, lachte herzlich und deutete mir an, ihm zu folgen.

Zwei junge Rumänen schnappten mein Fahrrad und schoben es Nikolai hinterher. Da mir nicht viel anderes übrig blieb, verabschiedete ich mich von der Runde in der Dorfschänke und lief dem großen halbnackten Rumänen und meinem Fahrrad hinterher. Als Nikolai meinen zweifelnden Blick bemerkte, lächelte er mich an.

»Keine Problema!«

Bevor mir klar wurde, was eigentlich passierte, saß ich bereits im schattigen Vorgarten eines einstöckigen Häuschens und wurde mit Bier, Eintopf und Tuika, dem lokalen scharfen Traubenschnaps versorgt. Um mich herum saß Nikolais Familie und starrte mich mit freudiger Erwartung an. Da ich außer *Bună ziua! –* »Guten Tag« und *Mulțumesc!* »Danke sehr!« kein Wort Rumänisch beherrschte und immer noch keiner der Dorfbewohner gefunden war, der übersetzen konnte, erklärte ich erneut mit Händen und Füßen, was ich in den letzten Wochen erlebt hatte. Die Anwesenden freuten sich und Nikolai wiederholte zufrieden seine drei deutschen Sätze: »Okay! Keine Problema! Deutschland gut!«

Bei der zweiten Schnapsrunde stieß ein vielleicht fünfzehnjähriger Junge zu uns, der sich als Nikolais Sohn vorstellte. Er zückte ein altertümliches Smartphone und tippte einige rumänische Begriffe ein. Dann zeigte er mir mithilfe einer Übersetzungs-App die folgenden Begriffe: »Schlafen«, »Großmutter« und »kein Problem«.

Er nahm mich an die Hand und führte mich ins Haus. Im hinteren Raum der engen Wohnung bezog Nikolais Frau Gabriela ein Bett für die Nacht. Sie deutete mir an, dass ich heute hier schlafen würde. Der Junge hielt mir das Handy unter die Nase und ich las »Großmutter«. Was die Großmutter damit zu tun hatte, wollte mir nicht in den Kopf.

Zurück im Garten hatte sich inzwischen eine Traube an Menschen angesammelt, um mich zu begutachten. Unter anderem auch zwei

Männer, die ein paar Brocken Englisch beherrschten. So kam endlich Licht ins Dunkle. Ich verstand, dass Nikolai mit seiner Familie, so wie die meisten anderen Dorfbewohner, in Italien wohnte und sie dort als Maurer, Bauarbeiter oder Automechaniker arbeiteten. Dort gab es gutes Geld zu verdienen, und das Italienisch war dem Rumänischen sehr ähnlich. In den Sommerferien war Nikolais Familie nun mit ihren beiden Kindern zurück nach Rumänien gefahren, um den Urlaub mit alten Bekannten im Heimatdorf zu verbringen. Ich könnte beruhigt bei Nikolai übernachten und müsste mir keine Sorge machen.

»Keine Problema!«, rief Nikolai freudig. Dann stießen wir alle zusammen mit einem Gläschen Schnaps an.

Auch ich berichtete auf Englisch von meinen Abenteuern und die beiden Dolmetscher übersetzten der gespannt lauschenden Menschenmenge. Nach zwei Monaten auf Tour hatte mein Bart inzwischen eine beachtliche Länge erreicht und mein Äußeres in den zerschlissenen, verschwitzen Radlerklamotten hinterließ Eindruck. Kaum erzählte ich von den fiesen Hunden und zeigte mein Pfefferspray herum, begannen die Rumänen zu lachen und klopften mir anerkennend auf die Schulter.

Ich wurde genötigt einen zweiten Teller des schmackhaften Eintopfs zu essen, dann wurde ich in ein Auto verfrachtet. Gemeinsam mit drei Jugendlichen aus dem Garten fand ich mich auf einmal auf der Rückbank eines klapprigen SEAT Bocanegra wieder. Verwirrt fragte ich die Jungs, was nun passieren sollte, dann drehte sich Nikolai vom Steuer aus zu mir um, sagte »Keine Problema!« und startete den Motor.

Auf holprigen Lehmpfaden verließen wir das Dorf, und ich fragte mich, ob es wirklich eine so gute Idee gewesen war, mein teures Fahrrad, das Hightech-Zelt, Laptop, Kamera und das Notfallgeld in Nikolais Vorgarten zurückzulassen. Während ich rätselte, durchquerten wir ein dunkles Waldstück und hielten kurz darauf an einem hübschen Sandstrand, direkt an der Donau.

Nach einer Raucherpause packten Nikolai und die Jugendlichen ihre Badehosen aus dem Kofferraum und sprangen in die Fluten. Ich schloss mich an und nachdem wir im kühlen Wasser ein wenig heruntergekühlt waren, begannen wir uns alle mit Shampoo einzuseifen und vom Schmutz der staubigen Dörfer gründlich sauber zu waschen.

Am späten Nachmittag fuhren wir zurück in Nikolais kleines Häuschen. Erst als ich auf die Toilette wollte und mir ein Plumpsklo hinter dem Haus gezeigt wurde, begriff ich, warum sich die gesamte Familie in der Donau gewaschen hatte: Das Häuschen hatte keinen Wasseranschluss und Nikolais Familie lebte in Rumänien in armen Verhältnissen. Mir wurde klar, dass ein Großteil der Rumänen trotz EU, Fördergeldern und Nummernschildern an den Eselkarren auch heute noch sehr bescheiden leben musste.

Nach der Familienwäsche zwang uns Gabriela wieder an den Küchentisch und servierte erneut von der leckeren Suppe. Bei rumänischem Eintopf, Brot und Bier unterhielten wir uns mit Händen und Füßen über Rumänien, Deutschland, Fußball, Angela Merkel und die deutsche Industrie. Gegen sieben Uhr abends zogen Wolken auf und es wurde langsam kühler. Das enge Haus begann sich mit Menschen zu füllen, vor allem Freunde von Nikolais Sohn strömten in Scharen in die engen Wohnräume. Während ich noch immer an dem grauen Gartentisch hockte, wurden vor mir eine Musikanlage, dicke schwarze Boxen und einige Plastiktüten voll Bierflaschen ins Haus getragen. Als etwa fünfzehn Jugendliche darin verschwunden waren, wurde ich hinzugerufen. Gabriela öffnete die großen Bierflaschen und verteilte den Inhalt in Porzellantassen an die Jugendlichen, ein pubertärer Rumäne mit Hip-Hop-Shirt legte die erste CD in die Anlage, dann begann die Rumänendisko.

Der sechzehn Jahre alte DJ legte eine Mischung aus Techno und rumänischer Ostblockfolklore auf, im anderen Zimmer wurde das Champions League Playoff Basel – Cluj angeschaltet und Gabriela verteilte immer mehr Bier an die Jugendlichen, hatte aber ein wachsames Auge, dass keiner der Jungens und Mädels über den Durst trank. Bei mir achtete sie darauf, dass meine Porzellantasse stets gut gefüllt blieb.

Auch im Garten stieg die Stimmung. Draußen versammelten sich immer mehr Erwachsene, und irgendwann wurde ich dem Bürgermeister des Ortes vorgestellt. Nach einem freundlichen Gespräch, bei dem ich kein Wort verstand, stießen wir gemeinsam auf die deutsch-rumänische Freundschaft an. Was für ein verrückter Abend, tief in einem rumänischen Dorf!

Unzählige Kaffeetassen voll Bier später wollte ich mich ins Bett verabschieden. Es war bereits nach Mitternacht, und nach dem ereignisreichen Tag war ich hundemüde. Kaum hatte ich mein Vorhaben erklärt, zerrten mich die Jungs am Arm und protestierten.

»*No, no, no bed! Barbecue in the garden!*«, riefen sie und schoben mich in den schmalen Hof des Hauses.

Unten erwartete uns Gabriela. Sie hatte bereits den Grill angefeuert und die ersten selbstgemachten Cevapcici daraufgelegt. So dauerte es noch eine Weile, bevor ich mich davonmachen konnte. Erst nach vielen weiteren Tassen Bier, einem guten rumänischen Essen, einigen Gläsern Schnaps und vielen Geschichten durfte ich mich aufmachen und meinen Schlafplatz einnehmen.

Mit ohrenbetäubender rumänischer Disko-Folklore, einem vollen Bauch und einem starken Rausch schlummerte ich seelenruhig unter der bestickten Blumendecke von Nikolais Großmutter ein.

EINST GING ICH AM UFER DER DONAU ENTLANG: DIE STATISTIK

TULCEA, RUMÄNIEN, AUGUST 2012
– 3.077 KILOMETER –

Das erste Ziel meiner Tour war erreicht. Nach fünfzig Tagen im Sattel und über 3.000 Kilometern hatte ich Ende August das Donaudelta erreicht. Fast zwei Monate war ich dem Lauf des zweitgrößten Flusses Europas mit dem Fahrrad gefolgt. Durch acht Länder war ich gefahren und weder Hitze, Sonne, Berge, Bayern, Sandpisten, Dammwege, Dornen noch wilde Hunde hatten mich aufgehalten. Ich hatte tolle Bekanntschaften gemacht, mein Bart war beeindruckend gewachsen und trotz neugewonnener Muskelmasse hatte ich etwa sechs Kilo abgenommen.

Die Donau war auf meinem Weg mein steter Begleiter gewesen. Sie hatte mir den Weg gewiesen und ich war an ihrer Seite geradelt. Ich hatte in ihr gebadet, an ihren Ufern gezeltet und war mit Fähren und Booten über ihr Wasser gefahren. Ich hatte Burgen, Schlösser, Kirchen und Kloster besichtigt, die vor Jahrhunderten an ihren Ufern erbaut worden waren. Ich war ihr gefolgt von der Quelle in Donaueschingen, bis zu ihrer Mündung im rumänischen Tulcea, wo sie sich mit dem Schwarzen Meer vereinte. Doch bevor ich zu sentimental wurde, hatte ich Abschied genommen und meine Reise fortgesetzt. Donau, meine Liebe, ich bin mal eben Zigaretten holen.

Die Statistik:
- Geradelte Kilometer: 3.077
- Tage im Sattel: 50
- Top Speed: 65,11 km/h in den bayrischen Bergen auf der Fahrt nach Salzburg

- Längste Strecke: 136 km bei angenehmem Nieselregen in Bulgarien
- Kürzeste Strecke: 27,5 km bei frustrierender Regenfahrt im Allgäu
- Pannen: 3 platte Reifen durch fiese Dornen in Ungarn
- Reparaturen: ein paar Schrauben nachziehen und die Kette schmieren; Nabe schnurrt noch immer wie ein Kätzchen
- Abenteuerberichte in meinem Blog: 16
- Kommentare meiner Mutter: 27

Topgründe, den Donauradweg entlang zu fahren
1) Abschalten und einfach drauf los radeln
2) Eine beeindruckende Landschaft genießen
3) Eine herausfordernde und gleichzeitig wunderschöne Fahrradstrecke meistern, die vor der eigenen Haustüre beginnt
4) Mit jedem Kilometer mehr ins Abenteuer radeln
5) Spannende Gespräche und beispiellose Gastfreundschaft
6) Günstiges Bier
7) Leckeres Essen
8) Sonnenuntergänge am Donauufer
9) Verrückte Weggefährten
10) Man kann den ganzen Tag Schokolade essen und Bier trinken und nimmt trotzdem ab

Topgründe, den Donauradweg nicht zu fahren:
1) Rumänische Kolchoseköter
2) Die unerträgliche Hitze
3) Die unbefestigten Donau-Dammwege auf dem EuroVelo 6
4) Hügel, die sich hinter Kurven verstecken
5) Hügel, die sich hinter Hügeln verstecken
6) Gegenwind
7) Osteuropäische Busse, die von hinten anrasen
8) Lastwagen, die von vorne anrasen
9) Stechmücken, die abends in Scharen über einen herfallen
10) Osteuropäer, die alle Schuld der Welt den »Zigeunern« in die Schuhe schieben

EMIL UND
DIE DETEKTIVE

CAHUL, REPUBLIK MOLDAU, AUGUST 2012
– 3.180 KILOMETER –

Panik in der Republik Moldau. Die Vorbereitungen waren im vollen Gange, und dann so etwas.

»Das ist eine Katastrophe! Wir haben für den verehrten Gast extra 152 Lastwagenladungen Müll wegbringen lassen sowie 300 Bäume gefällt und Rollrasen verlegt – und nun das!«, erklärt der Sprecher der Moldawischen Medien in einem Spiegel-Interview.

Der verehrte Gast war unsere Kanzlerin Angela Merkel. Als erstes deutsches Staatsoberhaut überhaupt hat sie der Republik Moldau einen Besuch abgestattet. Für den Anlass wurde Chişinău, die Hauptstadt, herausgeputzt. Doch keine 24 Stunden vor dem Besuch hatten gerissene Diebe zwanzig Meter des frisch verlegten Rollrasens entwendet. Ein Desaster!

Und trotzdem, der schreckliche Diebstahl und die vermeintlich hohe Kriminalität im Land können mich nicht abschrecken. Vier Tage nach dem Besuch der Kanzlerin reise auch ich in die Republik Moldau ein. Der Grund meiner Reise nach Moldau: die rumänischen Hunde – mal wieder.

Mein eigentlicher Plan war es gewesen, vom Donaudelta aus entlang der rumänischen Schwarzmeerküste und weiter an den herrlichen Sandstränden des bulgarischen Balatons zu radeln, ein paar Tage Badeurlaub einzulegen und nach drei bis vier Wochen die türkische Metropole Istanbul zu erreichen. Von Istanbul aus hatte ich dann in Richtung Afrika aufbrechen wollen, um meinen Weg nach Togo einzuschlagen.

Eigentlich … Dann hatte ein Rudel Hunde meine Pläne durchkreuzt, denn auch nach meiner tollen Erfahrung bei Nikolai und seiner Familie hatten die rumänischen Bestien nicht aufgehört, mich zu verfolgen. An einer Kreuzung, an der ich erneut vor einer Horde Kolchoseköter davonradeln musste, hatte ich mich kurzfristig für einen Umweg entschieden. Ein Wegweiser am Straßenrand zeigte rechts in Richtung der rumänischen Stadt Brăila und links in Richtung Moldau. Mit den Hunden im Nacken beschloss ich, mein Glück in der Republica Moldova zu suchen. Schlimmer als in Rumänien konnten die Köter dort gar nicht sein!

Wo es genau hingehen sollte und was mich in Moldawien erwarten würde, wusste ich nicht. Ich wusste nur, dass ich es in einem Tag schaffen würde, Rumänien zu verlassen und die kleine Republik Moldau zu erreichen. Von der rumänischen Stadt Galati aus lagen noch 60 Kilometer bis zum Grenzübergang vor mir.

Es war ein kühler Donnerstagmorgen und fast die gesamte Strecke musste ich gegen einen sturmartigen Gegenwind antreten. Ich fuhr auf einer flachen Teerstraße durch weitgezogene Felder voll Weizen und Mais, und der harte Wind peitschte mir frontal ins Gesicht. Zum Schutz vor der Kälte hatte ich mir ein Tuch um den Kopf gebunden, und nur mit größter Kraft schaffte ich es, mein Fahrrad auf zwölf, dreizehn Kilometer pro Stunde zu beschleunigen.

Der Sturm trieb mir die Tränen in die Augen und es war, als ob der Wind mir eine Botschaft zurief: »Bleib hier in Rumänien, mein Freund, fahr nicht in das kriminelle und arme Moldawien!«

So ähnlich drückte es dann auch Emil aus, dem ich in meiner Mittagspause kurz vor der moldawischen Grenze begegnete. Nachdem ich den Kampf gegen den Wind gewonnen hatte, war ich erschöpft auf die Bank vor einem spärlichen Tante-Emma-Laden gesunken und hatte mich mit Brot und Keksen gestärkt, als sich Emil neben mich setzte.

Emil war ein fünfzig Jahre alter Rumäne mit fehlenden Zähnen und einem wettergegerbten Gesicht, zu dem sich eine Menge Lachfalten gesellten. Er sprach sehr gut Deutsch, da er vier Jahre lang in der Nähe von Osnabrück in einer Schlachterei gearbeitet hatte. Dort hatte er Schweine zerteilen und später in einem anderen Betrieb Säue besamen müssen. Hierbei sei es wichtig, die Muttersau ordentlich anzupacken und mit einer Pipette den Samen in die Vagina zu geben.

»Steckst du Schlauch in den Arsch, druckst Pipette, fertig. Wie bei Frau!« Emil grinste mich aus einem zahnlosen Mund an. »Aber viel schwierig in Deitschland! Das haben alles seine Ordnung, viele Vorschriften, viel Higienä.«

Ich schob Emil einige Kekse über den Tisch.

»Emil, hast du eine Idee wie es in Moldawien ist? Ich möchte heute noch die Grenze überqueren und weiß gar nichts über das Land.«

Emil griff nach einem Keks, dann zog sich seine Stirn in Falten. »Republica Moldova? Oh nein, kannst du machen nicht! Ist viel zu gefahrlich, viel KaGäBä, viele Zigainer! Kannst kommen lieber mit mir in Haus, kannst wohnen bei mir.«

Dann schob sich Emil einen Keks in seinen Mund und ich beobachtete voll Spannung, wie er die Kekse erst in seinem Mund kurz aufweichte und dann mit seinen zahnlosen Kauleisten zermalmte.

»Habe ich nix Geld viel, aber kann gut fangen Fischen. Mussen wir nichts Hunger haben.«

Kurz überlegte ich. Ein paar Tage zusammen mit Emil klangen nach Abenteuer. Dann lehnte ich ab, schließlich wollte ich weiterkommen. Ich bot Emil den Rest meiner Kekse an, und zum Dank berichtete er von den neuesten Geschehnissen in der rumänischen und internationalen Politik.

Als Emil mir seine Lieblingsthese erläuterte, dass viele Politiker Spione waren, begann ich meine Sachen zu packen und mich startbereit zu machen.

»Viele Spionen sind noch im Land. Auch in Deitschland. Viel KaGäBä, überall! Hab ich gelesen, dass Chelmut Kohl bereits seit über zwanzig Jahren tot. Gibt es einen Spion, der hat Gesicht abgezogen und trägt als Maske. Auch in Moldova viele Spionen, so wie Chelmut Kohl. Alle mit Masken von Toten. Musst du besonders passen auf!«

Ich nickte und versprach Emil, auf mich aufzupassen. Dann kaufte ich ihm eine Cola, die Emil direkt danach gegen ein Bier eintauschte, und machte mich auf den Weg.

Gegen 14 Uhr erreichte ich den rumänisch-moldawischen Grenzübergang. Die Grenze bestand aus einer hohen Stahlüberdachung, ein paar Schildern, einer rumänischen Flagge und zwei, drei kleineren Grenzhäuschen. Da man als EU Bürger für die Einreise nach Moldawien kein Visum benötigte, reihte ich mich mit meinem Fahrrad in die Schlange wartender Pkw und hoffte auf ein baldiges Durchkommen. Inzwischen hatte sich der Wind gelegt und die unerträglich heiße Mittagssonne hatte seinen Platz eingenommen. Auch den wartenden Autofahrern war es nach einer kurzen Zigarettenpause in der Hitze zu warm, und Geschäftsmänner und Familien saßen in ihren Autos, ließen Klimaanlagen und Motoren laufen und pusteten mir die stinkenden Abgase ins Gesicht. Am Ende der Autoschlange flimmerte die heiße Luft über dem glühenden Teerboden, und ich schmorte bei 45 Grad in der Sonne.

Ganze fünfzig Minuten musste ich in der Hitze ausharren, dann war ich endlich an der Reihe und schob mein Fahrrad in den Schatten der Grenzanlage. Die Ausreise verlief kurz und professionell, mein deutscher Pass wurde positiv aufgenommen und nach dem Kontrollieren meiner Radtaschen ließen mich die Beamten schnell weiterziehen.

Gerade wollte ich auf mein Fahrrad steigen und die ersten Meter auf moldawischem Boden zurücklegen, da zog mich ein kleiner Junge am Ärmel.

»*Hello Mister, stop, stop! Where do you come from? I am Damian, we just come from a camping holiday in Romania, what is your name?*«

Verdutzt starrte ich den kecken Jungen an, und bevor ich antworten konnte, überschlug dieser sich schon mit weiteren Fragen: »*Are you going to cycle to Chișinău? I am eleven, how old are you? How many kilometers can you cycle in one day? How many kilograms has your bike?*«

Ich hatte kaum Zeit, dem kleinen Kerl auf die vielen Fragen zu antworten. Aus einem schwarzen Geländewagen stieg schließlich die Mutter von Damian aus, stellte sich zu ihrem Sohn und hörte uns beiden lächelnd zu. Dann wurde einer der Grenzbeamten mürrisch und rief herüber, dass wir hier nicht stehen dürften und weiterfahren müssten. Die Mutter des Jungen schüttelte mir kurz die Hand, erklärte, sie hieße Natalia, kritzelte ihre Telefonnummer auf einen Zettel und meinte, dass ich mich melden sollte, wenn ich Chișinău erreicht hatte. Ich steckte die Nummer in die Hosentasche und schwang mich in den Sattel.

Die ersten Meter auf dem Boden der Republik Moldau empfand ich als sehr spannend. Als durchschnittlich gebildeter Mitteleuropäer wusste ich über Moldawien fast nichts. Mir war bekannt, dass die Republik Moldau ein Staat war, der sich tief im Osten Europas befand, eingeklemmt zwischen Rumänien und der Ukraine. Die vier Millionen Einwohner verteilten sich auf wenige Städte und viele Dörfer. Wie in Bulgarien und Rumänien dominierten Ackerflächen die Landschaft und das sowjetische Erbe prägte Gesellschaft und Politik. Der östliche Teil von Moldawien, etwa zehn Prozent der Landesfläche, wurde von Transnistrien eingenommen. Transwas? Genau, Transnistrien. Wenn es einen Staat gab, der noch unbekannter als die Republik Moldau war, dann war es Transnistrien. Der abtrünnige Landstrich gehörte zu der Gemeinschaft nicht anerkannter Staaten und besaß eine eigene Regierung, eine eigene Währung, eigene Grenzkontrollen, Pässe und Briefmarken und war de facto ein unabhängiger Staat auf dem Gebiet der Republik Moldau, also in etwa so wie Bayern.

Mehr wusste ich nicht, als ich auf einer schmalen Teerstraße das Grenzgebiet hinter mir ließ und vorbei an Dörfern, Weinreben und gut gepflegten Kapellen und Marienstatuen in Richtung Landesinnere radelte. Nach einer Weile vermehrten sich die bröckelnden Fassaden von langgestreckten Wohnsilos und Lagerhallen, und die Vororte einer größeren Stadt kündigten sich an. Kurz vor der Dämmerung erreichte ich den Kern der moldawischen Stadt Cahul.

Ich fuhr über die löchrige Hauptstraße und vorbei an grauen Gebäuden und rostigen Wolgas, Ladas und klapprigen Kleinbussen. Hin und wieder tauchte die goldverzierte Kuppel einer Moschee auf, und Menschen mit Holzkarren und Körben mit allerlei Obst und Gemüse liefen geschäftig umher. Vor einfachen Kneipen saßen Männer auf morschen Holzstühlen und tranken Bier, Mütter und Kinder starrten mir erstaunt aus dunklen Fenstern hinterher. Cahul war eine typische Ostblockstadt, und nur ein Blinder würde sie als hübsch bezeichnen – trotzdem hatten die engen Gassen, Märkte und rußigen Häuserfassaden auf mich einen faszinierenden Charme.

Nach den unruhigen Nächten im Zelt kam mir ein Zimmer in der 40.000 Einwohner großen Stadt gerade recht. Ich radelte zum einzigen Hotel Cahuls und nahm ein Zimmer im Hotel AZALIA. Die Dame an der Rezeption war sehr zuvorkommend, und der Portier rollte mein Fahrrad in einen schiefen Holzschuppen hinter der Küche. Dann zeigte er mir den Weg zu einem Geldautomaten, an dem ich für 100 Euro knapp 20.000 moldawische Leu abhob.

Ich kehrte zurück, setzte mich in die Lobby und klappte meinen Laptop auf. Mit dem Rechner und einem guten Wi-Fi surfte ich im Internet, beantwortete ein paar E-Mails meiner besorgten Mutter und plante meine Weiterreise in die Hauptstadt Chișinău. Dort würde ich ein wenig Ostblockcharme tanken und dann weiter in Richtung Süden bis in die Ukraine fahren. Eventuell könnte ich einen Abstecher in das abtrünnige Transnistrien machen und dann von der ukrainischen Schwarzmeerstadt Odessa aus eine Fähre nach Istanbul organisieren. Das klang nach einem Plan!

Zufrieden mit der Reiseplanung klappte ich den Rechner zu und nahm den Aufzug in mein Zimmer im fünften Stock. Ich warf mich aufs Bett und mein Blick fiel auf die Minibar. Warum nicht auf meinen ersten Tag in Moldawien ein Bierchen? Leider waren weder Bier noch Cola in der Minibar zu finden, das Einzige, was sich in dem kleinen Kühlschrank befand, war eine Halbliterflasche Dmitri Mendeleev Premium Vodka – Willkommen in der Republik Moldau!

WODKATRINKEN
MIT RUSSEN

CHIŞINĂU, REPUBLIK MOLDAU, SEPTEMBER 2012
– 3.263 KILOMETER –

Das Telefon klingelte.
»*Hello, Markus!*«, klang die aufgeregte Stimme aus dem Hörer.
»*This is Natalia, how are you and where are you right now?*«
»*Hi, Natalia, I'm fine, thanks. I'm in the capital, I'm staying in a big grey hotel called COSMOS.*«
»*Perfect, I know the place. Stay where you are and stop eating and drinking. We're gonna pick you up in one hour.*«

Die Strecke nach Chişinău war nicht ganz wie geplant verlaufen. Aufgrund eines heftigen Unwetters hatte ich den Weg mit dem Bus abgekürzt und erreichte die Metropole an einem Septembernachmittag auf einem Busbahnhof außerhalb der Stadt. Es dauerte etwa zwei Stunden, bis ich mir den Weg in das Stadtinnere gebahnt hatte. Rostige Pkw fuhren hupend in Höchstgeschwindigkeit auf den breiten Straßen, Busse und Kleintransporter drängten die Autos zur Seite und dazwischen schlängelten sich Motorräder und Mopeds todesverachtend durch die entstandenen Lücken. Auf Stau folgte wilde Raserei, auf Raserei folgten Blechschäden und erneute Staus. Ich adaptierte die Ostblockradikalität und drängelte mich in Lücken, verschaffte mir laut fluchend Platz und trat hier und da mit dem Fuß gegen ein Fahrzeug, das sich mir in den Weg stellte: Die Ellenbogen ausfahren und ab durch die Mitte, ein wenig wie in den guten alten Zeiten als Unternehmensberater.

Im Zentrum angelangt machte ich mich auf die Suche nach einem Campingplatz, doch leider gab es in der Hauptstadt keine Möglichkeit zum Zeltaufschlagen. Eineinhalb Stunden irrte ich auf der Suche nach einer Übernachtungsmöglichkeit umher, bis ich endlich ein akzeptables Zimmer im riesigen Plattenbau mit Namen Hotel COSMOS fand. Für fünfzig Euro erhielt ich ein plüschiges Bett in roten Bordelltönen und einen funktionalen Schreibtisch in schlichter DDR-Nostalgie. Die vergangene Pracht des Kommunismus und ein wenig Schimmel lagen in der Luft, und der rotbraune Teppich im Badezimmer verlieh dem Raum charmantes Ostblockflair.

Beim Ausräumen meiner Hosentaschen stieß ich auf den Zettel mit Natalias Telefonnummer, den ich drei Tage zuvor am rumänischen Grenzübergang von ihr erhalten hatte. Kurz überlegte ich, dann tippte ich eine SMS.

»Hi Natalia, this is Markus, the guy on the bicycle with the big beard. I've just arrived in Chișinău. What about meeting tomorrow for a coffee?«

Eine Minute später klingelte mein Telefon. Eine Stunde später stand Natalia mit ihrem Sohn Damian vor der Tür und lud mich in ihr Auto. Weitere dreißig Minuten später saß ich zusammen mit fünf Russen und vier Moldauern an einer reichlich gedeckten Tafel in Natalias Garten.

Natalia erklärte in gutem Englisch, dass sie ihre Verwandtschaft zu Gast hatte und sich die Familie sehr geehrt fühlte, dass ich als deutscher Gast heute bei ihnen mit am Tisch saß. Nun sollte ich gut trinken und mich mit den russischen Freunden unterhalten, sie und die anderen Frauen müssten das Essen vorbereiten.

Als freundlicher Gast folgte ich den Bitten der Hausherrin und prostete den verbleibenden Männern am Tisch zu. Dann begann ich ein Gespräch mit meinem Sitznachbarn Vlad.

Vlad war ein Russe, wie man ihn sich vorstellt: breites Kreuz, riesige Hände, eine leichte Knollennase und zwei riesige Ohren, die seinem glatzköpfigen Gesicht ein eindrückliches Äußeres verliehen. Vlad trug ein Hemd, das bis zum Bauchnabel aufgeknöpft war und den Blick auf krauses Brusthaar und eine dicke goldene Kette freilegte. Wäre Vlad grün, hätte man ihn mit Shrek oder Hulk verwechseln können.

Vlad berichtete, dass er seit 26 Jahren in Sibirien arbeitete. Er machte dort etwas im *»Petrol Business«* für *»many Dollars«*. Ursprünglich komme er aus Moldawien und sei zum Arbeiten nach Russland gezogen. Aber Sibirien lasse ihn einfach nicht mehr los. Die fünftausend Kilometer nach Chişinău sei er in vier Tagen mit dem Auto gefahren, weil er den Flugzeugen und der russischen Politik nicht vertraue. Er wunderte sich, warum Vladimir Putins Frau nicht mehr in den Medien zu sehen sei, seitdem dieser wieder Ministerpräsident war, und überhaupt sei das in letzter Zeit viel zu kompliziert geworden mit der Politik in Russland. Aber in Sibirien störe ihn niemand, weder Putin noch Angela Merkel noch die EU. Bei Minus vierzig Grad traue sich im Winter dort eh kaum jemand vorbei.

Zufrieden mit seinen Ausführungen, die er mir mit ausladenden Gesten und viel Lachen darstellte, und zufrieden mit meinem bestätigenden Kopfnicken nahm Vlad sein Glas Bier, rief »Nstravie!« und leerte es auf ex. Dann grinste er und wartete, bis ich es ihm nachtat. In diesem Moment wurde mir klar, das würde kein einfacher Abend werden.

Auch die anderen Russen berichteten von ihren Jobs und der russischen Politik. Und auch sie leerten Glas um Glas und nickten mir zu, es ihnen nachzutun.

Zu meinem Glück kamen Natalia und die anderen Frauen bald aus der Küche zurück und tischten auf. Sie servierten gegrilltes Schaschlik, gebratenes Hühnchen aus dem Ofen, Blätterteigrollen gefüllt mit Käse und Kräutern, eine Art Hummus aus Kichererbsen und Kartoffeln, bunten Reis, frische Tomaten, Gurken, Chilischoten und Salat, frischgebackenes Brot und diverse scharfe Soßen.

Dann hielt mir Simon, ein stämmiger Russe mit liebem Gesicht, stolz einen tiefgefrorenen Lachs unter die Nase. Natalia erklärte, Simon komme aus Wladiwostok, am anderen Ende des Kontinents, und habe dort vor zwei Tagen den Lachs eigenhändig aus dem Japanischen Meer gezogen. Er habe ihn tiefgefroren und im Flieger mit nach Chişinău gebracht.

Ich nickte anerkennend und betrachtete den makellos glänzenden Fisch. Dann schnitten die Männer den Lachs mit einem scharfen Messer in dünne rosafarbene Scheiben. Der Lachs war weder geräuchert, noch gebeizt und wir aßen die dünnen Scheiben wie frisches Sushi roh und ohne weitere Zutaten. Er war eine wirkliche Delikatesse, und zu wissen, dass der Lachs aus dem Meer vom anderen Ende des riesigen Russischen Reiches gezogen worden war, verlieh ihm einen besonders exotischen Geschmack. Passend dazu öffnete Natalias Mann Alexandre einen zwanzig Jahre alten rumänischen Traminer aus seinem Keller, und das Essen wurde zum Festmahl.

Lange saßen wir kauend und lachend am Tisch und mehrfach wurde ich genötigt, noch mehr zu essen und zu trinken. Als schließlich auch beim runden Vlad kein Platz mehr für weiteres Essen war, räumten Natalia und die beiden anderen Frauen den Tisch ab und stellten uns ein Glas Gurken vor die Nase. Vlad erklärte mir mit ein paar Handzeichen, dass es nun Zeit für einen Verdauungsschnaps war.

Bei sauren Gurken und Wodka dauerte der Abend noch lange an. Gegen Mitternacht und nach vielen Überredungskünsten von mir, dass ich nicht bei Natalia und ihrem Mann übernachten wollte, hatte mich die Familie endlich entlassen und in ein Taxi zurück ins Hotel gesetzt. Zwanzig Minuten und etwa zwei Euro später fiel ich vollgegessen und betrunken in das Hotelbett meines DDR-Zimmers.

Zum Glück hatte ich am kommenden Morgen frei. Wodkatrinken mit Russen vertrug sich nicht gut mit Fahrradfahren.

Der Besuch von Angela Merkel ist in der Republik Moldau sehr positiv aufgenommen worden. Den Rollrasendieb hat man nicht geschnappt, aber die 152 Tonnen Müll sammelten sich bereits wieder auf den Straßen der Hauptstadt. Auch ich wurde wie ein Ehrengast und unglaublich freundlich in Chişinău empfangen. Ich habe tapfer meinen Teller aufgegessen und stand den Russen beim Wodkatrinken in nichts nach. Gutes Essen, köstliche Weine, ein paar Stammtischgespräche und das Pflegen politischer Beziehungen, saure Gurken und Wodka: Bundeskanzler kann ich auch!

KATERYNA UND
DER GRIZZLY

ODESSA, UKRAINE, SEPTEMBER 2012
– 3.908 KILOMETER –

Das Entkommen aus Chişinău war ein einziges Nervenspiel. Zwanzig Kilometer schlängelte ich mein breit bepacktes Rad durch das Großstadtlabyrinth, bestehend aus dichtem Verkehr, mehrspurigen Kreisverkehren und knöcheltiefen Schlaglöchern. Zwanzig weitere Kilometer dauerte es, bis ich auf einer riesigen Schnellstraße die Vororte der Hauptstadt passierte.

Da es in der Republik Moldau keine Autobahnen gab, drängte sich der gesamte Verkehr auf einer zweispurigen Landstraße aus der Stadt heraus. An einigen Stellen erweiterten die gewieften Osteuropäer die Fahrbahn, indem sie auf dem schmalen Kiesstreifen neben der eigentlichen Straße halsbrecherisch überholten. Regelmäßig musste ich mich mitsamt dem schweren Fahrrad in den Straßengraben retten, um nicht von einem rostigen Kleinbus überrollt zu werden.

Nach insgesamt drei Stunden durch das Grau der Großstadt und den Qualm der osteuropäischen Fabrikschlote wurden die Straßen endlich kleiner und die Landschaft wieder schöner. Ich radelte vorbei an Feldern, wilden Wiesen und durch Alleen voller Walnussbäume.

Bei meiner Fahrt konnte ich die moldawischen Familien bei der Walnussernte beobachten. Die Männer waren in die Bäume geklettert und rüttelten von oben an den Ästen, die Frauen standen unten, lasen die heruntergefallenen Walnüsse auf und sammelten sie in braunen Jutesäcken. Am Straßenrand standen die Kinder, die den vorbeifahrenden Autos die Nüsse in Plastiktüten anpriesen. Ab und an hielt ein Lastwagenfahrer, um den Kindern eine Tüte abzukaufen.

Auch ich kam an den Knirpsen nicht vorbei, ohne eine Packung zu kaufen. Ein Mädchen mit großen mandelbraunen Augen stand vor mir und streckte mir die Tüte mit Nüssen schüchtern lächelnd entgegen. Erst als ich einige hundert Meter entfernt war, bemerkte ich, dass ich umgerechnet vier Euro für eine Handvoll Walnüsse bezahlt hatte; da war ich dem Charme des kleinen Mädchens vollkommen erlegen. Aber was soll's, das Mädchen würde sich vermutlich noch die ganze Woche darüber freuen, einen stinkenden bärtigen Ausländer ordentlich an der Nase herumgeführt zu haben, und mir hatte es nicht wirklich wehgetan.

Auch andere Lebensmittel wurden direkt an der Straße verkauft: Melonen, Kartoffeln, Fleisch oder Kwas, das eigenartige ukrainische Brotbier, das in großen Eimern und Kanistern vor sich hin gärte. Oft passierte ich alte Mütterchen, die vor einem Sack Zwiebeln oder einem klapprigen Tisch mit einer Handvoll Trauben oder Pfirsichen saßen. Mit jedem Kilometer in Richtung Osten wurden die Geschäfte in den Dörfern seltener und die Verkaufsflächen am Straßenrand größer, mit jedem Kilometer weiter in Richtung Osten wurden Menschen und Gewohnheiten fremder.

Und auf einmal stand ich vor der Grenze. Ich hatte gerade eines von vielen namenlosen Dörfern in der hügeligen moldawischen Landschaft passiert, da hatten sich auf einmal die grauen Grenzgebäude vor mir manifestiert. Und so schnell, wie die Grenze aufgetaucht war, so schnell hatte mich ein freundlicher ukrainischer Beamte auch schon durchgewunken: ein Blick in den Pass, ein skeptisches Mustern meines Fahrrads, ein Stempel, und ich konnte mein Fahrrad auf die ukrainische E87 rollen.

Die Schnellstraße war gut geteert, und noch am selben Tag erreichte ich die Schwarzmeerstadt Odessa. Das Navigieren durch die befahrenen Straßen, das Ausweichen vor den Bussen und das stetige Fragen nach dem Weg in den Stadtkern waren nervenzehrend. Kaum jemand sprach Englisch und viele der Ukrainer gingen mir aus dem Weg, als ich die Richtung ins Stadtzentrum erfragen wollte.

Mehrere Kilometer radelte ich durch die grau-braunen Vororte Odessas und entlang der bröckelnden Wohnsilos, dann erreichte ich endlich den Stadtkern. Dieser entschädigte mich für das Großstadtchaos. Prächtige orthodoxe Kirchen und vergoldete Moscheen, Statuen von Seefahrern und Zaren und kommunistische Protzbauten prägten das Stadtbild. Odessa war aufgeräumt und sauber, die Menschen waren freundlich und liefen mit lächelnden Gesichtern durch die Straßen.

Ich schob mein Fahrrad durch Platanenalleen und entlang der klassizistischen, schneeweißen Gebäude, lief durch schmale, verwinkelte Gassen und blickte hinein in Hinterhöfe, in denen Familien Wäsche aufhängten und Gemüse in kleinen Gärten anbauten.

Ich radelte durch den historischen Stadtkern vorbei am mächtigen Gewerkschaftshaus zum beeindruckenden Seehafen, der wackligen Fischerbooten, Segeljachten, Kreuzfahrtschiffen und Containerriesen eine Heimat bot. Dort angelangt lehnte ich mein Fahrrad an einen Container und atmete die salzige Meeresluft ein. Ich blickte auf das stürmische Schwarze Meer und stellte mir vor, wie es vor hunderten von Jahren zu Zeiten des Zaren hier ausgesehen haben musste. Hier im Hafen hatten die Seefahrer bei ihren gefährlichen Reisen gehalten, sie hatten ihre Frachten verladen, ihre Frauen wiedergesehen und in den Kneipen bei Wodka und Bier neue Liebschaften gefunden. Odessa war wirklich die Perle der Schwarzmeerküste!

So verbrachte ich erholsame Septembertage in der wunderschönen Stadt und ließ die exotisch ukrainische Mentalität auf mich wirken. Ich frühstückte in türkischen Bäckereien, aß mittags in den Fischrestaurants am Hafen, schlenderte durch den Stadtkern und besuchte sogar das ein oder andere Museum.

Natürlich ließ ich es mir auch nicht nehmen, am Strand zu faulenzen. So lag ich schwitzend auf einem Liegestuhl am Otrada Beach, einem der vielen Badestände Odessas, im Schatten eines Sonnenschirms und döste, während meine Beine im kühlen Wasser des Schwarzen Meeres baumelten. Etwa 250 Kilometer Luftlinie entfernt lag die wunderschöne Halbinsel Krim. Links neben mir, etwa 25 Meter entfernt, lagen zwei sonnenbadende Ukrainer. Eine großgewachsene blonde Frau, die auf einem Liegestuhl thronte. Ihre Oberarme waren mächtig, und wenn ihr Leib nur zu zehn Prozent aus Muskelmasse bestand, war sie in der Lage mit bloßen Händen einen Bären zu erschlagen.

Der Mann war ebenfalls gut beieinander. Er hatte einen quadratischen Schädel, einen runden Bauch und eine üppige Körperbehaarung. Die schwarzen Krauseln reichten von seinen Zehen über Beine und Bauch bis hoch zur Brust und den Rücken hinauf, bis sie schließlich auf dem Quadratschädel langsam licht wurden. Er sah aus wie ein Grizzlybär.

Eigentlich wollte ich nicht so hinüberstarren, aber der Zauber des bizarren ukrainischen Ehepaars ließ mich nicht los. Und immer wenn ich zu dem Paar schaute, ging mir das Bild eines wehrlosen Bären durch den Kopf, der von der dicken Babuschka an einer Kette über den Strand gezogen wird.

Der Eindruck verschärfte sich noch, als der Grizzly die Zeitung beiseitelegte und seine Frau lauthals anschnauzte. Eine Weile schrien sie sich an, um sich kurz darauf bei einer gemeinsamen Zigarette zu versöhnen, während er ihr süßlich ihren Namen entgegenbrummte: »Kateryna ...«

Das Schauspiel wiederholte sich mehrere Male, wobei Kateryna immer das letzte Wort behielt und schließlich ihrem Bären sogar mit der Zeitung ins Gesicht schlug.

Die Situation beruhigte sich erst, als einer der barfüßigen Strandhändler an uns vorbeilief und dem Ehepaar gegrillte Maiskolben, getrockneten Fisch und vier Dosen Bier andrehte. Das Bier und der Wodka, den Kateryna aus ihrer Handtasche zauberte, wurden schnell geleert, und Bär und Dompteur waren bezwungen.

Bei angenehmen 35 Grad lauschte ich dem Rauschen der Wellen, das nur vom monotonen Schnarchen meiner ukrainischen Bärenfamilie übertönt wurde. Ich blickte auf das Schwarze Meer und dachte an die vor mir liegende Zeit.

Ich hatte es geschafft, war mit dem Fahrrad bis ans letzte Ende Europas geradelt. Nun war ich stark genug, weiterzufahren. Ein neues Abenteuer wartete auf mich, Istanbul, Türkei. Eine ganz andere Welt als die der extrovertierten und herzensguten Osteuropäer.

ETAPPE 2

TIEF IM SÜDEN

NEUSTART
IN ISTANBUL

ISTANBUL, TÜRKEI, SEPTEMBER 2012
– 3.909 KILOMETER –

Es war ein Uhr nachts und die Geschäfte und Cafés am großen Flughafen Istanbul-Atatürk hatten bereits geschlossen. Ich lehnte den verbeulten Fahrradkarton an die Wand des Wartebereichs und streckte mich zwischen meinen Packtaschen auf meiner Isomatte aus. Gleich darauf fiel ich im Schein des grellen Neonlichts und umgeben von einem Gewirr fremder Sprachen in einen tiefen, traumlosen Schlaf.

Gegen sechs Uhr morgens wachte ich auf und pellte mich aus dem Schlafsack. Ich blinzelte, um mich an das grelle Licht zu gewöhnen, dann stellte ich fest: Ich war angekommen! Ich hatte meine erste Etappe hinter mich gebracht, und nun wartete in Asien das nächste Abenteuer auf mich.

Die letzten Kilometer waren ganz anders verlaufen als geplant, aber ich war froh, dass ich nun in Istanbul angekommen war. Ursprünglich hatte ich mit einem Containerschiff von der Ukraine über das Schwarze Meer schippern wollen, aber das Hafenbüro in Odessa hatte die Fahrt des Frachtschiffs kurzfristig und auf unbestimmte Zeit verschoben. Immerhin hatte ich gegen einen geringen Aufpreis ein Flugticket erwerben können. Das Ergebnis war dasselbe, ich war in Istanbul angekommen, meine Reise konnte weitergehen.

Ich blickte mich im weitläufigen Flughafengebäude um und sah zu meiner Freude, dass Starbucks am Ende des Wartebereiches die Türen geöffnet hatte und die ersten Kaffeebestellungen der Frühaufsteher entgegennahm. Keine fünf Minuten später machte ich mich mit einem großen Becher Filterkaffee in der einen und einem Croissant in der anderen Hand an die Arbeit. Mitten in der Empfangshalle des

Flughafens öffnete ich den riesigen Karton meines Fahrrads und pellte die Einzelteile meines rosafarbenen Begleiters aus Folien und Zeitungspapier.

Ich konnte es kaum erwarten und hoffte, dass mein treues Gefährt unbeschadet angekommen war. Ich prüfte die Speichen der Laufräder, die leicht verbogenen Schutzbleche und die sensible Kabelführung der Hydraulikbremse. Alles war noch in Schuss und in einwandfreiem Zustand.

Ich montierte die Räder, legte die Kette in das Laufritzel meiner Nabe, hängte die Bremsen ein und befestigte den Sattel. Dann pumpte ich Luft in die leeren Schläuche, zog einige Schrauben nach und montierte nach einem letzten Schluck Kaffee die abgeschraubten Pedale. Schließlich trat ich einen Schritt zurück und betrachtete mein Werk. Das Ergebnis stimmte mich zufrieden. Da stand mein alter Gefährte, frisch zusammengebaut und in einem Stück.

Behutsam streichelte ich den gut eingesessenen und inzwischen wettergegerbten Ledersattel. Die Anzeige auf meinem Tacho zeigte fast viertausend Kilometer. Zwar war bisher nicht alles nach Plan verlaufen, aber ich hatte mich durch die ersten Abenteuer gekämpft. Ich hatte die ersten platten Reifen geflickt und meine ersten bangen Nächte im Zelt überstanden. Die Routine des Unternehmensberaters hatte ich hinter mir gelassen und war angekommen in meinem Abenteuer.

Für einen Moment erinnerte ich mich etwas wehmütig an die Wochen und Monate in Osteuropa, dann dachte ich an die Zeit, die vor mir lag. Einige Tage würde ich in der 16 Millionen Einwohner großen Metropole verbringen, dann würde ich auf den asiatischen Kontinent übersetzen und in Richtung Afrika radeln.

Ich befestigte die schweren Packtaschen am Gepäckträger, lehnte den schmutzigen Pappkarton an einen Mülleimer und schob mein Fahrrad zum Ausgang.

Kaum hatten sich die Schiebetüren des Flughafengebäudes geöffnet, empfing mich die türkische Megacity mit lautem Motorengeheul, ohrenbetäubendem Gehupe und den hektischen Rufen der Busfahrer. Ich trat einen Schritt auf den Gehsteig und blickte mich um. Gepäckwagen wurden an mir vorbeigeschoben, Reisetaschen in die Kofferräume der gelben Taxen gewuchtet und bunte Werbetafeln priesen leuchtend Hotels, Casinos und neueste Handys an. Abgase und Zigarettenqualm drangen in meine Nase und Motorenlärm und wilde Diskussionen in einer fremden Sprache klangen an mein Ohr.

Ich blickte mich um und versuchte über dem blauen Smog hinter der mehrspurigen Flughafenausfahrt Straßen und Berge zu erkennen. Weit hinten entdeckte ich die Dächer einiger Häuser und die goldene Kuppel einer Moschee. Ich stand da und blickte mich um, atmete den schmutzigen Geruch der Großstadt. Dann schwang ich mich in den Sattel und nach wenigen Metern auf dem Istanbuler Asphalt merkte ich, dass die kurze Pause vorbei war; ich war wieder angelangt, mitten im Abenteuer!

DÖRFER, STÄDTE, MINARETTE

BANDIRMA, TÜRKISCHE MARMARAKÜSTE,
SEPTEMBER 2012
– 4.167 KILOMETER –

Der Tacho zeigte sieben Stundenkilometer, die Geschwindigkeit veränderte sich kaum, egal wie hart ich in die Eisen trat.
In langgezogenen Serpentinen bahnte sich die enge Teerstraße ihren
Weg hoch zum Gipfel. Zu meiner Rechten lag das stürmische Marmarameer, zu meiner Linken die steile Felslandschaft der türkischen
Küste. Kaum hatte ich eine der steilen Kurven überwunden, tauchte
an ihrem Ende die nächste Steigung auf, unaufhörlich ging es weiter
hinauf.

Unweigerlich musste ich an die vielen Hügel im heimischen Allgäu
denken. Nur eines erinnerte mich daran, dass ich mich nicht im hügeligen Allgäu befand: die drückende, schier unerträgliche Hitze. Die
schwüle Mittagsluft war gesättigt von Feuchtigkeit und vermischte
sich mit der salzigen Gischt des Meeres. Unaufhaltsam quetschte sich
der Schweiß aus allen Poren meines Körpers. Ich konnte die Hörnchen an meinem Lenker kaum mehr greifen, alles war triefend nass
und mein Fahrrad schien am aufgedunsenen Teer festzukleben. Wie
gerne wäre ich im Allgäu, da war es wenigstens kühl!

Aber da war ich nicht. Ich war fern von der Heimat, ich war in
der Türkei und quälte mich auf schmalen Straßen und durch kleine
Ortschaften in Richtung Izmir. Die kurvige Küstenroute führte mich
vorbei an niedrigen, schiefen Häusern und einsamen Bauernhöfen.
In gepflegten Gärten wuchsen Tomaten, Paprika und Gurken, auf den
Feldern erkannte ich Obstbäume mit Quitten, Birnen und Feigen. In
der Mittagshitze gab es wenig Leben auf den Dorfstraßen, nur ab und

an starrte mir ein altes Mütterchen im Kopftuch ungläubig hinterher oder einer der Greise verschluckte sich bei meinem Anblick an einer rohen Zwiebel, in die er gerade beherzt hineingebissen hatte.

Seit vier Tagen war ich wieder unterwegs, und ich hatte meinen Rhythmus verloren. Nach der mehrtägigen Radfahrpause und dem Hotelleben in Odessa und Istanbul war die Umstellung vom Touristen zurück zum Abenteurer enorm und das Fahrradfahren wurde zur Qual. Oberschenkel, Hintern und Handgelenke schmerzten, die drückend heiße Luft erschöpfte mich. Alles, was ich tat, fühlte sich falsch an. Selbst die prächtigen Feigenbäume und Granatapfelsträucher, die Kiefernwälder und sogar die Schildkröten, die ich ab und zu am Wegesrand entdeckte, stimmten mich kaum fröhlich. Ich wünschte mir das chaotisch-aufregende Stadtleben ohne Fahrradfahren zurück.

Ich versuchte mich abzulenken und verbrachte meine Zeit damit, die Schlaglöcher zu zählen und in den Dörfern die Hühner ins Gebüsch zu scheuchen oder die Ziegen vor meinem Rad herzutreiben. Aber auch das verschaffte mir kaum Freude. Nur die Gespräche mit den Dorfbewohnern lockerten meine Fahrt etwas auf.

Immer wenn ich an dem obligatorischen Dorfladen eines Ortes vorbeiradelte, erwarteten mich bereits die staunenden grauhaarigen Männer, die in viel zu weiten Anzügen vor dem Geschäft saßen und Karten oder Backgammon spielten.

In einem der namenlosen Dörfer grüßte ich die Männerrunde im Vorbeifahren mit »*Merhaba!*« und wurde prompt zu einem Chai herangewunken. Kurz darauf saß ich auf einem niedrigen Holzschemel und erklärte meine Reise, zeigte den Inhalt meiner Packtaschen und lauschte den Geschichten.

»Vierzig Jahre habe ich in Duisburg gewohnt und gearbeitet«, erzählte ein schnauzbärtiger Türke in fließendem Deutsch. »Inzwischen bin ich pensioniert und verbringe den Sommer hier in meinem türkischen Heimatdorf. Ich habe sechs Kinder und alle leben in Deutschland.«

»Sechs Kinder?« Ich hob das tulpenförmige Teeglas zum Mund, das die Männer lächelnd zu mir hingeschoben hatten.

»Wenn ich es dir sage, vier Söhne und zwei Töchter. Alle sind gut integriert in Deutschland. Hamil arbeitet bei den Duisburger Stadtwerken, Salim ist Automechaniker und Soner ist auf der Polizeischule. Zweitausendfünfhundert Euro verdient der dort, und dabei ist der noch nicht mal Kommissar!«

Der Mann nahm sich Zeit und übersetzte den anderen am schmalen Tisch, die anerkennend nickten. Dann fasste er sich an den Kopf. »Aber Erdal, Sohn Nummer vier, macht Probleme. Er ist seit zwanzig Jahren arbeitslos. Der tut nichts und kassiert das Geld vom deutschen Staat.«

»Na ja, vielleicht hat er ja eine falsche Ausbildung gewählt.« Ich versuchte zu schlichten.

»Ach was! Ein fauler Hund ist der Erdal!«, unterbrach er mich aufgebracht. »Dumm ist er nicht, aber faul wie ein Esel! Hier in der Türkei gibt es so etwas nicht, da muss jeder für sein Geld arbeiten. Deutschland ist einfach viel zu freundlich zu seinen Bürgern!«

Nach kurzer Übersetzung stimmten die anderem Männer ihm zu, und einer der vier ergänzte freudestrahlend: »Deutschland gut! Christoph Daum, Fenerbahçe, Kokain!« Dann lachte er herzlich. Wir stimmten alle in das Gelächter ein und prosteten uns mit unserem Tee zu.

Als ich mich wieder in Bewegung setzte, dachte ich an die Erzählungen des Alten. In Duisburg vom Staat zu leben, dachte ich, so wie der Erdal, das wäre fein! Dann würde ich jetzt auf einem weichen Sofa liegen, die Fernbedienung in der einen, die Chipstüte in der anderen Hand, auf dem Wohnzimmertisch stünde eine Flasche Cola und daneben eine riesige Pizza vom Lieferservice. Das wäre es. Genau das hätte ich jetzt auch gerne!

Doch leider blieben meine Tagträume unerfüllt und die Schinderei über die Serpentinen setzte sich fort. Ich radelte von Dorf zu Dorf und von Tee zu Tee und genoss die freundlichen Gespräche. Und trotzdem schaffte ich es nicht, meinen Rhythmus wiederzufinden. Das Bild von Cola und Chips auf dem heimischen Sofa wollte nicht aus meinem Kopf.

Nach drei weiteren Tagen endete das Küstensträßchen auf einer Schnellstraße. Eine Woche Qual über die hügelige türkische Küste und die immergleichen Dörfer hatte ich hinter mir, und ich war froh über die bevorstehende Abwechslung der Schnellstraße. Ich befestigte meine Regenjacke am Ende meines Gepäcks und tauschte mein schwarzes Radlershirt gegen ein hellgraues Leinengewand, um besser sichtbar zu sein. Ich kaute ein paar Feigen, die ich im letzten Dorf gekauft hatte, dann fasste ich meinen Mut zusammen und lenkte mein Rad auf den Autobahnzubringer.

Die Otoyol 33 führte von Istanbul etwa 500 Kilometer nach Süden in den Golf von Izmir, eine der Hauptverkehrsrouten in der Türkei. Sie bestand aus sechs, manchmal acht gut ausgebauten Spuren und einem etwa drei Meter breiten Seitenstreifen. Die beiden Richtungsfahrbahnen waren mit einer hohen Trennung voneinander abgegrenzt und im Gegensatz zu den schlaglochübersäten Dorfsträßchen machte die O33 einen stolzen Eindruck.

Die ersten Meter waren ungewohnt. Nervös betrachtete ich die schweren Lastzüge in meinem Rückspiegel, die in gehörigem Abstand an mir vorbeirauschten. Doch von Minute zu Minute wurde ich ruhiger und nach einer halben Stunde fühlte ich mich schließlich pudelwohl auf der stark befahrenen Straße. Die türkischen Fahrer hielten sich an die Verkehrsregeln und der breite Seitenstreifen blieb ganz für mich alleine. Lkw hupten freundlich und aus den Pkw und Bussen winkten mir die Beifahrer zu, wenn sie mich und mein beladenes Fahrrad entdeckten.

Landschaftlich war die schwarze Teerstraße kein Genuss, aber das einfache Fahren ohne Hügel und Kurven und das schnelle Vorankommen entschädigten mich.

Am frühen Abend erreichte ich Bandirma, eine Hafenstadt am Marmarameer. Bandirma ähnelte einer typisch westeuropäischen Großstadt. Fabriken, Tankstellen und Autohöfe kündigten die Industriegebiete der Vorstadt an, dann folgten große Kreisverkehre und Einkaufszentren, und schließlich befand ich mich in einem Gewirr von Menschen, Motorrädern und hupenden Autos mitten im Zentrum der Stadt. Nur die vielen Teestuben, kleinen Ladengeschäfte, Moscheen und der exotische Geruch in der Luft erinnerten mich daran, dass ich mich in der Türkei befand. Ich hatte Schwierigkeiten, mich zurechtzufinden, behielt dann aber die Orientierung, als ich mir die hohen Minarette und goldenen Kuppeln der Moscheen einprägte, die stolz über die roten Ziegeldächer hinausragten.

Im Gegensatz zu den türkischen Dörfern waren die Menschen in Bandirma westlich gekleidet. Die Mädchen trugen ihre Haare offen und liefen in Jeans und T-Shirts umher. Kopftücher unter den jungen Frauen entdeckte ich selten und hin und wieder sah ich ein ärmelloses T-Shirt. Die Jungs trugen verwaschene Jeans und lockere Shirts, häufig mit breitem Adidas-Logo auf der Brust, oder Fußballtrikots von Galatasaray, Fenerbahçe und Barcelona. An den Füßen trugen sie weiße Turnschuhe oder Sandalen, alles wie bei uns. Nur kurze Hosen entdeckte ich kaum.

Es war Zeit für eine Pause und ich steuerte mein beladenes Rad durch das Gewirr an Menschen und Autos zu einer Teestube. Kaum hatte ich mich gesetzt, erklangen die krächzenden Rufe des Muezzins von den Minaretten der gegenüberliegenden Moschee. Dann setzten weitere Gebetsrufe ein und die gesamte Stadt wurde von dem fremden Singsang der Muezzine erfasst.

Einige der Männer an den Tischen im Café zahlten und gingen über die Straße. Ich beobachtete, wie sie sich vor der Moschee mit anderen Männern trafen, Hände schüttelten und gemeinsam die Stufen hinaufstiegen. Zu meinem Erstaunen ließ sich der Großteil der Menschen um mich herum von der Gebetsaufforderung allerdings nicht aus der Ruhe bringen. Der Kellner räumte weiter die leeren Teegläser ab, der Budenbesitzer gegenüber füllte ungestört seine Gemüseregale auf und am Nebentisch wurde das Backgammonspiel fortgesetzt.

Als durchschnittlich informierter Unternehmensberater hatte ich mir das Leben in den türkischen Städten anders vorgestellt, ich hatte erwartet, dass ich den islamischen Glauben deutlicher im Alltag verwurzelt erkenne. Dass Männer und Frauen konservativ gekleidet wären und das städtische Leben bei den Gebeten stillstünde. Aber offensichtlich praktizierten auch türkische Muslime nicht jedes der fünf Gebete am Tag, sondern gaben sich mit dem Moscheebesuch zu den Freitagsgebeten oder an Feiertagen zufrieden. Vielleicht war der Glaube viel stärker in den einfachen, alltäglichen Gesten zu erkennen, wie der Gastfreundschaft, die ich bei den zahlreichen Einladungen zum Tee oder dem Teilen des Essens gespürt hatte.

Ich saß in Bandirma in einem türkischen Teehaus, nippte an meinem Mokka und sinnierte über die Türkei, den Glauben und die Gastfreundschaft. Gegenüber krächzte es aus dem Lautsprecher und hinter mir klapperten die Backgammonsteine meiner Tischnachbarn. Ich lehnte mich zurück, atmete den Duft des Tees und des Kaffees ein und ließ die fremde Stadt auf mich wirken. Und dann kribbelte es in meinem Bauch. Ich spürte, wie Geist und Körper wieder eins wurden und der Drang nach Abenteuer in mir wieder erwachte. Und dann wusste ich es, er war wieder da, mein Radfahrrhythmus!

MY WAY
ON THE HIGHWAY

Ich hatte meinen Rhythmus zurück. Mit neugewonnener Fröhlichkeit bahnte ich mir meinen Weg entlang der türkischen Ägäisküste. Meine Reise führte mich über das sagenumwobene Troja, den traumhaften Badeort Geyikli, dem alten Pergamon mit seinen riesigen antiken Theaterruinen bis in die Bucht von Izmir. Die Tage verbrachte ich im Fahrradsattel auf der türkischen Autobahn, die Nächte im Zelt, irgendwo in den Waldstücken am Rande der schmalen Straßen oder auf den seltenen Campingplätzen. Mit zunehmender Routine schlich sich der Rhythmus wieder in mein Leben; das Blut des Abenteurers floss wieder durch meine Venen und Fahrradfahren und Essen bestimmten meinen Tagesablauf.

7 Uhr. Es wird hell. Das Sonnenlicht taucht den Innenraum meines Zelts in ein warmes gelbgrünes Licht. Langsam öffne ich die Augen und wache auf. Ich öffne den Reißverschluss und blicke hinaus auf das weite Meer. Tief atme ich ein, dann trete ich barfuß in den kühlen, unberührten Sand. Meine Lungen füllen sich mit der salzigen Meeresluft und eine Weile stehe ich nur da und blicke auf das ruhige türkisfarbene Wasser.

Schläfrig schlendere ich zu der dürftigen Sanitäranlage des Campingplatzes und stelle mich unter die Dusche. Ich drehe den Hahn ganz auf, aber aus dem verkalkten Duschkopf an der Wand plätschert nur ein rostiges Rinnsal. Der trübe Strahl reicht aus, um mir das Salz vom Vortag vom Körper zu schrubben und wach zu werden.

Draußen ist es noch immer kühl und ich hülle mich in meinen abgetragenen Outdoorpullover. Während mein Schlafsack über dem Ast eines Baumes auslüftet, nutze ich den Luxus des Campingplatzes und checke mit meinem Laptop die Einträge zu meinem Blog, die sich über die Nacht angesammelt haben. Wie immer amüsiert meine Mutter durch ihre Kommentare nicht nur mich, sondern eine kleine Fangemeinschaft, aus Freunden, Verwandten und ein paar Unbekannten, die auf meinen Blog gestoßen sind.

Nach einer Weile klappe ich den Laptop zu und beginne das Zelt auszuräumen. Dann verstaue ich alles nach meinem vertrauten System: Kleidung in die linke hintere Packtasche, die Isomatte zusammen mit Laptop und Kamera in die rechte. Das Kochgeschirr vorne rechts und den Benzinkocher zusammen mit dem Werkzeug vorne links. Sobald das Zelt leer ist, stelle ich es in die ersten Sonnenstrahlen des Tages, um das Kondenswasser herauszutreiben, und widme mich dem Frühstück. An diesem Morgen habe ich Glück und mein rumänischer Zeltnachbar winkt mich auf einen Kaffee herüber. Ich wechsle ein paar Worte mit ihm, beschließe dann den Rest des Frühstücks zu verschieben und am Rande der Stadt einzunehmen, wenn ich die ersten paar Kilometer hinter mich gebracht habe.

Nach dem heißen Kaffee verstaue ich mein Zelt in den Taschen, pumpe etwas Luft in den hinteren Reifen und steige in den Sattel. An meinem Tacho lösche ich die Tageskilometer vom Vortag, dann rolle ich mein bepacktes Rad langsam über den gepflasterten Weg des Campingplatzes auf die schmale Dorfstraße.

8 Uhr. Auf der holprigen Asphaltstraße kurve ich durch die Ortschaft und suche meinen Weg zurück auf die Schnellstraße. Kurz vor dem Ortsausgang weiche ich einem großen Hund aus, der hinter einer Hauseinfahrt knurrend sein Revier markiert. Auch er scheint noch nicht ganz wach zu sein und begnügt sich damit, mir müde hinterherzukläffen. Die morgendliche Verfolgungsjagd bleibt aus.

Nach den ersten Kilometern halte ich an einer Teestube am Straßenrand und bestelle Chai, Börek gefüllt mit Spinat und Schafskäse und Ayran, der mit einer Suppenkelle aus einem großen Plastikeimer geschöpft wird. Ein gutes Frühstück für einen Fahrradfahrer. Der starke Tee bringt das nötige Koffein, der Börek eine ordentliche Grundlage und mit dem Ayran spüle ich alles hinunter. Als Wegzehrung kaufe ich eine Tafel Schokolade in dem kleinen Lebensmittelgeschäft nebenan und trinke einen zweiten schnellen Tee. Zwanzig Minuten und ungefähr zwei Euro fünfzig später nehme ich den Zubringer auf die türkische Autobahn.

9 Uhr. Die achtspurige Autobahn ist frisch geteert, wie ein Uhrwerk kurble ich die Pedale. Ich freue mich über das monotone Brummen meiner Reifen auf dem geteerten Asphalt und beobachte, wie die weißen Linien auf dem tiefschwarzen Grund unter mir vorbeiziehen. Mit etwas Rückenwind und bei flacher Strecke beschleunige ich auf knappe dreißig Stundenkilometer und fühle mich wie auf einer Carrera-Rennbahn. Meine Muskeln sind warmgefahren und frisch, ich trete und trete, und nichts um mich herum bringt mich aus der Ruhe.

Ein klappernder Traktor reißt mich aus meinem mentalen Tunnelblick. Der braungebrannte Fahrer am Steuer winkt mir zu und freut sich über mich und mein dickes Gefährt. Er deutet mir an, ich könne mich ein wenig von ihm ziehen lassen, und beschleunigt, bis sein Anhänger auf meiner Höhe ist. Dann greife ich mit der linken Hand an die hintere Stange des Hängers, spüre einen Ruck und muss aufpassen, das Gleichgewicht nicht zu verlieren. Aber es funktioniert, der Traktor beschleunigt wieder und ich lasse mich von ihm ziehen. Einige Minuten geht es gut, bis meine Schulter dem Druck nicht mehr standhält. Ich lasse los, der Trecker entfernt sich und der freundliche Fahrer hupt und winkt zum Abschied.

10 Uhr. Auf der schönen Teerfahrbahn komme ich gut voran, die Landschaft zieht vorbei und ich betrachte lehmbraune Berge, Tomatenplantagen, Olivenbäume, Baumwollfelder und Pinienwälder. Für einige Minuten bin ich ganz allein auf der

achtspurigen Autobahn, dann rasen drei vollbeladene Lastwagen an mir vorbei, gefolgt von einem Konvoi an Pkw. Sobald die Kolonne am Horizont verschwindet, habe ich wieder Ruhe und die Fahrbahn gehört mir allein.

11 Uhr. Es wird heiß, die Sonne steht hoch über mir und die Schatten der wenigen Kiefern am Straßenrand fallen kurz. Der glatte Teer wirft die Hitze zurück und ich werde gebacken wie eine Tiefkühlpizza bei Umluft.

Die Schnellstraße bahnt sich ihren Weg leicht bergauf und es geht drei, vielleicht vier Kilometer aufwärts. Wieder schiebt sich ein Regiment an Last- und Personenwagen an mir vorbei. Der Lkw vor mir schaltet in einen kleineren Gang, der Motor heult auf und spuckt eine Wolke schwarzer Abgase aus dem Auspuff. Ich halte die Luft an und fahre durch die bleierne Dunstschicht. Nach einer Kurve geht es weiter in die Höhe, in der starken Hitze läuft der Schweiß unaufhaltsam und hinter meiner Sonnenbrille sammelt sich ein Gemisch aus Schweiß und Sonnencreme. Meine Augen fangen an zu tränen und jeder Zentimeter meiner Haut ist bedeckt vom Staub der Fahrbahn und dunklen Rußpartikeln. Langsam kämpfe ich mich nach oben, immer weiter, bis endlich das Ziel erreicht ist.

Auf dem Gipfel angelangt steige ich für eine Trinkpause ab. Zufrieden hocke ich mich auf die Leitplanke und blicke auf die unter mir liegende Landschaft: Graue Hügel, sandige Buchten, dunkelgrüne Pinienwälder und ein türkis glitzerndes Meer, wie in einer kitschigen Traumschiff-Folge. Ich atme tief ein, trinke einen Schluck Wasser, esse etwas Schokolade und genieße meinen Triumph über den Anstieg.

Nach einigen Minuten steige ich wieder in den Sattel und rolle auf der anderen Seite hinunter. Ich mache mich klein, um trotz Ladung windschnittig zu sein. Auf dem langgezogenen Abschnitt schalte ich in den höchsten Gang und trete wild in die Pedale, bis ich auf 55, dann auf 60 Stundenkilometer komme. Vor der nächsten Serpentine bremse ich leicht ab und lehne mich wie ein Motorradfahrer in die Kurve. Was für ein Gefühl!

12 Uhr. Mein leerer Magen und meine schlaffen Muskeln melden, dass es höchste Zeit für eine Pause ist. In einer türkischen Autobahnraststätte bestelle ich Chai und ein Stück von dem feucht-süßlichen Baklava, das der Konditor in einem Blech hinter dem Tresen vorbereitet. Ich zeige ihm an, dass ich nur ein kleines Stück möchte, denn ich weiß, wie großartig süß das türkische Gebäck ist. Kurz darauf stehen ein Glas türkischer Tee und ein Teller mit einem Stück Baklava in der Größe eines Pfunds Butter vor mir. Und genauso schwer und sämig ist es auch, wunderbar! Ich brauche noch einen Tee, um mit dem süßen Segen fertig zu werden. Der Snack hat bestimmt so viel Kalorien wie eine Pizza, ist aber genau das, was ich gebraucht habe, Energie in hochkonzentrierter Form. Einige Minuten bleibe ich sitzen, um den süßen Kuchen zu verdauen, dann deute ich an, dass ich zahlen möchte. Der Konditor schüttelt vehement den Kopf und meint: »No, no. This is for you my friend!«*

13 Uhr. Ich fahre weiter und passiere unaussprechliche Orte wie Kücükkuyu oder Kücükköy. In den Orten ziehen die bekannten Geschäfte und Imbissbuden vorbei: Köftecisi, Tehin Büfe, Döner Salonu, Tekel Shop oder Gözleme Büffet. Dann geht es zurück auf die breite Autobahn. Die E87 führt mich durch eine eng werdende Baustelle. Die Hälfte der Fahrspur wird neu geteert und riesige Asphaltfertiger einer deutschen Firma schütten frischen Teer auf die Straße. Durch die Baustelle werden die sechs Spuren auf zwei verengt und der Verkehr wird durch ein dünnes Nadelöhr geleitet. Ich muss mich stark konzentrieren, während ich für einige Kilometer dicht an den Autos über die schmale Fahrspur radle. Dann entdecke ich eine Möglichkeit, auf die abgesperrte Fahrspur rechts außen zu wechseln, wo der Teer bereits gehärtet ist. Ich führe das Fahrrad über die Baustellenauffahrt auf den abgesperrten Streifen und sprinte auf der frisch asphaltierten Spur vorbei an den gewaltigen Betonmischern, Baggern und Asphaltmaschinen. Neben mir stecken die schweren Lkw und türkischen Kleinlaster im Stau fest. Ich habe eine Spur für mich alleine: My way on the highway!

14 Uhr. Der Großteil der Tagesetappe ist geschafft, nur noch etwa dreißig Kilometer. Müde trete ich in die Pedale, um der Hitze zu entkommen und mein Ziel bald zu erreichen. Zu meinem Glück kündigt sich die nächste Rastmöglichkeit durch ein großes Schild am Straßenrand an: »Petrol Ofisi 3KM«. Eine Viertelstunde später kommt die türkische Tankstelle in Sicht.

Tankstellen sind Oasen in der Teerwüste der türkischen Autobahnen. Alle zwei bis drei Stunden tauchen sie hellgrün oder orange flackernd am Horizont auf. Im ersten Moment scheinen sie wie eine Fatamorgana und ich wage kaum, mich auf den nächsten Stopp zu freuen, doch dann kommen sie näher und ich erkenne ihre scharfen Umrisse in der flimmernden Luft. Bereits Kilometer vor Erreichen male ich mir die unglaubliche Vielfalt an bunten Getränkeflaschen und süßen Leckereien aus.

Bei meinem Stopp kaufe ich mir eine Türk Cola, setze mich in den Schatten einer Zapfsäule und presse die kalte Getränkedose an meine Schläfen und in den Nacken. Ich merke, wie mein Körper langsam zur Ruhe kommt und ich mich auch mental auf das baldige Ende des Radfahrtages einstelle.

15 Uhr. Erschöpft nehme ich die verbleibenden Kilometer in Angriff. Die Waden und Oberschenkel schmerzen und ich spüre, dass ich bald etwas Ordentliches zu essen brauche. Ein Schild kündigt an: »Restaurant: Pide, Gözleme, Ayran 5 KM«. Nach den letzten Abenden bei trocken Brot und Olivenöl auf dem Campingplatz klingt das nach einer willkommenen Abwechslung. Ich fahre die knappen fünf Kilometer in der Hitze des Nachmittags und erreiche das Autobahnrestaurant. Ich schiebe mein Fahrrad in den Schatten und wasche mir in der Toilette Staub und Salz aus dem Gesicht, dann kehre ich zurück in den schattigen Vorraum des Restaurants und lasse mich ausgehungert in den weißen Plastiksessel fallen. Die Bedienung serviert mir Gözleme, einen türkischen Crêpe mit Hackfleischfüllung, einen Salat, Wasser und Tee. Alles für fünf Euro. Fair und gut.

16 Uhr. Gestärkt schleppe ich mich die letzten Kilometer durch den grauen Abgasqualm, die stetige Hitze und den Hupenter-

ror. *Meine Kraftreserven nutze ich, um den vorbeifahrenden Wagen zuzuwinken, so kann ich den gastfreundlichen Türken eine kleine Freude bereiten. Der Tacho springt auf hundert Tageskilometer, und es wird Zeit, dass ich bald meinen Schlafplatz für die Nacht finde. Bei einem letzten Stopp an einer Tankstelle kaufe ich eine weitere Cola und erkundige mich nach einer Möglichkeit zum Zelten. Die jungen Männer an der Zapfstation erklären, dass ich in wenigen Kilometern einen »Caravan Kamping« erreiche, und mit Vorfreude auf eine kalte Dusche und einen schattigen Platz für mein Zelt trete ich das letzte Stück des Tages an.*

Nach einer halben Stunde erreiche den Vorort einer größeren Stadt und frage erneut nach dem Campingplatz. Ein deutschsprachiger Türke läuft die letzten 300 Meter mit, um mir den Weg zu zeigen. Nach 118 Kilometern und bei sengender Nachmittagshitze erreiche ich den sicheren Campingplatz in dem großen türkischen Ort. Es war ein guter Radfahrtag.

17 Uhr. Für sieben Euro darf ich mein Zelt aufstellen und für zwei Euro gibt es kaltes Bier an der Bar. So viel Luxus muss sein, das Angebot kann ich nicht ausschlagen.

Mit geübten Griffen ist das Zelt aufgestellt und die Sachen an ihrem Platz verstaut. Das Fahrrad ist provisorisch an einen Baum gekettet und vor dem Zelt liegen griffbereit ein paar handliche Steine für möglichen Hundebesuch. Die Stirnlampe liegt am Zelteingang bereit, am Kopfende ist das Pfefferspray positioniert – man weiß ja nie. Ich springe unter die Dusche, um mir Schweiß und Schmutz abzuwaschen. Auch Radlershirt und Hose ziehe ich ein paarmal durch das Waschbecken auf der Toilette, bis sich das Wasser nicht mehr tiefschwarz verfärbt. Dann hänge ich die Wäsche an den Baum neben meinem Zelt, lege mich auf die Isomatte und döse eine halbe Stunde entspannt vor mich hin.

19 Uhr. Das kalte Efes an der Campingplatzbar hat hervorragend geschmeckt. Zu Fuß erkunde ich den emsigen Vorort der Stadt. An einem Stand kaufe ich Tomaten, Gurken und scharfe

Paprikaschoten und schlendere zurück zu meinem Zelt, wo ich mir die Abenteurermahlzeit zusammen mit frischem Brot und ein wenig Käse schmecken lasse. Dazu gibt es Leitungswasser und zur Feier des Tages eine Calciumbrausetablette, die ich in den Tiefen meiner vorderen Radtasche gefunden habe.

21 Uhr. Ich sitze vor meinem Zelt auf der Isomatte, beobachte die dunkle Landschaft der türkischen Hügel und die einzelnen Gestalten, die vor dem Campingplatz umherlaufen. Auf meinem MP3-Player lausche ich gespannt meinem Hörbuch von Håkan Nesser, dessen Kriminalgeschichten mich vom Fahrradalltag ablenken. Mit den Hundeabwehrsteinen knacke ich Haselnüsse, die mir ein junger Türke in Çanakale geschenkt hat, und genieße die ruhigen Abendstunden.

22 Uhr. Ich liege in meinem Schlafsack im Zelt. Etwas schief, da der Untergrund ein wenig abschüssig ist. Meinen Kopf habe ich auf die lange Outdoorhose und meine Jacke gebettet. Draußen bellt ein Hund. Inzwischen bin ich trainiert und erkenne, dass es nur eine Warnung an die anderen Streuner ist. Im Halbschlaf überlege ich, wo die Reise morgen hingehen wird. Izmir ist das Ziel, noch etwa zweihundert Kilometer, dann habe ich das Ende meiner Türkeireise erreicht. Mit vollem Magen und müden Beinen schlummere ich ruhig ein. Ein ganz normaler Tag in der Türkei geht zu Ende. My way on the highway.

TINE WITTLER HAT MEINE REISEROUTE ZERSTÖRT

ÇEŞME, TÜRKEI, OKTOBER 2012
– 5.011 KILOMETER –

W ie kommst du eigentlich mit dem Fahrrad nach Afrika?« Diese Frage war mir vor meiner Abreise in der Heimat täglich gestellt worden. Mit meiner langjährigen Erfahrung als Unternehmensberater hatte ich darauf in vollkommener Unwissenheit sehr überzeugend geantwortet. Ich hatte einige wild klingende Länder aufgezählt, mögliche Reiserouten beschrieben und vehement auf mein Gegenüber eingeredet, dass ich mich auf meine Navigationskünste verlassen konnte, bis sie sich schließlich zufriedengegeben hatten.

In Wirklichkeit hatte ich überhaupt keine Vorstellung gehabt, wie ich von Europa nach Afrika radeln wollte.

Als meine Abreise vor einigen Monaten unaufhaltsam näher gerückt war, hatte ich dann doch einige Überlegungen zur möglichen Reiseroute angestellt. Allerdings war die Analyse meiner damaligen Situation ernüchternd ausgefallen: Die letzten Jahre hatte ich ausschließlich in Hotels gelebt, ich hatte weder selber kochen noch mein Bett machen oder aufräumen müssen. Meine Hemden waren zum Waschen und Bügeln abgeholt worden, und wenn ich irgendwohin wollte, war ich erste Klasse ICE gefahren, geflogen oder im Taxi gereist. Während echte Abenteurer täglich dem Tod ins Auge blickten, hatte ich tagsüber auf mein Notebook und abends in den Fernseher geblickt. Das letzte Mal Fahrradfahren war eine ganze Weile her gewesen, Reparaturen am Fahrrad hatte ich zuletzt in der Schulzeit vorgenommen, außerdem hatte ich zwei linke Hände.

Die Frage nach der Reiseroute hatte ich bei all den offensichtlichen Schwierigkeiten daher als kleineres Übel angesehen und hintenangestellt. Irgendwann war mir dann die rettende Idee gekommen, zum Warmradeln die Donau entlang zu fahren. Damit hatte ich erst einmal alle Zweifel aus dem Weg geräumt und konnte mich und alle anderen überzeugen: »Meine Route führt mich die Donau entlang, tief in das Herz Europas. Wenn ich das erst einmal geschafft habe, bin ich gewappnet und plane die weitere Reiseroute!«

Dieser erste Teil meines Plans hatte erstaunlich gut funktioniert, und nun lag ich mit strammen Radlerwaden auf meiner Isomatte im Hafen von Çeşme am westlichsten Zipfel der Türkei, etwa hundert Kilometer von Izmir entfernt, und starrte in den roten Sonnenuntergang. Ich hatte einige tausend Radkilometer in den Beinen, wusste, wie ich ein Fahrrad flickte, bekam mein Zelt aufgestellt und konnte meinen Benzinkocher bedienen. Ich wusste, wie viele Kilometer ich am Tag schaffte, und hatte ein Gespür für Straßen, Berge und das Abenteuer entwickelt. Ich fühlte mich wohl in meinem Leben als Abenteurer und war reif für Afrika. Trotzdem hatte ich ein Problem: Afrika war ganz schön weit weg!

Nachdem ich nun drei Monate einem Fluss gefolgt und an der türkischen Küste entlanggeradelt war, war es also Zeit für eine genauere Streckenplanung. Leider erschwerten zwei Personen meine Reiseplanung: Baschar al-Assad und Tine Wittler.

Wollte ich von der Türkei aus nach Afrika radeln, blieben auf dem Landweg nur zwei Möglichkeiten: entweder weiter die türkische Küste entlang und im Süden des Landes über Syrien ausreisen oder die gesamte Breite der Türkei durchqueren und den Weg durch den Irak einschlagen. Beide Optionen klangen nicht nach Zuckerschlecken.

Es war Ende 2012, in Syrien klammerte sich Regierungschef Baschar al-Assad mit aller Kraft an die Macht und eine Gruppe bewaffneter Rebellen versuchte, ihm genau diese abzunehmen. Noch außer Reichweite der weltweiten Aufmerksamkeit tobte in Syrien bereits seit Wochen ein blutiger Kampf auf den Schultern der Bevölkerung, und während die Weltpolitik noch über Eingreifen oder Nicht-Eingreifen debattierte, wurden vor unserer Haustüre historische Städte zerstört und das syrische Volk ermordet. In den vergangenen Wochen waren die schrecklichen Gräueltaten mehr und mehr in die westeuropäische Presse gekommen, aber kaum jemand konnte die politische Lage und das Ausmaß der Gewalt genau einschätzen. Klar war allemal, eine Radtour durch Syrien war zu dieser Zeit nicht wirklich schlau.

Die zweite mögliche Reiseroute durch den Irak war aufgrund hoher Terror- und Entführungsgefahr für westliche Ausländer noch unsicherer.

Eine Weile lag ich auf meiner Isomatte, starrte in den Himmel und wägte die beiden Optionen ab. Dann blätterte ich in meinem Afrika-Reiseführer zur Umschlagseite, die die winzige Weltkarte zeigte, und betrachtete die Umrisse der Kontinente. Natürlich könnte ich auch über das Mittelmeer nach Marokko gelangen, dachte ich. Ich könnte entlang der südeuropäischen Länder nach Spanien gelangen und von dort nach Marokko übersetzen: Türkei, Griechenland, Italien, Spanien. Das klang nicht verkehrt, und um möglichst bald Fuß auf afrikanischen Boden zu setzen, könnte ich etwas mogeln und einige Strecken mit dem Schiff abkürzen.

Eine Weile malte ich mir die Tour aus und studierte die großen Häfen und Fährverbindungen, die auf der Karte in Form von dünnen blauen Linien vermerkt waren, und langsam zeichnete sich die Route vor meinen Augen ab.

Ich holte eine Handvoll Feigen aus meinem Zelt und dachte an den weiteren Verlauf meines Abenteuers. Bis Marokko war es zwar noch ein Stück, aber das würde ich schon irgendwie schaffen. Nur was danach auf mich zukommen sollte, bescherte mir Kopfzerbrechen. Auf Marokko folgten die Westsahara und dann Mauretanien und der Senegal. Auch diese Strecke sollte ich mir gründlich durch den Kopf gehen lassen, denn das Auswärtige Amt warnte nachdrücklich vor den Grenzgebieten Marokkos und Mauretaniens.

Normalerweise hörte ich wenig auf die Einschätzung des Auswärtigen Amts, im Gegenteil, eher belustigt hatte ich in einem Internetcafé die vergangenen Warnungen für die Ukraine gelesen:

»Vermeiden Sie nächtliche Autofahrten über Land. Wegen schlechter Straßenverhältnisse, fehlender Straßenmarkierungen und häufig unvorhersehbarer Hindernisse auf der Fahrbahn besteht ein deutlich erhöhtes Unfallrisiko. [...] Bei einem eventuell notwendig werdenden Reifenwechsel verschließen Sie sicherheitshalber bitte die Fahrzeugtüren, um der Gefahr eines Diebstahls vorzubeugen. Zu Ihrer eigenen Sicherheit sollten Sie bei vermeintlichen Pannen anderer Verkehrsteilnehmer am Straßenrand – insbesondere auf einsamen Landstraßen – nicht anhalten.«

Was hätte ich denn tun sollen, bei einer Reifenpanne in der Ukraine? Hätte ich mein Fahrradschloss griffbereit haben sollen, um im Falle eines Plattens das Rad auch anketten zu können? Nein, diese Warnungen konnte ich als echter Abenteurer kaum ernst nehmen.

In Bezug auf Mauretanien und die Westsahara schlug das Auswärtige Amt allerdings einen deutlich kritischeren Ton an:

»In den nordafrikanischen und den südlich an die Sahara grenzenden Ländern wächst die Gefahr des islamistischen Terrorismus und krimineller Übergriffe. Sowohl kriminelle Banden als auch Al-Qaida im Maghreb (AQM) suchen derzeit gezielt nach Ausländern zum Zwecke der Entführung; in Algerien, Niger, Mali und Mauretanien kam es auch in jüngster Zeit zu Entführungen. Wirksame Gegenmaßnahmen gegen diese Terrorgruppe zeichnen sich nicht ab. Es ist, wie aktuelle Hinweise bestätigen, jederzeit mit weiteren Entführungen westlicher Staatsangehöriger zu rechnen. Gerade auch deutsche Staatsangehörige sind einer deutlich ansteigenden Anschlags- und Entführungsgefahr ausgesetzt. Das Auswärtige Amt rät von Reisen in entlegene, nicht hinreichend durch wirksame Polizei- oder Militärpräsenz gesicherte Gebiete der Sahara und ihrer Randbereiche eindringlich ab. [...] Deutlich erhöhte Anschlags- und Entführungsrisiken bestehen u. a. für touristische Ziele, an denen regelmäßig westliche Staatsangehörige verkehren.«

Puh, das saß. Wer sich freiwillig in ein solches Gebiet wagen sollte, hatte wohl wirklich keine Tassen mehr im Schrank. Und dann noch mit einem pinkfarbenen Fahrrad, das konnte schon als Potenzierung der Dummheit interpretiert werden. Normalerweise wäre das ja auch kein Problem gewesen, jeder vernünftige Mensch würde verstehen, wenn ich an dieser Stelle gemogelt und Mauretanien oder die benachbarten Staaten ausgelassen hätte. Meine Bekannten würden mir bestimmt auf die Schulter klopfen und sagen: »Kein Problem, Weber, da war einfach nichts zu machen. Außerdem bist du ja weiter gekommen, als wir alle geglaubt hatten!« Normalerweise würde jeder verstehen, dass ich mich unter diesen Umständen nicht unnötig in Gefahr begeben würde. Wer wollte denn schon freiwillig nach Mauretanien reisen? Nur Rüdiger Nehberg, Rambo oder vielleicht Chuck Norris. Nur echte Männer! Nur echte Männer, und vielleicht ... Halt!

Genau hier zerstörte Tine Wittler meine Reisepläne. Nicht nur Rambo oder Arnold haben sich nämlich nach Afrika gewagt, nein, genau ein Jahr vor mir war Tine Wittler, die dralle blonde Heimwerkerkönigin von RTL, nach Mauretanien gereist. Und nicht nur das, es hatte ihr gefallen! Sie hatte dort ganze fünf Wochen ausgehalten, sie hatte sich mit Land und Kultur angefreundet, Heiratsanträge bekommen und zum Schluss noch ein Buch darüber geschrieben!

Und genau hier lag mein Problem. Ich konnte nicht aufbrechen, um nach Togo zu radeln, die Westsahara und Mauretanien auslassen und dann zurückkommen. Ich würde den Spott meiner ganzen Kumpels zu Hause ertragen müssen. Vermutlich würde spätestens beim achten Pils am Tresen unserer Stammkneipe einer meiner Freunde mir zurufen: »Kein Problem, Weber, wir können verstehen, dass du das nicht gemacht hast. Tine Wittler hatte anfangs ja auch gut überlegt, ob sie durch Mauretanien reist!«

So funktionierte das nicht! Egal wie der Kaffee in Togo auch schmecken sollte, das würde einen bitteren Nachgeschmack hinterlassen. Nein, der Drops war noch nicht gelutscht, Mauretanien noch nicht abgeschrieben, Tine!

Ich sortierte meine Gedanken. Das Problem mit Mauretanien würde ich später lösen. Ich drehte mich auf meiner Isomatte um und blickte erneut auf die Europakarte. Eins nach dem anderen, dachte ich. Jetzt erst mal durch Europa.

GRIECHISCHER WEIN, TEIL 1

ATHEN, GRIECHENLAND, OKTOBER 2012
– 5.028 KILOMETER –

Ich erwachte und wusste nicht, wo ich war. Mein Magen krampfte und mir war speiübel. Im Dunkeln tastete ich nach meinem Handy und blickte auf das Display. 6.30 Uhr morgens. Ich sah mich um. Wo war mein Zelt? Wo mein Fahrrad? Es dauerte eine Weile, dann erkannte ich, dass ich in einem fremden Bett lag, in einem fremden Zimmer. Ich blickte an mir herunter und stellte fest, dass ich all meine Kleidung am Körper trug, allerdings nur einen Schuh, am rechten Fuß.

Ein heftiges Pochen hinter meinen Schläfen kündigte an, dass etwas nicht in Ordnung war, mein Kopf rasselte, als wäre er mit Reißnägeln gefüllt. Ich öffnete den Vorhang vor dem Fenster und blickte hinaus auf ein Meer verwinkelter Gassen und hoher grauer, graffitibeschmierter Häuserschluchten. Im Hintergrund schob sich die rote Sonne über eine hohe Hügelkette, weiter hinten am Horizont waren die Säulen der griechischen Akropolis zu erkennen. Langsam kamen die Erinnerungen wieder. Ich befand mich in Athen, im Zimmer einer Jugendherberge.

Ich richtete mich auf und schleppte mich auf die Toilette. Mir war übel und kurz überlegte ich, ob ich meinen Hintern oder doch besser meinen Kopf über die bespritzte Kloschüssel halten sollte. Dann hockte ich mich hin, stützte meinen Kopf in die Hände und fügte langsam die einzelnen Teile der vergangenen Tage zu einem Bild zusammen.

Bereits vier Tage war ich in der griechischen Hauptstadt, am Mittwoch, den 3. Oktober, war ich mit einem Containerschiff am riesigen Hafen von Piräus angekommen. Ich hatte mein Fahrrad vorbei an Lastwagen, Kränen und Containern gesteuert und war in die griechische Hauptstadt geradelt. Ich erinnerte mich, dass mir alles so normal vorkam. Zwar hatte ich keine genaue Vorstellung von der Stadt der Mythen und Götter gehabt, aber irgendwie hatte ich mir Athen anders vorgestellt. Immerhin waren wir inmitten einer Wirtschaftskrise, und Studenten, Arbeiter und Hausfrauen befanden sich in täglichen Demonstrationen und Rebellionen gegen die Regierung, gegen die EU und gegen Deutschland. Aber davon hatte ich in Athen nichts gesehen. Im Gegenteil, mit ihren lebhaften kleinen Sträßchen, den überfüllten Cafés, den schick gekleideten Frauen und den Businessmännern mit dünnen Krawatten und dunklen Sonnenbrillen wirkte Athen so normal. Die Mitropoleos-Straße zum Parlament war gut gepflegt, der große Syntagma-Platz vor dem Regierungsgebäude sauber und frei von Plakaten. Nichts deutete auf eine Krise hin, nirgendwo waren die Überbleibsel der Krawalle zu erkennen, die vor einigen Tagen noch das ganze Land erschüttert hatten.

Ich erinnerte mich, dass ich verdutzt über den Syntagma-Platz gelaufen war und alte Männer beobachtet hatte, wie sie im Schatten der Bäume saßen, Backgammon spielten und dabei ihre Rosenkränze über die Finger tanzen ließen. Ich erinnerte mich, wie ich um eine Ecke geschlendert war und mich über einen schicken, gut gefüllten McDonald's gefreut hatte. Das Big Mac Menu kostete 5,50 Euro, alles war ganz normal. Noch nicht einmal im linken Szeneviertel Exarchia, in dem wilde Graffitis die Häuserfronten zierten und Marihuanaschwaden aus den Hinterhöfen waberten, hatte ich Zeichen der Krise erkannt. Im Gegenteil, die jungen Menschen mit Irokesenschnitt und zotteligen Haaren saßen in den Cafés der schattigen Gassen und tranken Cappuccino oder Frappé mit Strohhalm. Keine Gewalt, keine Molotowcocktails, keine Demonstrationen.

Es pochte an der Badezimmertür und ich wurde unsanft aus meinen Gedanken gerissen. Scheinbar war ich in meinem Tagtraum noch einmal eingenickt. Ich spülte und lies einen jungen langhaarigen Mann mit dem Dreitagebart auf die Toilette. Dann ging ich zum Waschbecken, schöpfte Wasser in mein Gesicht und spülte den Mund aus. Erst jetzt bemerkte ich den pelzigen Geschmack von Zwiebeln, Knoblauch und Alkohol in meinem Mund, dann fielen sie mir wieder ein: Egeas und der Raki.

»*You must drink Raki, my friend!*«, hatte Egeas gerufen und mit seiner kräftigen Pranke dabei auf den Tisch geschlagen. »*Raki is much better than Ouzo. Real Greek people drink Raki!*« Und dann hatte er mir eingeschenkt, wieder und wieder.

Es war mein letzter Abend in Athen gewesen. Zum feierlichen Abschluss meines Hauptstadtbesuchs hatte ich mich in einem einfachen Straßenrestaurant niedergelassen. In der engen Seitenstraße, fern des Stadtzentrums, herrschte reger Verkehr. Menschen, hupende Motorräder und ab und an ein Auto drängten dicht an meinem kleinen Tisch auf dem Gehsteig vorbei. Ich saß vor einem Glas Rotwein und beobachtete das Treiben. Dann begann der Kellner, die Speisen zu servieren: Tomatensalat, angerichtet auf einer knusprigen Scheibe Brot, darüber Oliven, öliger Fetakäse und Kapern. Frischer Oktopussalat mit Zitrone, gegrillte scharfe Paprika und Zucchinibällchen.

Nach dem Essen stellte mir der Kellner ein Glas Raki vor die Nase. Der Mann am Nachbartisch, der mir das Getränk ausgegeben hatte, winkte mir zu. Nach dem zweiten Glas setzte ich mich hinüber und wir kamen ins Gespräch. Mein Tischgenosse stellte sich als Egeas vor und erklärte mir den sonnig-lockeren Lebensstil der Griechen. Irgendwann fragte ich Egeas nach der Krise und erklärte, dass ich gar nichts davon gesehen hätte. Daraufhin verzog sich Egeas freundliche Mine.

»Kein Wunder, die Krise sieht man nicht in Athen. Zumindest nicht auf den ersten Blick. Wir Griechen sind ehrenhaft, wir wissen uns zu verstellen und gehen erhobenen Hauptes voran, auch wenn wir die Probleme damit manchmal vor uns herschieben«, antwortete er traurig. »Die Alten zum Beispiel, die sind es einfach gewohnt, in den Cafés zu sitzen. Ihre Frauen wollen sie ja gar nicht zu Hause haben, und so gehen sie wie gewohnt ins Café. Nur anstatt zwei oder drei Getränken und einer kleinen Speise bestellen sie heute nur einen Kaffee und sitzen dann den ganzen Tag vor dem einen Getränk. Da kannst du dem Kaffee beim Verdunsten zusehen!«

Wir tranken einen weiteren Raki und Egeas erzählte weiter.

»Es hilft doch auch nichts, dass Angela Merkel und die EU Milliarden von Euro in ein großes Loch schaufeln. Das versinkt doch alles bei den Banken! Hier bei den kleinen Leuten kommt nichts davon an.«

Traurig erklärte mir Egeas, dass er seinen gut laufenden Maurerbetrieb nun wegen hoher Steuernachforderungen hatte dicht machen müssen. Langsam verstand ich, und mit jedem neuen Glas Raki fühlte ich mich mehr und mehr verbunden mit den Griechen und ihrem Stolz in der misslichen Lage.

Bei der zweiten Flasche Raki gesellte sich der Koch des Restaurants zu uns. Der dickbäuchige Grieche mit den langen Haaren war gelernter Architekt, da er aber in seinem eigentlichen Beruf kaum Aufträge erhielt, war er als Koch in der Tapasbar eingesprungen. Lange saßen wir zusammen, leerten die zweite Flasche und philosophierten über die EU, den Olivenanbau und die europäische Währung. Und irgendwann begannen die Lücken in meinem Gedächtnis.

Zurück in meinem Zimmer begann ich, meine Taschen zu packen. Ich fand meinen fehlenden Schuh hinter der Türe und auch den Rest meiner vertrauten Sachen konnte ich aufspüren. Als ich wenige Minuten später die fünf schweren Packtaschen die steile Treppe hinunter zur Rezeption schleppte, bereute ich meine Entscheidung, an diesem Tag aufzubrechen. Wieso musste ich jetzt schon wieder in den Sattel? Hätte ich nicht einfach meinen Rausch ausschlafen können?

Vor der Türe wurde es nicht besser, die morgendliche Luft war kalt und von den Abgasen der viereinhalb Millionen Einwohner schweren Hauptstadt geschwängert. Ohne Frühstück radelte ich die breite Agiou Konstantinou entlang, und das morgendliche Gehupe, die Lichter und das chaotische Treiben der Großstadt überforderten mich maßlos.

An einem Café stoppte ich für ein Frühstück. Ich verbrannte mich am heißen Kaffee und die Puddingfüllung des süßen Teigteilchens tropfte mir auf die kurze Hose. In diesem Moment wurde mir klar: Das würde heute nicht mein Tag werden!

Nach etwa fünfundzwanzig Kilometern ließ ich die Ausläufer der riesigen Stadt hinter mir und erreichte auf einer alten Bundesstraße die Küstenregion. Kaum war das Hafengebiet mit den vielen Autoabgasen, dem Fabriksmog und den zahlreichen Motorrädern überstanden, kam ich an dem Gelände einer riesigen Raffinerie vorbei. Kilometerweit schlängelte sich die Straße entlang der unterschiedlichen Ein- und Ausfahrten der Fabrik und schwer beladene Lastwagen schoben sich vor und hinter mir auf die Fahrbahn. Ich musste mich mächtig konzentrieren, um den großen Lastern auszuweichen und gleichzeitig nicht allzu viel Abgase einzuatmen. Leider funktionierte es nicht wirklich, mein Magen war immer noch flau von dem Traubenschnaps, und der beißende Geruch der Fabriken und Abgase ließ mich mehrfach würgen.

Kaum war die Raffinerie überstanden, stieg die Straße leicht an und ich manövrierte mein Fahrrad vorbei an Bergen von Bauschutt und Müll, den die Athener in dieser Gegend verschwinden lassen wollten. Und erneut wurden meine Nase und mein Magen auf eine harte Probe gestellt, während ich mein Fahrrad Meter um Meter voranmanövrierte.

Gegen Mittag erreichte ich eine kleine Ortschaft und sackte abgekämpft und mit übersäuertem Magen auf einer Parkbank zusammen. Mein Kopf hämmerte und meine Waden krampften von der Anstrengung und der Sauferei in der langen Nacht zuvor. Ich lehnte mich zurück und trank einen Schluck aus meiner Trinkflasche. Das verchlorte Leitungswasser war inzwischen lauwarm, aber irgendetwas musste ich ja gegen den Kater unternehmen. Donnernd raste ein Lkw an mir vorbei und blies mir Staub und Abgase ins Gesicht. Als sich der schwarze Qualm verzogen hatte, blickte ich auf und entzifferte den Werbeschriftzug auf der Ladefläche. In großen blauen Lettern las ich: »YENI RAKI«.

Ich konnte den Brechreiz gerade noch unterdrücken, spürte aber bereits einen sauren Geschmack vom Magensaft in meiner Kehle hinaufsteigen. Auf dieser Parkbank in dem griechischen Örtchen schwor ich mir: Nie wieder Raki mit einem Griechen trinken, nie wieder!

GRIECHISCHER WEIN, TEIL 2

GOLF VON KORINTH, OKTOBER 2012
– 5.106 KILOMETER –

E twa fünfzig Kilometer hinter Athen besserten sich sowohl mein Magen als auch die Landschaft. Die frische feuchte Meeresbrise kühlte meinen Kopf und vertrieb den Rakigeschmack aus meiner Kehle, und eine wunderschöne Küstenstraße mit hügeligen Anstiegen und grünen Palmen löste die Fabrikausfahrten und Müllberge ab.

Nach den Ausläufern des großen Hauptstadthafens Piräus, radelte ich weiter entlang der Peloponnes, der Halbinsel im Süden des griechischen Festlandes, in Richtung der Stadt Patras. Zu meiner Linken schoben sich hohe graue Felsen in den Himmel, die von Ansammlungen aus Kiefern und Zitronenbäumen unterbrochen wurden, zu meiner Rechten funkelte das tiefblaue Wasser des Ionischen Meeres. Die Nachmittagssonne schob sich vor die Wolken und wärmte meinen Rücken mit sanften goldenen Strahlen und das Fahrradfahren begann wieder Freude zu machen.

In kleinen Abständen tauchten Miniaturkirchen am Straßenrand auf, die Autofahrern und Reisenden Glück bringen sollten. In den putzigen, etwa vierzig Zentimeter hohen Gipsmodellen hatten Gläubige Kerzen angezündet und manche hatten Wasserflaschen neben den winzigen Gotteshäusern platziert. Auch in den Ortschaften, die ich durchquerte, entdeckte ich den tief verwurzelten Glauben der Griechen: Die prächtigen orthodoxen Kirchengebäude ließen ihre hohen Kuppeln zu beeindruckenden Gebilden verschmelzen und die blau oder rot gestrichenen Ziegel auf den Dächern verliehen den Kirchen ein stolzes Äußeres.

Im Kern der verspielten Örtchen stieß ich auf bunte Cafés, in denen junge und alte Männer an ihren Frappés nippten und sich den Nachmittag vertrieben, bevor sie am Abend zurückkehren und ihren Frauen die Neuigkeiten des Tages berichten würden. Eine kitschig malerische Idylle, die weder einen wirtschaftlich gebeutelten Griechen noch einen verkaterten Fahrradfahrer in schlechte Stimmung versetzen konnte.

Leider verlief der Rest meines Tages weniger idyllisch. Nach einem Mittagssnack meldete sich mein verkaterter Magen mit Krämpfen zurück. Ich litt unter unnatürlichen Schweißausbrüchen und die vielen Abzweigungen und Nebenrouten auf der breiten Küstenstraße führten mich mehrere Male auf gefährliche Autobahnauffahrten. Wenige Kilometer nach meinem Stopp hatte ich mich bereits so oft verfahren, dass ich mehrfach nach dem richtigen Weg suchen musste. Zwar fühlte ich mich an diesem verkaterten Tag wortkarg, trotzdem musste ich mich wohl oder übel durchfragen. Immerhin, ich war vorbereitet und hatte inzwischen gelernt, dass in Griechenland *näh* »ja« bedeutete und *ochi* »nein«.

»*Kalimera!*«, grüßte ich und ergänzte dann: »*Am I on the right way to Patra?*«

Mein Gegenüber blickte mich fragend an. Also hob ich die Hand, zeigte die Straße hinab und fragte: »Patra?«

»*Näh, näh!*«, rief mein Gegenüber und ich freute mich, auf dem richtigen Weg zu sein.

Kaum hatte ich wieder Fahrt aufgenommen, frischte der Wind auf und hügelige Anstiege und Gegenwind bremsten mein Vorankommen. Eine kräftige Brise ließ die Piniennadeln tanzen und ich stieg aus dem Sattel, um hart in die Pedale zu treten. Der fehlende Schlaf der langen Nacht hatte mir die Energie geraubt und das Weiterfahren wurde mit jedem Meter schwerer. Als der Gegenwind schließlich so stark war, dass ich sogar bei den Abfahrten kräftig treten musste, erkannte ich, dass es keinen Sinn machte, weiterzufahren. So konnte es einfach nicht weitergehen!

Frustriert bog ich von der Küstenstraße ab und rollte durch eine kleine Ortschaft. Mir steckten die vielen Anstiege in den Knien und ich begann mich nach einer Bleibe umzusehen. Zelten war für mich an der dicht besiedelten Küste und mit einem knurrenden Magen keine Option – nach so einem Tag brauchte ich einfach ein ordentliches Hotelzimmer.

An der Küstenpromenade passierte ich einfache Hotels und hübsche Gästehäuser. Ein zauberhaftes Strandhotel mit Meerblick, Pool, Sauna, WLAN und riesigem Frühstücksbuffet schien mir für 35 Euro zu teuer, weshalb ich in der Pension nebenan nach dem Preis fragen wollte.

Gerade hatte ich mein Fahrrad an die niedrige Backsteinmauer gelehnt und lief den Weg zum Eingangsbereich hinunter, da baute sich ein hüftgroßer Labrador knurrend und zähnefletschend vor mir auf und verstellte mir den Weg. Automatisch suchte meine Hand nach dem Pfefferspray in der Hosentasche. Die Tatsache, dass ich kurz vor der Eingangstür der Pension stand, ließ mich allerdings zögern, schließlich wollte ich nicht gleich im Vorgarten meiner nächtlichen Bleibe den Hund des Hauses verjagen.

Die Augen des Labradors fixierend versuchte ich daher, mich an ihm vorbei in den Hauseingang zu schieben. Plötzlich hörte ich hinter mir ein helles Bellen und ein zweiter Hund stürmte um die Ecke. Reflexartig drehte ich mich zu diesem um, erkannte zu meiner Erleichterung aber sofort, dass es sich um einen kleinen Schoßhund der ungefährlichen Sorte handelte.

»Puh, da habe ich noch mal Glück gehabt«, murmelte ich in meinen Bart, und im selben Moment spürte ich einen stechenden Schmerz in meiner Wade. Adrenalin schoss mir durch den Körper und ich realisierte, wie sich die gelben Zähne des großen Labradors von hinten in meine gut trainierte linke Radlerwade bohrten.

»Scheiße, verdammte Scheiße noch mal!« Ich brüllte mir Schreck und Schmerz aus der Seele, und von meinem Schreien verschreckt, suchte der Angreifer das Weite.

Mit dem Geschrei stürmte auch der Besitzer der Pension aus der Tür, und bevor er wusste, was überhaupt los war, klagte ich ihm aufgebracht mein Leid. Mehrfach entschuldigte sich der Chef des Hauses und erläuterte in schlechtem Englisch, dass der größere Hund ihm gar nicht gehörte, er sei ihm am Tag zuvor zugelaufen, aber die Familie hatte beschlossen, nicht die Polizei zu rufen, weil sie ja so tierlieb wäre und so weiter und so fort.

Mir waren die Erklärungen des Besitzers vollkommen egal. Die Bissverletzung war zwar nicht weiter schlimm, aber nach einem Tag, der mit einem großen Kater begonnen und mit einem schmerzhaften Hundebiss geendet hatte, wollte ich mich nur noch auf ein Zimmer verziehen. Ohne Preisverhandlung oder Hundebissnachlass nahm ich ein Zimmer in der Pension, die nur wenig günstiger als das benachbarte Hotel war, schleppte meine Taschen in den engen Raum und verriegelte die Tür hinter mir.

Ich kramte mein Erste-Hilfe-Set aus der schweren Packtasche und breitete den Inhalt auf dem winzigen Tisch in der Ecke aus. Vom niedrigen Holztisch bröckelte die Farbe und das Zimmer roch streng nach dem Bewohner, der vor mir das Bett belegt hatte. Als ich aufblickte, konnte ich aus dem Fenster die grelle Leuchtreklame des hübschen Hotels gegenüber sehen: »*Rooms, Wi-Fi, breakfast & seaside*«.

Mit knurrendem Magen hockte ich mich auf die schmutzige Matratze meines Bettes, tupfte das Blut von meiner Wade und desinfizierte die Bisswunde. Dann kroch ich mit einem Stück trockenem Brot, ein paar Keksen und einem Glas Leitungswasser aus dem Badezimmer in meinen Schlafsack und wischte mir die Augen trocken. Ich hatte unendliches Heimweh. Eigentlich weinte ich nie, aber nach der Hundeattacke ganz alleine in dem fremden Zimmer in Griechenland fehlten mir meine Freunde und Verwandten.

Einsam lag ich im Bett, spürte das sanfte Pochen in meiner Wade und merkte, wie der Kopfschmerz vom Morgen wieder zurückkam. Ich würde alles geben, hätte ich nur jemanden an meiner Seite, um mich auszuheulen! Und als ich angeschlagen und frustriert in dem muffigen Kabuff lag, schlich sich eine Melodie in meinen Kopf. Eine Melodie eines alten Liedes, dessen tiefe Melancholie ich erst an diesem Abend wirklich verstand:

Es war schon dunkel, als ich durch Vorstadtstraßen heimwärts ging.
Da war ein Wirtshaus, aus dem das Licht noch auf den Gehsteig schien.
Ich hatte Zeit und mir war kalt, drum trat ich ein.

Da saßen Männer mit braunen Augen und mit schwarzem Haar,
und aus der Jukebox erklang Musik, die fremd und südlich war.
Als man mich sah, stand einer auf und lud mich ein.

Griechischer Wein ist so wie das Blut der Erde.
Komm', schenk dir ein und wenn ich dann traurig werde,
liegt es daran, dass ich immer träume von daheim;
Du musst verzeih'n.

Griechischer Wein, und die altvertrauten Lieder.
Schenk' noch mal ein!

Denn ich fühl' die Sehnsucht wieder;
in dieser Stadt werd' ich immer nur ein Fremder sein,
und allein.

IM KRIMINELLSTEN
LAND DER WELT

VATIKANSTADT, OKTOBER 2012
– 6.010 KILOMETER –

Als ich das neue Land betrat, sprang mir die militärische Vormachtstellung des Staates sogleich ins Auge. Die älteste Armee der Welt war auf dem gesamten Staatsgebiet präsent und wurde durch traditionell gekleidete Soldaten in gelb-blauen Wämsern und mit blanken, metallenen Helmen zur Schau gestellt. Neben den Soldaten schritten geistliche Männer in schwarzen Gebetsgewändern durch die Gassen und murmelten Worte in einer vergessenen Sprache. Die wenigen Frauen, die ich erblickte, waren vermummt, sie trugen lange schwarze Kutten, die ihre Arme und Beine bedeckten. Ihre Haare hatten sie unter weißen Kopftüchern verborgen.

Ich hatte ein Land betreten, über das unzählige Mythen und Sagen existierten, ein Land, das geprägt war von altertümlichen Herrschaftsstrukturen und einer archaischen Monarchie.

Vor dem Eintritt in das gefährliche Land hatte ich mich über die Sicherheitslage erkundigt. Ich fand heraus, dass das politische System des Staates von Dogmen durchzogen war. Die religiösen Worte des Staatsoberhauptes verbreiteten sich schnell und Millionen von Anhängern folgten bedingungslos seinen Worten. Die Weisungen des Oberhaupts beruhten auf uralten Schriften und Reliquien, und zeitgenössische Ansichten wurden geächtet. Zu politisch streitbaren Themen wie Homosexualität oder der Gleichstellung der Frau wurde im besten Fall geschwiegen, überhaupt mussten sich Andersgläubige und Frauen unterordnen und durften keine politischen Ämter einnehmen. Der Staat hatte die Europäische Menschenrechtskonvention nicht unterzeichnet, besaß kein einziges Krankenhaus und hatte die höchste Kriminalitätsrate der Welt.

Zugegeben, mich hatten diese Fakten stutzig gemacht und die Entscheidung fiel mir nicht leicht. Trotzdem bin ich allen Befürchtungen und Warnungen zum Trotz in den sagenumwobenen Staat eingereist – den Vatikan.

Mit flauem Gefühl wegen der hohen Kriminalitätsrate und den sonderbaren Riten überschritt ich die Grenze des kleinsten anerkannten Staates der Welt. Mit einem halben Quadratkilometer war der Vatikan, offiziell Vatikanstadt, kleiner als der Frankfurter Flughafen. Keine tausend Menschen wohnten hier. In Kombination mit den zahlreichen Taschendiebstählen erklärte das auch, warum es sich auf die Einwohner gerechnet um das kriminellste Land der Welt handelte. Die Einreise war denkbar einfach, es gab weder Pass- noch Zollkontrollen. Der Münchener Reisegruppe hinter mir wurde allerdings die mitgebrachte Bayernflagge abgenommen; politische Provokation wurde im Petersdom nicht geduldet.

Die große Basilika des Petersdoms war beeindruckend. Noch beeindruckender war allerdings die gewaltige Menschenmasse, die sich gemeinsam mit mir durch die riesige Kirche schob: Neben der bayrischen Reisegruppe rollten vier ältere Menschen in Rollstühlen an mir vorbei, ein halbnackter Indianer mit mannshohem Federschmuck, eine offensichtlich US-amerikanische Familie mit dicken Sonnenbrillen und noch dickeren Bäuchen, ein ebenfalls halbnackter Buddhistenmönch in orangefarbenem Wickeltuch sowie unzählige Japaner mit klickenden Fotoapparaten. Als sich dann auch noch eine Schulklasse hinter mir durch den Gang drängte, wurde mir der Trubel zu viel und ich flüchtete aus dem Petersdom in Richtung Vatikanmuseum.

In dessen Inneren wurden die Schätze des Vatikans und die Privatsammlungen verschiedener Päpste aufbewahrt, und dank der hohen Kirchensteuern stand das Museum voll von unbezahlbarem Prunk. Wenn man an jeder der Statuen, Bilder, Fresken oder Mosaike nur 30 Sekunden verweilen würde, müsste man über sieben Jahre im Museum verbringen, bevor man alles entdeckt hätte.

Als ich schließlich die Sixtinische Kapelle erreichte, blieb mir der Mund offen stehen. Zu wissen, dass ich vor einem der größten Meisterwerke des berühmten Künstlers Michelangelo Buonarroti stand, der durch seine Davidstatue und die Ninja Turtles berühmt wurde, haute mich um. Als er im Jahr 1508 den Auftrag für die Gestaltung des Deckengewölbes der Sixtinischen Kapelle erhalten hatte, war er mit 33 Jahren genauso alt wie ich.

Im Museum las ich nach, wie Michelangelo nach Erhalt des Auftrages zuerst einmal nach Florenz gegangen war, um Kunst zu studieren. Zurück in Rom verwarf er dann die Vorgaben seines Auftraggebers Papst Julius II. und pinselte statt der zwölf Apostel einen nackten, betrunkenen Noah an die Decke des heiligen Hauses. Der Papst war nicht begeistert, ließ den Künstler aber trotzdem seine Arbeit fortsetzen. Und so verbrachte Michelangelo die kommenden vier Jahre Tag und Nacht im Dunkeln der Kapelle, um die Fresken zu gestalten. Allerdings ohne Lohn, da er sich über die Vorgaben des Papstes hinweggesetzt hatte. Trotz der schwierigen Umstände entstand ein Meisterwerk, das erst Jahre später wirklich verstanden wurde.

Sofort fielen mir die Parallelen zu meinem Job als Unternehmensberater auf: Der Berater ist meist unwissend, wird dem Kunden aber als Experte verkauft. Nach einer kurzen Einarbeitung verbringt der arme Consultant Tage und Nächte in Räumen ohne Tageslicht, und Gehalt bleibt kaum übrig. Und wenn das Werk endlich fertiggestellt ist, versteht es niemand.

Nach meinem kulturellen Ausflug in den Vatikan saß ich am Nachmittag in einem Restaurant in der Innenstadt Roms und dachte an Michelangelo, den alten Rebellen. Der Kellner musterte mich schief, weil ich den besten Fensterplatz eingenommen hatte und nur ein Glas Rotwein bestellen wollte. Vor meiner Nase schoben sich zehn Millionen Touristen durch die engen Gassen der Altstadt auf der Suche nach touristischen Highlights und öffentlichen Toiletten. Ich saß im Touri-Restaurant und hatte die Schnauze voll von Sehenswürdigkeiten und von den hübschen, gepflegten Touristenstädten, den überfüllten Hostels und dem Smog der Großstadt. Ich war reisesatt und wollte zurück in die Natur, zurück auf verlassene Pfade, zurück in mein Zelt und zu meinem Radlerleben.

Der Kellner kehrte mit einer kleinen Karaffe an meinen Tisch zurück, schenkte mir erst noch einen verächtlichen Blick und dann den Rotwein in mein Glas. Den musste ich sofort bezahlen, und durch das schmierige Glas konnte ich die Farbe des Weins kaum erkennen. Aber das war okay, ich war eben in einer Touristenmetropole. Gut, dass ich das große Rom am nächsten Morgen wieder verlassen würde, dachte ich. Inzwischen hatte ich sechstausend Radkilometer in den Beinen, den Besuch im kriminellsten Staat der Welt überlebt und war gerüstet für die kommenden Abenteuer. Es konnte zurückgehen in die Natur und weiter in Richtung Afrika!

ITALIENISCHER HERBST

LIVORNO, TOSKANA, OKTOBER 2012
– 6.312 KILOMETER –

Ich liege im Zelt auf meiner Isomatte und betrachte die Landkarte. Sie ist nass, klitschnass. So wie meine Isomatte, meine Kleidung und die Hälfte des Zeltbodens. Um genau zu sein treibt meine Isomatte wie ein Floß durch das geflutete Innenzelt. Die Pfütze ist entstanden, als ich eben versucht habe, bei strömendem Regen im Zelteingang eine heiße Suppe zu kochen. Aber das ist halb so schlimm, es ist ja sowieso alles nass. Denn seit einer Woche radele ich durch den unerbittlichen italienischen Dauerregen.

Aus der engen grauen Millionenmetropole Rom radelte ich mitten hinein in die schöne Landschaft der hügeligen Toskana, vorbei an weiten Kiefernwäldern, Olivenbäumen und Palmen. Wie im Allgäu schraubte ich mich die unzähligen Serpentinen nach oben, passierte namenlose Dörfer mit hohen Felsenkirchen, einen Haufen alter Burgen und verschlafene Innenstädte. Die Straßen der hübschen Orte waren mit Kopfstein oder hellen Granitplatten gepflastert, ich spürte die Sonne auf meiner Haut und den italienischen Bunga Bunga. Die Gespräche mit den vielen Rennradfahrern, die mir auf der Strecke begegneten, brachten eine nette Abwechslung. Fein herausgeputzt in ihren bunten, werbeverzierten Trikots und passenden Höschen kamen sie mir scharenweise entgegen oder rauschten von hinten an mir vorbei. Ich genoss die Zeit in der Toskana. Doch dann setzte der Herbst ein.

Der Regen begann im kleinen Ort Orbetello bei Grosseto an der Westküste Italiens. Um mein einziges Paar geschlossener Schuhe zu schonen, zog ich trotz Kälte die Trekkingsandalen an und kämpfte in kurzer Hose, nur mit einem wasserdichten Poncho bewaffnet, gegen den Regen. Regentropfen so groß wie Golfbälle prasselten auf mich nieder und die Erde der nahen Kiefernwälder verwandelte die Fahrbahn in eine schlammige braune Masse. Die vorbeirasenden Autos klatschten mir den Matsch an die nackten Schenkel und binnen Sekunden war ich von oben bis unten völlig durchnässt.

Eine Woche lang nahm der Regen kein Ende und der italienische Herbst zeigte sich von seiner übelsten Seite. Morgens schlüpfte ich in meine nassen Schuhe, stieg in die durchgeschwitzte Radlerhose und streifte mein feuchtes T-Shirt über. Mittags stand ich hungrig und frierend vor verrammelten Cafés und Bäckereien, die aufgrund der südländischen Siesta geschlossen hatten, und abends baute ich klitschnass und vor Erschöpfung und Kälte zitternd mein Zelt auf den schlammigen Böden der italienischen Campingplätze auf.

Aber anstatt gemütlich-chaotischer Abenteurergeschichten am Lagerfeuer erlebte ich auf den Campingplätzen in der Toskana eine traurige, bedrückende Ordnung. Die Zeltplätze der Toskana waren fest in deutscher Hand: Riesige Caravans und Wohnmobile standen in ordentlichen Reihen in den eingezäunten Arealen und die Kfz-Kennzeichen der großen Multivans, Wohnwagen und Caravans reichten von München und Stuttgart über Dresden bis nach Cuxhaven. Natürlich war ich der einzige Urlauber, der bei dem stürmisch-nassen Wetter zeltete. Die anderen Gäste waren allesamt Dauercamper, die im gemütlichen Inneren ihrer geräumigen Behausungen hockten und mich durch beschlagene Fensterscheiben argwöhnisch beäugten.

Kurt war einer der wenigen, die mutig genug waren, ein Gespräch mit mir zu beginnen. Er war mein Nachbar auf einem Campingplatz kurz vor Livorno, pensionierter Lkw-Fahrer und rief aus dem Trockenen seines hohen Vorzelts herüber, dass er mir einen Gummihammer leihen könnte. Dankend lehnte ich ab und machte damit weiter, die Heringe mit meinen durchnässten Flip-Flops in den schlammigen Untergrund zu drücken. Mein Nachbar beobachte das Geschehen eine Weile, dann holte er erneut aus und erklärte stolz, dass das Wasser hier überall Trinkwasserqualität habe.

»Du kannst morgen beruhigt deinen Kaffee damit machen, wenn du das Wasser ordentlich abkochst!«

Ich dachte daran, dass ich mir noch nie Gedanken über die Trinkwasserqualität gemacht und das Wasser aus rumänischen Brunnen und türkischen Wasserhähnen getrunken hatte.

»Vielen Dank für den Tipp, Kurt, das ist gut zu wissen!«, rief ich zurück.

Mein Nachbar schien mit der Antwort zufrieden, lächelte und streckte den Daumen in die Höhe. Dann hörte ich, wie Kurts Frau ihn aus dem Inneren des Wagens zu sich zitierte. Kurt zuckte mit den Achseln.

»Essen ist fertig, ich muss dann mal!«, rief er herüber und verschwand im warmen Caravan.

Ich stand wieder alleine im Regen, bis auf die Radlerhose durchnässt und frierend. Ich blickte mich um und betrachtete das warme orangene Licht der Wohnwagen, in denen die Urlauber gemütlich beim Abendessen zusammensaßen. Sehnsüchtig blickte ich in das Innere des großen Wohnmobils, in dem Kurt es sich mit seiner Frau inzwischen gemütlich gemacht hatte. Er in einem fein gebügelten karierten Hemd und sie in einer hellen Bluse saßen an einem reichlich gedeckten Tisch und blickten auf den eingeschalteten Fernseher. Eine Flasche Wein wurde geöffnet und die beiden prosteten sich lachend zu.

Ich wandte mich wieder meiner Arbeit zu. Essen war eine gute Idee, dachte ich und suchte in meinen Radtaschen nach dem Kochgeschirr. Während mir der eisige Regen den Nacken hinunterlief, dachte ich kurz daran, was für eine Anstrengung es sein würde, das Wasser für die heiße Suppe zum Kochen zu bringen. In einem Wohnmobil gab es heißes Wasser auf Knopfdruck. Für einen kurzen Moment überlegte ich, einfach hinüberzugehen und Kurt nach heißem Wasser zu fragen, doch dann verdrängte der Stolz des Abenteurers den Gedanken, und im strömenden Regen begann ich damit, die Benzinflasche an den Kocher zu montieren, um die Suppe zu kochen.

Eine Stunde später stand ich mit vollem Magen und in nassen Klamotten in der Waschküche des Campingplatzes und spülte mein schmutziges Geschirr. Eine ältere Frau, mit Schürze und Spülhandschuhen bewaffnet, näherte sich. Es war Kurts Frau, ich erkannte den grimmigen Blick in ihrem Gesicht sofort. Kritisch beäugte sie mich.

»Junger Mann, das nächste Mal machen Sie bitte die Augen auf und waschen Ihr Geschirr nicht mehr im Waschbecken für die Kleidung«, wies sie mich energisch zurecht. »Für Ihr schmutziges Geschirr gibt es ein separates Spülbecken.«

Perplex starrte ich die garstige Frau an, dann platzte es aus mir heraus.

»Junge Frau, machen Sie sich keine Sorgen, meinem Kochgeschirr hat das mit Sicherheit nicht geschadet!«

Ich sammelte meine Utensilien zusammen und trottete zurück in den Regen.

Wenig später lag ich im molligen Schlafsack. Mit meinem feuchten Radlershirt hatte ich die großen Pfützen im Zelt weggewischt und der Frust über die spießigen Campingnachbarn hatte sich gelegt. Der Regen prasselte monoton auf das Zeltdach, ich machte mir Notizen in mein Tagebuch und dachte an die vor mir liegenden Kilometer. Noch eine Tagesetappe, dann würde ich Livorno erreichen. Noch ein, zwei Radfahrabenteuer und ich würde dem schönen und fordernden Italien und den Dauercampern »*Arrivederci!*« hinterherrufen. Dann würde ich mit der Fähre nach Barcelona übersetzen und müsste nur noch ein Land durchqueren, bis ich endlich in Afrika angekommen wäre. Ich drehte mich auf die Seite und der laute Regen wiegte mich in einen sanften, ruhigen Schlaf.

SPANISCHE STRASSEN

BARCELONA, SPANIEN, NOVEMBER 2012
– 6.436 KILOMETER –

Spanien, das bedeutet Sonne, Flamenco, Vino Tinto, Serrano und Oliven. Spanien bedeutet, mittags auf ein gezapftes caña und Tapas einzukehren und sich nachmittags in der Herbstsonne vom Tag zu erholen. Spanien bedeutet Lebensgefühl und Genuss!

Zumindest in meiner Vorstellung, doch Genuss habe ich kaum und Lebensgefühl dafür umso mehr. Spanien zeigt mir ein ganz anderes Gesicht als erwartet.

E s war ein kühler Montagmorgen und meine Arbeitswoche in Barcelona begann mit Kaffeetrinken. Vor fünf Tagen hatte ich vom italienischen Livorno mit einer Industriefähre nach Barcelona übergesetzt, hatte in der bunten Weltstadt einige Gläser Rotwein zu viel getrunken und war einige Abende zu lange wach geblieben. An diesem Montagmorgen aber war ich startbereit wie nie; ich war wach, hochmotiviert und voller Vorfreude auf die nächsten Tage. Auch mein Fahrrad hatte am Wochenende eine Generalüberholung erhalten. Nun lehnte es mit gespannter Kette, frischem Öl in der Nabe und sauber gepackten Taschen an der Fensterscheibe des Quejio Bar Café im bunten Zentrum Barcelonas.

Im Inneren des kleinen Restaurants hatte ich am Tresen einen *café américano* bestellt, um einen großen schwarzen Kaffee zu erhalten, dazu ein *bocadillo con serrano* und ein Croissant. Damit saß ich nun an einem rostigen Metalltisch und blickte aus dem Fenster.

Gleich würde es losgehen, hinaus aus Barcelona und auf kleinen Straßen durch die schöne spanische Herbstlandschaft. Vor mir lagen 1.500 hügelige Küstenkilometer über Valencia, Murica und Málaga nach Andalusien, von wo ich eine Fähre nach Marokko nehmen wollte.

Die ersten Kilometer in einem neuen Land bringen immer etwas Neues mit sich. In Osteuropa kam ich auf den Dammwegen ins Schwitzen und in Griechenland brachten mich die hügeligen Anstiege zum Verzweifeln. In der Türkei machte ich auf den Autobahnen gut Strecke, während ich in Italien mit dem Fahrrad noch nicht einmal auf den Schnellstraßen fahren durfte. Wie so oft wusste ich nicht, welche Straßen und Herausforderungen mich in den kommenden Tagen erwarten würden, mit zunehmend gefülltem Bauch wurde ich aber auch zunehmend guten Mutes.

Nach dem letzten Schluck Kaffee sagte ich Barcelona Lebewohl, schwang mich in den Fahrradsattel und bahnte mir den Weg aus Barcelona. Fahrradwege endeten in Sackgassen, Straßen verliefen sich in mehrspurigen Kreisverkehren, Gassen stoppten vor verrosteten Bahngleisen und malerisch klingende Straßen zogen sich kilometerweit durch die grauen Vororte der Millionenmetropole.

Nach zwei Stunden Stop-and-go landete ich auf der C-31, einer vierspurigen Fernstraße mit breit ausgebautem Seitenstreifen. Da die Straße stark befahren war, wechselte ich kurz darauf auf einen schmalen Fahrradweg, der hinter einer Absperrung parallel verlief. Auf meine Frage nach dem richtigen Weg versicherte mir ein spanischer Rennradfahrer: »Si, si, *el camino a Castelldefels*«, aber natürlich stimmte das nicht, und zwanzig Minuten später fand ich mich erneut inmitten des Industriegebietes einer der vielen Vororte Barcelonas wieder.

Im nächsten Kreisverkehr nahm ich die Abfahrt auf die C-32 in Richtung Tarragona, ein großer Ort südlich von Barcelona. Kurz wunderte ich mich, warum aus der C-31 die C-32 geworden war, dachte dann aber nicht weiter darüber nach.

Das hätte ich aber besser tun sollen, denn die C-32 war eine achtspurige Autobahn und die Hauptverbindung zwischen Barcelona und Valencia. Kurz nachdem ich mit meinem Rad den Zubringer auf die Autobahn befahren hatte, bemerkte ich mein Missgeschick und rettete mich auf den schmalen Standstreifen. Die vorbeirasenden Autos und Lastwagen wiesen mich durch kräftiges Hupen und Blinken auf meinen Fehler hin, aber umdrehen konnte ich kaum, und so strampelte ich bis zur nächsten Ausfahrt um mein Leben.

Knappe zehn Minuten später führte mich die rettende Ausfahrt zurück in ein schmutziges Industriegebiet. Froh, dass ich das Abenteuer Autobahn heil überstanden hatte, bahnte ich mir den Weg vorbei an Ampeln, Supermärkten und grauen Lagerhallen, rollte auf der C-245 im morgendlichen Berufsverkehr und begann, mich über die Namensgebung der spanischen Straßen zu wundern. Innerhalb der nächsten beiden Stunden wurde aus der C-245 die C-246, dann die C-246a, die C-135B und schließlich die TV-3146.

Als ich die Ausläufer Barcelonas endlich hinter mich gebracht hatte, radelte ich auf einem Fahrradweg an der Seite der Autobahnen E-15 und A-7 und landete auf der Nationalstraße N-340, die nach einigen Kilometern in N-340a umbenannt wurde. Über eine Autobahnbrücke überquerte ich die A-7, die gerade zur AP-7 wurde, und als ich auf der N-340a, die inzwischen wieder in C-31 umbenannt worden war, endlich den richtigen Weg nach Süden eingeschlagen hatte, hatte ich aufgehört, einen tieferen Sinn in der spanischen Straßenführung zu suchen. Nein, meine Fahrt auf spanischen Straßen hatte ich mir anders vorgestellt.

FRANC,
DER FRANZOSE

Anfangs habe ich mich gefreut, Franc an meiner Seite zu haben. Nachdem er aber gerade das Gartentor aufgehebelt hat, um in das Haus einzubrechen, bin ich mir nicht mehr so sicher, ob der Franzose wirklich so ein guter Reisegefährte für mich ist.

Inzwischen war es kalt geworden, von der spanischen Herbstsonne war kaum mehr ein blasser Schimmer am immergrauen Himmel zu entdecken. Stattdessen machten sich dunkle Wolken und ein kühler Novemberregen breit. Meine Nacht im Zelt war unerträglich kalt gewesen und da meine teure Isomatte ein Loch hatte, war ich in Embryostellung zitternd auf dem gefrorenen Zeltboden aufgewacht.

Kaum hatte ich mich etwas aufgewärmt, das Zelt abgebaut und meine Packtaschen am Rad befestigt, suchte ich meine Notfallhandschuhe und zog alle meine Kleidungsstücke übereinander an. Einen Moment hielt ich inne, atmete die nasskalte Herbstluft ein, dann wischte ich den Regen von meinem Sattel und setzte mich, noch immer zitternd vor Kälte, in Bewegung.

Gegen Mittag wurde der Regen von einem frostigen Gegenwind abgelöst und die Landschaft wurde zunehmend eintöniger. Unter einem grauen Himmel radelte ich durch verlassene Küstenorte, in denen die Hotels für die Saison geschlossen hatten und Cafés und Restaurants leer standen. Oft entdeckte ich bei der Durchfahrt nicht eine

Menschenseele und kam mir vor wie der einzig Überlebende nach der Apokalypse. Der Wind peitschte mir die salzige Gischt des Meeres ins Gesicht und meine Stimmung sank parallel zur Temperatur mit jedem Kilometer weiter in die Tiefe. Es war einer dieser Tage, an dem ich mir mein Leben als Unternehmensberater zurückwünschte und mich fragte, wieso ich mich auf eine solche Schinderei überhaupt eingelassen hatte. Und dann traf ich Franc.

Ich fuhr auf der breiten N-340 in Richtung Süden, als ich den Franzosen entdeckte. Mit seinem hoch beladenen Rad und seiner knallgelben Sicherheitsweste über der Jacke war er kaum zu übersehen. Drei Tage war ich in etwa von Valencia entfernt und hatte inzwischen fast nicht mehr damit gerechnet, in der kalten Jahreszeit auf einen anderen Radfahrer zu stoßen. Ich stieg in die Pedale und holte ihn in wenigen Minuten ein. Nach einer kurzen Begrüßung im Sattel bogen wir von der Nationalstraße und suchten an einer schiefen Backsteinmauer Schutz vor dem frostigen Wind. Franc kramte seinen Gaskocher aus den Taschen und bereitete Instantkaffee zu.

Die heiße Kaffeetasse fest umklammert erzählten wir uns von unseren Abenteuern. Wir verstanden uns gut und meine Stimmung erhellte sich mit der Aussicht, endlich wieder einen Leidensgenossen an meiner Seite zu haben.

Franc war 39 Jahre alt, etwa so groß und schlank wie ich und hatte kurze blonde Haare. Seinem wettergegerbten Gesicht sah man an, dass er schon länger in der Natur unterwegs war, und sein löchriger Dreitagebart unterstrich das Bild des Abenteurers. Eigentlich war er aber Maler, Gerüstbauer, Schreiner und was man sonst noch alles so brauchte, erklärte er mir in schnellen französischen Worten.

»Aber das Arbeiten hat mich gelangweilt. Und das Leben in den überfüllten Städten hab ich nicht mehr ausgehalten. Vor fünf Jahren bin ich abgehauen, und seitdem ziehe ich mit meinem Fahrrad durch die Länder.«

Ich musterte den dürren Franzosen etwas skeptisch.

»Echt? Und wie finanzierst du das alles?«

»Na ja, hier und da nehme ich Gelegenheitsjobs an. Die letzten vier Monate hab ich auf einer Baustelle gearbeitet. Nun habe ich wieder genug Geld beisammen, um fünf, sechs, vielleicht sieben Monate umherzureisen. Mein Ziel ist es, in den warmen Süden zu kommen: Málaga, Grenada, Sevilla, vielleicht Marokko oder Portugal. Genau weiß ich es noch nicht, mal sehen, wie weit ich mit meinem restlichen Geld komme.«

»Und wie viel hast du noch?«

»Dreihundertfünfzig Euro.« Franc lächelte zufrieden.

Dreihundertfünfzig Euro, ich versuchte im Kopf zu überschlagen, wie weit ich mit einem solchen Betrag kommen würde. Ich wechselte das Thema und sprach Franc auf seinen dicken Verband an der linken Hand an. Der Franzose erklärte er mir, dass er vor einer Woche im französischen Agde einen Mann aus den Fluten gezogen hatte, der mit seinem Auto in den Kanal gestürzt war. Franc war in das kalte Wasser gesprungen und hatte mit einem Stein die Scheiben des Wagens zertrümmert, um den Verunglückten herauszuzerren. Damit hatte er dem Mann das Leben gerettet und gleichzeitig eine tiefe Schnittwunde an der Hand erlitten, die mit 15 Stichen hatte genäht werden müssen. Aus beidem hatte sich Franc nicht viel gemacht und war bereits einen Tag später wieder im Sattel gesessen. Franc war ein echter Draufgänger!

Auch ich berichtete Franc in holprigem Schulfranzösisch von meiner Reise, und wir beschlossen, eine Weile gemeinsam zu radeln. Wir setzten uns wieder in Bewegung und mit Einbruch der Dunkelheit rollten wir in den kleinen Küstenort Calafat. Das Wetter wurde schlagartig schlechter und der feine Nieselregen wandelte sich in ein heftiges Gewitter. Durch den herabstürzenden Regen konnte ich Franc kaum verstehen.

»Marküs, warte hier, ich suche uns einen sicheren Unterschlupf.«

Der Franzose ließ mich im Schutz einer Hausmauer stehen und fuhr durch den strömenden Regen davon. Als ich mich gerade fragte, ob Franc überhaupt wieder zurückkommen würde, bog er grinsend um die Ecke.

»*Vient*, Marküs! Ich habe einen hübschen Schlafplatz gefunden.«

Gemeinsam verließen wir den kleinen Ort und bogen in die hügeligen Olivenhaine hinter der Kirche. Nach wenigen Minuten hatten wir einen Acker erreicht. Franc stieg ab und watete vorsichtig über den schwarzen unebenen Boden. Kurz bevor er außer Sichtweite war, gab er mir ein Zeichen, dass ich ihm folgen sollte. Mir blieb nichts anderes übrig und ich schob mein schweres Rad hinter ihm über den matschigen Ackerboden. Nach wenigen Metern stoppten wir an einem gemauerten Steinhäuschen.

Das Häuschen, das mitten auf dem Olivenacker stand, war wohl eine Art Geräteschuppen. Als ich neugierig näher trat, entdeckte ich im Inneren lose Bretter, zerfallene Stühle und anderes schimmelndes Mobiliar, das sich bis unter die Decke stapelte. Franc war bereits mitten im Bretterchaos versunken und reichte mir staubige Latten heraus, um Platz zu schaffen. Als wir die Hälfte des Inventars nach draußen befördert hatten, brachten wir uns und unsere Wertsachen vor dem Regenschauer in Sicherheit und schüttelten das kalte Wasser von der Kleidung. Im Schein unserer Stirnlampen machten wir es uns im dicken Staub der Hütte gemütlich. In dem engen Unterschlupf hatten wir gerade genug Platz, um unsere beiden Isomatten nebeneinander auszubreiten und die Lenkertaschen an den Kopfenden zu verstauen. Unsere Packtaschen und der Rest der Ausrüstung mussten zusammen mit unseren Rädern draußen bleiben.

Zwar waren wir umringt von Müll und Staub, aber immerhin blieben wir trocken. Franc schien zufrieden mit dem Unterschlupf und zog triumphierend eine Flasche billigen Rotwein aus seiner Radtasche. Er köpfte die Flasche und begann mit herumliegenden Ästen ein Feuer unter dem schmalen Unterstand der Hütte zu entfachen. Wenig später stießen wir bei einem knisterndem Lagerfeuer, einem Schluck Rotwein und Spaghetti mit Tomatensoße auf das Vagabundenleben an. *Santé!*

Am nächsten Morgen erwachte ich zwischen modrigen Brettern, Müll und Rattenkot. Im Tageslicht war der Schuppen deutlich dreckiger, als ich es am Tag zuvor bemerkt hatte, und auch Franc machte einen etwas verlotterten Eindruck.

Ein wenig angeekelt kletterte ich aus der engen Hütte und nutzte mein restliches Trinkwasser zum Zähneputzen und um mir Gesicht und Hände zu waschen. Franc ließ beides ausfallen und verwendete den Rest seiner Wasserflasche zum Kaffeekochen.

Nach Kaffee und einer Handvoll Keksen starteten wir in den feuchtkalten Morgen. Nach der Nacht zwischen den Müllbergen waren meine Kleidung und mein Schlafsack vollkommen verdreckt, und auch ich fühlte mich ungewohnt schmutzig. Es wurde nicht besser, als nach einer halben Stunde der Regen erneut einsetzte und wir auf schmalen schlammigen Wegen durch knöcheltiefes Wasser fuhren, das von den nahen Äckern auf die Straße quoll. Nach einem Vormittag Sturzregen von oben, Autoduschen von der Seite und Pfützenschlamm von unten war unsere Kleidung durchgesogen und wir bis auf die Außentemperatur heruntergekühlt.

In einem Industriegebiet hinter dem Ort Amposta wurde der Regenguss so stark, dass wir uns unter dem schmalen Vordach einer Lagerhalle unterstellten. Franc stieg vom Rad und inspizierte die Gegend. Erneut kam er einige Minuten später breit grinsend zurück.

»*Vient*, Marküs, ich habe etwas gefunden!«, rief er mir zu.

Kurz darauf saß ich mit einem heißen Becher Tee in der Hand in einer alten Lagerhalle. Meine nasse Kleidung hatte ich zum Abtropfen auf den Industriemaschinen ausgebreitet und Franc grinste zufrieden. Der Franzose schien einen guten Riecher für passende Unterschlüpfe zu haben.

Nach zwei Stunden wohltuender Pause ging der Platzregen in einen leichten Nieselregen über, und Franc und ich brachen wieder auf.

Den Rest des Tages blieben wir trocken. Später am Abend erreichten wir bei tiefer Dunkelheit den Küstenort Peniscola. Nicht nur der Name, auch der Ort selbst erschien uns höchst seltsam. Die Geschäfte waren geschlossen, Cafés verriegelt, in den Fenstern der riesigen Hotelkomplexe waren die Rollläden heruntergelassen und die hohen Betonfassaden warfen dunkle Schatten auf die benachbarten tristen Häuserfronten. Auf den Straßen war kaum ein Mensch zu sehen und diejenigen, die wir entdeckten, liefen mit finsterer Miene grußlos an uns vorbei. In einer der Gassen standen dunkle Gestalten, die beobachteten, wie wir unsere Räder langsam durch den Ort schoben. Meine Nackenhaare stellten sich auf, als wir die vier Männer passierten. Als ich mich nach ihnen umblickte, erkannte ich noch das rote Glimmen der Zigaretten, dann wurden die Gestalten völlig von der Nacht verschluckt. Unweigerlich dachte ich an eine bevorstehende Zombieapokalypse.

Franc ließ sich von der Dunkelheit und der Tristesse des Ortes wenig beeindrucken. Im Gegenteil, er war wieder in seinem Element und suchte nach einer Bleibe für die Nacht. Als sein Kopf hinter einer hohen Mauer grinsend auftauchte, empfing er mich mit den vertrauten Worten. »*Vient, Marküs, c'est parfait!* Ich habe einen klasse Schlafplatz gefunden. Er ist überdacht und mit viel Platz für uns und unsere Räder. Wir müssen nur über die Mauer klettern und dann in die verlassene Schule einbrechen.«

»In die Schule einbrechen?«

»Na ja, nicht wirklich einbrechen. Ich mach das schon. Schwieriger wird es, die Räder ungesehen über den Zaun zu hieven. Die Nachbarn sind nämlich noch wach.«

»Und wo wollen wir dann schlafen?«

»Na, in der Schule.«

»Franc, ich schlafe nicht in einer Schule, wenn wir da einbrechen müssen.«

»Ach, keine Sorge. Ist eh keiner da. Sind Ferien.«

Mit Francs zunehmender Euphorie wuchs meine Skepsis. Auf gar keinen Fall würde ich mitten in dieser apokalyptischen Geisterstadt in eine Schule einbrechen. Durchnässt und mit meinen letzten Brocken Französisch versuchte ich, Franc meine Sicht der Dinge zu erläutern. Während wir diskutierten wurde das Wetter schlechter, starker Regen setzte ein und eine Entscheidung musste her.

Ich wich nicht von meinem Standpunkt ab und bot Franc schließlich an, uns ein Zimmer in einer Pension zu spendieren. Die Aussicht auf eine warme Dusche überzeugte Franc schließlich. Etwas mürrisch trottete er mir hinterher, während ich auf das nächstbeste Hotel zusteuerte.

Als Franc eine Stunde später sauber, glatt rasiert und strahlend aus der Dusche trat, in der er sämtliche Sachen inklusive Zelt und Schuhe von wochenlangem Schmutz gereinigt hatte und mir daraufhin erklärte, dass er sich seit über einer Woche nicht mehr gewaschen hatte, wurde mir klar, ich hatte keinen Abenteurer an meiner Seite, sondern einen Landstreicher.

FRANC,
LE CLOCHARD

VALENCIA, SPANIEN, NOVEMBER 2012
– 6.677 KILOMETER –

Die Tage zusammen mit Franc, meinem fahrradfahrenden Landstreicher, waren abwechslungsreich, und nach Wochen der Einsamkeit genoss ich die Gesellschaft. Nicht nur die vielen Gespräche und die gemeinsame Schinderei im Sattel, es waren die vielen kleinen Dinge, die ich an dem Franzosen zu schätzen lernte. Während ich mir morgens die Zähen putzte und meine Taschen packte, begnügte sich Franc mit einer Katzenwäsche und brühte mit dem gesparten Wasser frischen Kaffee. Wenn einer von uns am Vormittag im Supermarkt Proviant einkaufte, wartete der andere vor der Tür, um die Räder im Auge zu behalten. Wenn ich mir mit dem Weg nicht sicher war, nahm mir Franc die Entscheidung ab und lenkte sein Rad, fest auf seine Intuition hörend, in eine der möglichen Richtungen. Und wenn man von Francs Körperhygiene und dem ständigen Verlangen, irgendwo einzubrechen, absah, war er ein dufte Kerl.

Auch Franc genoss die gemeinsamen Tage mit mir. Da er kaum Englisch sprach, war er froh, endlich jemanden an seiner Seite zu haben, mit dem er sich austauschen konnte. Außerdem war er schwer beeindruckt davon, dass ich meinen sicheren und gut bezahlten Job aussetzte, um mit dem Fahrrad nach Togo zu radeln. Ausgiebig inspizierte er meine Ausrüstung und guckte sich hier und da Verbesserungen für seine Touren ab. Und nicht zuletzt freute er sich einfach, abends mit jemandem gemeinsam am Lagerfeuer zu sitzen und zusammen zu kochen.

Ja, es war eine tolle Zeit und wir lernten viel voneinander. Franc machte mich auf den süßlichen Geruch des Jasmins in den Orangenfeldern aufmerksam, ich machte Franc darauf aufmerksam, dass man nicht auf den Kinderspielplatz pinkelte, auch wenn dort gerade niemand zu sehen war. Der Clochard und der Consultant, ein außergewöhnliches aber irgendwie auch passendes Team.

In zwei Tagen wollten wir Valencia erreichen. Das Wetter war weiterhin bedeckt und Regenschauer zwangen uns zu häufigem Anhalten. Der vierte Abend unserer gemeinsamen Reise endete erneut in einer dunklen Hafenstadt, die sich über Kilometer an der Costa del Azahar, der Küste der Orangenblüten, entlangschlängelte. Sobald der eine Ort endete, tauchten bereits die tristen grauen Hochhäuser des Nachbarortes am Horizont auf. Wirklich keine schöne Gegend, vor allem nicht, um ungestört zu zelten.

Franc hatte inzwischen verstanden, dass ich kein Freund von Hausbesetzungen war, und versprach, darauf Rücksicht zu nehmen, als wir uns am Abend nach einem Platz zum Schlafen umsahen. Nach einer Viertelstunde hatte Francs Instinkt erneut angeschlagen und er kam grinsend aus der Einfahrt eines Ferienhauses.

»*Alors, Marküs, j'ai trouvé quelque chose.*«

Zufrieden erklärte er mir, dass das hübsche Ferienhaus verlassen war und wir im Hinterhof Schutz finden konnten. Wir müssten auch gar nicht wirklich einbrechen, die Gartentüre stand quasi offen, meinte er. Beruhigend, dachte ich.

Mit einem flauen Gefühl im Magen folgte ich Franc auf das fremde Anwesen. Das hübsche, gelb gestrichene Haus bot ausreichend Platz für eine mehrköpfige Familie und war von außen gut gepflegt. Wir schlichen hinter dem Haus vorbei, die Einfahrt hinunter und inspizierten Rückseite und Garten. Um sicherzugehen, dass Franc auf keine dummen Ideen kam, erklärte ich ihm, dass ich auf gar keinen Fall in dem Haus schlafen würde, sondern nur draußen.

Franc war ein wenig beleidigt, willigte dann aber ein und schlug vor, die Zelte in der offenstehenden Garage aufzuschlagen. Bei dem nahenden Unwetter sollten wir uns besser ein echtes Dach über dem Kopf suchen, erläuterte er.

Vorsichtig betraten wir die Garage, die groß genug für unsere Zelte und Räder war. Während Franc bereits zufrieden seine Taschen auspackte, warf ich einen Blick in den Garten. Das Wasser im kleinen Pool war sauber, kaum ein Blatt trieb auf der glatten Oberfläche, der Rasen schien frisch gemäht und überhaupt schien alles gut in Schuss zu sein. Eindeutige Indizien, dass erst kürzlich noch jemand in diesem Haus gewohnt haben musste. Vielleicht waren die Besitzer ja nur weggefahren und kehrten jeden Moment zurück! Ich malte mir aus, was der Hausbesitzer wohl tun würde, wenn er mit seinem Pick-up in die Garage fahren und zwei verwahrloste Gestalten bei Spaghetti und Rotwein vorfinden würde. Falls er uns überhaupt bemerken würde. Eventuell würde er betrunken von der Firmenfeier heimkommen und uns einfach über den Haufen fahren!

Der einsetzende Sturzregen beendete meine wirren Gedanken und ich rannte zurück zu Franc in den sicheren Unterschlupf. Der Regen prasselte auf den betonierten Weg der Hauseinfahrt und innerhalb weniger Sekunden bildeten sich große Pfützen. Beim Anblick des heftigen Unwetters kapitulierte ich. Zehn Minuten später hatte auch ich meine nassen Klamotten gegen Frische getauscht und das Zelt in der fremden Garage aufgebaut.

Und dann geschah es: Es wurde dunkel und wir hatten es uns gerade zum Abendessen gemütlich gemacht, als wir einen Wagen vorfahren hörten. Sofort löschten wir das Licht unserer Stirnlampen und warteten eine schrecklich lange Minute schweigend in der düsteren Garage. Im Nachbarhaus hörten wir Geräusche. Franc wagte sich vorsichtig aus unserem Versteck und schlich die Einfahrt hinauf. Als er wenige Minuten später zurückkehrte, berichtete er, er habe ein junges Mädchen beobachtet, das sich im Haus nebenan zu schaffen machte.

»Vermutlich eine Einbrecherin«, erklärte er. »Sie hat die Haustür aufgebrochen und blickt sich beim Nachbarn um.« Dann schob sich Franc genüsslich eine Gabel Spaghetti in den Mund.

Ich wollte schon wieder zusammenpacken und abhauen, aber Franc hielt mich am Arm.

»*Lentement,* wir könnten jetzt eh nicht viel unternehmen. Wir würden nur viel zu viel Lärm machen. Später kommt die Polizei und denkt, wir waren das. Wir können jetzt nur hier sitzen und warten.« Dann steckte er sich eine weitere Gabel Spaghetti in den Mund.

Und so warteten wir mehrere lange Minuten im Dunkeln der Garage. Franc fürchtete sich vor der Polizei, die durch den Lärm des Eindringlings eventuell alarmiert worden war. Ich fürchtete mich vor dem mysteriösen Mädchen, das nachts in fremde Häuser einbrach.

Nach einer Viertelstunde hörten wir eine Wagentür und dann, wie unser Besuch das Auto startete und davonfuhr. Franc lehnte sich zurück und zwinkerte mir in der Dunkelheit zu.

»Siehst du, nichts passiert! *Pas de souci!*« Dann kroch er in seinen Schlafsack und kurz darauf hörte ich leises, monotones Schnarchen aus dem Nachbarzelt. Ich hingegen saß noch eine Weile aufrecht und hellwach auf meiner Isomatte.

Irgendwann sehr spät in der Nacht wagte ich es und kroch ebenfalls in meinen Schlafsack. Natürlich machte ich in dieser Nacht kaum ein Auge zu und mein schlechtes Gewissen, in der fremden Garage zu schlafen, und die Erinnerung an das Einbrechermädchen begleiteten meine intensiven Träume.

Am nächsten Morgen fühlte ich mich gerädert. Ich öffnete den Reißverschluss meines Zelts und blickte hinaus. Die Luft roch nach feuchter Erde und Regen und über dem Himmel hingen bereits wieder die grauen Wolken. Auf einmal realisierte ich, dass sich hinten im Garten jemand bewegte. Vorsichtig schlich ich an die Wand der fremden Garage und lugte um die Ecke. Zu meiner Erleichterung stellte ich fest, dass es nur Franc war, der unseren Gastgebern in den Vorgarten pinkelte.

In diesem Moment bemerkte ich, dass Franc und ich irgendwie doch nicht so gut zusammenpassten, und beschloss, mich von meinem Franzosen zu trennen. In den folgenden zwei Stunden hatten Franc und ich genügend Zeit uns auszusprechen. Es goss in Strömen und an eine Weiterfahrt war nicht zu denken. Bei einem letzten heißen Kaffee hockten wir in unserem Unterschlupf in der fremden Garage und redeten. Irgendwie tat es mir leid, den Franzosen zu versetzen, aber nachts in fremde Häuser einzubrechen und an jedem Euro sparen zu müssen, war nicht mein Lebensstil, auch nicht als fahrradfahrender Abenteurer. Und so erklärte ich, dass ich in Valencia einen Ruhetag einlegen und von da an alleine weiterradeln würde. Franc blickte mich niedergeschlagen an und verstand.

»C'est la vie, Marküs«, sagte er traurig.

Einen Abend später in meinem stickigen Hotelzimmer in Valencia hatte ich ein schlechtes Gewissen, den Franzosen abgeschüttelt zu haben. Immerhin war er mir ein guter Weggefährte gewesen und wir hatten tolle Tage miteinander verbracht. Aber nach einer Woche, in der wir aus Kostengründen jeden Abend Spaghetti gekocht hatten, fünf unruhigen Nächten in Baracken, deutlich zu wenig Duschen, fehlenden Internetcafés sowie viel zu viel Diskussionen über Spiritualität war mir das Leben als Vagabund dann doch zu viel geworden. Noch nicht mal einen Cappuccino auf dem hübschen Kirchplatz von

Valencia wollte Franc mit mir trinken, weil ihm die 3,50 Euro zu teuer und der Ort zu touristisch waren. Das ging mir dann doch zu weit. Zwar war ich ein Abenteurer, aber ich wollte auch noch, so lange es ging, ein bisschen vom Luxus der Zivilisation genießen.

Eine halbe Stunde später biss ich beherzt in einen Doppelwhopper, und Ketchup und Mayonnaise sammelten sich in meinem zotteligen Vagabundenbart.

COSTA DEL SOL:
DIE ROUTE DES SCHRECKENS

Camilo José Cela, der spanische Schriftsteller und Nobel-
preisträger, soll über die Costa del Sol einmal gesagt
haben: »Ich empfehle Ihnen die Küste Andalusiens
zwischen Málaga und Torremolinos. Sie werden ein
für alle Mal vom Reisen geheilt sein.«

Hätte mir das vor meiner Fahrt durch Andalusien jemand
erzählt, hätte ich wohl ungläubig den Kopf geschüttelt und er-
klärt, dass der Spanier vermutlich ein wenig übertreibe, so wie
alle guten Schriftsteller, oder einfach nur senil war in seinem
hohen Alter. Ich hatte ja keine Ahnung!

Sollte die spanische Costa del Sol irgendeinen Nutzen haben, dann für Autofahrer, denn die Infrastruktur an der Sonnenküste ist denkbar gut ausgebaut. Das musste ich auch feststellen, als ich im Tourismusbüro der südspanischen Stadt Málaga nach der Möglichkeit fragte, mit dem Fahrrad nach Gibraltar zu gelangen. Der Beamte, der mir gegenüberstand, schüttelte nur mitleidig den Kopf.

»Das ist nicht möglich. Hier gibt es zu viele Berge, mit dem Fahrrad haben Sie keine Möglichkeit.«

Dann zeigte er mit dem Kugelschreiber erneut auf die dicke gelbe Linie, die in der Karte des spanischen Tourismusverbands die Sehenswürdigkeiten an der Costa del Sol verband. Bezeichnet war die Linie mit der Überschrift »Autovía A-7«.

Ich kapitulierte, steckte den dünnen Touristenführer zurück in meine Hostentasche und verließ das Büro. Bevor ich ganz aus der Tür hinaus war, winkte mich der junge Beamte noch einmal zu sich.

»Hey, ziehen Sie lieber Ihren Helm auf, wenn Sie auf der spanischen Autobahn fahren!«

Die letzten Tage war ich gut vorangekommen. Auf den tristen spanischen Schnellstraßen hatte ich ordentlich Kilometer gefressen. Endlos hatten sich die grauen Teerbänder durch die Landschaft geschlängelt und bei Windböen und stetigem Nieselregen hatte ich mein Fahrrad auf dem schmalen Seitenstreifen monoton vorwärtsbewegt, während Kolonnen an Pkw, Kleinbussen und Lastwagen an mir vorbeigedonnert waren. Stundenlang hatte ich meinen Blick auf die Straße gerichtet und mich darauf konzentriert, nicht auf die Fahrbahn geweht zu werden. Meine Augen hatten vom Wind geträn und eiskalte salzige Meeresluft hatte mir ins Gesicht gepeitscht. T-Shirt und Longsleeve waren klitschnass, teils vom Schweiß, teils von der nassen Meeresgischt, und zitternd hatte ich mich vorwärtsgekämpft, Meter um Meter.

Unterbrochen wurden die gefährlichen Fernstraßen nur durch die hässlichen Touristenmetropolen Andalusiens: Costa Blanca, Alicante, Torrevieja, San Ravier und wie sie alle hießen. Alle hatte ich gesehen und alle waren sie gleich: zwei bis drei Strände, eine betonierte Strandpromenade, ein niedlicher Hafen und unzählige graue Hotels, Bars und Diskotheken. Dazwischen die Küste, übersät mit Ferienhäusern nach dem Baukastenprinzip; dort, wo Las Vegas endete, begann Legoland und ging in Disneyworld über.

In den Touristenorten selbst war das Fahrradfahren ganz anders als auf den Schnellstraßen. Breite, bunt markierte Radwege führten kreuz und quer durch die Ortschaften, die Autos hielten sich an die Geschwindigkeitsbeschränkung und ich teilte meine Radwege mit Rentnern auf Klapprädern und Familien mit Fahrradanhängern. Das machte das Radfahren zwar einerseits einfacher, andererseits wusste ich nie, in welche Richtung ich nun eigentlich radelte. In den grauen Touristenorten verbrachte ich daher die meiste Zeit damit, in Bars nach dem Weg zu fragen, mit den Taxifahrern über die Strecke zu philosophieren oder auf Irrwegen von Hotels zu Golfplätzen, Stränden und durch die unzähligen Kreisverkehre zu irren.

Jedoch stellte sich die südspanische Küste ganz ohne Schnellstraßen und künstliche Touristenorte als kaum besser heraus. Einige Tage vor meinem Aufenthalt in Málaga stieß ich an der Costa del Sol auf das berühmte Tomatenanbaugebiet Almeria. Bevor ich die ländliche Region erreichte, hatte ich mich bereits gefreut auf die idyllische Fahrt durch kleine Felder, auf denen spanische Bauern mit viel Liebe ihre Tomaten und Paprika anpflanzten und mittags im Schatten der Windmühlen bei einem Glas Rotwein den Klatsch des Tages austauschten. Ein wenig so wie in Osteuropa eben, hatte ich gedacht. Doch Almeria war anders, ganz anders.

Zwei Tage vor Málaga erklomm ich über eine schmale Piste einen niedrigen Hügel und bekam mit jedem Meter, den ich an Höhe gewann, mehr von dem unvorstellbaren Ausmaß der modernisierten Tomatenindustrie Europas zu fassen. Als ich den Gipfel erreichte, benötigte ich eine Weile, bis mir meine Augen den Umfang des epischen Ozeans an Plastikfolien begreifbar machten, denn zu meinen Füßen breitete sich eine endlose Weite an Kunststoffplanen aus, die bis weit hinter den Horizont reichte. Kilometerweit schlängelten sich transparente Planen, Plastikfolien und vergilbte Abdeckungen durch die Landschaft und fügten sich zu monströsen Gewächshäusern zusammen. Zu meinen Füßen lagen 500.000 Fußballfelder voller Plastikmüll und Pestizide, unter denen die Tomaten für ganz Europa reiften.

Eine Weile hockte ich auf dem niedrigen Hügel und betrachtete die künstliche Landschaft, atmete den Geruch von Kunststoff und Düngemitteln ein und versuchte das Meer an Plantagen zu begreifen. Dann rollte ich auf der anderen Seite des Hügels hinunter und bahnte mir einen Weg durch das Gewächshaus-Labyrinth.

Auf schmalen Sträßchen schlängelte ich mich durch eine Welt voller Kunststoff, ich radelte vorbei an den Behausungen der Leiharbeiter, die sich aus Abfall und Plastikplanen ihre Bleiben gezimmert hatten, ich beobachtete afrikanische Arbeiter, die oberkörperfrei unter den Planen die Paprika und Tomaten ernteten, und südamerikanische Männer, die sich früh am Morgen mit Bier und Schnaps gegen die harte Arbeit betäubten. Hier also landeten die vielen Milliarden Euro EU-Subventionen aus den Landwirtschaftsprogrammen, die dafür sorgten, dass das europäische Gemüse in Dakar, Rabatt und Nouakchott um zwei Drittel günstiger war als die lokalen Produkte. Hier also lag der kommerzielle Keim Europas, der den Bauern in Afrika ihre Lebensgrundlage raubte und uns täglich tonnenweise Lebensmittel verschwenderisch wegwerfen ließ. Hier also ackerten geflüchtete Tagelöhner ohne Schutzkleidung unter den Plastikbergen und spritzen Fungizide und Insektizide auf die zarten Pflanzen, die dann mit EU-Gütesiegel auf unseren Tellern landeten.

Der Anblick des riesigen Anbaugebietes ließ mich schaudern und das gespenstische Heulen, als der Wind durch die langgezogenen Gewächshäuser wehte und die trüben Folien zum Tanzen brachte, würde mir noch lange nach meiner Fahrt durch das Meer an Plastikfolien in Erinnerung bleiben.

Anderthalb Tage war ich durch die Tomatenplantagen Almerias und auf den spanischen Schnellstraßen der Costa del Sol gefahren, bis ich Málaga erreichte. Nach einer Woche durch gespenstische Landschaften und graue Touristenstädte hatte ich gehofft, im hübschen Málaga endlich zurückzufinden auf die schönen Fahrradrouten Spaniens, die ich mir vor meiner Reise so bunt ausgemalt hatte. Nun stand ich vor der Tür des Tourismusbüros und hatte die Worte des jungen Mitarbeiters im Kopf. Für die folgenden 150 Kilometer von Málaga bis zum südlichsten Teil Europas hatte er mir zwei Alternativen aufgezeigt. Beide führten über Autobahnen, und die waren für Fahrradfahrer weder erlaubt noch zu empfehlen.

Ein letztes Mal beschloss ich, mein Glück zu versuchen, stieg in den Sattel und steuerte mein Fahrrad auf die hübsche Strandpromenade von Málaga, auf der Touristen und Einheimische flanierten, um die salzige Meeresluft und die warmen morgendlichen Sonnenstrahlen zu genießen. Ich kurvte im Slalom durch die Menschenmassen, vorbei an Cafés, Eisdielen, Kinderwagen und Sonnenbrillenverkäufern, und kam gut voran. Gerade begann ich mich zu freuen, unbekümmert einige Kilometer gutmachen zu können, da stoppte mich ein Polizist auf einem Motorrad. Verständnislos schnauzte er mich an, dass ich auf der Promenade nichts verloren hätte und das Weite suchen sollte. Ich erklärte ihm freundlich, dass es keine Alternative für mich als Fahrradfahrer gab und ich wirklich nicht wusste, wie ich weiter in Richtung Gibraltar reisen konnte. Verärgert blickte er mir in die Augen.

»*I don't care. You must not cycle on this road! Go and cycle the motorway if you want to go to Gibraltar, but not here!*«

Mit den harten Worten des Polizisten im Ohr gab ich schließlich auf. Ich schob mein Fahrrad von der schönen Strandpromenade, fuhr zurück in den Stadtkern und folgte den Schildern in Richtung Autobahn. An einem regnerischen Herbstnachmittag steuerte ich mein Fahrrad über den Zubringer auf die spanische A-7. Ich schickte ein paar Stoßgebete zum Himmel, schnallte meinen Helm enger und raste wie ein Besessener auf dem schmalen, kaum markierten Seitenstreifen der Autobahn in Richtung Süden. Etwa vierzig Kilometer traute ich mich voranzufahren, bevor mich die Überholmanöver der Lastwagen, das schrille Hupen der Pkw und die gefährlichen Ausfahrten, in denen ich mehrfach nur um Haaresbreite nicht überrollt worden war, zum Abfahren zwangen.

Als ich mich an diesem Abend in ein rettendes Hotel an der Autobahn einquartierte und beim Abendessen saß, stellte ich fest, dass es Zeit war den Kontinent zu verlassen. Egal was da in Afrika auf mich zukommen sollte, gefährlicher als auf den spanischen Fernstraßen und trister als in den gespenstischen Tomatenplantagen konnte es kaum werden.

EIN HAUCH
VON AFRIKA

ALGECIRAS, SPANIEN, DEZEMBER 2012
– 7.765 KILOMETER –

Ich habe die Ausfahrt verpasst und bin vorbeigeradelt. Einfach vorbeigeradelt, an einem ganzen Land! Und ausgerechnet an dem Land, von dem aus ich den afrikanischen Kontinent endlich betreten wollte.

Sechs Monate saß ich nun im Sattel, ich hatte 7.765 hügelige Kilometer, 14 Länder, sechs platte Reifen und einen schlimmen Rakikater hinter mich gebracht. Fiese Hundeattacken, gefährliche Autobahnfahrten, freundliche Einladungen zum Tee, viele gemütliche und einige ungemütliche Nächte im Zelt sowie großartige Landschaften und interessante Bekanntschaften lagen hinter mir. Knapp ein halbes Jahr war ich mit dem Fahrrad unterwegs gewesen und hatte mich in den Tiefen der ost- und südeuropäischen Wildnis zurechtgefunden. Nun hatte ich die Ausfahrt verpasst! Anstatt in Gibraltar, der winzigen britischen Enklave auf der spanischen Halbinsel, stand ich nun in einer Stadt im Süden Europas mit Namen Algeciras.

Immerhin, Algeciras gefiel mir gut. Die Stadt lag am untersten Zipfel Spaniens an der Bucht von Gibraltar und war zum Glück nicht ganz so weit von meinem eigentlichen Ziel entfernt. Algeciras war nicht wirklich hübsch, eine klassische Industrie- und Hafenstadt, geprägt von marokkanisch-arabischen Einflüssen, und genau das gefiel mir.

Mein 12-Euro-Hotel lag in einem afrikanischen Viertel. Eng verwinkelte Gassen, Teestuben und einfache Lebensmittelläden prägten das Stadtbild. Dunkelhäutige Männer in Jeans, Lederjacke und Turnschuhen saßen neben schnauzbärtigen Arabern in traditionellen langen Gewändern. Afrikaner schleppten schwere Taschen und sperrige Koffer durch die Gassen und Frauen in bunten Gewändern trugen Plastiktüten mit Brot, Gemüse und anderen Einkäufen an mir vorbei. In den Gassen fragten mich dunkle Gestalten, ob ich Haschisch kaufen wollte, und aus den bunten Geschäften hörte ich den fremden arabischen Singsang, gemischt mit Französisch und den hektischen spanischen Kommentaren aus dem Fernseher. Algeciras war anders, es roch nicht mehr nach Spanien, es klang nicht mehr nach Spanien, es war bereits ein Teil von Afrika.

Es dämmerte, als ich vom Abendessen aus der Altstadt zurück in mein Hotel schlenderte. In den quirligen Straßen herrschte noch immer geschäftiges Treiben. Aus einem Hinterhof erklangen Trommelschläge, laute Rufe und schrille Pfiffe. Ich schlängelte mich an einer Gruppe dunkelhäutiger Männer vorbei, die sich erregt auf Arabisch unterhielten. Kaum hatte ich die Gruppe passiert, kam mir in der engen Gasse eine schemenhafte Gestalt entgegen. Ausweichen war kaum möglich, und die Gestalt steuerte direkt auf mich zu. Nach einem kurzen Moment baute sich vor meiner Nase ein muskulöser Mann mit rostfarbener Hautfarbe auf.

»*Hey, tourist, do you need dope?*«

Erleichtert über die obligatorische Frage nach Drogen, verneinte ich und ging mit schnellen Schritten weiter in Richtung Hotel. Beim Weggehen wanderte meine Hand in meine Hosentasche. Automatisch prüfte ich, ob Geldbeutel und Pass sicher verstaut waren. Dabei stieß ich auf ein ungewohntes Stück Papier. Als ich den dünnen Umschlag wiedererkannte, stellten sich meine Nackenhaare auf. Dann kribbelte die Erregung in meinem Bauch. In dem Papierumschlag befand sich mein Fährticket für den nächsten Tag. Tanger, Afrika. 24 Euro, One way.

ETAPPE 3

AFRIKA

TANGER, DAS TOR
ZU AFRIKA

TANGER-MED, MAROKKO, DEZEMBER 2012
– 7.765 KILOMETER –

Als ich die dunkle Hand auf meiner Schulter spürte, war ich beinahe angekommen. Ich hatte mein Rad an die Mauer der betonierten Uferpromenade gelehnt und gerade meinen letzten Schluck Wasser getrunken.

Eine ganze Weile hatte ich das schwarze, unruhige Meer betrachtet und dem lauten Tosen der Wellen gelauscht. In der Dunkelheit konnte ich kaum zehn Meter weit sehen, und der heimische europäische Kontinent war in der Finsternis vollkommen verschluckt worden. Ich schloss die Augen, und das Rauschen der Wellen, das monotone Dröhnen der vorbeifahrenden Autos strömten mir durch den Kopf. Ich atmete tief ein, um die fremde Großstadt mit allen Sinnen wahrzunehmen.

Und dann plötzlich spürte ich eine Hand auf meiner Schulter und drehte mich ruckartig um. Ich blickte in das schnauzbärtige Gesicht eines arabischen jungen Mannes.

»Hello, Mister, are you looking for a tourist hotel? I can show you a hotel. Very nice, very good price!«

Verdutzt wimmelte ich den jungen Mann ab. Der Schrecken über den unangekündigten Überfall und die plumpe Anmache saß mir in den Knochen. Ich stieg wieder auf mein Fahrrad und radelte ins Zentrum der großen Stadt.

Die Straßen wurden enger, die Gassen geschäftiger. Im Stadtkern angelangt stieg ich vom Rad und schob das schwere Gefährt durch die engen Gassen. Nach wenigen Minuten hatte ich bereits die Orientierung verloren und mich vollkommen verlaufen. Als das Gewirr an Straßen noch verzweigter und die Gassen noch enger wurden, sah ich mich um und blickte erneut in das mandelbraune Gesicht eines jungen Marokkaners, der mich auf Französisch ansprach.

»Bonsoir, Monsieur, bienvenue à Maroc! J'ai deja trouvé votr' hotel!«
Genervt knurrte ich *»non, merci«* und *»go away«* in meinen buschigen Schnauzbart und schob mein Fahrrad weiter voran. Der Araber folgte mir wie ein braves Schoßhündchen auf Schritt und Tritt. Immer tiefer lief ich in das pulsierende Herz der großen Hafenstadt und stieß auf einmal auf einen belebten Platz mit Buden, Restaurants und Teestuben. Grauer Dampf stieg über den Marktständen empor und verbreitete den Geruch von Ölen und Gewürzen. Vor meiner Nase drängten sich drei Männer in dunklen wollenen Tunikas vorbei, weiter hinten hörte ich hektische Yallah-Yallah-Rufe, als ein Araber mehrere, mit schweren Kisten beladene Kinder vor sich hertrieb, und vom Café nebenan stieg mir der Geruch von Marihuana in die Nase.

Überall pulsierte es, überall herrschte hektisches Treiben, und es klang und roch nach Afrika und Arabien. In diesem Moment spürte ich, dass ich angekommen war. Ich hatte Tanger betreten, ich hatte das Tor zu Afrika durchschritten. Nun sollte es losgehen, mein Abenteuer auf dem Schwarzen Kontinent.

ALI BABA UND
DIE 40 RÄUBER

TANGER, MAROKKO, DEZEMBER 2012
– 7.820 KILOMETER –

Tanger ist mir auf meiner Reise bisher auf ganz unterschiedliche Weise beschrieben worden. Ein Franzose, den ich in Valencia getroffen habe, war fasziniert von dem mystischen, zauberhaften Flair der Stadt, ein Spanier in Málaga wiederum überfordert von all den anstrengenden Menschen, dem Getöse, dem Schmutz und der Hektik in den Straßen. Mein Eindruck nach meinen ersten Tagen in Marokko ist eine Mischung aus beidem: Tanger, das Eintrittstor zu Afrika, es ist mysteriös und lärmend, bezaubernd und schmutzig, schön und hässlich zugleich.

Die Stadt zeigte sich mir als eine Mischung aus 3.000-jähriger Geschichte und Moderne, aus Afrika und Frankreich, Europa und Orient. Während die vielen jungen Marokkaner in Jogginganzug und Baseballcaps durch die Straßen zogen, saßen die Alten in ihren traditionellen Tuniken, den Dschellabas, in den Cafés und schlürften Tee. Die jungen Mädchen trugen traditionsbewusst Kopftuch und dazu farblich passende Leggins unter viel zu knappen Jeansröcken, und die Frauen in altertümlichen Gewändern hockten am Straßenrand und verkauften Knoblauch, Kartoffeln und nie gesehenes Grünzeug.

Tanger zeigte sich mir als Stadt der Gegensätze. In dem uralten Gassengewirr der Altstadt lagen die Geschäfte der Teppichknüpfer, Goldschmiede und Kesselflicker, dazwischen drängten sich alte Mütterchen, Eselkarren und Straßenhändler, die Nüsse, Backwaren oder einzelne Zigaretten verkauften. Kurz hinter der Medina grenzten die modernen Stadtviertel an, in denen die polierten Schaufenster voll von Smartphones, Flachbildschirmen und Digitalkameras glitzerten. Unter den wachsamen Augen von König Mohammed VI., dessen Abbild in jedem gut sortierten Geschäft hinter dem Tresen thronte, konnte man problemlos mit Euro bezahlen, und auch das *plastique fantastique*, wie die Kreditkarten hier genannt wurden, wurde überall akzeptiert.

An meinem ersten Morgen in Tanger machte ich mich nach einem ausgedehnten Hotelfrühstück zu einem gemütlichen Stadtbummel auf. Keine Minute nachdem ich die Treppe meines Hotels hinuntergeschlendert war, wurde ich auch schon umringt von zahlreichen Schleppern, die mir in den unterschiedlichsten Sprachen die unterschiedlichsten Dinge und Dienstleistungen andrehen wollten. »Hey, Ali Baba! Alles klar, Mann?«, riefen sie mir hinterher. »Willkommen in Marokko, mein Freund! Wie wär's mit einem marokkanischen Joint?« Oder: »*Ali Baba, hey, you have great beard! Can I show you my beautiful city?*«

Ali Baba, mein neuer Spitzname, brachte mich zum Schmunzeln, und ich unterhielt mich ein wenig mit den jungen Männern über meine Reise, Marokko und die deutsche Bundesliga. Irgendwann machte ich ihnen dann aber verständlich, dass ich kein Interesse an Stadtführungen oder Teppichen hatte, und sie gaben sich geschlagen und wandten sich der nächsten Touristengruppe zu, die leicht erkennbar an ihren Spiegelreflexkameras, dicken Lonely Planets und Trekkinghosen um die Ecke bog.

Ich schlenderte weiter in Richtung Altstadt. Wie jede größere marokkanische Stadt besaß Tanger einen historischen Stadtteil, die sogenannte Medina, deren unzählige verwinkelte Gassen tief verborgen im Innern von alten hohen Stadtmauern lagen. Im Gassenlabyrinth der Medina herrschte reges Treiben und die Menschen strömten in die winzigen Geschäfte, Buden und Handwerksbetriebe. Trotz der Hektik hinterließ die Medina einen majestätischen Eindruck: schneeweiße Wände, dunkelgrün gestrichene Tore und kobaltblaue Ziegel glänzten im Licht der afrikanischen Sonne. Besonders das olivdunkle Grün war in Tanger verbreitet, und nicht nur die Dachziegel und das Eingangstor der Großen Moschee, sondern auch die Türen zahlreicher Häuser, Verkaufsstände und Fassaden waren in dunkelgrüner oder türkisener Farbe gestrichen. Grün repräsentierte die Farbe des

Glaubens im Islam, erklärte mir etwas später ein junger Mann im Gedränge.

Auf meinem Streifzug durch die Medina versuchte ich gar nicht erst, das Gassengewirr zu verstehen, und wusste nach einer Weile nicht mehr annähernd, wo ich mich befand. Händler und Männer in dicken Dschellabas drängten sich in den engen Straßen an mir vorbei, bewunderten meinen strubbeligen Bart und grüßten freundlich.

Als ich mich hoffnungslos verlaufen hatte, machte ich es mir in einem Café gemütlich und bestellte *thé à la menthe* wie die vielen Einheimischen um mich herum. Der frische Minztee wurde in einem hohen Glas serviert, und selbst als erfahrener Zuckerjunkie musste ich mich an den stechend süßen Geschmack des völlig überzuckerten Getränks erst gewöhnen.

Mit dem heißen Tee vor meiner Nase und der Sonne des Nachmittags im Nacken lehnte ich mich in meinem Stuhl zurück. Am Tisch gegenüber hockten zwei marokkanische Jugendliche, vermutlich gerade volljährig geworden. Ihre frisch gestylten Haare glänzten vom dick aufgetragenen Haargel, und in ihren Lederjacken und Adidas-Turnschuhen wollten sie bestimmt den arabischen Mädchen imponieren. Zu ihrem Pfefferminztee teilten sie eine krumme Zigarette, deren blaue Rauchschwaden verdächtig nach Marihuana rochen. Die beiden bemerkten nicht, dass ich sie beobachtete, da sie sich konzentriert über eine Partie *Mensch ärgere Dich nicht* auf ihrem Tisch beugten. Zwei ältere Männer standen hinter den Jungen, beobachteten und kommentierten das Geschehen auf dem Spielbrett.

Für mich gab die Szenerie ein vollkommen verrücktes Bild ab. Was würde man zu Hause in Deutschland sagen, wenn die halbstarke Dorfjugend auf dem Schützenfest bei acht Halben über *Mensch ärgere Dich nicht* sitzen würde?

Ich wandte mich wieder meinem Glas zu, trank einen Schluck von dem gezuckerten Tee und blickte zur anderen Seite. Ein glatzköpfiger Alter, in eine braune Dschellaba gehüllt, die wie ein Kartoffelsack aussah, prostete mit seinem Teeglas zu mir herüber. Dann hinkte er an meinen Tisch.

»*Thé, c'est le Whiskey marocain*«, erklärte er feierlich und lachte laut aus einem zahnlosen Mund. Unaufgefordert setzte er sich zu mir und führte weiter aus, dass ein echter Moslem keinen Alkohol trinke, dafür aber den köstlichen Tee genieße. Und während er seinen belehrenden Monolog fortsetzte, strömte mir der süße Haschischgeruch vom Tisch der Halbstarken in die Nase. So hatte eben jede Gesellschaft und Religion ihre Laster, dachte ich.

Als ich abends zurück ins Hotel ging, lief ich im Vielle Novelle, dem ehemals französisch-spanischen Kolonialviertel, an herrlichen Prachtbauten der 50er-Jahre vorbei. Kurz darauf erreichte ich eine Parkanlage, auf der grüne Rasenflächen und hübsche Büsche und Zierpalmen akkurat gepflanzt waren. Auf den Bänken schliefen verwahrloste Männer, dick eingepackt in schmutzige Lumpen, ihre wenigen Besitztümer neben ihren Köpfen liegend. An einer niedrigen Mauer hockten zwei Jungs und beobachteten das Treiben auf der turbulenten Hauptstraße. Erst im Weggehen bemerkte ich die weiße Plastiktüte, die sie sich abwechselnd an den Mund führten.

Tanger war eben nicht nur eine historische und zauberhafte Hafenstadt, sondern eine ganz normale Metropole mit den ganz normalen Großstadtproblemen.

Ich bog in die mir vertraute Avenue Chourafa kurz vor meinem Hotel und wurde erneut umringt von den vielen geschäftstüchtigen Marokkanern, die mich wieder zu allen möglichen Unsittlichkeiten überreden wollten.

»Ali Baba, lange nicht gesehen, wie war dein Tag in Tanger? Willst du heute Alkohol trinken?«

»*Ey, Ali Baba, what about some girls today?*«

»*Ali Baba, wanna smoke kif? I make a very good price for you!*«

Und während ich umringt von meiner kleinen Banditenbande in Richtung Hotel schlenderte, dachte ich, irgendwie passte der Name: Ali Baba und die 40 Räuber!

DIARRHOE-DIÄT
IM MARIHUANA-MEKKA

CHEFCHAOUEN, MAROKKO, DEZEMBER 2012
– 7.964 KILOMETER –

I*m Rif-Gebirge werden mitunter Reisende von Rauschgifthändlern bedrängt (Steinwürfe, Straßensperren). Das Rif-Gebirge sollte daher nicht allein befahren werden. Insbesondere die Strecken zwischen Chefchaouen über Ketama nach Al-Hoceima sowie die Straße von Ketama nach Fes sind problematisch.*«

Der Beitrag auf der Internetseite des Auswärtigen Amts zu Marokkos Norden las sich vielversprechend. Nach sechs Monaten Europa war es an der Zeit, etwas afrikanisches Abenteuer in meine Radreise zu bringen, und ich freute mich über den interessanten Hinweis aus der deutschen Hauptstadt.

Ich lag im weichen Bett meines Hotelzimmers und zeichnete mit dem Finger auf der Karte meines Reiseführers eine imaginäre Linie durch das marokkanische Bergland. Das Rif-Gebirge, dachte ich, ja, das wäre ein guter Start für meine Reise durch den Schwarzen Kontinent.

Ich wandte mich wieder meinem Laptop zu und recherchierte mithilfe des Hotel-WLAN über den marokkanischen Norden. Schnell erkannte ich, dass das Auswärtige Amt nicht zu viel versprach: Das Rif-Gebirge war das größte Cannabisanbaugebiet der Welt! Viele selbsternannte Drogenexperten und verrückte Globetrotter berichteten in Internetforen von ihren Besuchen in der Berglandschaft des Rif und von den marokkanischen Familien, die auf ihren Äckern ganze Hektar voller Drogen anbauten. Noch vor Ort sollte das getrocknete Marihuana in das kostbare konzentrierte Haschisch gewandelt, über den Seeweg nach Spanien gebracht und dann in ganz Europa verteilt werden.

Mit glänzenden Augen klappte ich den Laptop zu: Straßensperren, Steinbrüche und das größte Drogenanbaugebiet der Welt, das klang nach Abenteuer!

Nach drei Tagen Aufenthalt in Tanger war ich reisehungrig und freute mich, den Rest von Marokko mit dem Fahrrad zu erkunden. An einem verregneten Dienstagmorgen sagte ich den Schleppern vor meinem Hotel Lebewohl und brach auf. Meine Strecke führte mich von Tanger über Tétouan in Richtung Chefchaouen.

Das Rif war eine hübsche Landschaft, bestehend aus langgezogenen Bergketten, grünen Hügeln, rotbraunen Lehmpisten und dunklen Pinienwäldern. Im Grunde sah es hier in Marokko kaum anders aus als in den vielen europäischen Hügellandschaften zuvor; es ging bergauf und bergab, mal auf angenehm geteerten Landstraßen, mal auf steinigen Schlaglochpisten.

Eine Besonderheit war allerdings der Verkehr. Nicht nur, dass die Marokkaner ihre Autos wie wild gewordene Dromedare über die Straße trieben, auch die bestialisch stinkenden Abgase waren kaum leichter zu ertragen als der Gestank von frischem Kameldung. Vermutlich lag Letzteres daran, dass Katalysatoren hier in Marokko fremd waren und sämtliche Autos dicke schwarze Nebelschwaden ausstießen. Und so wurde ich viele Kilometer auf meiner bergigen Fahrt in die dunklen Abgaswolken der Lastwagen und Pkw gehüllt, während ich stetig tretend die Berge des Rif-Gebirges erklomm.

Als ich fünfzig Kilometer hinter der ehemaligen Piratenhochburg Tétouan die Passhöhe im winzigen Ort Larbaa Beni Hassen erreichte, ließ ich mich erschöpft auf dem schiefen Holzschemel eines einfachen Straßenrestaurants nieder. Irgendwie fühlte ich mich nicht wirklich wohl, vermutlich lag es an der zehrenden Mischung aus Autoabgasen und Anstrengung. Ich bestellte einen Chai und beobachtete einen Bauern, der auf seinem Acker zwei Maultiere vor einen Pflug spannte und mit lautem Fluchen und dem Einsatz eines Holzknüppels die Tiere durch die lehmige Erde trieb.

Der Zucker im Tee verlieh mir neue Kraft, aber gleichzeitig begann es tief in meinem Magen verdächtig zu blubbern. Ich verdrängte die Gedanken an das Brodeln im Bauch und stieg wieder in den Sattel.

Nach einer letzten Kraftanstrengung erreichte ich am späten Nachmittag das Zentrum des hochgelegenen Bergdorfes Chefchaouen und fühlte, wie die Erschöpfung von meinem Körper Besitz ergriff. Seltsamerweise hatte ich den ganzen Tag über kaum Appetit gehabt, seit dem Frühstück hatte ich mich nur von kleinen Snacks ernährt. Aber auch diesen warnenden Hinweis verdrängte ich und machte mich stattdessen auf die Suche nach einem Unterschlupf für die Nacht. Für 55 Dirham, etwa sechs Euro, nahm ich das erstbeste Zimmer, das mir ein Schlepper in einer der verwinkelten Seitengassen des Ortes andrehte.

Der kugelrunde Hotelbesitzer führte mich mit glasigen Augen in einen dunklen Raum, der ausreichend Platz bot, Fahrrad und Gepäck unterzustellen.

»*This is room. 55 Dirham and hot water, Inshallah!*«, sagte er.

Das Zimmer sah ordentlich aus und bei dem beiläufig gemurmelten »*Inshallah*«, was so viel bedeutet wie »so Gott will«, dachte ich mir nicht viel und freute mich über den günstigen Preis meines Zimmers. Denn für sechs Euro wurde einem Abenteurer ausreichend Komfort geboten. Der Raum hatte eine abschließbare Zimmertür, ein winziges, quietschendes Bett, die übliche durchgelegene Matratze ohne Bezug, dafür mit dem einen oder anderen Urinfleck auf Beckenhöhe, und sogar einen schiefen Holzstuhl in der Ecke, auf dem ich meine verschwitzten Radlerklamotten auslüften konnte. Dusche und Toilette befanden sich auf dem Gang, und wenn ich Bescheid gab, würde der Chef den Boiler anschmeißen und es gab lauwarmes Wasser – *Inshallah!*

Nachdem ich Fahrrad und Gepäck im Hotel abgeladen hatte, schlenderte ich durch die Gassen und erkundete das Bergdorf. Chefchaouen war ein kleiner Ort, eingerahmt von den beiden beeindruckenden Bergen Djabal Kelaa und Djabal Meggou, deren Gipfel in tiefen Nebel gehüllt hoch über dem Ort thronten. Für die malerisch blauen Gassen der Medina und die ruhige Lage war Chefchaouen bekannt. Die Reiseführer überschlugen sich schier über die Schönheit des Ortes und verwiesen wegen der weiß-blauen Häuserfassaden auf den »bezaubernden andalusischen Flair«. Leider musste ich den Reiseführern zustimmen, denn Chefchaouen blieb mir in ähnlich schlechter Erinnerung wie die apokalyptisch-künstlichen Hotelstädte Andalusiens.

Während ich durch die Straßen spazierte, stellte ich fest, dass der Ort eine Art Kiffermekka der ewig junggebliebenen Rasta-Europäer zu sein schien. Es wimmelte von vierzigjährigen bärtigen Männern mit Rastazöpfen und dazugehörigen Hippiefrauen in dicken Strickpullovern mit nicht weniger verfilzten Zotteln. Unter die europäischen Rastafari hatten sich die obligatorischen Touristen mit Sonnenhut, dicken Reiseführern und noch dickeren Kameras in ihren karierten Outdoorhemden gemischt.

Auf beide Sorten von Touristen waren die geschäftstüchtigen Marokkaner bestens eingestellt. Kaum hatte ich die aufdringlichen Haschischverkäufer vor meinem Hotel abgewimmelt, wurde ich in der Altstadt von den obligatorischen Händlern des Kunsthandwerks dazu genötigt, mir ihren Kitsch, die bunten Tücher und die glänzenden Armreife anzusehen.

Ich wimmelte die Verkäufer ab und schlenderte durch die Altstadt und weiter in Richtung Marktplatz. Noch bevor ich um die Ecke bog, bemerkte ich den süß-metallenen Geruch von frischem Blut. Dann entdeckte ich wie ein großgewachsener dunkelhäutiger Marokkaner eine frisch zerteilte Hammelhälfte an einem Haken befestigte und im Staub und der Nachmittagssonne auf offener Straße ausbluten lies. Da mein Tag sowieso bereits mit einem flauen Magen begonnen hatte, bog ich ab und stolperte beinahe über eine Herde aufgeschreckter Hühner, die in einem niedrigen Käfig wild umherflatterten, während ein korpulenter Metzger eines nach dem anderen aus dem Stall nahm und mit einem rostigen Beil den Kopf abhackte.

Schnell drängte ich mich weiter durch die engen Gassen der Medina und gelangte auf den weitläufigen Place Outa El-Hammam, der für seine hübsche Moschee und den achteckigen Turm des Minarettes bekannt war. Bevor ich mich weiter umsehen konnte, wedelten aber schon die geschäftstüchtigen Restaurantbesitzer mit ihren bunten Speisekarten vor meiner Nase und versuchten, mich in ihre Stuben zu zerren.

Nach der kräftezehrenden Fahrt durch das Rif und der nicht minder anstrengenden Stadtbesichtigung ließ ich mich von einem der Männer zu einem »*very original marocan dish*« überreden und nahm an einem der sonnenvergilbten Plastiktische Platz. Nach einem kurzen Blick in die Karte und dem Anblick der in der Hitze schmorenden Fleischstücke vor meinem geistigen Auge bestellte ich ein vegetarisches Couscousgericht und eine Cola. Mein Magen knurrte, aber als das Essen serviert wurde, stocherte ich nur müde im braunen Lehmtopf meiner Tajine und kämpfte mit einer mir unbekannten Appetitlosigkeit. Irgendwie bekam ich nichts runter, und mit jedem Bissen wütete es stärker in meinem Inneren. Als ich nach einer halben Stunde schließlich die Hälfte meines Essens zurückgeben musste, wusste ich, dass etwas nicht stimmte.

Und so war es dann auch. Mitten in der Nacht schreckte ich auf der vergilbten Matratze meines 55 Dirham teuren Hotelzimmers auf. Die Kälte der zweitausend Meter hohen Berggipfel war durch die glaslosen Fenster gekrochen und ich zitterte am ganzen Leib. Gerade wollte ich tiefer in meinen Schlafsack kriechen, da realisierte ich, dass ich nicht durch die Kälte, sondern durch die Magenkrämpfe aufgewacht war, die mir in den Bauch stachen.

Ich schälte mich aus dem wohligen Schlafsack und schleppte mich schlaftrunken und barfuß auf die Gemeinschaftstoilette, wo ich gerade noch rechtzeitig meine Boxershorts abstreifen konnte, bevor ich mich über dem dunklen und stinkenden Loch entleerte.

Den Rest der Nacht verbrachte ich zitternd vor Kälte über dem gähnenden Kackloch der marokkanischen Gruppentoilette hockend in einem hässlichen Hippiedorf mit stechenden Bauchkrämpfen und unerträglichem Heimweh.

Mehrere Tage setzte ich keinen Fuß vor die Tür, verließ mein Bett nur, um den Gang zur verdreckten Toilette anzutreten, und fühlte mich hundeelend. Auch meine Appetitlosigkeit hielt an, insbesondere weil ich in dem blauen Bergdorf nichts Magenschonendes zu essen fand – schließlich war es in Chefchaouen leichter Drogen zu kaufen als ein Stück Zwieback. Und was konnte schon schlimmer sein als die Vorweihnachtszeit vollkommen alleine mit einer bösen Lebensmittelvergiftung in einem marokkanischen Hippiedorf und einem 6-Euro-Hotel zu hausen? Noch schlimmer war es, krank zu sein in einem Land, in dem es keine Salzstangen gab!

Als ich dann mit schlimmen Krämpfen und vor Kälte zitternd unter einem eisigen Strahl in der Dusche kauerte, wurde mir auch die Bedeutung des gemurmelten »*Inshallah!*« meines Gastgebers schmerzlich bewusst. Ich konnte nur beten, bald wieder auf die Beine zu kommen. Würde schon wieder werden, hoffte ich inständig. *Inshallah!*

VON STRASSENSPERREN
UND BANDITEN

RIF-GEBIRGE, MAROKKO, DEZEMBER 2012
– 8.163 KILOMETER –

Nach einer knappen Woche ungeplantem Heilfasten im marokkanischen Rif-Gebirge setzte ich meine Fahrt am 18. Dezember mit neuem Elan fort. Zwar hatte sich die üble Magenverstimmung auch irgendwie nach Abenteuer angefühlt, auf diese Art von Herausforderung konnte ich aber zukünftig liebend gern verzichten. Jetzt reizten mich die wirklichen Gefahren auf Afrikas Straßen.

Bevor ich aufbrach, wollte ich mir in einer Apotheke eine neue Ration Durchfalltabletten für mögliche weitere Notfälle besorgen. Da mein Französisch allerdings nicht so flüssig lief wie einige Tage zuvor mein Darminhalt, musste ich dem Apotheker, sehr zur Freude seiner jungen marokkanischen Angestellten, bildhaft erläutern, was mir in den vergangenen Tagen widerfahren war. Als ich mich über den Boden kniete, mit beiden Händen einen Wasserfall aus meinem Hinterteil simulierte und dabei »Pffffff, pfffff, pfffffffffffff!« rief, drehte sich die Dame, beide Hände vor das entsetzte Gesicht haltend, von mir ab und der Apotheker gab mir ein rasches Zeichen, dass er mein Problem verstanden hatte und ich die Vorstellung beenden sollte.

Nachdem mir der hochgewachsene Mann eine Packung Kohletabletten über den Tresen geschoben hatte, zeigte er mir an, ich solle ihm ins Hinterzimmer folgen, wo er mich mit besorgter Miene auf eine nostalgische Waage stellte. Nach einem Blick auf die Anzeige wich auch mein fröhliches Gefühl der Besorgnis: Mitsamt Schuhen und Kleidung am Leib schob sich der schwarze Zeiger der analogen Anzeige gerade bis zur Sechzig-Kilo-Marke – und das trotz der strammen Waden- und Oberschenkelmuskulatur, die ich mir in den vergangenen Monaten antrainiert hatte. Damit wog ich nur noch wenig mehr als mein schwer beladenes Fahrrad.

Mit den Kohletabletten im Gepäck brach ich schließlich wieder auf und radelte entlang des Rif-Gebirges in Richtung Süden. Der Nebel über den beiden Berggipfeln Chefchaouens hing tief und ein frischer Wind pfiff durch die Gassen. Trotz Kälte war ich froh, endlich wieder im Sattel zu sitzen. Von der auf 600 Meter gelegenen blauen Bergstadt rauschte ich eine kilometerlange Abfahrt hinunter, und vor mir öffnete sich ein breites, blumiges Tal.

Berge und Hanfplantagen rauschten an mir vorbei und ich befand mich in einer malerischen Modelleisenbahnidylle: Weite grüne Hügelketten gespickt mit saftigen dunklen Büschen und gesäumt von Kiefern und Olivenbäumen. Dazwischen einzelne Bauernhöfe und kleine dichte Zedernwälder. Alle paar Kilometer tauchte eine Herde friedlich grasender Kühe auf und hier und da standen Frauen in Kopftuch in den Feldern und bearbeiteten mit mittelalterlichem Gerät den dunklen, lehmigen Boden. Es war die Zeit der Olivenernte und junge Männer kletterten in die Bäume und schlugen mit langen Stöcken die dicken Oliven aus den Ästen, während alte Mütterchen die Früchte auflasen, in großen Säcken schulterten und zu Fuß in die Dörfer trugen.

Drei Tage radelte ich vom Rif-Gebirge ins Herz Marokkos, genoss die hübsche Bilderbuchlandschaft und war gleichzeitig enttäuscht, dass sich die vielversprechenden Warnungen des Auswärtigen Amts nicht bewahrheiteten. Und als ich gerade aufgegeben hatte, nach Abenteuern zu suchen, bog ich an einem sonnigen Nachmittag um eine Kurve, und da stand sie vor mir: eine Straßensperre!

Allerdings war diese nicht wirklich zum Fürchten. Sie bestand aus einem etwa sechs oder sieben Jahre alten Jungen, der sein rostiges Fahrrad quer auf die Fahrbahn gestellt hatte und versuchte, mich mit seinen dürren Ärmchen in der Lucht fuchtelnd zum Anhalten zu bewegen. Der Kleine brüllte mich energisch auf Arabisch an, womit er mich eher zum Schmunzeln brachte als mir Angst einzujagen.

»*Salam aleikum, mon petit ami!*«, grüßte ich im Gegenzug freundlich und umrundete die Absperrung in einer großzügigen Kurve.

Etwas später, als ich in einem Dorf einen improvisierten Fußballplatz passierte, ging das Abenteuer weiter und ich wurde Opfer einer Steinwurfattacke. Allerdings wurde diese ihrem Namen wohl kaum gerecht: Einer der pubertierenden Jungs warf mir einen Stein hinterher. Wohl mehr in der Absicht, seine Kumpels zu beeindrucken als mich wirklich zu treffen.

Deutlich nervenaufreibender als diese gezielte Attacke waren die unzähligen Kinder in den winzigen Dörfern, die mir hinterherliefen, bei den Berganfahrten an den Packtaschen zogen und mich anbettelten. *»Bonjour, Mister, donnez-moi de l'argent!«,* riefen sie mir hinterher. Oder: *»Hello, Sir, give me money!«* Manchmal auch einfach nur *»Stylo, stylo, stylo!«* Scheinbar genoss in Marokko der gute alte Kugelschreiber ein hohes Ansehen.

Irgendwann hatte ich mich an die Attacken der etwa sechsjährigen Jungen gewöhnt und meine große Freude damit, ihnen böse in die Augen zu starren und laut knurrend und bellend auf sie zuzufahren. Der schmutzige Vollbart und mein zerlumptes Äußeres trugen ihren Teil dazu bei, dass die meisten von ihnen laut schreiend das Weite suchten.

Als ich mich an Steinwürfe, Straßensperren und die Kinder aus den Dörfern gewöhnt hatte, wurde die Straße breiter. Die N13 führte mich über Quezzane, Jorf el Melha und Moulay Idriss in Richtung der Königsstädte Meknès und Fès. Die marokkanische Fernstraße bestand aus grobkörnigem Teer und der Asphalt war von unzähligen Schlaglöchern durchbrochen. An den Rändern war der Teer ausgefranst und die seitliche Begrenzung endete in klaffenden Abbrüchen. Um nicht mit meinem Fahrrad in eines der Löcher zu geraten, fuhr ich meistens mitten auf der Straße und blickte konzentriert in den Rückspiegel, um nicht von hinten von einem Lastwagen oder Bus überrollt zu werden. Manchmal konnte ich mich nur um Haaresbreite vor den vorbeirasenden Wagen mit einem Sprung in den tiefen Seitengraben retten, und einmal streifte ein Pkw meine Packtasche, sodass ich mich gerade noch auf dem Rad halten konnte.

Mit jedem Meter, den ich auf der Schnellstraße zurücklegte, wurde mir bewusst, dass nicht die Straßensperren und Steinwurfattacken, sondern eine ganz andere Gefahr in Afrika drohte: der halsbrecherische Verkehr. Und in diesem Fall traf die Beschreibung des Auswärtigen Amts die Situation in Marokko recht gut:

»Im Straßenverkehr ist größte Vorsicht geboten. Autofahrer wie Fußgänger müssen sich äußerst umsichtig verhalten und können sich nicht auf die Rücksichtnahme anderer Verkehrsteilnehmer sowie auf die Beachtung von Verkehrsregeln verlassen. Besonders gefährlich sind Überholmanöver. Nachtfahrten sollten vermieden werden. Auch auf den Autobahnen ist jederzeit mit Fußgängern und Tieren zu rechnen.«

Als ich Kilometer für Kilometer auf der holprigen marokkanischen Schnellstraße zurücklegte und die rostigen Transporter an mir vorbeidonnerten, dachte ich, dass es kaum gefährlicher werden konnte.

WEIHNACHTEN
IN AFRIKA

MARRAKESCH, MAROKKO, DEZEMBER 2012
– 8.320 KILOMETER –

Seltsames Weihnachten dieses Jahr. In der Sonne. Und unter Palmen anstatt unterm Christbaum. Bei Minztee statt Glühwein. Und Hühnertajine anstelle von Weihnachtsgans. Bei Allahu akbar statt Kirchenglocken, und mit Flip-Flops statt Winterstiefeln an den Füßen. Weihnachten in Afrika eben. Und trotz der vielen bunten Eindrücke ist das bevorstehende Weihnachten für mich auch ein trauriges Fest. Es ist mein erstes Weihnachten fernab der Heimat, fern von Freunden, fern von Familie und fern von allen, die ich liebe.

Immerhin, ich war ich nicht mehr alleine. Zwei Tage vor Weihnachten hatte ich gute Gesellschaft gefunden. Meine Gesellschaft hieß Rudi und war ein sportlicher Deutscher in seinen 40ern, der seit Oktober ebenfalls mit dem Rad unterwegs war.

Mit Rudi, der eigentlich Rudolf hieß, hatte ich mich im Internet verabredet. Während meiner Mageninfektion im kalten Hotelzimmer von Chefchaouen hatte ich so großes Heimweh verspürt, dass ich nach Gesellschaft gesucht hatte und in einem Radreiseforum auf Rudi gestoßen war, der Marokko einige Tage vor mir betreten hatte.

Rudi war an der Westküste Marokkos über Casablanca in den Badeort Essaouira geradelt, wo er es sich die letzten Tage hatte gutgehen lassen. Nun hatten wir beschlossen, uns auf halbem Weg in Marokkos Hauptstadt Rabat zu treffen, um ein Stück gemeinsam zu radeln.

Als ich am Nachmittag des 22. Dezembers am vielbefahrenen Kreisverkehr auf der Avenue Moulay Hassan wartete und Rudi mit seinem überladenen Reiserad um die Ecke bog, erkannte ich den Abenteurer ohne weitere Beschreibung sofort. Auf einem klapprigen Mountainbike, das er liebevoll Dicke Berta nannte, bog Rudi aus einer Nebenstraße und rollte langsam auf mich zu. Die Dicke Berta hatte ihren Namen redlich verdient, denn sie war in der Tat schwer beladen. Bereits von Weitem konnte ich die vier prallgefüllten Packtaschen und die schwankende Gepäckträgerkonstruktion erkennen, auf der sich Säcke, Jacken und Töpfe in den Himmel stapelten. Am Vorbau der alten Dame war eine riesige Lenkertasche montiert, auf der ein schwarz-rot-goldener »Germany«-Aufkleber prangte, und auf dem Sattel thronte Rudi in einer knallroten Radleruniform.

Als Rudi sein Fahrrad wankend zum Halten brachte, umarmte ich den Fremden sogleich. Er war ein sympathischer Kerl, einen halben Kopf größer als ich, hatte kurze blonde, akkurat geschnittene Haare und sein runder Bauchansatz steckte in einem frisch gewaschenen roten Aldi-Trekkingshirt. Ein wenig erinnerte Rudi mich in seiner gepflegten Montur an die fein herausgeputzten, pummeligen Rennradfahrer in den italienischen Bergen.

Wenn ich hingegen so neben ihm stand, musste ich aussehen wie ein Penner. Er in makelloser Funktionskleidung, frisch rasiert und mit kleiner Wohlstandswampe, ich, abgemagert bis auf die Knochen, in einem viel zu weiten, zerrissenen Baumwollhemd und mit einem zotteligen und inzwischen von Kettenfett verschmierten Rauschebart.

Rudi schien das nicht weiter zu stören. Wir setzten uns in ein Café und erzählten uns von unseren Reiseerlebnissen. Er hatte in der Nähe von Koblenz dreißig Jahre lang für eine Elektrofirma gearbeitet und industrielle Druckeranlagen gewartet. Vor zwei Jahren hatte er zu einem Konkurrenzunternehmen gewechselt, das kurz darauf Insolvenz anmelden musste.

»Damit war die dicke Abfindung dann futsch, und auf einmal stand ich ohne Job und mit viel zu wenig Erspartem auf der Straße«, berichtete er. »Dreißig Jahre arbeiten, und dann kriegste keine Anstellung mehr. Leicht war das nicht. Aber bevor ich in ein Loch gestürzt bin, hab ich mich aufgerafft und bin losgeradelt.«

Seine Geschichte beeindruckte mich. Im Gegensatz zu mir, der sowohl einige Rücklagen als auch noch immer einen festen Job hatte, hatte Rudi viele Brücken eingerissen und war ins Ungewisse gestartet.

Rudi biss beherzt in die mit Mandelmus gefüllte, zuckersüße Teigtasche.

»Fast zwanzigtausend Euro hab ich die letzten Jahre angespart, und nun hab ich beschlossen, so lange zu reisen, bis das Geld weg ist. Ich bin in Deutschland abgemeldet, und wenn ich innerhalb von vier Jahren zurück bin, verliere ich keinerlei Rentenansprüche.« Dann verzog er sein Gesicht zu einem breiten Grinsen. »Mal sehen, wie lange ich durchhalte auf dem harten Fahrradsattel!«

Rudi und ich verstanden uns gut und wir freuten uns über die Gesellschaft, insbesondere bei dem bevorstehenden Weihnachtsfest, das uns beide ein wenig melancholisch stimmte. Um nicht im Heimweh zu versinken, beschlossen wir, nach Marrakesch zu reisen und uns in der bunten marokkanischen Stadt etwas abzulenken.

Nach einer langen Tour mit Rad und Bus fanden wir uns am frühen Morgen des 24. Dezembers im pulsierenden Herzen Marrakeschs wieder, der vermutlich verrücktesten Metropole Marokkos. Mit uns freuten sich die zahlreichen Schlepper, die uns und unseren beladenen Rädern staunend hinterherblickten. Passend zum anstehenden Weihnachtsfest begrüßten mich die Tagelöhner nicht mehr mit Ali Baba, sondern riefen mir laut »Bonjour, Santa Claus! Do you want to smoke marihuana?« hinterher.

Wir ließen uns von dem Trubel nicht weiter stören und führten unsere beladenen Räder auf den großen Djemaa el Fna, den Platz der Gehängten. Hier sollen einst Verbrecher und Aufständige hingerichtet und deren Köpfe so lange zur Schau gestellt worden sein, bis nur noch die blanken Schädelknochen zu sehen waren. Als wir den weiten Platz erkundeten, dampfte es aus den vielen Garküchen, und die einzigen abgetrennten Köpfe, die wir vorfanden, waren die von gegarten Hammeln in den brodelnden Suppentöpfen der qualmenden Küchen.

Schlangenbeschwörer, Wahrsager, Geschichtenerzähler, Touristen, Bettler und Souvenirverkäufer drängten sich auf dem Djemaa el Fna dicht aneinander. Die vielen kleinen Restaurants verströmten exotische Gerüche von Ingwer, Knoblauch und Kümmel und zwischen den Garküchen sprangen die Schlepper umher, die uns und die anderen Touristen in ihre Lokale zerren wollten.

»Good afternoon, Sir, try the best marocan food!«
»Hello, Santa Claus, you look really hungry!«
»Come in and find out!«

Und was blieb uns da anderes übrig. Fern von der Familie und von Heimweh geplagt taten wir am Weihnachtsabend also das, was hungrige Fahrradfahrer am besten können: essen. Egal was, Hauptsache viel.

So verdrängten wir unser weihnachtliches Heimweh bei Harira, Spinat, gedünsteten Auberginen, Hammelfleisch, krossem Berberbrot und einer Ladung Schnecken aus einem laut blubbernden Suppentopf.

Am frühen Abend rollten wir unsere Schlafsäcke in einem günstigen Hotelzimmer in der Medina aus. Während ich wie immer in meiner einzigen Boxershort und im verschwitzten Radlershirt in meinen Schlafsack kroch, musste ich laut loslachen, als Rudi in einem dunkelblauen Frotteeschlafanzug in unserem gemeinsamen Badezimmer verschwand.

Wie würden wohl unsere ersten Radkilometer werden? Rudi und ich waren vollkommen verschieden. Während ich in den vergangenen Monaten mein Gepäck, die technische Ausrüstung und meine Kleidung auf das Nötigste reduziert hatte, hatte Rudi so ziemlich alles mitgeschleppt, was er unterwegs aufgabeln konnte. Mein ursprünglich neunhundertseitiger Marokko-Reiseführer hatte beispielsweise aus Gewichtsgründen nur noch schlappe hundert Blätter, da ich sämtliche Abschnitte, die ich bereits gelesen hatte, wegschmiss. Rudi hingegen schleppte noch immer sämtliche Landkarten und Bücher mit, die er damals in Deutschland in die Packtaschen gelegt hatte. Er war eben irgendwie mehr der Sammler, was sich nicht nur an seinem blauen Frotteeschlafanzug zeigte.

»Alles wird früher oder später Verwendung haben, man weiß ja nie!«, sagte er, als ich ihn später am Abend auf das viele Gepäck ansprach, das er und die Dicke Berta zu schleppen hatten.

»Man weiß nie!«, wiederholte er und verstaute fein säuberlich einen Sack Wäscheklammern, ein Kochtopfset, zwei Kochlöffel, ein GPS-Navigationssystem und ein elektronisches Spannungsmessgerät in den Tiefen seiner Packtaschen. Als er daraufhin noch einen klobigen Lötkolben zum Vorschein brachte, mussten wir beide laut loslachen.

Ich war gespannt, wovon sich Rudi in den kommenden Tagen trennen würde, denn vor uns lag der Hohe Atlas, an dessen Ende Rudis Kumpel Christoph mit einer Flasche Wein auf uns wartete. Es war Nordafrikas mächtigstes Gebirge, dessen viertausend Meter hohe Gipfel bereits von Marrakesch aus gut sichtbar bedrohlich in den Himmel ragten.

DER SEHR HOHE
UND KALTE ATLAS

*Der Hohe Atlas ist ein gewaltiger Gebirgszug, der sich auf über
zweitausend Kilometern Länge seinen Weg durch das Herz
Marokkos und den Norden Algeriens bis nach Tunesien bahnt.
Der Hohe Atlas heißt so, weil er hoch ist. Sehr hoch sogar.
Eigentlich sollte er Sehr Hoher und Kalter Atlas heißen, denn
sowohl unsere Oberschenkel als auch der Rest unserer Körper
sind ordentlich ins Zittern gekommen. Vermutlich kommen
auch nur zwei Verrückte auf die Idee, das höchste Gebirge
Nordafrikas im Dezember mit dem Rad zu überqueren. Aber
was tut man nicht alles für eine Flasche Wein?*

Die gemeinsame Fahrt mit Rudi funktionierte gut. Anfangs
musste ich mich erst wieder daran gewöhnen, meine Pausen
mit einem anderen Radler abzustimmen, und auch für Rudi war es
eine Umstellung, hier und da anzuhalten, wenn ich ein Foto knipsen
oder einen Schluck Wasser trinken wollte. Nach einer Weile hatten
wir aber einen gemeinsamen Rhythmus gefunden und kamen gut
voran.

Etwa dreißig Kilometer hinter Marrakesch stieg die Teerstraße an,
und stürmische Böen machten das Vorwärtskommen schwer. Eine
unangenehme Kälte kroch meine blanken Füße und meinen verschwitzten Rücken hinauf, und ich bereute meine optimistische Klei-
derwahl vom frühen Morgen. Schwere Lastwagen donnerten dicht an

uns vorbei, das Fahren auf dem grobkörnigen Teer der R203 wurde mehr und mehr zu einer Herausforderung. Immerhin konnten wir unser Ziel inzwischen nicht mehr verfehlen: Am Horizont erhob sich drohend die nebelbedeckte Bergkette des Atlas. Den über viertausend Meter hohen Djbel Toubkal konnten wir allerdings nur erahnen, weil die Gipfel in tiefhängenden Nebelschwaden versunken lagen. Trotzdem schüchterte uns der Anblick gehörig ein, und Meter für Meter wurde uns mehr bewusst, dass wir in den kommenden vier Tagen eine echte Höllentour vor uns hatten.

Inzwischen war die Temperatur auf bissige fünf Grad gesunken.

»Lass uns im nächsten Dorf mal einen Stopp einlegen«, rief Rudi mir von hinten zu. »Zeit für ein zweites Frühstück!«

Fünfzig Radkilometer hinter Marrakesch stoppten wir im kleinen Bauernort Asni und kehrten in eine Bude am Straßenrand ein. Wir freuten uns bereits auf ein paar frisch gebackene Croissants, Crêpes oder ein Berberbrot, dann stellte uns der Koch lächelnd zwei Schüsseln Kichererbsensuppe vor die Nase – das einzige Gericht im Angebot. Rudi und ich blickten uns fragend an, dann löffelten wir unsere Frühstückssuppe und spülten die Erbsen mit einem heißen Minztee herunter.

Frisch gestärkt setzten wir unsere Tour fort. Hinter Asni wurde die Straße schmaler, die Orte wurden kleiner und die Temperatur fiel stetig dem Gefrierpunkt entgegen. Aus den langen Kurven wurden Serpentinen und aus der ebenen Teerstraße eine schlaglochdurchzogene Piste, die mit jedem Kilometer steiler in den Himmel stieg. Ich wünschte mir, eine lange Hose angezogen zu haben, führte mein Gefährt aber tapfer voran. Auch Rudi hatte mit dem steilen Anstieg zu kämpfen, vermutlich noch stärker als ich. Der Koblenzer war vier Monate nach mir aufgebrochen und hatte seine Routen eher nach Badestränden und Touristenattraktionen gewählt als nach steilen Berganstiegen. Meist war er nur fünfzig, sechzig Kilometer am Tag gestrampelt, die 100-Tageskilomtermarke lag bei ihm in weiter Ferne. Zudem war die Dicke Berta trotz Gepäckinspektion meinerseits noch immer mit allerlei unnötigem Ballast beladen, da Rudi weiterhin seinen halben Hausrat mitschleppte. Aber mein Begleiter wollte sich von den beiden zusätzlichen Planen, seinem vierten Paar Schuhe und dem Lötkolben einfach nicht trennen.

Gegen Mittag verzog sich der Nebel und gab eine weite Sicht auf die uns einschließende rotbraune Bergwelt frei. Langsam schoben wir uns an spitzen Felsen vorbei, und an den steilen Hängen gegenüber entdeckten wir die hochgelegenen Dörfer der Berberfamilien. Inmitten der öden Weite standen einfache Hütten aus Lehm- und Stroh, auf deren braunen Dächern runde weiße Satellitenschüsseln blitzten. Schweigend kämpften wir uns voran und genossen die karge Landschaft aus roten Steinen und den wenigen grünen Büschen und Pflanzen, und pünktlich zum Sonnenuntergang erreichten wir Ijoukak, einen kleinen Ort an der Nordflanke des Hohen Atlas.

Ijoukak war ein ehemaliges Berberdorf und bestand aus einer Handvoll Lehmhäusern, Wellblechhütten und einer Tankstelle. Viel gab es nicht zu entdecken, aber nach 110 Kilometern und 1.400 Höhenmetern bei eisiger Kälte benötigten Rudi und ich auch nicht viel zum Glücklichsein. Für drei Euro teilten wir uns ein Zimmer im einzigen Hotel des Ortes, und nach einer kalten Dusche und einer heißen Tajine mit Couscous und Hühnerfleisch fielen wir nach unserem ersten Tag im Hohen Atlas in einen tiefen, traumlosen Schlaf.

Der Morgen des zweiten Tages begann eisig. Rudi warf einen Blick auf sein Navi.

»Mannomann, keine null Grad heute Morgen. Das kann ja heiter werden.«

Dann quälten wir uns aus den Schlafsäcken und starteten bibbernd in den neuen Tag. Ich hatte all meine Kleidungsstücke angezogen, die ich mit mir herumtrug. Trotzdem kam ich auf den ersten Metern in den frühen Morgenstunden nur langsam in Fahrt. Rudi steckte die winterlichen Temperaturen besser weg als ich, was vermutlich an seinen leichten Fettreserven lag, die er noch aus der deutschen Heimat mit sich herumtrug.

Ich hingegen musste um jedes Kilo kämpfen, das ich bei meiner fünftägigen Entschlackungskur in Chefchaouen verloren hatte, und quälte mich mit tauben Händen und eingefrorenen Füßen den steilen Anstieg hinauf. Gerade arbeitete ich daran, mich mental in meine Radfahrtrance zu versetzen, um Kälte und Anstrengung abzuschütteln, da rief Rudi mir von vorne zu: »Tausendvierhunderteinundreißig Meter.«

»Was?«, brüllte ich ihm von hinten entgegen.

»Eintausendvierhundertundeinunddreißig Höhenmeter! Mein Navi sagt, dass wir durch die Abfahrt gestern fast 200 Meter verloren haben, die müssen wir gleich wieder rauf.«

»Das will ich gar nicht wissen!«, ich lies mich ein Stück zurückfallen, damit Rudi mich nicht mit schauerlichen Statistiken demotivieren konnte.

Aber es half nichts, Rudi schaltete einen Gang zurück, wartete, bis ich ihn eingeholt hatte, und setzte seine Belehrung fort.

»Bis zum Pass haben wir 37 Kilometer vor uns. Mann, Mann, das geht ganz schön steil rauf. Sechs Prozent Steigung, aber das sind wir ja bereits gewohnt. Da hinten kommen gleich acht Prozent und bei Kilometer 28 wird's dann richtig hart!«

»Ist ja gut, Rudi, ich bin froh, wenn ich es heute bis zum Pass schaffe.«

»Na Logo, das wird noch schwer bis zum Pass. Ich mache mir aber mehr Sorgen, ob wir auch rechtzeitig in Taroudant ankommen. Bis dahin sind es noch 123 Kilometer. Laut Navi geht die Sonne um 17.04 Uhr unter. Also, da müssen wir noch einen Zahn zulegen.«

Eine halbe Stunde hielten Rudis Belehrungen über die vor uns liegende Strecke, GPS-Routen, Höhenangaben und Kalorienanzahl noch an, dann gab auch er sich dem Hohen Atlas geschlagen. Irgendwann hörte ich nur noch regelmäßige Keuch- und Stöhnlaute hinter mir. Kurz vor Erreichen der Passhöhe wurde ich sogar etwas besorgt, als sich der Rhythmus des schweren Keuchens in ein leises Wimmern gewandelt hatte, aber pünktlich um zwölf Uhr mittags erreichten wir den Tizi n' Test, die Passhöhe im Hohen Atlas.

Eineinhalb Tage Serpentinen und steile Anstiege mit schwer beladenen Rädern lagen hinter uns, und Rudi und ich fühlten uns großartig. Auf dem Pass angelangt lehnten wir unsere Räder aneinander und ließen uns in den kalten Staub der Straße fallen. Passend zu unserer Stimmung ließ sich die Sonne hinter den Hügeln blicken und strahlte uns zur Belohnung warm auf die nassgeschwitzten Rücken. Wir hatten es geschafft, die erste Königsetappe im sehr hohen und sehr kalten Atlas war überwunden!

Auf der anderen Seite erwartete uns eine 40 Kilometer lange Abfahrt. Wir zogen die Reißverschlüsse unserer Jacken nach oben, schnallten die Helme auf und rasten bergab. Über zwei Stunden ging es in scharfen Kurven und auf schmaler, unebener Piste hinunter. Die vielen Schlaglöcher auf dem Weg bremsten Downhillerlebnis und Freude ein wenig, und trotzdem war die lange Abfahrt eine tolle Belohnung für den anstrengenden Anstieg der letzten beiden Tage.

Am dritten Tag begannen wir unsere Tour durch eine grüne Landschaft und entlang saftiger Akazien und Agavenbäume. Eine breite, gut geteerte Straße schob sich kilometerlang bergauf, bis das Grün der Bäume einem weichen Grau von Felsen und steilen Geröllfeldern wich. Als wir auf tausend Höhenmetern eine Hochebene erreichten, radelten wir durch eine staubige Wüste von ockerfarbenen Felsen und gelben Sandsteinen. Der Wind hatte über Jahrtausende tiefe Furchen in die Felsen gefressen, und Lage für Lage erzählte jede Gesteinsschicht eine andere Geschichte.

Die um uns liegende Landschaft war schroff und ursprünglich. Die einzigen Pflanzen, die wir in der Steinwüste entdeckten, waren dürre Dornenbüsche, Disteln und die schwarzen Stämme von vertrockneten Arganbäumen. Alle zwei Stunden passierten wir winzige Dörfer, in denen uns Kinder hinterherliefen und um Bonbons und Kugelschreiber anbettelten. Zum ersten Mal begegneten wir aber auch in dem quirlig-bunten Marokko kilometerlang keinem anderen Menschen und radelten einsam durch eine karge Landschaft.

Die Sonne brannte auf uns nieder. Wir streiften die dicken Pullover ab und setzten unsere Fahrt in kurzer Hose und T-Shirt fort. Gegen Mittag zog Rudi auch noch sein Trekkingshirt aus und fuhr oberkörperfrei mit glänzend weißer Plauze voran, und für eine ganze Weile war ich froh, dass uns auf der einsamen Strecke niemand begegnete, der beim Anblick seiner bleichen Plauze den Wagen vor Schreck in den Abhang lenkte.

Die Tour durch die heiße Landschaft war kräftezehrend, und schnell ging uns das Wasser aus. Für Pausen suchten wir die seltenen schattigen Plätze auf, die sich unter Felsvorsprüngen und zwischen den Geröllfeldern boten. Das Vorankommen war anstrengender als erwartet, und zum ersten Mal machte ich mir Sorgen, als Rudi mahnend auf sein Navi blickte.

»Noch 43 Minuten, dann geht die Sonne unter. Das packen wir nicht bis nach Igherm!«

Kurz vor Sonnenuntergang erreichten wir eine winzige Ortschaft und überlegten, wie wir die verbleibenden steilen Kilometer bis zu unserer geplanten Übernachtungsmöglichkeit in Igherm noch schaffen konnten. Wir fragten die neugierigen Dorfbewohner, wie weit es noch bis zum Gipfel sei, und nach der obligatorischen Begrüßung, *Salam aleikum, Alhamdulillah* und so weiter, bot ein geschäftstüchtiger Lkw-Fahrer an, uns für 300 Dirham, also knappe 30 Euro, die letzten

Kilometer über den Gipfel mitzunehmen. Da uns das viel zu teuer vorkam und wir auch mit Handeln nicht weiterkamen, gaben wir auf und setzten mit letzter Kraft unsere Tour fort.

Keinen Kilometer später überholte uns ein laut hupender, rostiger Renault Kangoo, dessen Fahrer uns aufgeregte Zeichen zum Stoppen gab. Wir hielten neben dem Auto. Der schnauzbärtige Fahrer lehnte sich mit einem Arm aus dem Fenster und grinste uns an.

»You need car ride?«

Rashid, der Fahrer des Wagens, hatte mitbekommen, dass wir eine Transportmöglichkeit in den Nachbarort suchten und bot uns seine Hilfe an. Bei einbrechender Dunkelheit und einem Preis von acht Euro kam er uns gerade recht, und gleich darauf saßen Rudi und ich, eingequetscht zwischen unseren Rädern und Packtaschen, zu zweit auf dem Beifahrersitz des rostigen Renaults.

Keine fünfzig Meter später bereuten wir unsere Entscheidung, denn Rashid fuhr wie ein marokkanischer Henker. Das krächzende Autoradio war bis zum Anschlag aufgedreht, in Rashids Mundwinkel klebte ein qualmender Zigarettenstummel und immer, wenn unser Fahrer mit seiner rechten Hand den Schaltknüppel suchte, kam diese nur bis zur Heinekenflasche im Kaffeehalter, griff zu und führte die Bierflasche für einen großen Schluck zum schnauzbärtigen Mund. Also rasten wir mit heulendem Motor im ersten Gang über die steil ansteigende Straße. Aus unserem Fenster konnten wir in den klaffenden Abgrund der Geröllwüste hinabsehen und Rudi rückte nach einem entsetzten Blick aus dem Fenster noch näher an mich heran.

Mit einem gehörigen Rülpser riss uns Rashid aus der Todesangst.

»Alhamdulillah!«, rief er. *»We will drive Igherm before sunset. Inshallah!«*

»Inshallah! Inshallah!«, rief ich.

Mit mehr Glück als Verstand und der Hilfe einiger Stoßgebete von Rudi erreichten wir dreißig Minuten später das Berberdorf. Als wir aus dem Wagen stiegen, zitterten unsere Knie ähnlich stark als hätten wir die steile Strecke mit dem Rad erklommen. Ohne viele Worte drückten wir Rashid die versprochenen 80 Dirham in die Hand und verabschiedeten uns von unserem Fahrer.

Kurz nach Sonnenuntergang rollten wir dann am dritten Abend unserer Atlasüberquerung auf den Hof des einzigen Hotels weit und breit, in dem uns der Besitzer freudig begrüßte.

Nachdem wir unser Zimmer bezogen und uns bei einer sehr schmackhaften Tajine die Mägen gefüllt hatten, kamen wir mit dem hochgewachsenen Hotelbesitzer ins Gespräch. In der Lobby, wenn man den engen Raum mit vergitterten Fenstern, kunterbunt gemischten Plastikstühlen und Real-Madrid-Postern an der Wand so nennen konnte, wurde der Fernseher angeknipst und die Dorfbewohner versammelten sich zur abendlichen Kinovorführung. Junge Männer in Adidas-Shirts und Flip-Flops und alte Männer in Dschellabas mischten sich an den Tischen, tranken Tee und Kaffee und sahen sich fasziniert den amerikanischen Actionfilm an, der auf dem quadratischen Röhrenfernseher in der Ecke flimmerte.

Ob es die Höhenkrankheit oder die Anstrengung war, irgendwie konnte ich mich nur schlecht an das Bild vor meinen Augen gewöhnen. Da quälte man sich drei Tage lang durch die karge Wüstenlandschaft und über die steilen Felsen des Hohen Atlas, und dann hockte man in einem Bergdorf, in dem sich die Bewohner fasziniert vor einem Fernseher versammelten, um die lautstarke, dümmliche Handlung eines 80er-Jahre-Actionfilms zu verfolgen.

Rudi schien das nicht weiter zu stören. Er beobachtete tief in seinen Plastikstuhl versunken, wie sich der billige Rambo-Abklatsch aus einem Hinterhalt herausballerte. Ich hingegen blickte mich um und stellte fest, dass keiner der Anwesenden Alkohol trank. Im strenggläubigen Süden Marokkos wurde Alkohol, mit Ausnahme vom sündigen Rashid, nicht angetastet, die Berber saßen friedlich bei Tee, Kaffee und Cola zusammen. Aber neben dem fehlenden Alkohol gab es noch etwas, das ich an diesem Abend im Dorfkino vermisste: Frauen. Bereits auf unserer Fahrt durch das Gebirge war mir aufgefallen, dass Frauen den Cafés fernblieben und dafür tagsüber die harte Arbeit auf den Feldern erledigten. Auf unserer Fahrt hatten Rudi und ich bucklige Mütterchen und junge Mädchen entdeckt, die Getreide und Zuckerrüben anbauten und riesige Bündel Grünzeug oder Säcke voll Oliven in der marokkanischen Hitze kilometerweit zu Fuß von den Feldern in die Ortschaften schleppten. Und während die Frauen die knochenharte Feldarbeit ausübten, genossen die Männer die Jobs in den Lebensmittelgeschäften, arbeiteten als Hoteliers, in Cafés oder als Touristenführer.

Als unser Hotelchef an der Bar etwas Ruhe hatte, befragte ich ihn zu diesem Phänomen. Aber entweder war mein Französisch aufgrund des fehlenden Alkohols an diesem Abend zu schlecht oder er wollte nicht mit mir darüber reden. Ich verstand nur, dass Frauen in

Cafés nichts zu suchen hätten und es sich bei den einzigen Damen in den Cafés um Prositutierte handelte. Dann wechselte er das Thema und erklärte mir, dass die morgen anstehende Fahrradstrecke nach Tafraoute ein Kinderspiel sei.

»*Soixante kilomètres descente. C'est magniefique!*«, schwärmte er.

»Sechzig Kilometer reine Abfahrt, eine super Strecke«, übersetzte ich Rudi.

Dieser nippte zufrieden an seiner Cola und murmelte: »Super, dann schlafen wir morgen mal aus.«

Aus dem Ausschlafen wurde nichts, denn um halb sechs weckte uns am nächsten Morgen der Muezzin, der uns aus der benachbarten Moschee entgegenkrächzte. Und da wir ja eh wach waren, packten wir unsere Schlafsäcke ein und saßen nach dem obligatorischen Instantkaffee und Brot mit Honig bereits eine Stunde später wieder auf unseren schweren Rädern und starteten in den kalten marokkanischen Wintermorgen.

Und das war auch gut so, denn unsere letzte Atlasetappe hatte es noch einmal in sich. Zwar verloren wir auf der Fahrt zunehmend an Höhe, aber durch die hügelige Steinlandschaft mussten wir unsere Räder erneut kräftig bergauf manövrieren. Von einer schönen Abfahrt war keine Spur, und Rudi fragte mich mehrfach, ob ich den Hotelier richtig verstanden hätte, ob dieser nicht 60 Kilometer Aufstieg anstatt Abfahrt gesagt hätte. Nach einer Weile war ich mir auch nicht mehr sicher und studierte zur Ablenkung die um uns liegende Landschaft. Langsam wichen die eintönig gelben Felsen dem kräftigen Rot von massiven Granitgebilden und mischten sich mit dem sanften Grün von Kakteen, Akazien und Dattelpalmen. Gegen Mittag entdeckten Rudi und ich die ersten blühenden Mandelbäume und wir freuten uns über die lustigen kleinen Erdmännchen, die wenige Meter vor unseren Reifen über die Straße flüchteten.

1.300 Höhenmeter quälten wir uns erneut nach oben. Erst kurz vor unserem Ziel Tafraoute erreichten wir am Nachmittag die so sehnlich gewünschte Abfahrt. Diese entschädigte uns für die Quälerei, denn beim holprigen Downhill über Schlaglöcher, aus der Straße gerissene Teerstücke und sandige Kiesbetten öffnete sich vor unseren Augen das weite und wunderschöne Tal der Ammeln, das von runden Felsformationen sanft eingeschlossen wurde. Wir passierten Berbersiedlungen, winzige Flussläufe und grüne Oasen, bis wir Tafraoute erreichten, einen kargen aber malerischen Felsenort im Antiatlas im Süden Marokkos.

Zufrieden und glücklich rollten wir mit unseren Rädern in den Ort.

»Mannomann, was für eine Schinderei! Ich hoffe, der versprochene Wein kann auch was!«, rief ich Rudi zu.

»Keine Sorge, auf Christoph ist Verlass«, antwortete er.

Dann lehnten wir unsere Räder an die Mauer eines Lebensmittelgeschäfts und klopften uns gegenseitig anerkennend auf die Schultern.

Nach vier qualvollen Radfahrtagen und einer kleinen Abkürzung hatten wir es also geschafft, der sehr hohe und sehr kalte Atlas war bezwungen! Über hundert Kilometer und deutlich über tausend Höhenmeter hatten Rudi und ich an jedem Tag mit unseren schweren Rädern zurückgelegt. In drei Tagen hatten wir hunderte Serpentinen und tausende an Höhenmetern zurückgelegt, wir waren bei morgendlichen null Grad durch rotbraune Lehmlandschaften gefahren, hatten Rudis Plauze bei vierzig Grad plus in der heißen Sonne der Steinwüste gebraten und traumhafte Abfahrten genossen, bis die Bremsen qualmten. Hier im islamisch geprägten, konservativen Teil des Landes hatten wir uns nach der anstrengenden Fahrt nun die Flasche Rotwein verdient, mit der uns Rudis Bekannter, hergelockt hatte. Aber hätten wir gewusst, dass es sich dabei um den berühmt berüchtigten Chateau Migraine handeln würde, hätten wir diese Strapazen vielleicht nie auf uns genommen.

JAHRESWECHSEL
IN MAROKKO

TAFRAOUTE, MAROKKO, DEZEMBER 2012
– 8.782 KILOMETER –

No, *woman no cry, no woman no cry!*«, tönte es aus den Lautsprechern des riesigen grauen MAN-Lkw, der mit laufendem Motor am Straßenrand hielt. Ein halbnacktes, etwa zwanzigjähriges Mädchen mit pinken Rastazöpfen, zerlöchertem weißen Tanktop und ausgetretenen Flip-Flops reichte zwei Wasserflaschen in die Fahrerkabine des Trucks. Der bärtige, deutlich ältere Fahrer wedelte ihr mit einer dicken Zigarette aus dem Fahrerhaus zu.

»*Ça marche, vient!*«, rief er.

Dann kletterte das Mädel auf der Beifahrerseite in den grauen Lkw, und das monströse Gefährt setzte sich qualmend in Bewegung. Rudi und ich blieben, in einer dunklen Abgaswolke stehen und blickten dem riesigen Lastwagen fasziniert hinterher. Aus den Boxen erklang erneut der Refrain, als sich Bob Marleys Stimme langsam entfernte: »*No woman no cry!*«

Wir waren noch immer in Tafraoute, mitten im Zentrum des kleinen Ortes. Das ehemalige Berberdorf war unter Abenteuertouristen bekannt für seine malerisch hügelige Landschaft und die benachbarten grünen Oasentäler. Ein verrückter Belgier hatte hier in den 80er-Jahren ein paar Felsen bunt angepinselt, und der 8.000-Seelen-Ort war über Nacht zur Touristenattraktion geworden.

Neben Wanderern und Outdoorfreaks schien Tafraoute in den vergangenen Jahren eine besondere Anziehungskraft auf französische Endzeithippies entwickelt zu haben. Schon als ich mit Rudi durch das wunderschöne Tal der Ammeln in Richtung Antiatlas geradelt war, wurden wir von bunt bemalten VW-Bussen, rußenden Campingwagen und riesigen Lastwagen mit Regenbogenflaggen in den

Windschutzscheiben überholt. Aus den offenen Fenstern der Fahrer-häuser hatten die Rastazöpfe geweht, Reggae und Techno hatte aus den Lautsprechern getönt und wenn sich die Ruß- und Staubwolken gelegt hatten, hatten wir versucht, die gelben Nummernschilder von Franzosen oder die Ausfuhrkennzeichen von Belgiern und Briten am Heck der dicken Busse zu entziffern.

In Tafraoute selber standen die stinkenden Benzinschleudern an-einandergereiht im Ortskern, und junge Mädels in bunten Röcken kauften letzte Wasserreserven, während die männlichen Fahrer im Wagen warteten und mit glasigen Augen die nächste Tüte rollten.

Bis auf die französischen Rastafaris war Tafraoute allerdings ein ruhiges und sehr hübsches Örtchen. Eingerahmt zwischen den wei-chen Granitfelsen des Antiatlas wirkte es auf mich beruhigend, und irgendwie schien es so, als ob die Zeit in diesem hochgelegenen Ort langsamer voranging.

Christoph, der uns mit seinem billigen Rotwein hierhergelockt hatte, trafen wir auf dem Camping Tazka. Rudi hatte den badischen Weltenbummler einige Wochen zuvor auf seiner Tour in Spanien ken-nengelernt. Er war ein etwa sechzig Jahre alter, sehr sympathischer Graubart, der mit Kongo, einer holländischen Cocker-Spaniel-Mi-schung, in einem 30 Jahre alten Daimler L407 von Deutschland nach Marokko gereist war.

»Wahnsinn, ihr seid ja verrückt!«, begrüßte uns Christoph, als er uns mit unseren schweren Rädern in Empfang nahm. »In vier Tagen über den Atlas, da habt ihr euch den Silvesterwein aber verdient!«

Christoph war ein toller Kerl, ein Lebenskünstler und echter Aben-teurer. Nach seiner Selbstständigkeit in einer Marketingagentur hatte er sich vor Jahren selbst in den Ruhestand versetzt und genoss seine neugewonnene Freizeit mit vielen Reisen. Ruhig ließ er es nicht an-gehen, er pilgerte zusammen mit Kongo und seinem alten Daimler-bus durch ferne Länder. Marokko und große Teile Westafrikas hatte Christoph bereits mehrfach bereist, und der badische Globetrotter freute sich, uns Afrika-Grünschnäbeln in den kommenden Tagen hilfreiche Tipps geben zu können.

Als wir am nächsten Tag durch das benachbarte Dorf Tazka spa-zierten, wies uns Christoph auf die um uns liegende Landschaft hin. Das Dorf war von den roten Granitfelsen fest umschlossen, jahrhun-dertelange Winderosionen hatten den Steinen runde Formen verliehen. Christoph zeigte uns die grünen Terrassenfelder und den kreisrunden Dreschplatz, auf dem die Bauern mit viel Körperkraft den Weizen aus den Ähren prügelten. Ein Stückchen weiter erläuterte uns der Badener anhand einiger schiefer brauner Wohnhäuser die marokkanische Bauweise und die afrikanische DIN-Norm:

»Die Länge der Hütten und Häuser wird in Westafrika durch die Höhe der Dattelpalmen begrenzt«, erklärte er. »Die werden etwa 15 bis 20 Meter hoch, und länger kannste dein Haus dann eben nicht bauen. Eine natürliche Begrenzung. Die Wände der Hütten werden mit Lehm und Stroh verputzt, und je nachdem, wie viel Sand untergemischt wird, hält der afrikanische Beton eben länger oder kürzer.« Dann grinste er uns breit an. »Meist kürzer.«

Am Abend saßen wir bei Minusgraden in Christophs Bus und betrachteten die große Afrikakarte, die der Globetrotter auf seinem Küchentisch ausgebreitet hatte. Rudi und ich lauschten gespannt, während Christoph erläuterte, wie wir am besten in Richtung Westsahara kämen, welche Grenzübergänge wir in den Senegal nutzen sollten und dass wir uns ja von stehendem Gewässer fernhalten sollten.

»Da holt ihr euch die Bilharziose! Das sind kleine Seeschnecken, die ihre Eier unter eure Haut pflanzen. Und wenn die Biester dann schlüpfen, fressen sie sich von innen nach außen, da könnt ihr nichts machen! Der arme Kongo hat sich die Parasiten mal eingefangen, das is' tierisch schmerzhaft. Es reicht, wenn ihr eure Handtücher morgens feucht vor eurem Zelt aufhängt, dann können irgendwelche Biester schon ihre Eier reinlegen, und beim nächsten Waschen habt ihr die Parasiten am Sack!«

Rudi und ich verzogen unsere Gesichter in Abscheu, aber Christoph ließ sich nicht stoppen.

»Außerdem gibt's weiter unten im Senegal die Riesenameisen, die sich durch euer Zelt und die Packtaschen fressen und euch dann auf einmal aus eurem Marmeladenbrot anglotzen! Und dann sind da natürlich noch die vielen Affen, die die ganzen Seuchen übertragen. Ihr glaubt gar nicht, was man sich da alles einfangen kann!«

»Boah, ey, Christoph, hör auf!«, stöhnte Rudi laut. »Kannst du nicht mal ein paar nette Tipps geben?«

Etwas verdutzt blickte Christoph in Rudis und mein bleiches Gesicht, dann grinste er breit.

»Also Jungens, dann mal zu den wichtigen Dingen. Wenn ihr euch da unten Frauen anlacht, dann lasst euch nicht mit den Mauretanierinnen ein. Da steht Volumen nämlich noch für Wohlstand. Wartet lieber, bis ihr im Süden des Senegals seid. Da trefft ihr die hochgewachsenen schlanken Woloffrauen, und später in Gambia kann ich euch auch einen guten Ort nennen. Ha, ich sag's euch, da krieg sogar ich alter Sack noch 'ne hübsche, schlanke Frau!« Christoph brach in schallendes Gelächter aus. Rudi und ich verdrehten die Augen.

Eine knappe Woche verbrachten Rudi und ich mit unserem Lehrmeister und lernten über das Leben und Überleben in Westafrika. Am Silvestertag unternahmen wir einen Ausflug zu den bunten Felsen an der Stadtgrenze von Tafraoute. Schon von Weitem konnten wir die lichtblauen und leuchtend roten Felsformationen erkennen. Der belgische Künstler Jean Vérame hatte 1984 die großen Steine mit natürlich hergestellten Farben nach ägyptischen Rezepturen in blauen, roten, violetten und grünen Tönen angestrichen, und trotz ihrer bizarren Farben passten sich die bunten Gebilde sanft in die umliegende rote Granitlandschaft, die dunklen Schatten der Hügel und das blaue Licht des Himmels ein. Durch ihre Größe und Farbe ein bizarres, aber beeindruckendes Gesamtkunstwerk im Einklang mit der außergewöhnlichen Landschaft des Atlasgebirges.

Es wäre ein wundervolles Bild gewesen, wären da nicht die Hippiefranzosen gewesen, die sich zwischen den bunten Steinen breitgemacht hatten – und zwar im wahrsten Sinn des Wortes. Ihre alten sechsachsigen Rußschleudern standen aneinandergereiht an den Felsen, und blaue Haschischschwaden waberten über den bunten Steinen und riesigen Boxen hervor, die bereits für die abendliche Silvesterparty warmliefen. Hier und da lagen ein paar nackte Hippies im Weg, und einige geschäftstüchtige Marokkaner hatten Bewirtungszelte aufgestellt, in denen sie Getränke und Snacks an die lustigen langhaarigen Touristen verkauften, während zwischen Zelten und Wohnmobilen die Dieselaggregate knatterten, die die Musikanlagen, Kühlschränke und Diskolichter mit Strom versorgten.

Rudi, Christoph und ich wanderten entlang der blauen Felsen, knipsten Fotos und begutachteten die Hippiefranzosen. Silvester 2012 unter den bunten Steinen von Tafraoute wäre sicher eine tolle Kulisse, aber bei dieser großen Hippieparty fühlten wir uns alle drei irgendwie fehl am Platz und beschlossen kurzerhand, den Jahreswechsel in einem typisch marokkanischen Café zu feiern.

Und das war die richtige Entscheidung. Bei einer leckeren Tajine gefüllt mit Rind, Couscous und Backpflaumen feierten wir unter laut singenden und tanzenden marokkanischen Gästen und Angestellten in dem kleinen Restaurant bis tief in die Nacht. Die strenggläubigen Marokkaner drückten an diesem Abend ein Auge zu und organisierten uns drei, vier Fläschlein marokkanischen Rotwein, der zwar sicherlich nicht der allerfeinste Tropfen war, an diesem Abend aber hervorragend schmeckte.

Am nächsten Morgen wachte ich leicht verkatert im eiskalten Zelt auf. Trotz des wenigen Schlafs und der leichten Kopfschmerzen fühlte ich mich gut. Ich streckte mich und stellte fest, dass das neue Jahr begonnen hatte. 2012 war vergangen und ein bewegendes und abenteuerreiches Jahr lag hinter mir. Was ich mir für 2013 vorgenommen hatte? Genauso weiter wie bisher!

SHOULD I STAY OR SHOULD I GO?

TAFRAOUTE, MAROKKO, JANUAR 2013
– 8.782 KILOMETER –

Ich lag zitternd auf dem Boden. Zusammengekauert in Embryostellung, um möglichst wenig Körperwärme abzugeben. Ich hatte mehrere Kleidungsschichten übereinander gezogen, steckte bis zur Nase in meinem Schlafsack und war trotzdem vollkommen durchgefroren. Ich blickte auf mein Handy, sechs Uhr morgens, es hatte minus fünf Grad. Die kälteste Zeit der Nacht war gerade angebrochen.

Ich drehte mich um und versuchte wieder einzunicken, als mich im Halbschlaf die Gedanken einholten: Wie sollte es weitergehen? Ich hatte den Jahreswechsel und die ruhigen Tage im schönen Tafraoute sehr genossen. Neben Spaziergängen durch karge Steinlandschaften hatten wir hilfreiche und weniger hilfreiche Reisetipps von Christoph erhalten. Und trotzdem fühlte ich mich unsicher. Würde ich überhaupt weiterkommen?

Die Streckenplanung hatte ich auf meiner Tour weiter vernachlässigt. Ich war einfach drauf los gefahren; zum Warmradeln von der Haustür aus die Donau entlang und dann ohne Karte durch Moldawien und in die Ukraine, dann wieder zurück in die EU und über Südeuropa nach Marokko. Dort über Tanger, Tétouan, das Rif-Gebirge in die Königsstädte Meknès und Fès. Dann hatte ich Rudi getroffen und mit ihm Weihnachten und Silvester verbracht, und ohne es zu merken war meine Reise ganz zufällig immer weiter in Richtung Süden, weiter in Richtung Togo gegangen. Nun war ich an einem Punkt, an dem ich nicht weiterwusste.

Eigentlich sollte es weiter in den Süden gehen, in Richtung Senegal, ins Schwarze Afrika. Aber zwischen Marokko und dem Senegal lag eine 900 Kilometer lange, annektierte Wüste, ein Streifen vermintes

Niemandsland und das gruselige Mauretanien, wo lokale Warloards in Liegestühlen an der Straße lauerten, Tee schlürften und vorbeifahrende Touristen abknallten. Fünf Punkte für einen Weißen im Pickup, zehn Punkte für einen verirrten Wüstenwanderer und zwanzig für einen bärtigen Mann auf einem pinkfarbenen Fahrrad!

Ich konnte nicht mehr einschlafen. Es war nicht die Kälte, die mich wachhielt, sondern die Frage, ob ich weiter sollte oder nicht. Sollte ich es wirklich wagen und weiterradeln? Ohne richtige Karte? Trotz Terrorwarnung und dem drohenden Krieg in Mali? Sollte ich wirklich die einzige Verbindung zwischen Marokko und dem Senegal nehmen und tausend Kilometer über die Atlantikroute fahren, auf der die Terroristen mich nur einsammeln brauchten? Oder könnte ich nicht einfach hier bleiben, im wunderschönen Marokko? Ich würde ein paar nette Touren machen, über hohe Bergpässe und in grüne Oasen. Ich könnte ein paar weitere Hügel im Atlas erklimmen und einen Abstecher in die Wüste machen. Ich würde in den Tag hinein leben und mir den Bauch mit dem köstlichen Essen füllen. Gut würde es mir hier gehen, sehr gut.

Sollte ich das wirklich aufgeben und stattdessen durch eine fünfzig Grad heiße Wüste fahren? Über minenverseuchte Pisten, durch Schotter und tiefen Sand, Kopf und Kragen riskieren, nur um einen Kaffee zu trinken?

Aber so schön es in Marokko auch war und so sehr ich mich auch quälte, ich kannte die Antwort auf die Fragen. Ich drehte mich erneut um und grub mich noch tiefer in meinen Schlafsack. Noch ein, zwei Stunden Schlaf würden mir guttun, schließlich sollte es am Morgen wieder losgehen mit dem Radfahren. Mein Weg sollte mich zurück nach Rabat führen, in die marokkanische Hauptstadt. Ich musste ein Visum organisieren.

BRENNEND HEISSER WÜSTENSAND

LAÂYOUNE, WESTSAHARA, JANUAR 2013
– 8.894 KILOMETER –

55 Grad im Schatten, nachts Abkühlung auf den Gefrierpunkt, orkanartige Böen peitschen den salzigen Wind ins Gesicht. Feiner Staub legt sich in Augen, Haare, Nase und Ohren und macht das Atmen schwer. Um mich herum nur karge Steinlandschaft, durchzogen von wenigen grünen Flecken und hohen runden Sanddünen. Heute haben wir zwei Kamele mitten auf der Fahrbahn ...

Es gab einen dumpfen Knall und Herbert gab ein leises Grunzen von sich, als der Bus in ein weiteres Schlagloch bretterte. Der mürrische Friese hatte bisher kaum ein Wort mit mir gewechselt. Wer weiß, was er neben der Palette Beck's, der Kiste Rotwein und meinem Fahrrad noch im Laderaum verstaut hatte.

Ich wandte mich wieder meinem Tagebuch zu und fasste weiter meine Eindrücke der ersten Stunden in der Wüste zusammen.

»Hee, haste jetzt nich mal genug geschrieben? Guck lieber mit auf die Straße! Scheiß Schlaglöcher!« Herberts Worte rissen mich aus den Gedanken.

Ich steckte mein abgegriffenes Reisetagebuch zurück in den Rucksack und blickte aus der verschmierten Windschutzscheibe. Trotz meines missmutigen Fahrers war ich froh, meine erste Wüste auf dem Beifahrersitz des alten Daimler-Busses zu durchqueren und nicht im Sattel meines Fahrrads.

Vor vier Tagen hatte ich in Marrakesch Fahrrad und Packtaschen in den Laderaum eines 25 Jahre alten MB-100 geworfen und meine Reise als Beifahrer von drei deutschen Autoschiebern durch die afrikanische Wüste fortgesetzt. Auf meiner Suche nach einer Mitfahrgelegenheit durch die Wüste war ich in einem Afrikaforum auf die Friesen gestoßen. Anfangs kam ich mir neben Herbert, dem frühpensionierten Landschaftsgärtner, Jörg, dem 50-jährigen Landmaschinenmechaniker, und Christian, dem 26 Jahre jungen Agrartechniker ein wenig fehl am Platz vor. Vielleicht lag es am norddeutschen Gemüt, aber es war einfach verdammt schwer, mit den Dreien ein gemeinsames Thema zu finden, und mit friesischer Mettwurst, Deutz-Dieselmotoren und Simson-Zündkerzen kannte ich mich einfach zu wenig aus.

Und trotzdem, nach den akuten Warnungen vor Anschlägen und Entführungen in der Sahara und Mauretanien, die seit einigen Tagen durch die Wüstenforen gegeistert waren, war mir kaum eine andere Wahl geblieben, und so war ich zusammen mit Herbert in die Fahrerkabine des rostigen gelben Daimlers gestiegen. Der Friese hatte noch schnell die Zigarettenstummel und die schimmelnden Schinken-Pfefferlinge aus dem Aldi vom Armaturenbrett genommen, und ich hatte es mir im schwarzen Ledersitz gemütlich gemacht.

Als erster der Kolonne hatte sich unser gelber Bus, auf dem noch die vergilbte Aufschrift »Malerbetrieb Thiel – 68199 Mannheim« prangte, in Bewegung gesetzt. Rudi hatte mir aus dem Fenster von Jörgs deutlich modernerem Mercedes Sprinter zugewunken, dann waren wir vom Campingplatz hinauf auf die marokkanische Schnellstraße gerollt.

Ich streckte die Beine aus und genoss das weiche Rütteln und Schaukeln, während wir mit viereinhalb Bar auf den Schlappen und gut funktionierenden Stoßdämpfern über den porösen Teer rollten. Die enge Fahrerkabine sollte für die kommenden Tage meine Heimat sein.

Nach einigen meiner Scherze, auf die Herbert kaum eine Miene verzogen hatte, war Ruhe eingekehrt. Auf Herberts nordisch-wortkarges Gemüt antwortete ich mit badischem Schweigen, und wir verbrachten die acht Stunden Fahrt täglich ohne ein Gespräch, während wir einer springenden 80er-Mix-CD lauschten – das Einzige, was Herbert an musikalischer Unterhaltung dabei hatte. Mit 99 *Luftballons*, *YMCA* und *Cherri Lady* durch die Wüste – in Dauerschleife.

Wir passierten das touristische Agadir, warfen einen Blick auf die Sandstrände, an denen westliche Touristen in der Neujahrssonne badeten, und fuhren durch die letzten Ausläufer des Atlasgebirges. Auf der holprigen Straße wankte der alte Daimler mit neunzig Stundenkilometern wie ein sprintendes Wüstenkamel durch die rotbraune Felslandschaft. Bergauf ging es dann langsamer voran, und wir quälten uns mit müden sechzig, etwas später fünfzig Stundenkilometern über die flachen Gipfel.

»Na, ich hoffe, dass die alte Kiste durchhält. Nicht dass wir mitten in der Wüste liegenbleiben, was?«, versuchte ich es erneut bei Herbert. Doch wieder kam mein Scherz nicht gut an und der Friese blickte mit finsterer Miene von der Seite herüber.

»Wolln wa hoffen, nä?«, murmelte er in seinen dünnen Schnauzbart. »Sonst müssen wa den unnötigen Ballast loswerden!«

Zwei Stunden hinter Agadir begann die Wüste. Die Westsahara präsentierte sich mir als eine der interessantesten Regionen, die ich bis dahin bereist hatte. Sie bestand vorwiegend aus flachem Gebiet mit einigen wenigen langgezogenen Hügeln. Allerdings keineswegs nur aus feinem weißen Sand, wie man das aus den Filmen kannte, der Großteil setzte sich aus kilometerlangen Stein- und Kiesfeldern zusammen, die nur ab und an von weiten weißen Wanderdünen durchzogen wurden. Während das Thermometer im Sommer über 50 Grad klettern konnte, waren winterliche Nächte und Temperaturen um den Gefrierpunkt keine Seltenheit. Als wir mit absurder Geschwindigkeit über das schwarze Teerband rasten, gab es zwar außer graugelben Steinen, einzelnen grünen Büschen und hier und da einem Straßenschild nicht viel zu entdecken, aber mir gefiel die karge Mondlandschaft und ich genoss meine Reise im Beifahrersitz.

Alle hundert Kilometer passierten wir Retortenstädte und Siedlungen, die von der marokkanischen Regierung aus dem Boden gestampft worden waren. Rotbraune oder graue rechteckige Betonklötze standen inmitten der einsamen Landschaft. Alle sahen gleich aus: ohne Schnörkel und Verzierungen, mit einer Solaranlage auf dem Dach und einer großen Satellitenschüssel neben der Eingangstür.

Anfangs fragte ich mich, was all die Menschen in der armseligen Gegend wohl taten und wie man freiwillig in die Wüste ziehen konnte, dann fand ich in meinem Reiseführer eine Erklärung: Die Nomadenbevölkerung der Westsahara litt seit Jahrzehnten unter der Kolonialisierung der Europäer. Unter spanischer Flagge wurde das Land im 19. und 20. Jahrhundert kräftig ausgebeutet, ohne dass das einheimische Volk der Saharawi von den geschürften Phosphatvorkommen und anderen Gewinnen etwas zu sehen bekam. In den 70er-Jahren wurden international die Stimmen lauter, das Land zu entkolonialisieren und es zurück an die nomadischen Ureinwohner zu übergeben. Das sahen die Marokkaner allerdings anders und annektierten das Land mit fleißiger spanischer Unterstützung. Aufstände der Zivilbevölkerung und Bedenken der Nachbarländer wurden mit militärischer Präsenz abgewiesen, und über Nacht errichtete Marokko an der Grenze zu Algerien und Mauretanien einen kilometerlangen elektrischen, verminten Schutzwall, der den Anspruch auf die Westsahara untermauerte. Damit auch zukünftig niemand auf die Idee kommen sollte, die Westsahara könnte ein autonomer Staat sein, betrieb Marokko viel Aufwand, das karge Wüstenland systematisch zu besiedeln. Jeder Marokkaner, der sich über zehn Jahre in der Westsahara aufhielt, bekam vom König beispielsweise ein Haus und ein Grundstück geschenkt. Gefördertes Ansiedlungsprogramm, so wie in Ostdeutschland oder im Gazastreifen. Und während heute ein Großteil der vertriebenen Ureinwohner der Westsahara in algerischen Flüchtlingscamps hockte und die Weltöffentlichkeit von dem Konflikt kaum mehr Kenntnis nahm, verkaufte Marokko fleißig die Fischfangrechte vor der Küste Westafrikas an die EU. Möge uns der Pangasius im Halse stecken bleiben!

Am zweiten Tag unseres Roadtrips passierten wir die Kanaren, die zu unserer rechten Seite, nur etwa hundert Kilometer von uns entfernt, vorbeirauschten. Der Saharasand vermischte sich mit der Gischt des Meeres und formte sich zu einem klebrigen Nebel, der unsere Kolonne umhüllte. Das Ende der geteerten Straße verschwand im gelben Wüstenstaub und die Sicht reduzierte sich auf wenige Meter. Wie aus dem Nichts tauchten die Schemen von entgegenkommenden Lastwagen oder weißen Toyota Hilux auf, die kurz darauf pfeifend an uns vorbeirauschten.

Starker Wind peitschte gegen das Auto und Herbert konnte den Bus nur noch schwankend auf der Fahrbahn halten. Der vorbeiwehende Sand kratzte an der Beifahrerseite des Busses und trotz geschlossener Fenster sammelte sich feiner, salziger Staub auf unseren Sonnenbrillen, auf dem Armaturenbrett, in Kleidung, Schuhen und auf unseren Gesichtern. Die Temperatur stieg unaufhaltsam und die Sonne verwandelte unser gelbes Fahrerhaus in einen Ofen. Wegen der peitschenden Sandböen konnten wir die Fenster nicht mehr öffnen und bei zunehmend unerträglichen Temperaturen merkten wir, dass wir den Gesetzen der Wüste ausgeliefert waren. Aus dem Autoradio klang es munter:

»*Cheri, Cheri Lady, like there's no tomorrow. Take my heart don't lose it. Listen to your heart. Cheri, Cheri Lady* ...«

Nach 700 Kilometern kündigten sich die Vororte von Laâyoune an, der Hauptstadt der Westsahara: Rote Plastiktüten, blaue Wasserflaschen und schwarze Benzinkanister am Straßenrand wiesen den Weg ins Zentrum der steuerfreien Wüstenstadt. Ein absonderliches Bild. Alles, was in der Stadt nichts verloren hatte, wurde scheinbar einfach vor die Tore gekarrt.

Mit Laâyoune begannen auch zahlreiche Polizeikontrollen. Alle fünfzig Kilometer stoppten uns Polizisten und verlangten nach den Fahrzeugpapieren, Reisepässen und dem *fiche de renseignements,* den speziellen Durchreisepapieren für die Westsahara, die Rudi und ich natürlich nicht mitführten. Weil mein Französisch inzwischen recht gut war, verhandelte ich mit den Beamten, und nachdem eine Handvoll Kugelschreiber, zwei Taschenrechner oder einige Dosen Pfefferminzdrops mit der Werbeaufschrift einer Spedition die Besitzer gewechselt hatten, ließen uns die Männer passieren.

Je weiter wir in Richtung Süden kamen, desto deutlicher teilten uns die afrikanischen Polizisten ihre speziellen Wünsche mit. Die ersten Beamten konnten wir zusätzlich zu den Werbegeschenken noch mit einer Flasche Cola oder etwas Schokolade glücklich machen, weiter südlich wurden wir mit den deutlichen Worten begrüßt:

»*Bonjour, what do you have for me?*«

Nach den immer gleich ablaufenden Kontrollen konnte sich schließlich auch der wortkarge Herbert hervorragend mit den Beamten verständigen:

»*Bonjour Messieurs, donnez-moi votre fiche s'il vous plait.*«

»Watt? Willste schon wieder den Fisch sehen?«

»*Ah, merci. Et les passeportes.*«

»Wat willer? Passport? Hier kannste haben!«

»*Et alors, merci bien et bon voyage!*«

»Mannomann, was willer denn noch, der olle Baschkopp? Steht doch alles drauf auf dem Fisch! Da, nimm ein paar Kugelschreiber und lass uns zufrieden!«

Die Fahrt durch die Wüste war spannend und zugleich eine Herausforderung. Selbst bei mir als Beifahrer, der eigentlich keine wirkliche Aufgabe hatte, zerrte die holprige Fahrt an den Nerven. Die drei Friesen trieben ihre Busse zügig acht oder neun Stunden am Tag durch die Einöde und mussten sich stets auf den kräftigen Wind, passierende Dromedare und entgegenkommende Fahrzeuge konzentrieren. Zeit für Pausen nahmen sich unsere Fahrer kaum. Und wenn wir doch einmal für eine Pinkelpause oder einen kurzen Snack hielten, dann trauten sich unsere drei Friesen nicht, ein Café am Straßenrand zu besuchen und bei den Einheimischen einen Tee zu schlürfen, sondern wir hielten an einer der Tankstellen, füllten die Autos mit Diesel und die durstigen Fahrerkehlen mit Instantkaffee.

Die Nächte verbrachten wir in den eingezäunten Campingplätzen der großen Städte. Die drei Norddeutschen parkten die Autos und holten Plastikstühle und Tische aus ihren Wagen. Rudi und ich stellten unsere Zelte daneben in den Sand.

Später saßen wir zusammen, die Plastikmöbel an den Seitenwänden der Busse in eine Reihe gestellt, um uns vor Wind und Wüstenstaub abzuschirmen. Jörg lud uns ein, ihm zu helfen, seine geschmuggelten Alkoholreserven zu vernichten. Und er hatte aus Deutschland so einige Schätze mit im Gepäck! Am zweiten Abend unserer gemeinsamen Reise stellte er zwei Flaschen Piña-Colada-Fertigmischung, dickflüssigen Wurzelpeter, eine verstaubte Flasche Martini und einen Kanister selbstgebrannten Ouzo in den Sand.

»Los, Männer, das muss alles noch weg, bevor wir Mauretanien erreichen!«, rief er. Dazu reichte er selbstgemachten Christstollen und Buletten aus der norddeutschen Heimat. Jörgs Frau hatte ihm sowohl den Christstollen als auch die Buletten für die lange Fahrt nach Afrika mitgegeben. In den inzwischen etwas tranigen, aber dennoch sehr schmackhaften Buletten steckten Fähnchen aus Zahnstochern und Papierschnipseln, auf die Jörgs Frau liebevolle Grüße geschrieben hatte: »Pass auf dich auf!« oder »Ich liebe dich, Schatz!«

Jörg schob sich eine Bulette in den Mund und betrachtete das Fähnchen in seiner Hand. Dann sagte er etwas wehmütig: »Jo, die Barbara, wat eine gute Seele. Wenn die wüsste, dass ich sie mit der Maria betrüge!«

Ich verschluckte mich an meinem Wurzelpeter und prustete den braunen Saft durch die Nase in den Wüstenstaub.

»Bitte, was?«, rief ich entsetzt.

»So ist das Leben, nä?«, antwortete Herbert.

DAS NIEMANDSLAND

»Bonne chance!« hat der marokkanische Grenzbeamte nach der stundenlagen Ausreiseprozedur in der Mittagssonne der Sahara gewünscht. Bonne Chance – viel Glück … Hoffentlich müssen wir auf den folgenden Kilometern nicht so viel davon in Anspruch nehmen. Auf unserer Reise durch das Niemandsland …

Den Großteil der Westsahara legten unsere norddeutschen Fahrer zusammen mit Rudi und mir in drei Tagen zurück. Unsere letzte Nacht in der marokkanischen Wüste verbrachten wir in Dakhla, dem Paradies für Surfer und Aussteiger. Hier lebten sie, die Adrenalinjunkies, die Olympiasieger, die Surflehrer und andere Menschen, die mit Kitesurfen und Wellenreiten ihr Geld verdienten. Sie wohnten in den Campern und Wohnwagen, die wir bei der Einfahrt in die langgezogene türkisblaue Lagune gesehen hatten, hier lebten sie ihr freies und freizügiges Leben. Gerne hätte ich die Wüstenstadt aus der Nähe betrachtet, doch die drei Friesen waren nicht zu überreden gewesen und an der traumhaften Sandbank und der Lagune vorbeigefahren. Stattdessen steuerten unsere Fahrer ihre Busse auf das abgeschirmte Areal des 25 Kilometer entfernt gelegenen Camping Moussafir. Anstelle von Begegnungen mit coolen Surfern, einer hübschen Strandbar und Piña Coladas mit kleinen Sonnenschirmen, bekamen wir einen trostlosen Campingplatz mit einer braunen Steinmauer zum Schutz gegen den Sand, einer aus Beton gegossenen Sanitäranlage und reichlich Platz für Busse, Zelte und Sand.

Nachdem ich meinen Unterschlupf zwischen der langen Betonmauer und Jörgs Sprinter aufgebaut hatte, richtete ich mich auf und blickte in den wolkenlosen Himmel über mir. Die Sonne hing tief über dem sandigen Horizont und die einsetzende Nacht hatte etwas Magisches. Die ersten Sterne zeichneten sich am dunkelblauen Himmel ab und die Hitze des Tages war einer angenehmen, fast kalten Luft gewichen. Ein kräftiger Wind zog den Sand vom abkühlenden Land hinaus auf den warmen Atlantik und kratzte an der Seitenwand von Jörgs Sprinter. Eine Böe schlängelte sich an der Steinmauer des Campingplatzes und an dem blauen Mercedesbus vorbei und ein dünner scharfer Sandstrahl bohrte sich in mein Gesicht und ließ die Planen unserer Zelte laut aufheulen. Die glutrote Sonne verschwand hinter den weichen Sanddünen und die kargen Betongebäude um uns herum wurden in ein unwirkliches Leuchten versetzt.

Als Entschädigung für die verpasste Sightseeingtour luden die drei Friesen uns immerhin auf ein Abendessen ein. Als Rudi kurz nach mir den letzten Hering in den sandigen Boden gerammt hatte, empfing uns ein strahlender Christian bereits mit einem Topf dampfender Nudeln in beiden Händen.

»Männer, ich habe gekocht. Holt eure Teller und es kann losgehen.«

Auch Jörg zeigte sich von seiner spendablen Seite und reichte breit grinsend eine Flasche Old Hopking aus seinem Sprinter. Sogar der verschlossene Herbert ließ sich beim Anblick von Pasta und Rum zu einem zufriedenen Lächeln hinreißen. Keine frische Piña Colada mit kleinen Schirmchen, aber immerhin!

Nach einem großen Teller Mirácoli öffnete Christian dann noch eine zerbeulte Büchse Dosenpfirsiche und strahlte über beide Ohren.

»Mmhhhh, genau wie bei Mutti!«

Es war eines der seltsamsten Abendessen, die ich jemals erlebt hatte. In der südlichsten Stadt der von Marokko annektierten Westsahara hockte ich in einem abgeriegelten Campingplatz bei Mirácoli, Dosenpfirsichen und Billigrum mit drei Friesen und sprach über Düngemittel, Landmaschinen und den SV Linswege-Petersfeld.

Nachdem wir am nächsten Morgen aus Dakhla losgefahren waren, führte uns die Sahara die kommenden vier Stunden durch eine Mondlandschaft bestehend aus Geröll und Sand. Kein einziges Auto kam uns entgegen und es folgten vier Stunden der Einsamkeit, in denen Herbert erneut kein einziges Wort mit mir sprach. Die Teerstraße durch die Wüste führte uns kilometerweit geradeaus, ohne Abzweigungen oder Hügel, die die monotone Fahrt unterbrachen.

Herbert war angespannt. Wir hatten soeben den letzten Versorgungspunkt der Sahara passiert und niemand von uns wusste, was uns an der Grenze erwarten würde. Vermutlich gingen meinem friesischen Fahrer dieselben Gedanken durch den Kopf wie mir: Wie lange war es noch, bis wir die Grenze erreichten? Wie lange würde die Kontrolle auf der marokkanischen Seite dauern? Würden wir vor Sonnenuntergang Mauretanien erreichen? Schafften es die Autos überhaupt durch den Zoll? Würden Jörgs Alkoholvorräte entdeckt? Wie sollten wir durch das minenverseuchte Gebiet nach dem marokkanischen Grenzübertritt kommen?

Und während wir gedankenversunken nach Antworten suchten, tauchte sie auf einmal wie aus dem Nichts vor uns auf: die marokkanische Grenze. Flankiert von einem heruntergekommenen Hotel, einer Garbude und einem Kiosk zeichneten sich die beiden niedrigen Wachtürme und mehrere rote Backsteingebäude des Zolls und der Polizei plötzlich vor uns ab. Es war früher Nachmittag, wir hatten die Grenze schneller erreicht als gedacht. Und wir hatten noch mehr Glück, denn vor uns warteten nur vier weitere Fahrzeuge, aus Frankreich, Spanien und Portugal, alle mit europäischen Ausfuhrkennzeichen.

Eine halbe Stunde wurden wir von der Gendarmerie Royale und der lokalen Polizei zu unseren Reisezielen verhört. Nach einer weiteren Stunde unter der Mittagssonne der Sahara hatten wir endlich alle Stempel und Dokumente gesammelt und durften den letzten marokkanischen Militärposten passieren. Aufgrund meiner Französischkenntnisse verhandelte ich mit dem dicken Beamten, der im Büro der Ausfuhrbehörde unsere Namen und Passnummern mit Lineal und Bleistift in ein dickes Buch eintrug. Nachdem er alle Informationen fein säuberlich notiert hatte, blickte er auf und betrachtete mich eine Weile.

»*Bonne chance!*«, wünschte er schließlich zum Abschied.

Ich kletterte zurück in das Fahrerhaus des alten Daimlers, der Wachmann gab ein Zeichen und langsam fuhren unsere Wagen vorbei an den hellrot gestrichenen Wachtürmen und durch das schmale Tor. Nach wenigen Metern endete der Asphalt unter unseren Reifen. Die holprige Sandpiste brachte unsere Busse ins Wanken, und auf einmal befanden wir uns im gesetzlosen, minendurchzogenen Niemandsland zwischen Marokko und Mauretanien. *Bonne chance!*, ging mir durch den Kopf – viel Glück!

Unser gelber Daimler bildete wie immer die Vorhut der kleinen Kolonne. Im ersten Gang steuerte Herbert den Bus über die ungeteerte Piste. Die fehlende Straßenführung brachte das Fahrzeug heftig ins Schwanken. Wie auf einem Dromedar ritten wir schaukelnd durch die Wüste.

Als ich mich an das Geruckel gewöhnt hatte, blickte ich durch die verschmierte Windschutzscheibe auf die ungewöhnliche Strecke vor uns. Sie bestand aus Sand, Steinen und zahlreichen Autowracks, die die Piste säumten. Hier und da tauchte das Skelett eines ausgebrannten Lastwagens aus dem Staub auf, dann eine Handvoll zerschlagener Fernseher, Ölfässer und Stacheldraht. Ich blickte auf die sonderbaren Müllberge mitten in der Wüste, und auf einmal verstand ich: Die Anhäufungen von Schutt und Abfall steckten einzelne Bereiche ab. Wir befanden uns nicht mehr in der Wüste, sondern in einem Kriegsgebiet!

Angst kroch in mir hoch und der dunkle Schatten ummantelte mich, denn kaum hatten wir unsere ersten hundert Meter zurückgelegt, tauchten aus dem dunstigen Staub der Wüste Schemen auf und manifestierten sich zu dunkel vermummten Gestalten: Männer, die ihre Gesichter unter blauen Turbanen der Sahrawi und schwarzen Sonnenbrillen versteckt hielten, liefen auf unseren Bus zu. Mit Handzeichen wollten sie uns zum Anhalten bewegen, stellten sich vor unseren Bus und klopften an die Fensterscheiben. Zum ersten Mal auf unserer Tour war ich froh, dass Herbert so ein stummer Geselle war. Wir hielten nicht an und fuhren mit geschlossenen Fensterscheiben langsam weiter durch die Landschaft aus Wüste, Autowracks und Banditen.

In Tafraoute hatte uns Christoph erzählt, dass die Wegelagerer an der Grenze gerne das ein oder andere Geschäft mit uninformierten Touristen machten. Da es im Niemandsland keine Asphaltstraße gab, konnte man beispielsweise seinen Wagen gegen ein kleines Entgelt vorbei an den Minen hinein in eine Sandfalle führen lassen. Gegen ein sehr großes Entgelt konnte man es dann mit einem gut erhaltenen 4×4 wieder herausbefördern lassen. Vermutlich würde nie jemand bemerken, wenn man in Marokko ausreisen und nie auf der anderen Seite in Mauretanien ankommen würde. Bei Rückfragen könnte der marokkanische Beamte ja immer noch die Namen aus seinem dicken Buch herausradieren, die er dort sorgfältig mit Bleistift eingetragen hatte.

Die Minuten verstrichen. Mit jedem Meter, den wir zurücklegten, drangen wir tiefer in das herrenlose Niemandsland ein und meine Angst wuchs. Zum ersten Mal auf meiner Reise hatte ich die Kontrolle abgegeben und mein Schicksal in fremde Hände gelegt. Ich hatte den Fahrradlenker gegen einen Beifahrersitz eingetauscht, und nun steuerte mich ein mir unbekannter und mies gelaunter Friese durch ein Kriegsgebiet. Kalter Schweiß rann mir den Rücken herunter. Ich blickte zu Herbert. Auf seinem konzentrierten Gesicht zeichnete sich eine tiefe Falte über der Nase ab, die mir zuvor nie aufgefallen war.

Plötzlich gab es einen Knall und die Unterseite des Busses schrappte über einen großen Stein. Herbert trat das Gaspedal durch, um nicht aufzusitzen, und das Metall kratzte am Boden unseres Fahrzeugs.

»Scheiße! Watt 'ne Dreckspiste. Und wo is denn der olle Idiot! Auf die scheiß Afrikaner kannste dich nich' verlassen!«

Gerade wollte ich Herbert fragen, wen er meinte, da bog von rechts eine klapprige graue Mercedes E-Klasse auf die Piste und schob sich vor unseren alten Bus.

»Boah, na endlich!« Herbert seufzte erleichtert und lenkte seinen Blick wieder auf den Abschnitt vor uns. Dann folgten wir dem grauen Wagen.

Meine Frage, wem wir da genau folgten, beantwortete Herbert mit konzentriertem Schweigen. Nachdem wir ein zweites Mal beinah aufgesetzt waren, bekam ich dann meine Antwort:

»Scheiße ey, so'n Typ halt. Der führt uns durch die Minen. Kriegt'n scheiß Geld dafür. Aber ich sag dir eins, wenn wir hier liegenbleiben, sieht der keinen Pfennig!«

Wie aufs Stichwort tauchten aus dem Staub zu unserer Linken und Rechten Hinweisschilder auf die Minen auf. Der zunehmende Wind hüllte uns in eine undurchsichtige Staubschicht und die Befangenheit schnürte mir die Kehle zu.

Orientierung in dem seelenlosen Gebiet war nun kaum mehr möglich, nur die roten Heckleuchten der grauen E-Klasse waren durch den gelben Sand noch gut sichtbar vor uns zu erkennen.

Die eigentliche Piste, auf der wir fuhren, war völlig im sandigen Nebel untergegangen. Zwar mussten wir von dem schmalen Grenzstreifen nur vier oder fünf Kilometer durchqueren, aber der herrenlose Streifen zwischen der Westsahara und Mauretanien war hunderte Kilometer breit. Sollten wir die falsche Richtung einschlagen und uns verirren, konnten wir wie die beiden Toyotafahrer einige Jahre zuvor auf eine der Minen fahren und die Reise in ein ganz anderes Niemandsland antreten.

Verkrampft umklammerte ich meine Trinkflasche und starrte hinaus auf den grauen Horizont. Wie konnte ich nur so leichtsinnig gewesen sein? Ich hatte so viele Geschichten gehört über das gefährliche Niemandsland und die Minen unter dem staubigen Labyrinth der Sahara!

Die holprige Fahrt durch das karge Land schien endlos. Unweigerlich musste ich an Max Rockatansky aus dem Actionfilm *Mad Max* denken. Dann, nach einer endlos lang erscheinenden halben Stunde vorbei an Minen, Sandfallen und Schlepperbanden, zeichneten sich am Horizont die Schemen von grauem Beton und eine grünen Flagge ab. Ich atmete auf, der mauretanische Grenzübergang war zum Greifen nah.

Mit jedem Meter, den wir näher kamen, konnte ich die grüne Fahne mit dem Halbmond besser erkennen, die das neue Land ankündigte. Noch einmal schaltete Herbert einen Gang herunter, um den letzten sandigen Hügel zu nehmen, dann griffen die Reifen des alten Daimlers wieder festen Teer und wir rollten auf das militärische Grenzgebiet Mauretaniens. Der Schatten, der mir gefolgt war, löste sich allmählich auf und auch Herbert schien erleichtert.

Die graue E-Klasse bog vor uns nach rechts ab und parkte an der Seite des Militärgebäudes. Wir rollten weiter, bis uns ein rundlicher Zöllner mit herrischem Gesichtsausdruck zum Halten zwang. Nie zuvor war ich so glücklich, eine Grenze zu erreichen.

BÄM! TINE,
DA BIN ICH!

Mauretanien. Ich hatte das sagenumwobene und abenteuerliche Land also betreten. Um genau zu sein, das militärisch abgeriegelte Gebiet des Zolls, das uns noch von der offiziellen Einreise in den mysteriösen Wüstenstaat trennte.

Und kaum hatte ich sicheren Fuß auf mauretanischen Boden gesetzt, folgte schon das nächste Wechselbad der Gefühle. Denn einerseits war ich froh, das gruselige Niemandsland verlassen zu haben, andererseits wusste ich nicht, was mich nun auf der anderen Seite erwarten würde. Meine letzten Informationen über Mauretanien waren besorgniserregend: Die Al-Quaida der Maghreb suchte gezielt nach westlichen Ausländern – und diese zu finden, war nicht allzu schwer, schließlich gab es nur eine einzige geteerte Straße, die das Land von Norden nach Süden durchzog. Bilder von weißen Pick-ups, die gefesselte Touristen auf der Ladefläche transportierten und mit ihnen durch die Wüste bretterten, und Szenen von Raubüberfällen, gewaltsamen Tumulten und militärischen Putschversuchen geisterten mir durch Kopf. République islamique de Mauretanie. Bereits der Name des Staates ließ mich schaudern.

Doch schnell merkte ich, dass alles ganz entgegen meiner Erwartungen war. Hassan war der erste Maure, dem ich in meinem Leben begegnete. Und wie sich herausstellte war er Schalke-Fan. Das machte ihn zwar einerseits weniger sympathisch, andererseits aber zugleich auch weniger bedrohlich.

Hassan war der kugelrunde Chef des mauretanischen Zolls, der uns freundlich, ja fast freudig auf dem Abfertigungsgelände der Einreise begrüßte. Als er unsere deutschen Reisepässe entgegennahm, hellte sich sein Gesicht auf.

»*Ey, vous-êtes d'Allemagne, c'est formidable!*«, rief er und begann freudig damit, alle ihm bekannten Bundesligaspieler aufzuzählen, während er sich daranmachte, das Innere von Jörgs Sprinter zu durchsuchen. Als er bei Hans Sarpei angekommen war, stutzte er und schüttelte erwartungsfroh den vollen Benzinkanister, den Jörg zuvor mit wenig Engagement im Laderaum mit dem Fuß unter das Bettlaken geschoben hatte. Doch bevor Hassan zu viel Neugier entwickeln konnte und an dem Inhalt roch, der aus bestem friesischem Schnaps bestand, winkte Herbert den Chef des Zolls zur Seite.

»Ey, Hassan, haste eigentlich schon 'nen ordentliches Telefon?«

Hassan stellte den Benzinkanister zurück und kletterte aus dem Inneren des Sprinters. Eine kurze Diskussion, ein altes Telefon, ein Werkzeugkasten und ein dünner Papierumschlag wechselten den Besitzer, und schon war die Inspektion beendet.

»*Ah, alors, les Allemands!* Sehr zuvorkommend.« Hassan warf einen Blick in den Umschlag, dann schlug er Herbert lachend auf die Schulter und verschwand mit unseren Pässen in dem kleinen grauen Polizeihäuschen.

Nachdem Hassan zufriedengestellt war, liefen auch die restlichen Einreisemodalitäten bei den mauretanischen Beamten zügig ab. Ein paar Schokoriegel, eine Packung Aspirin und ein weiteres altes Handy später öffnete einer der Beamten die über die Straße gespannte Kette und unsere Busse rollten auf einer frisch geteerten Piste in das neue Land.

Hinter der Grenze sah es in Mauretanien in etwa so aus wie zuvor im südlichen Marokko. Eine sandige Einöde, geteilt durch eine schwarze Teerstraße, die sich bis an den Horizont durch die Landschaft schlängelte, führte uns Kilometer um Kilometer voran. Schweigend saß ich an Herberts Seite und wir rollten durch die Wüste, hinein in die afrikanische Dämmerung. Irgendwann holperten wir über Bahngleise, die quer durch die karge Wüste verlegt waren, und eine halbe Stunde später sahen wir dann auch den dazugehörigen Zug, der für unsere Augen in die zunehmende Dunkelheit und den sandigen Wüstenstaub gehüllt kaum zu fassen war. Ein kilometerlanges Monstrum aus rostigen Industriewaggons, beladen mit schwarzem Schutt, das in einer unfassbaren Langsamkeit durch die Dünen trottete.

Viel Strecke hatten wir in der hereinbrechenden Dunkelheit zum Glück nicht mehr vor uns. Vierzig Kilometer hinter dem Grenzübertritt passierten wir das Eingangstor der Wüstenstadt Nouadhibou. Eine letzte Polizeikontrolle, und wir betraten die staubigen, vermüllten Vororte der afrikanischen Stadt.

Auf bröckelndem Teer rollten wir über die Hauptstraße und erkannten sogleich, dass Mauretanien ein ganz anderes Land war als das wirtschaftlich stabile und selbstbewusste Marokko. Links und rechts vom Teer bestanden Gehwege, Gassen und Nebenstraßen aus reinem Sand. Er war ein festes Element des Stadtbilds und es gab nichts, was nicht eingehüllt war vom Staub der Wüste. Einzig die graue Hauptstraße und die kleinen Betonhütten und Holzbaracken zu unseren Seiten bestanden nicht aus dem feinen Staub, der in der Dämmerung goldgelb schimmerte.

Die Menschen auf den Straßen waren in lange Gewänder gehüllt, die Köpfe der Frauen im Stoff ihrer bunten Melahfas versteckt. Die Männer trugen helle Pumphosen und hatten ihre Gesichter zum Schutz vor Sand und Wind hinter blauen Turbanen verborgen. Die wenigen Körperteile, die ich zwischen den Stofflagen der Menschen erkannte, zeigten eine deutlich dunklere Hautfarbe als bei den Marokkanern in ihren traditionellen Kartoffelsäcken.

Wir überholten klapprige Autos, die ohne Fensterscheiben oder teilweise ganz ohne Türen umherfuhren, schwer beladene Eselkarren und andere, kaum vorstellbar zusammengezimmerte Fahrgestelle. Kinder in verdreckten, zerrissenen Kleidern spielten am staubigen Straßenrand und starrten uns fasziniert hinterher, und überall stapelten sich Berge von Müll, in denen armselige Schlucker und dürre Ziegen nach Verwertbarem suchten. Das Bild, wie ein abgemagerter alter Ziegenbock genussvoll an einer roten Plastiktüte nagte, die einer anderen Ziege gerade aus dem Hintern wanderte, würde mir beim Gedanken an Nouadhibou noch sehr lange in lebhafter Erinnerung bleiben.

Herbert führte unsere Kolonne zielstrebig voran, bis er unseren alten Daimler von der Hauptstraße ab und auf eine sandige Nebenstraße steuerte. Schwerfällig schaukelten unsere Busse auf der weichen Piste und kurz dachte ich, der befremdliche Friese hätte nun vollends den Verstand verloren, doch dann stoppte Herbert den Bus vor dem rostigen, mit Stacheldraht besetzten Eingangstor eines grauen Häuserblocks, drehte den Zündschlüssel um und murmelte zufrieden:

»Boah, na endlich. Da sind wa!«

Erst auf den zweiten Blick erkannte ich den vergilbten Schriftzug auf der blauen Eingangspforte und realisierte: Wir waren an unserem

Nachtquartier angelangt, der Auberge Sahara, die von vielen westlichen Abenteurern angesteuerte und international bekannte Herberge für Weltenbummler. Nachdem wir Momo, die senegalesische Besitzerin, kennengelernt, Geld getauscht und dem jungen Pförtner aus Mali ein kleines Trinkgeld gegeben hatten, um auf unsere Räder aufzupassen, machte sich unsere Reisetruppe bereit, das neue Land zu erkunden. Jörg, Herbert und Christian, unsere drei norddeutschen Chauffeure, beschlossen, beim Chinesen um die Ecke essen zu gehen.

»Beim Chinesen? In Mauretanien?«, fragte ich ungläubig.

»Klar!« Herbert wirkte nach der Einreise nach Mauretanien deutlich erleichtert. »Da weißte wenigstens, was du bestellen sollst!«

Jörg nickte bestätigend.

»Und die Scheißerei kriegste bestimmt auch nicht!«

Ich blickte immer noch stirnrunzelnd in die Gesichter der drei.

»Beim Chinesen gibt's Bier, Mann!«, ergänzte dann noch Christian in heller Vorfreude. »Alkohol gibt's sonst in ganz Mauretanien nich'.«

Rudi und ich konnten auf das Hähnchen süß-sauer verzichten und machten uns daher alleine auf, die mauretanische Nacht zu erkunden. Vor der Auberge war es stockfinster, da es keine Straßenbeleuchtung gab und der sandige Untergrund die verbliebene Helligkeit der Abenddämmerung verschluckte. Wir konnten gerade noch erkennen, wie Jörg mit Taschenlampe und einem leuchtend blauen Kanister Scheibenwischwasser, den er zuvor in Deutschland mit Schnaps und Lebensmittelfarbe gefüllt hatte, um die Ecke bog, bevor die Dunkelheit über uns hereinbrach. Im schwachen Schimmer des mauretanischen Halbmonds blickten Rudi und ich uns an, dann stürzten wir uns ins Abenteuer und begannen die Erkundung der engen, namenlosen sandigen Gassen.

Keine zehn Minuten später saßen wir bei einer kugelrunden maurischen Küchenchefin auf niedrigen Holzhockern, nagten an zwei sehnigen Hähnchenschlegeln und unterhielten uns über die senegalesischen Fußballer Cissé und Demba Ba, den Staub der Wüste und die Größe der Hühner in Europa.

Als ich zwei Stunden später an meinem ersten Abend in Mauretanien auf der Terrasse der Auberge durch den sandig-versmogten Dunst der Stadt auf die Sterne über mir blickte, dachte ich an Tine Wittler. Ob sie auch hier gewesen war? Ich kuschelte mich an eines der weichen runden Kissen auf dem Terrassendach und schlummerte ein. *Ach Tine, gäbe es in Mauretanien Postkarten, ich würde dir eine schreiben.*

EINE LIEBESERKLÄRUNG

IN DER MAURETANISCHEN WÜSTE, JANUAR 2013
– 8.894 KILOMETER –

Mauretanien war nicht gerade das favorisierte Reiseland für den durchschnittlichen Mitteleuropäer in seinen Winterferien. Im Gegenteil, wenn der Ottonormalangestellte morgens im warmen Bürogebäude nach dem obligatorischen E-Mail- und Facebook-Check bei einer Tasse Kaffee kurz die Überschriften bei Spiegel Online überflog, bekam er im besten Falle von der Existenz des westafrikanischen Landes überhaupt nichts mit. Im schlechtesten Falle dann aber doch, und mit ziemlicher Sicherheit würde er Mauretanien als Mischung aus terroristischer Keimzelle, diktatorischem Regime und von Armut geprägtem Wüstenstaat ansehen, in dem Kinder versklavt und Frauen verstümmelt wurden. Und nicht zuletzt die Reisewarnungen des Auswärtigen Amts trugen ihren Teil zu diesem Bild des Schreckens bei.

Mit über einer Million Quadratkilometern war Mauretanien dreimal so groß wie die Bundesrepublik, die Hälfte davon war mit Sand bedeckt, die andere mit Müll, zumindest gefühlt. Mit gerade einmal drei Millionen Einwohnern besaß Mauretanien eine der geringsten Bevölkerungsdichten weltweit. Trotz der geringen Einwohneranzahl waren siebzig Prozent der Menschen Analphabeten, und je nach Abstammung war es den meisten Kindern bereits vorherbestimmt, dass sie nie eine Schule von innen sehen würden. Eisenerz und Fischfang waren die beiden Hauptbeschäftigungsfelder, mit denen das Land ein Bruttoinlandsprodukt von etwa viereinhalb Milliarden Euro erwirtschaftete – in etwa so viel wie die Kosten für den neuen Berliner Hauptstadtflughafen. Und einige der kritischen Themen wie die Sklaverei oder die Genitalverstümmelung waren in der Tat in einigen Regionen Westafrikas und auch Mauretaniens noch vereinzelt zu finden.

Gepaart mit den Reisewarnungen und den ausbrechenden Konflikten in Teilen Afrikas keine guten Voraussetzungen für das Land, sich wirtschaftlich zu stabilisieren.

Zugegeben, auch auf meinen ersten Blick vor Ort schien mir Mauretanien nicht besonders attraktiv zu sein. Nach meinem allerersten Eindruck ließ sich das Land mit drei Begriffen zusammenfassen: Sand, Müll und Armut. Und trotzdem, ja, vielleicht gerade wegen der vielen Schreckensnachrichten faszinierte Mauretanien mich, und ich fand, es war einen zweiten, tieferen Einblick wert.

Über Tradition und Kultur des zweitausend Jahre alten Wüstenstaats würde ich mir wohl bei meinem Aufenthalt von drei Tagen kein realistisches Bild machen können. Allerdings war mir gleich aufgefallen, dass Mauretanien deutlich moderner und aufgeschlossener war, als man aus den schlimmen Nachrichten vermuten mochte. Im Gegensatz zu den meisten anderen arabischen Staaten waren die Frauen in Mauretanien weniger verhüllt und nickten mir freundlich zu, wenn ich sie grüßte. Die Schleier ihrer Malhafas schienen eher als Schutz vor Sand als aus religiöser Überzeugung getragen zu werden. Wo ich in Marokko kaum eine Frau bei den Männern im Café entdecken konnte, sah ich in Nouadhibou und Nouakchot zahlreiche Frauen am sozialen Leben teilhaben, und das trotz der nahezu flächendeckenden Verbreitung des Islam und der Tatsache, dass die Scharia das Gesetz bestimmte. Die Frauen waren entgegen Christophs Andeutungen nicht nur hübsch und gepflegt, nein, sie hatten in Mauretanien eine außergewöhnlich hohe Stellung, die so stark manifestiert war, dass die Mauren von anderen arabischen Ländern spöttisch betrachtet wurden.

Als ich an meinem ersten Abend in Nouadhibou mit dem jungen Bäcker plauderte, beschwerte der sich lauthals darüber, dass er seine guten Brote nun in billiges Zeitungspapier wickeln musste, da auf die bunten Plastiktüten seit einigen Tagen eine hohe Strafe stand.

»Verrückte Welt«, sagte ich zu Rudi, als wir unsere Einkäufe an diesem Abend in altes Zeitungspapier gewickelt in die Auberge zurücktrugen. »Da bekommt man in Deutschland die Kunststofftüten beim Einkaufen hinterhergeworfen und in Amerika gibt es sogar den offiziellen Job des Tütenpackers in den Supermärkten. Aber Mauretanien setzt über Nacht ein neues Umweltschutzgesetz um, an das sich jeder hält.« Die modernen Bestrebungen in diesem Land waren wirklich unverkennbar.

Während die drei Friesen am Morgen darauf noch tief und fest schlummernd die afrikanische Pekingente und das Becks verdauten, brachen Rudi und ich zu einem Spaziergang durch die sandigen Gassen der großen Stadt auf. Es war sechs Uhr morgens, die Sonne war noch nicht aufgegangen und nach kürzester Zeit hatten wir uns gnadenlos verlaufen. Im dunklen Containerhafen fragten wir einen Wachmann nach dem Weg. Der hochgewachsene Maure betrachtete uns eine Weile aus tiefschwarzen Augen, dann befahl er mit lauter Stimme, ihm in das dunkle Hinterzimmer des Wachraums zu folgen.

Verunsichert lief ich dem großen Mann hinterher und setzte mich in dem finsteren Raum auf einen der beiden niedrigen Hocker, die uns von dem Mann zugewiesen wurden. Als der Wachposten daraufhin begann, zwischen seinem Turban und dem dunklen Bart einige arabische Worte zu murmeln, prasselten die Warnungen des Auswärtigen Amts auf mich ein:

»Mit weiteren terroristischen Anschlägen – auch gegen Ausländer – muss im ganzen Land gerechnet werden. Es besteht ein hohes Entführungsrisiko, insbesondere bei Reisen in der Nacht. Al-Qaida im Maghreb sucht derzeit gezielt nach westlichen Staatsangehörigen zum Zwecke der Entführung.«

Nervös blickte ich mich im trüben Schein der Petroleumlampe um und begann den Raum nach Fluchtmöglichkeiten zu scannen. Ich traf Rudis Blick und konnte sofort die Unsicherheit in seinen Augen erkennen. Auf einmal legte der Wächter seinen Schlagstock vor uns auf den schiefen Holztisch.

»Alahn wa salahn!«, rief er und griff in seine Jackentasche, aus der er einen metallisch blitzenden Gegenstand hervorholte.

Rudi zuckte zusammen, ich erkannte den Gegenstand sofort: Es war ein großer Silberlöffel! In meinem Kopf entstand das Bild, wie der Wachmann auf Rudi zusprang und ihm mit dem Löffel das Herz aus der Brust bohrte.

Doch bevor sich das blutige Bild hinter meinen Netzhäuten manifestierte, riss mich das Lachen des Mauren aus der Trance. Er kam auf mich zu, zog eine rostige Blechbüchse unter dem Tisch hervor und rief: *»Quahwa, Quahwa!«*

Dann hebelte er mit dem Löffelstiel die Dose auf und gab ein wenig von dem dunklen, pulverförmigen Inhalt in eine verrußte Kaffeekanne, die er über dem offenen Kaminfeuer in der Ecke platzierte.

»*Quahwa, Quahwa!*«, wiederholte er, »*café, café!*« Und dann begann der Maure in einem Schwall arabischer Worte auf uns einzureden und dabei herzlich zu lachen, bis seine braunen Zahnstümpfe im fahlen Licht schimmerten.

Allmählich beruhigte ich mich und begriff, dass uns der Wächter in seinem dunklen Hinterzimmer auf eine Tasse Pulverkaffee willkommen hieß und uns nichts Böses wollte. Als es in der Kanne auf dem Kamin zu brodeln begann, goss der Wachmann Rudi und mir einen dunklen schwarzen Kaffee in zwei schmierige Gläser und redete erneut auf uns ein. So gut es ging versuchten wir, uns mit dem Mann zu verständigen, schafften meist nur mit »*Sukran*« und »*Merci, merci!*« unsere Dankbarkeit auszudrücken. So hockten wir in dem finsteren Zimmer mit dem zahnlosen Wachmann auf den niedrigen Holzschemeln, tranken Nescafé und unterhielten uns, ohne uns wirklich zu verstehen. Herzlich willkommen im gefährlichen Mauretanien!

Als wir wenig später mit Koffein im Blut und frischem Baguette unter dem Arm zur Auberge zurückkehrten, blickten wir in die drei verkaterten Gesichter von Herbert, Jörg und Christoph. Rudi berichtete freudig von unserem Abenteuer mit dem freundlichen Wachmann und den drei Friesen war die Verständnislosigkeit ins Gesicht geschrieben.

»Mannomann, ihr macht Sachen«, gähnte Jörg. »Wir haben gestern fast fünf Euro für das Bier bezahlt, 'ne echte Abzocke! Dreckiges Land, hoffentlich sind wir hier bald wieder raus!«

Der Morgen danach und das überteuerte Bier waren keine guten Voraussetzungen, unsere drei Friesen zu überzeugen, ein paar Tage länger in Mauretanien zu bleiben, und so mussten Rudi und ich uns der Reisegeschwindigkeit anpassen.

Schon am kommenden Tag brachen wir auf, um die restlichen 700 Kilometer bis an die senegalesische Grenze zurückzulegen. Wieder saß ich neben dem muffigen Herbert im Beifahrersitz des alten Daimlerbusses und klebte mit meiner Nase an der Windschutzscheibe. Ich starrte in die unendliche, goldgelbe Sandwüste, und ab und an entdeckte ich im Flimmern des Horizonts verhüllte Gestalten, die mit abgemagerten Ziegen, Eseln oder Dromedaren ihren Lebensunterhalt in dem harten Land verdienten. Mauretanien und seine Geheimnisse – mich beschlich das Gefühl, viel zu kurz dort gewesen zu sein. Irgendwann müsste ich noch einmal zurückkehren in dieses faszinierende Land.

Erst nachdem wir das Land verlassen hatten, bekam ich mit, was sich während der letzten Tage in den Köpfen meiner Lieben zu Hause abgespielt haben musste. Wegen fehlender Internet- und Handyverbindung in der Wüste konnte ich mich nicht bei Familie und Freunden melden, und sie machten sich das erste Mal echte Sorgen – zu Recht.

Während ich mit Herbert & Co. durch die westafrikanischen Wüsten gebrettert war, war die Lage in Mali eskaliert. In den Zeitungen, die ansonsten kaum über das Schicksal des achsofernen Schwarzen Kontinents schrieben, hatte der Malikonflikt es inzwischen auf die dritte Seite geschafft. Es wurde von den Aufständen der Tuareg, einem drohenden Militärputsch, geschlossenen Grenzen im Senegal und riesigen Flüchtlingsströmen in die Sahara berichtet – und von der al-Qaida im Maghreb, die gezielt nach Anschlagsmöglichkeiten auf weiße Touristen suchte, um Unruhe zu stiften.

Und während mir meine Mutter besorgte SMS und E-Mails geschickt hatte, auf die ich mich nicht hatte melden können, hatte der Globetrotter Christoph in meinem Blog einen Kommentar hinterlassen, der wohl zur Beruhigung beitragen sollte:

Liebe Mutti Weber,

da hatte ich doch die unglaublich denkwürdige Ehre, Deinen Sohn kennenzulernen, und ich muss sagen: Mach Dir keine Sorgen!

Nun mag er zwar ausgezehrt und von Austrocknung gekennzeichnet sein, so reist er doch wie Ali Baba höchstpersönlich und mit gealterten, geknitterten, ja sonnengegerbten Gesichtsfurchen, die man nur von badischen Maisfeldern kennt, durch ein gefährliches al-Quaida-Land, wo man andere Opfer sucht, die wenigstens 1 Million Euro an Lösegeld versprechen. So wie der Kerl ausschaut, glaubt keiner der wilden Straßenräuber Mauretaniens auch nur annähernd an eine gewinnbringende Entführungsmöglichkeit. Ob er allerdings der dort noch existierenden Sklaverei anheimfällt, mag meine Glaskugel nicht erahnen. Doch dieser Nutzenzuführung wird das abgemagerte Kerlchen voraussichtlich entgehen. Inshallah!

Die große Macht beschützt ihn und wird ihm auch dort Kraft verleihen, um sich ebenso Schakalen, Skorpionen, der hässlichen Hornviper, geifernden Affen und hübschen, langbeinigen Diola-Frauen zu entsagen – wobei Letzteres eigentlich erlebenswert ist, sagt mir meine Erfahrung.

Hamdulilla
Christoph

ETAPPE 4

ACH, AFRIKA!

GEFÄHRLICHE GAZELLEN

GANDIOL, SENEGAL, JANUAR 2013
– 8.894 KILOMETER –

Als echter Wüstenexperte fährt man nicht über den offiziellen Grenzübergang Rosso, man organisiert nur einen 72-Stunden-Durchreisepass für sein Fahrzeug, man schluckt keine Malariaprophylaxe und man verbringt seine erste Nacht im Senegal bei Ursula und Martin in der Zebrabar. Warum das so ist? Weil alle Afrika-Experten das so machen – und weil die Zebrabar ein wundervoller Ort ist, die ersten Tage in Schwarzafrika zu erleben.

Die letzten Kilometer in der mauretanischen Wüste waren eine Kraftprobe für Fahrzeuge, Fahrer und Beifahrer. Achtzig Kilometer vor der Grenze in Diama ging es auf einer ungeteerten Piste voran, die aus Sand, Wüstenstaub und kratergroßen Schlaglöchern bestand. Herbert zeigte seine Fahrqualitäten und bretterte mit 90 Stundenkilometern über die Wellblechpiste, wich Löchern und Asphaltresten aus und steuerte das schwere Gefährt sanft durch den tiefen Sand. In der Fahrerkabine flogen Colaflaschen, Zigarettenpackungen und eine angebissene Mettwurst – es war die gute von Rügenwald – wild umher, und sogar unsere 80er-Jahre-Hitmix-CD wurde aus dem krächzenden Autoradio gespuckt. Ich ließ mich von dem Getöse nicht ablenken, blickte konzentriert auf die Fahrbahn und rief Herbert Anweisungen zu, wie ein Kopilot bei der Rallye Paris–Dakar.

Einige Male setzten wir den alten Daimler auf Grund, konnten uns aber immer rechtzeitig hinausmanövrieren, um uns nicht komplett festzufahren. Den anderen beiden Fahrzeugen erging es nicht besser, Jörgs Sprinter verlor seinen Auspuff und Christians Mercedes ließ einen Teil seiner Bodenverkleidung im hügeligen, festgefahrenen Sand hinter sich. Aber unser 25 Jahre alter MB-100 hielt durch. Was der alte Daimler sein langes Leben beim Malerbetrieb Thiel in Mannheim nicht mitmachen musste, durchlebte er an diesem einen Tag auf den letzten Kilometern durch die mauretanische Wüste.

Nach zwei Stunden ließen wir die Ausläufer des Senegalflusses, der die Grenze zu Schwarzafrika markierte, hinter uns, und schlagartig verwandelte sich die staubige Einöde in ein wunderschönes, mit Leben gefülltes Sumpfgebiet, in dem grüne Büsche unsere Seiten flankierten und hohe Palmen in den Himmel ragten. Wir fuhren an Pelikanen, Störchen, knallig bunten Flamingos und seltenen Wasservögeln vorbei, ein Buschschwein mit langen Hauern im Maul kreuzte vor uns die Fahrbahn und im Gebüsch zu unserer Linken flüchtete sich ein schuppiger Waran ins Unterholz. Ich konnte es kaum fassen: Gerade noch hatten wir uns in einer Wüste befunden, in der kein Leben möglich war, und nun fuhren wir in einer vollkommen anderen Welt, in der es vor Leben nur so wimmelte.

Gerade begann ich, mir die kommenden Abenteuer im Senegal auszumalen, da riss mich Herberts Stimme aus meinen Träumen:

»Scheiße, ey, da kommt schon wieder 'ne Polizeikontrolle. Sieh ma zu, dass du ein paar Medikamente aus deinen Taschen kramst, mir sind die Kugelschreiber ausgegangen!«

Nach einigen letzten »Souvenirs« für die Polizisten und einer vierstündigen Einreiseprozedur an dem winzigen Grenzübergang in Diama durften wir den Senegal endlich betreten. Das Visum bekamen wir gegen eine Gebühr von 30 Euro direkt in den Pass geklebt, und Rudi und ich durften uns nun drei Monate frei im Senegal bewegen. Allerdings bestand der Chefoffizier des kleinen Grenzübergangs darauf, uns mit einer Polizeieskorte ins neue Land zu begleiten. Und das machte der stämmige, tiefschwarze Afrikaner höchst persönlich. Sichtlich stolz stieg er in seine frisch polierte türkisene Mercedes E-Klasse und leitete uns den Weg auf einer gut geteerten Fahrbahn nach Saint-Louis, einer hübschen Kolonialstadt mit staubigen Straßen und knapp zweihunderttausend Einwohnern im Norden des Senegals.

Anstatt in der Stadt zu halten, folgten wir dem Mercedes weitere zwanzig Kilometer an Saint-Louis vorbei in Richtung Süden, bis unsere Wagen durch die gelb gestrichenen Tore der Zebrabar rollten. Als wir angelangt waren, sprang der hochgewachsene Offizier aus seinem Mercedes.

»*Et voilà, nous somme arrivés!*«, rief er, schlenderte zur Bar und bediente sich am Kühlschrank mit einem Bier. Wer für neue Gäste sorgte, genoss scheinbar einige Sonderrechte.

Verschwitzt stieg ich aus der Fahrerkabine des gelben Daimlers. Hier, in der Zebrabar, sollte meine Fahrt auf dem Beifahrersitz von Herberts altem MB-100 also zu Ende gehen. Ich streckte die müden Glieder, blickte mich um und stellte fest, dass sich die anstrengende Fahrt durch die Sahara gelohnt hatte. Bereits auf den ersten Blick bot der Senegal ein bezauberndes Naturparadies.

Die großzügige Ferienanlage der Zebrabar lag auf der Langue de Barbarie, einer engen Sandbank, die den Senegalfluss vom Atlantik trennte und auf der sich ein prächtiges Naturschutzgebiet befand. Die Schweizer Ursula und Martin waren in den 90er-Jahren in den Senegal gereist und hatten mit der Zebrabar eine afrikanische Ferienanlage geschaffen, wie man sie sich in seinen Träumen vorstellte: Zwischen hohen Palmen standen Bungalows im feinen Sand und zwischen bunten Blumen konnten Reisende sich in Hängematten und Liegestühlen entspannen, während in der Küche frischer Fisch aus dem Atlantik gegrillt wurde.

Die Lage mitten im Naturparadies, die hübschen Bungalows und der freundliche Umgang mit den Gästen hatte die Zebrabar in den vergangenen Jahren zu einer bekannten Größe für europäische Transsahara-Touristen und Rucksackreisende gemacht.

Für mich bot die Zebrabar neben der hübschen Landschaft noch einen ganz anderen Vorteil: Wie der Name schon sagte, besaß die Zebrabar eine einladende Bar, an der man abends unter dem Sternenhimmel Grillfeste feiern und am Tresen ordentlich trinken konnte. Und das tat unsere kleine Reisegruppe, bestehend aus den drei Friesen, Rudi und mir als allererstes, direkt nach unserer Ankunft.

Neben dem luxemburgischen Flag wurde das einheimische Gazelle getrunken. Das lokale Bräu kam in dickbäuchigen Flaschen, schmeckte ein wenig wässrig und gleichzeitig gefährlich erfrischend. Es war hervorragend geeignet, sich den Staub der mauretanischen Wüste aus der Kehle zu spülen, und die Strichliste unter unseren Namen, die von Youssou, dem immerlachenden Senegalesen am Tresen geführt wurde, wurde länger und länger.

Bei der fünften oder sechsten Gazelle fragte ich die drei Friesen nach ihrer Weiterreise.

»Hört mal Männer, wie geht es bei euch eigentlich weiter? Rudi und ich werden von hier wieder auf die Räder steigen und Schwarzafrika vom Fahrradsattel aus erkunden.«

»Morgen früh geht's weiter«, erklärte Jörg. »Wir würden gern noch eine Weile bleiben, aber an der Grenze haben wir für die Busse nur ein 72-Stunden-Durchreisevisum bekommen. Nichts zu machen.« Jörg nahm einen Schluck Bier. »Vor kurzem hat der Senegal die Einfuhr von ausländischen Fahrzeugen verboten, die älter als fünf Jahre sind. Die haben nämlich die ganzen alten Kisten aus Europa und wollen nun ihre eigene Wirtschaft ankurbeln. Und um zu vermeiden, dass die Wagen doch irgendwo heimlich in Dakar veräußert werden, bekommt man nur noch eine dreitägige Aufenthaltsgenehmigung für die Autos«.

»Aber keine Sorge, wir haben alles schon geplant«, ergänzte Christian. »Auf dem Camping Sukuta in Gambia treffen wir uns mit Joe. Ein Deutscher, der seit Jahren in Gambia lebt. Der nimmt uns die Busse ab und verkauft sie. Sobald er die Busse los hat, überweist er uns das Geld.«

»Und von da werden sie dann von den Schwatten wieder in den Senegal geschmuggelt, nä. Aber damit haben wir dann nix mehr am Hut!«, ergänzte Herbert und grinste.

Am nächsten Morgen trennten sich unsere Wege. Als die drei Friesen in ihre Busse stiegen, fühlte ich mich noch immer wie von einer Herde Gazellen überrannt. Mein Kopf schmerzte und ich hatte keine Erinnerung mehr, wie lange wir am Tresen gesessen hatten. Unsere stoppeligen Friesen schienen den Alkohol gut wegzustecken und sie winkten fröhlich aus ihren Fahrzeugen.

Als sich der alte Daimler an uns vorbeischob, kurbelte Herbert noch einmal das Fenster herunter und rief uns ein paar warme Worte des Abschieds zu:

»Wir müssen dann ma weiter. Na dann passt ma gut auf euch auf! Tschüss, nä!« Dann rollten die drei Busse durch das gelb gestrichene Tor der Zebrabar.

Eine Weile blickte ich ihnen noch hinterher, dann schlenderte ich zusammen mit Rudi zurück an den Tresen. Es war Zeit für einen Kaffee.

Es folgten Tage der Entspannung. Ich betrachtete die hübsche Landschaft, genoss es, nichts zu tun, in der Hängematte zu liegen, gut und viel zu essen und einige Ausflüge in das benachbarte Saint-Louis zu machen. Zwei Tage verbrachte ich damit, vergeblich zu versuchen, den großen Pavian vor die Kamera zu bekommen, der Rudi eines Morgens das Baguette aus dem Vorzelt geklaut hatte, und zwei Tage verbrachte ich damit, mein Fahrrad von dem Wüstenstaub und dem salzigen Sand der Sahara zu befreien.

Abends traf ich mich mit Rudi am Tresen, Youssou schob uns zwei Gazelle herüber und wir stießen auf das Abenteurerleben an. Und früher oder später gesellten sich die anderen Abenteurer zu uns, die gerade in der Zebrabar Halt gemacht hatten: Die drei Franzosen, die mit gut ausgestatteten 4×4-Wüstenfahrzeugen eine Rallye veranstalteten, zwei trampende Holländer und eine Horde von Engländern, die mit großen Jeeps auf Wüstenexpedition waren. Und dann waren da noch Emma und Pia, die einzigen beiden Frauen, die wir unter den Abenteurern kennenlernten.

Emma war eine Schwedin mit langen blonden Haaren und viel Hunger, die ebenfalls mit dem Fahrrad unterwegs war. Sie war im kalten Schweden gestartet und wollte alleine bis nach Johannesburg radeln. Bisher war sie gut vorangekommen und hatte keinen einzigen Kilometer auf ihrer Reise abgekürzt. Selbst die mauretanische Wüste hatte sie im Alleingang im Sattel gemeistert, bis sie eines Morgens von Polizisten mit Kalaschnikows aus dem Zelt gezerrt wurde und aus Sicherheitsgründen den Rest ihrer Tour von einer Militäreskorte begleitet wurde.

Pia war Schweizerin, hatte vor einigen Jahren ihren Bürojob gekündigt und hielt sich seitdem mit Reisen und Gelegenheitsjobs über Wasser. In den letzten Monaten hatte sie auf einem Campingplatz in Namibia gearbeitet, bei der Früchteernte in Australien geholfen und Kühe in Neuseeland gemolken. In einer Woche endete ihre Anstellung in der Zebrabar, in der sie hier und da am Tresen oder in der Küche aushalf, und sie startete ihren nächsten Job als Kellnerin auf einer Skihütte im schweizerischen Grindelwald.

Nach der holprigen Tour durch die Wüste genoss ich die entspannte Zeit in der Zebrabar in Gandiol. Mit jedem Abend wurden die Nächte am Tresen länger, und wenn ich mich morgens aus meinem Zelt quälte, war die Sonne jeden Tag bereits ein Stückchen höher geklettert. Erst nach einer knappen Woche rafften Rudi und ich uns auf, und wir beschlossen, in die harten Fahrradsättel zu steigen – natürlich nicht ohne am Abend zuvor noch einmal auf das Abenteuerleben anzustoßen. Und so saßen wir an unserem letzten Abend in der Zebrabar mit allen Abenteurern zusammen und der selbstgebrannte Ouzo, den wir Jörg kurz vor der Abfahrt noch abgekauft hatten, war in Windeseile leergetrunken. Dann kam der weißbärtige Alfred mit einer Runde Gazelle auf uns zu.

»Wenn du jeden Abend ein, zwei Gazelle trinkst, stechen dich die Viecher nicht. Das liegt am Vitamin B in dem Bier. B wie Bier, verstehst du?«, sagte er, als er hörte, wie wir uns über die anstehende Malariaprophylaxe unterhielten. »Und nicht gestochen zu werden, ist immer noch die beste Absicherung gegen Malaria!«

Na dann, Prost!

RADTOUR DURCH
DIE SAHELZONE

MBORO, SENEGAL, JANUAR 2013
– 9.117 KILOMETER –

Zufrieden warf ich einen Blick in den verschmierten Spiegel im Badezimmer und trat hinaus in die heiße senegalesische Nachmittagssonne.

»Endlich mal wieder ordentliche Seife!«, rief ich Rudi zu und streckte ihm meine blanken Hände entgegen. »Guck mal, das Kettenöl ist von den Fingern und der rote Staub aus dem Gesicht.«

Rudi guckte skeptisch.

»Ich glaub, das war Bleichmittel«, sagte er.

»Wie?«

»Na, das war Bleiche, was da in der Toilette stand. Chlor oder Abflussreiniger oder so.«

Für einen Moment betrachtete ich kritisch meine weißgewaschenen Hände, dann verzog ich den Mund zu einem Grinsen.

»Ach egal, hat geholfen, alles sauber!«

Karl, ein ausgewanderter Deutscher, der im Senegal einen Campingplatz aufbauen wollte und mit dem wir an dem runden Plastiktisch des Restaurants im kleinen Ort Mboro saßen, starrte mich ungläubig an.

»Du hast dir mit dem Bleichmittel das Gesicht gewaschen?«

»Na ja, ich war total verschmiert von dem Kettenöl. War froh, dass das Zeug endlich mal abging!«

»Krass, ey, Bleichmittel!«, wiederholte Karl kopfschüttelnd. »Aber du bist ja eh total verrückt, in der afrikanischen Hitze durch die Sahelzone zu radeln!«

Das hörte ich gern. Nun war ich also offiziell in den erlauchten Kreis der Globetrotter aufgestiegen und galt als verrückter Kerl!

Kurz darauf stiegen Rudi und ich wieder auf die Räder und setzten unsere Fahrt auf den roten Sandpisten des Senegals fort. Und auch wenn mein Gesicht in der afrikanischen Sonne ein wenig mehr brannte als sonst, war ich glücklich. Ich war ein verrückter Globetrotter!

Seit einer Woche waren Rudi und ich wieder unterwegs. Wir hatten der Zebrabar und den vielen anderen Abenteurern Lebewohl gesagt und waren in unsere harten, unbequemen Ledersättel gestiegen. Nach der Verschnaufpause in den Bussen ging endlich das Abenteuer weiter und endlich war ich angelangt, wo ich immer hin wollte: in Schwarzafrika!

Über schmale Nebenstraßen und Sandpisten hatten wir begonnen, uns einen Weg durch die afrikanische Sahelzone zu bahnen, die trockene Grenze, die die mauretanische Wüste vom dichten grünen Regenwald Guineas trennte. Tagelang radelten wir auf staubigen Nebenstraßen vorbei an der einsamen Buschlandschaft des Senegals. Die Sonne brannte und in einer schmerzlich langsamen Geschwindigkeit bewegten Rudi und ich unsere Räder über die rote Fahrbahn. Mehrfach kamen wir ins Schlingern, wenn sich unsere Vorderreifen tief in den Sand fraßen, und mehrfach mussten wir unsere Fahrräder schieben, die mit fünf, sechs Litern Wasser inzwischen noch schwerer beladen waren als an unseren ersten gemeinsamen Tagen in Marokko. Das Vorankommen war ein Kraftakt und gleichzeitig fühlten wir uns auf den unerträglich heißen Sandpisten des Senegals wohl, denn mit jeder Pedalumdrehung zog uns das faszinierende Afrika tiefer in seinen Bann.

Abwechslung von der Schinderei fanden wir am Wegesrand und in den Dörfern und Behausungen der Einheimischen. Auf den staubigen Pisten überholten wir hochgewachsene schöne Wolofdamen, die in bunte Tücher gehüllt auf dem Weg von den Feldern zurück in ihre Hütten waren. Einen schlafenden Säugling auf den Rücken geschnallt, ein Bündel Brennholz oder einen Wasserkanister auf dem Kopf balancierend, legten die jungen Damen stolz und aufrecht gehend kilometerweite Strecken zurück.

In den winzigen Dörfern trafen wir auf kräftige, dickbusige Frauen, die in der Mittagshitze mit langen Hölzern Maismehl stampften, und schrumpelige alte Weiber, die am Straßenrand vor winzigen schiefen Holztischen hockten, auf denen eine Handvoll staubiger Tomaten, krummer Gurken oder ein paar verkümmerte Paprika zum Verkauf angeboten wurden. Wenn Rudi und ich an den Frauen vorbeifuhren, kicherten die Alten wie kleine Mädchen, und wenn wir mit »*Bonjour, Mesdammes!*« grüßten, begannen sie herzlich zu lachen.

Auf dem Dorfplatz rannten Kinder in löchrigen T-Shirts umher, die alte aufgeblasene Fahrradschläuche mit Stöcken vor sich hertrieben oder eine zerbeulte Blechbüchse barfuß hin und her kickten. Abgemagerte Ziegen flüchteten schreckhaft vor unseren klapprigen Rädern und vollgepackte Eselkarren versperrten den knallbunt bemalten Buschtaxis den Weg, die mit lautem Hupen durch die sandigen Gassen kurvten. Es war eine Idylle wie in einem kitschigen Sonntagabendfilm im Öffentlich-Rechtlichen.

Wenn wir mit unseren Rädern zu den kleinen Marktplätzen der Dörfer vorgedrungen waren, konnten wir uns vor Scharen an Kindern nicht mehr retten. Zehn, zwanzig, manchmal fünfzig schwarze Knirpse lugten aus den Hütten hervor, ließen ihr Spielzeug fallen und rannten laut rufend auf uns zu. Aufgeregt wedelten sie mit den dünnen Armen und riefen »*Bonjour, Bonjour!*« oder »*Hello, Mister*«. Die etwas älteren Jugendlichen in den abgetragenen Fußballtrikots von Messi, Drogba und Ronaldo rannten dicht neben uns her und forderten selbstbewusst einen angemessenen Obolus. Nach einer kurzen Begrüßung folgte meist ein Satz, der mit »*donnez-moi …!*« – gib mir … – begann und mit einem beliebigen Objekt fortgesetzt wurde:

»*Monsieur, donnez-moi un cadeau!*« – Gib mir ein Geschenk!

»*Donnez-moi de l'argent!*« – Gib mir Geld!

»*Hello Mister, donnez-moi de l'eau!*« – Gib mir Wasser!

»*Donnez-moi un stylo!*« – Schenk mir einen Kugelschreiber!

»*Donnez-moi ton casque!*« – Gib mir deinen Helm!

Oder auch ohne große Umschweife: »*Donnez-moi ton velo!*« – Her mit dem Fahrrad!

Rudi und ich genossen die Tour durch die Sahelzone und wir saugten die vielen neuen Eindrücke hungrig in uns auf. Es blieb uns sowieso kaum eine Wahl, denn wir konnten uns vor der Hitze des Senegals und den Menschen und Begegnungen in den winzigen Dörfern kaum verstecken. Wenn wir mittags in einem der kleinen Orte Halt machten, um etwas zu essen oder unsere Wasservorräte aufzufüllen, wurden wir sogleich von Kinderscharen umringt. Oft nahmen wir unsere Mahlzeiten inmitten einer Gruppe von dreißig, vierzig Knirpsen ein, die uns mit offenen Mündern anstarrten und ab und zu in den Arm oder das Bein kniffen, um zu prüfen, wie sich die weiße Haut anfühlte.

Schnell gewöhnten wir uns an unsere treuen Fans, und inmitten der Kinder verspeisten wir die Köstlichkeiten des Senegals: knorplige Fleischstücke in knusprigen Baguettes, fettige Kartoffelomelettes, sehnige Hühnchenschlegel, grätigen Fisch und ab und zu eine Schüssel Bulgur oder Couscous mit undefinierbarem Gemüse und viel Öl. Das Essen war in den Dürregebieten des Sahels weniger vielfältig und weniger abwechslungsreich als in Marokko, und wir merkten, dass warme Mahlzeiten für die Menschen in den Dörfern keine Selbstverständlichkeit waren. Trotzdem griffen Rudi und ich ordentlich zu, denn die Fahrt auf den Sandpisten war kräftezehrend und die runden Frauen freuten sich, wenn wir ihnen eine Mahlzeit abkauften.

Wenn uns die Kinder um uns herum zu viel wurden und wir vor lauter »*Monsieur, donnez-moi*« kaum zum Essen kamen, schnappte ich mir einen der Knirpse, starrte ihm tief in die Augen und bellte ihn laut an. Mein bleiches Gesicht und der zerlumpte Bart reichten meist aus, um den Kleinen einen angemessenen Schrecken einzujagen, und die Gruppe reduzierte sich schnell auf einige wenige Mutige.

Alles in allem herrschte in den bunten senegalesischen Dörfern eine kitschig heile Idylle, in der man von den echten Problemen des Landes kaum etwas mitbekam. Erst nach ein paar Tagen erkannten wir die eigentliche Armut, die vorherrschte, wir sahen die heruntergekommenen Stroh- und Blechbarracken der Armen und die stinkenden Müllberge, die abseits der Dörfer verbrannt wurden.

Und auch das eine Mal wich das idyllische Bild der Realität, als Rudi und ich den Fehler begangen hatten, einer kleinen Gruppe goldiger Knirpse eine Packung Kekse in die Hand zu drücken. Als Folge mussten wir mit Erschrecken beobachten, wie sich die kleinen Burschen in Bestien verwandelten und begannen, sich um die Kekse zu prügeln. Und beim nächsten weißhäutigen Touristen, der ihnen über den Weg lief, würden sie nun vermutlich noch energischer nach Geschenken betteln.

Insgesamt überwogen die freundlichen Eindrücke, und die Bilder von schiefen Strohhütten, kleinen schwarzen Kindern und dickbusigen Afrikanerinnen vor großen Suppentöpfen wurden zu unserem Alltag. Kurz vor Sonnenuntergang suchten wir nach Möglichkeiten, unsere Zelte aufzuschlagen, und hier und da teilten Rudi und ich uns ein Hotelzimmer. Wir genossen die Fahrt und es hätte kaum besser sein können.

Nur die Mücken versetzten mich abends in leichte Besorgnis, denn sobald die Sonne unterging und wir uns der verschwitzten Radlerklamotten entledigten, begannen die Biester bereits mit dem Stechen. Schnell rieben wir uns das afrikanische Mückenspray mit 80% DEET in das verbrannte Gesicht, auf die Arme und Knöchel, und zur Sicherheit berücksichtigten wir den Rat von Alfred und tranken vor dem Schlafengehen noch zwei Flaschen Gazelle, um uns mit genügend Mineralien gegen die stechenden Angreifer zu rüsten.

Nach aufregenden Radfahrtagen und ein paar Flaschen Bier und Nudeln vom Campingkocher lag ich abends erschöpft in meinem Zelt, blickte durch das Mückengitter auf die untergehende rote Sonne und freute mich, dass ich endlich angekommen war in meinem Abenteuer. Tief in Afrika, tief in der afrikanischen Sahelzone. Es war genau, wie ich es mir ein Jahr zuvor vorgestellt hatte.

DER VORORT ZUR HÖLLE

DAKAR, SENEGAL, FEBRUAR 2013
– 9.174 KILOMETER –

Dakar, die Hauptstadt des Senegals: imposant, mächtig und modern. Zentrales politisches Gewicht in Westafrika, Dreh- und Angelpunkt für den Welthandel und Heimat der afrikanischen Bildungselite. So zumindest habe ich mir Dakar vorgestellt. Doch leider stellt sie sich als die entsetzlichste Stadt heraus, die ich je im Leben gesehen habe.

Hätte der Teufel einen Sommerwohnsitz, er wäre in Dakar. Im Gegensatz zu dem beschaulich hübschen Saint-Louis mit seinem kolonialen Baustil, dem quirlig anstrengenden, aber charmanten Mboro oder den vielen armen, aber bunt gepflegten senegalesischen Dörfern ist Dakar ein Desaster.

Die überfüllt versmogten Straßen und die über den Dächern kreisenden Aasgeier kündigen den Vorort zur Hölle bereits aus weiter Ferne an. Ist das Zentrum, nach einem Labyrinth aus Bergen gammligen Unrats und dem scharfen Geruch brennender Autoreifen endlich erreicht, verschlingen einen die Straßenhändler, die einem sonnenvergilbte Fußballshirts und verstaubten China-Kitsch aufdrängen wollen. Der nach französischem Einfluss und Kolonialstil klingende Place de l'Indépendance ist ein Euphemismus sondergleichen, zeigt er doch, wie wenig die Stadt ohne die französischen Herrscher aus sich gemacht hat. Und wer versucht, abends seinen Frust in einer Bar zu ertränken, scheitert kläglich an den horrenden Preisen und den aufdringlichen Prostituierten.

Gibt es eine Stadt, die hässlicher ist? Vielleicht Wuppertal.
Aber ich bin mir sicher, gäbe es in Dakar eine Schwebebahn,
würden sich auch hier die Elefanten in den Freitod stürzen!

Als Rudi und ich uns der Hauptstadt des Senegals näherten und von den sandigen Pisten auf die breite Asphaltstraße bogen, konnten wir die dreckigen Vororte Dakars bald erkennen. In meinem Reiseführer wurden sie noch als adrette portugiesische Fischerorte beschrieben, aber auf dem Sattel unserer Räder umhüllte uns der qualmende, stinkende Moloch Dakar bereits 50 Kilometer vor dem Zentrum. Wir steuerten unsere Räder am Straßenrand vorbei an rasenden Pkw und überfüllten Buschtaxis. Zwischen den rußenden Lastwagen und röhrenden Motorrädern schlichen zerlumpte Bettler und suizidgefährdete Straßenverkäufer, die versuchten, den Fahrern der an den Ampeln haltenden Wagen billige Souvenirs anzudrehen. Die Autos reihten sich Stoßstange an Stoßstange und mitten im stinkenden Gedränge reckten die Ärmsten der Armen ihre Krücken in die Höhe oder klopften mit ihren abgefaulten Leprastumpen gegen die Scheiben, um auf ihr Leid und die leeren Hosentaschen aufmerksam zu machen. In schwarzen Wolken wirbelte der Ruß aus den Auspuffen der im Stau steckenden Fahrzeuge, und von den Baracken am Straßenrand quollen die Abfälle auf die Fahrbahn. Der Geruch von Schweiß und Diesel, der Gestank von brennendem Abfall und der staubige Sand der schmalen Gassen vermischten sich zu einer trüben, wabernden Masse, die sich tief auf Lunge und Herz der traurig grauen Stadt senkte.

Ich hatte bereits gehört, dass Dakar keine Perle unter den afrikanischen Städten war, und ursprünglich wollte ich einen Bogen um die Metropole machen. Aufgrund einiger Visaangelegenheiten, hatte ich dann doch beschlossen, einen Abstecher in die senegalesische Hauptstadt zu wagen. Und auch Rudi wollte einen Blick in die große Stadt werfen, also bahnten wir uns den Weg durch das stinkende Dakar.

Kurz vor dem Zentrum führte uns die Schnellstraße auf einen Autobahnzubringer.

»Rudi, lass uns 'nen anderen Weg einschlagen«, rief ich meinem Begleiter zu, aber Rudi pochte genervt auf sein Navi.

»Nee, hier geht's lang!«, rief er und steuerte auf die breite Fahrbahn. Wir fuhren keine fünf Minuten, da ließ uns ein heftiger Knall in die Bremsen steigen. Glassplitter flogen uns um die Ohren und ein Seitenspiegel landete vor meinem Vorderrad. Lautes Hupen setzte ein, vor unserer Nase sprang ein Mann aus dem Wagen und begann lauthals auf den Insassen eines anderen Pkw einzuschreien. Wir retteten uns auf den Seitenstreifen und nach kurzer Zeit setzte sich der qualmende Fluss von Autos und Verkehr erneut in Bewegung.

Drei Runden radelten wir so auf dem gefährlichen Straßenring um den Stadtkern, einmal geführt von Rudis Navi, ein andermal geführt von meiner Intuition, und immer wieder verirrten wir uns in den stinkenden Seitengassen, den Slums oder den übereuerten Touristenvierteln. Erst bei Einbruch der Dunkelheit fanden wir eine Unterkunft, die einigermaßen bezahlbar aussah. Doch beim Einchecken in die schäbige Herberge mussten wir leider feststellen, dass Dakar nicht nur hässlich, sondern auch teuer war: Für unser Doppelzimmer im Hotelrestaurant Hong Kong, direkt am Zubringer zum Flughafen, zahlten wir stolze 30 Euro.

Und nicht nur das: Das triste Grau der Stadt und die anstrengende Fahrt auf der fünfspurigen verqualmten Schnellstraße schien Rudi und mir aufs Gemüt geschlagen zu haben. Kaum hatten wir unsere Taschen im Zimmer ausgebreitet, begannen wir uns in die Haare zu kriegen.

»Mann, ey, was für eine Straße«, brummte ich. »Der absolute Horror!«

»Na, also, wenn's nach mir gegangen wäre, hätten wir einen Bogen um die Stadt machen können«, eröffnete Rudi. »Aber du wolltest ja wegen dem Ghana-Visum hier hin.«

»Moment mal, du wolltest dich doch mit Emma hier treffen. Warst ja eh ganz fasziniert von der Schwedin!«

»Ach, das stimmt nicht. Ich treff halt gerne mal andere Leute, muss ja nicht immer nur mit dir rumfahren!«

»Na ja, kannst du gern! Vielleicht sollte ich auch mal ein paar andere Leute treffen!«

Ich merkte, dass die Luft raus war. Der Streit ging eine Weile und wir warfen uns unschöne Dinge an den Kopf, die sich seit einer Weile in uns angestaut hatten. Die Reise durch die Dörfer im Sahel war beeindruckend, aber gleichzeitig ungemein kräftezehrend gewesen, und die Einfahrt in das hässliche Dakar hatte uns den letzten Nerv geraubt.

Nach der Auseinandersetzung breiteten wir schweigend unsere Sachen im Hotelzimmer aus, wuschen uns den Staub von den müden Körpern und setzten uns in die finstere Bar gegenüber vom Hotel. Da hockten wir auf schiefen Plastikstühlen, lauschten der dröhnenden Autobahn zu unseren Füßen und nippten schmollend an unseren Bierflaschen.

Seitdem wir uns vor zwei Monaten in Rabat getroffen hatten, hatten wir kaum eine Minute ohne den anderen verbracht. Auf unserer Fahrt über die rotbraunen Sandpisten waren wir Seite an Seite gefahren, hatten gemeinsame Abenteuer erlebt und Geheimnisse geteilt. Und mit der Vertrautheit kehrte auch die lästige Routine in unseren Alltag und wir fingen an, uns gegenseitig auf die Nerven zu gehen. Morgens war ich gestresst, wenn Rudi seinen Ordnungswahn auslebte und Ewigkeiten brauchte, seine Isomatte akkurat einzurollen, den Schlafsack auszuschütteln und seine Kleidung passgenau zusammenzulegen. Nachmittags ärgerte mich Rudi, weil er es nicht lassen konnte, die ausstehenden Tageskilometer von seinem Navi laut vorzulesen, und nachts wachte ich auf, wenn Rudi pünktlich um zwei Uhr zum Pinkeln aus dem Zelt schlich.

Zugegeben, vielleicht war ich auch ein wenig eifersüchtig auf seinen kuscheligen Frotteeschlafanzug, seine Aldi-Trekkingshirts und sein Super-Navi, weil ich ohne Karte und nur mit einer Unterhose im Gepäck durch Afrika radelte, aber nach zwei Monaten mit dem überkorrekten Deutschen brauchte ich einfach etwas Abstand. Und Rudi schien es genauso zu gehen, schließlich warf er mir ebenfalls einige Dinge an den Kopf, über mein Lotterleben und meine Naivität bei der Reiseplanung. Vermutlich ging auch ich ihm manchmal gehörig auf den Zeiger.

»Ach, Rudi«, versuchte ich es erneut, »lass mal gut sein. Wir sind ja beide im selben Abenteuer und müssen zusammenhalten!«

»Ja, hast schon recht«, murmelte er, und nach einer Aussprache vertrugen wir uns wieder, auch wenn klar war, dass wir nicht mehr lange nebeneinander radeln würden.

Zwei versöhnliche Bier und eine SMS später war die Stimmung wieder gekittet. Pia und Emma, unsere beiden Bekannten aus der Zebrabar, hatten uns per SMS mitgeteilt, dass sie inzwischen ebenfalls in Dakar angekommen waren.

»*Guys, it's Saturday and we're in the capital. Let's have a night out!*«, schrieb Emma – und damit hatte sie recht!

Mit dem Taxi gabelten wir die beiden Mädels vor ihrem Hotel auf und fuhren in ein touristisches Restaurant, um uns nach den kargen Eintöpfen in den Dörfern der Sahelzone mit Pizza und Burgern den Bauch vollzuschlagen. Wie immer war Emma von uns Dreien die Hungrigste und wie immer unausstehlich, wenn sie nicht genug im Magen hatte.

»He, Emma, bist du auch über die N1 in die Stadt reingefahren? War ja der Horror, der Verkehr!«, versuchte Rudi sein Glück.

»Ich kann jetzt nicht sprechen, lass uns erst mal bestellen«, antwortete die Schwedin knapp und versank hinter der Speisekarte.

Nachdem wir Pizza, Burger und Pommes verdaut hatten, versuchte es Rudi erneut, und schließlich unterhielten wir uns über die Erlebnisse auf unseren Reisen. Ich war gerade dabei angelangt, von Marokko und meiner fiesen Durchfallerkrankung im Riff-Gebirge zu berichten, da unterbrach mich Emma, den Mund noch voller Erdnüsse:

»Apropos Essen, sagt mal, Jungs, habt ihr eigentlich zugenommen auf eurer Tour?«

Rudi blickte fragend an sich herunter.

»Abgenommen, natürlich!«, sagte er stolz.

»Ich hab sicher sechs, sieben Kilo verloren«, ergänzte ich.

»Komisch«, sagte Emma gedankenversunken. »Ich hab über zehn Kilo zugenommen.«

»Was?«, brüllten Pia, Rudi und ich im Chor, »zehn Kilo?«

»Ja, ich bin im Herbst in Schweden gestartet, das war echt scheißkalt«.

»Aber davon nimmt man doch nicht zu!«, sagte Rudi erstaunt.

»Nein, davon nicht, aber kennt ihr die großen Nutella-Gläser? Die mit 750 Gramm?«

Wir nickten.

»Na ja, die hab ich halt gegessen.« Emma machte eine kurze Pause, dann ergänzte sie: »Mit einem Löffel. Alle zwei Tage musste ich ein neues kaufen.«

Pia starrte Emma ungläubig an, Rudi musterte Emma von oben bis unten und ich verschluckte mich vor Lachen an meiner Cola.

Etwas verlegen blickte die Schwedin in die Runde.

»Na ja, Schokolade macht halt glücklich!«, erklärte sie dann. »Und irgendwie bin ich seitdem nicht mehr davon weggekommen und esse eben immer, sobald ich was in die Finger kriege.«

Dann steckte sie sich eine neue Hand Erdnüsse in den Mund und lehnte sich glücklich in ihrem Stuhl zurück.

Nach der amüsanten Beichte unserer blonden Schwedin beschlossen wir, uns ins Nachtleben Dakars zu stürzen. Die beiden Globetrotterinnen wollten tanzen gehen, am besten zu afrikanischer Livemusik. Auch Rudi und ich hielten das für einen guten Plan. Ich stellte mir eine verruchte Kneipe vor, mit ein paar Jazzspielern, Trommlern und ein wenig afrikanischem Reggae, dazu ein paar Bierchen am Tresen, ja, so könnte der Abend gut verlaufen.

Doch leider war auch das in Dakar nicht möglich. Nachdem uns zwei Taxifahrer übers Ohr gehauen und wir fast zwei Stunden damit verbracht hatten, durch die dunklen Straßen zu kutschieren, waren wir in der einzigen Livemusikkneipe Dakars gelandet. Es war eine dunkle Eckkneipe, in der sichtlich gelangweilte Musiker ein Standardrepertoire aus gecoverten Popsongs und afrikanischem Reggae herunterspielten. Neben uns gesellten sich aufgedunsene weiße Geschäftsmänner in speckigen Anzügen und kurzärmligen Hemden an den Tresen. Rudi und ich senkten den Altersdurchschnitt der Anzugträger deutlich und unsere beiden Mädels schienen die einzigen nichtbezahlbaren Frauen in dem kleinen Café zu sein. Die anderen, durchaus hübschen Damen trugen eindeutig zu knappe Röcke und zu hohe Schuhe, als dass man sich mit ihnen über die Zukunft der Casamance oder die politische Situation in Mali hätte unterhalten können, und kurz bevor der Gitarrist von seiner eigenen Musik eingeschläfert vom Stuhl kippte oder eine der Damen fragte, ob sie einen Prosecco bestellen dürfe, verließen wir das schmierige Etablissement.

In unserer Verzweiflung beschlossen wir, die Partymeile Dakars in der Avenue Georges Pompidou unsicher zu machen. Leider wurden wir auch hier nicht glücklich, denn die dortige Diskomeile erinnerte uns stark an die Diskotheken von europäischen Großstädten, und nicht zuletzt aufgrund der horrenden Eintrittspreise von 5.000 Central African Franc, fast 10 Euro, überlegten wir zweimal, ob wir uns überhaupt zusammen mit den anderen weißen Touristen und neureichen Afrikanern in die bunte Diskowelt wagen sollten.

»I don't give a shit!«, rief Emma schließlich. »It's probably my only time in Dakar and it's Saturday evening. Let's go!«

Wir folgten der blonden Schwedin, die sich in Tanktop und Flip-Flops an dem Sicherheitsmann vorbeidrängte und ins Partygetümmel stürzte.

Natürlich war der Club ein Reinfall und wir fühlten uns alle vier ein wenig fehl am Platz in der teuren, glitzernden Diskowelt der Hauptstadt.

Am Samstagmorgen waren wir noch ungewaschen aus unseren Zelten gekrochen, und nun hockten wir auf schwarzen Ledersesseln mit Gin Tonic in der Hand und wippten unsere Köpfe zu ohrenbetäubendem Hip-Hop und Trance. Nach einer Weile hatten wir unsere anfängliche Skepsis dann aber in Alkohol ertränkt, und Pia, Emma, Rudi und ich hielten es bis zum Sonnenaufgang auf der Partymeile Dakars aus.

Um sieben Uhr morgens fanden wir uns in einer Bäckerei am Straßenrand wieder. Ich überlegte laut, wie schön es jetzt wäre, in einen Big Mac zu beißen, doch leider gab es im trostlosen Dakar noch nicht mal einen McDonald's. Unser durchgezechter Tag begann daher mit Instantkaffee und Schokokuchen. Ach, Dakar, dachte ich, als ich schwer verkatert in den viel zu süßen Kuchen biss. Wir konnten uns nicht so recht anfreunden.

Und auch außerhalb Dakars Nachtleben sollte mir die Stadt kein Glück bringen. Denn trotz der Besuche von drei Botschaften und zwei Konsulaten war mein Versuch, mir im Senegal das schwer organisierbare Visum für Ghana zu besorgen, gescheitert. »For Westafricans only«, war die einheitliche Aussage, und in allen Ländervertretungen sagte man mir, ich solle nach Berlin reisen, um dort das Visum zu beantragen.

Nein, Dakar, dachte ich erneut, als ich mir am folgenden Tag zusammen mit Rudi den Weg aus dem stinkenden Moloch bahnte, wir beide würden wirklich keine Freunde mehr werden!

EIN ABSCHIED UND
EIN CAFÉ TOUBA

N achdem Rudi und ich Dakar verlassen hatten, erwartete uns der Senegal erneut mit faszinierenden Landschaften. Nach den letzten Ausläufern der grauen Industriegebiete Dakars öffnete sich die flache Savanne vor unseren Rädern und wir fuhren auf einer verlassenen Landstraße über bröckelnde Teerreste und rotbraunen Senegalsand. Die Sonne kletterte in den Zenit und die Schatten der Akazien und Affenbrotbäume wurden kürzer.

Einige Male mussten Rudi und ich einer Herde Wasserbüffel Platz machen, die die holprige Straße querte, einige Male hielten wir an und fotografierten die Aasgeier, die auf den breiten Affenbrotbäumen nach Beute Ausschau hielten und einige Male posierten wir vor den haushohen Termitenhügeln, die sich als rotbraune Türme aus der Landschaft erhoben.

Erneut befanden wir uns in Schwarzafrika, wie wir es uns vorgestellt hatten, und erneut genossen wir die gemeinsame Schinderei unter der afrikanischen Sonne. Nach unserer Aussprache in Dakar verstanden wir uns wieder gut, doch irgendwann räumte Rudi ein, dass ihm Afrika gefalle, ihm Klima und Anstrengung aber zu sehr zusetzten und er sich bald auf den Rückweg machen würde.

Auch von unseren beiden Abenteuermädels hatten wir uns in Dakar getrennt. Pia hatte sich am Morgen nach unserer Partynacht verkatert in den Flieger in Richtung der Schweizer Alpen gesetzt, und Emma hatte wie immer ihren Dickschädel durchgesetzt und beschlossen, ihren Weg alleine fortzusetzen, um in einigen Monaten Johannesburg zu erreichen.

Ein wenig melancholisch radelte ich durch die Hitze Afrikas und bereitete mich innerlich auf die kommenden Tage der Einsamkeit vor.

Doch so wirklich hineinfallen lassen konnte ich mich nicht in meine Schwermut, da mich das afrikanische Leben alle paar Kilometer wieder einholte. Regelmäßig passierten Rudi und ich Ortschaften, in denen uns die schwarzen Knirpse bis in den Ortskern begleiteten. Auf ihren kleinen Füßen tapsten sie neben uns her und riefen lauthals »*Toubab! Toubab!*« – weißer Mann. Auf den runden Marktplätzen begegneten wir den Woloffrauen, die ihre schlanken Körper in bunte Tücher gehüllt hatten und auf ihren Köpfen Schüsseln mit frischen Mangos, Orangen und Ananas balancierten. Breitschultrige Afrikaner in verschmierten Hemden schraubten an alten Fahrzeugen oder schleppten schwere Kisten und Gerätschaften durch die sandigen Gassen, und auf staubigen Plätzen kickten Knirpse im Grundschulalter gegen einen eiernden Lederball.

Die kleinen Fußballspieler gaben in ihren abgetragenen Trikots aus den vergangenen Jahrzehnten ein Bild zum Schmunzeln: Da stürmte ein Bierhoff an der Seite von Chelseas Lampard, dribbelte vorbei an Zinédine Zidane und an der vierfachen Messi-Abwehrkette. Der Özil im glänzend weißen Trikot konnte den Angreifer nicht aufhalten und der Schlussmann, Mitglied im Kegelverein Bautzen West, konnte es trotz Hechtsprung nicht verhindern, dass Bierhoff den Ball zwischen den beiden als Tormarkierung aufgestellten Steinen hindurch schob. Tor! Und lauter Jubel von den Knirpsen.

Als wir schließlich auf den quirligen Marktplatz von M'bour, einem größeren Ort, hundert Kilometer südlich von Dakar, rollten entdeckten wir einen vierzehn, vielleicht fünfzehn Jahre alten Jungen, der an einem selbstgezimmerten Stand Kaffee verkaufte: *Coffee to go*, wie auf dem gepinselten Pappschild an seinem Kaffeestand zu lesen war. Daran konnte ich natürlich nicht vorbeifahren, der Kaffee zog mich magisch an. Also lehnten Rudi und ich unsere Räder an die Seite eines hölzernen Marktstands und gingen zu dem kleinen Geschäftsmann. Der Kaffeestand des Jungen bestand aus einem alten Ölfass, das mit zwei Rädern bestückt und einem niedrigen Dach zu einer Art rollendem Bauchladen zusammengezimmert worden war. An der Seite, des Jungen war ein Stück von dem Fass herausgetrennt und im Inneren des Fasses konnte der Verkäufer auf einem alten Gasbrenner eine Blechkanne mit Wasser erhitzen.

Auf unsere Frage erläuterte der Kleine stolz, er verkaufe »Nescafé, Café Touba und Attaya«. Mein vorsichtiger deutscher Begleiter bestellte eine Tasse Nescafé.

»Da kann nicht viel schiefgehen«, meinte er.

Geschickt mischte der Junge Kaffeepulver, heißes Wasser, Milchpulver und viel Zucker in einer leeren Blechbüchse und goss das Resultat kunstvoll in hohem Bogen in einen dünnwandigen Plastikbecher. Rudi probierte und hob anerkennend den Daumen.

»Schmeckt gut«, sagte er und bezahlte den Kleinen mit den geforderten 50 Franc, etwa acht Cent.

Ich war etwas experimentierfreudiger und bestellte sowohl Café Touba als auch Attaya. Beides schüttete der geschäftstüchtige Verkäufer aus wuchtigen Thermoskannen direkt in die Plastikbecher. Der Attaya stellte sich als ein stark gesüßter Grüner Tee heraus, der schmeckte, als würde er einem bereits beim ersten Schluck für Tage den Schlaf rauben. Der Café Touba stand dem Tee in nichts nach. Der dunkle, extrem starke Kaffee war mit Nelken, Ingwer und Guinea-Pfeffer zu einem heißen Rachenputzer zusammengebraut worden.

Mit Herzrasen und zitternden Fingern gab ich dem kleinen Geschäftsmann ein ordentliches Trinkgeld und erklärte Rudi, dass ich etwas im Magen bräuchte, weil ich fürchtete, dass der Kaffee sich wie ein Alien durch meinen Magen fressen und bald seinen schwarzen Alienkopf durch meine Bauchdecke bohren würde. Kaffeetrinken in Afrika stellte sich bereits im Senegal als echte Herausforderung dar.

Bei einem Hähnchensandwich mit viel Ketchup begannen wir schließlich, über unsere Weiterreise zu sprechen. Rudi meinte, er wolle sich von Gambia aus einen Flug zurück in die vertraute Heimat nehmen. Dort wolle er einen Abstecher zu seiner Familie machen und von da aus weiter in Richtung Osteuropa radeln. Bessere Straßen, weniger Hitze und weniger Anstrengung würden ihm gut tun.

Einerseits verstand ich Rudi und war auch ein wenig erleichtert, dass sich nach unserem Streit die Wege trennen würden. Andererseits war ich traurig über Rudis Entscheidung, da er mir lange Zeit ein treuer und verlässlicher Weggefährte gewesen war.

Am Abend lag ich in meinem Zelt und beobachtete durch das Mückengitter, wie die untergehende Sonne die trockene Savanne in ein tiefrotes Licht tunkte. Irgendwie schienen mir die Strahlen der Sonne an diesem Abend besonders faszinierend. Eine ganze Weile lag ich wach und betrachtete die seltsamen Lichtspiele vor meinen Augen. So ganz geheuer waren sie mir irgendwann aber nicht mehr. Im Halbschlaf hoffte ich nur, dass es sich nicht um etwas Schlimmeres handelte. Aber vermutlich lag die Sinnestäuschung am starken Café Touba und auch ein wenig an der Melancholie der bevorstehenden Trennung von Rudi.

NIE MEHR OHNE MALARONE

TOUBACOUTA, SENEGAL, JANUAR 2013
– 9.473 KILOMETER –

Vermutlich gibt es einen besseren Zeitpunkt, seinen ersten Malariaanfall zu bekommen, als an einem Samstagabend während der Verlängerung des Viertelfinales im Africa Cup, in dem Gastgeber Südafrika auf das allseits in der Presse stehende Mali trifft. Und vermutlich gibt es dafür bessere Orte als ein winziges senegalesisches Dorf. Aber mit Sicherheit gibt es in einer solchen Lage bessere Bedingungen als mit nur noch 10.000 Franc im Geldbeutel und hundert Kilometer entfernt vom nächsten Krankenhaus dazustehen. Und überhaupt, das tödliche Tropenfieber gehört nicht zu der Sorte Souvenirs, die man von seinem Afrikaurlaub mit nach Hause nehmen möchte. Leider konnte ich mir das alles nicht aussuchen.

Den Tag über ging es mir prächtig, nach einer angenehmen Tagesetappe über die staubigen rotbraunen Lehmpisten im tropischen Savannengebiet des Senegals erreichten Rudi und ich den Ort Toubacouta, kurz vor der Grenze zu Gambia. Der Ort lag im Siné-Saloum Delta und das Wasser des Flusses ließ Mangroven, dichte Büsche und knallig bunte Blumen aus dem Boden sprießen. Auf unserer Fahrt hatten Rudi und ich Pelikane und Kakadus entdeckt, und wir konnten beobachten, wie eine Herde Grüner Meerkatzen sich mit ihren Jungen an einem Wasserloch sonnte.

Der verschlafene Ort Toubacouta glich den vielen anderen Dörfern im Senegal: Sandige Straßen, runde Lehmhütten mit Palmdächern, dickbusige Frauen, attraktive Wolofdamen und kräftige junge Männer, die uns erstaunt aber freundlich hinterherwinkten, als wir mit unseren schweren Rädern die staubigen Gassen entlangfuhren. Im Hinterhof einer leicht heruntergewirtschafteten Ferienanlage schlugen wir unsere Zelte auf. Für keine drei Euro durften wir dort kampieren und die Toilette eines der leerstehenden Gästezimmer benutzen. Nachdem wir die Zelte aufgestellt und die Taschen ausgepackt hatten, schlenderten wir durch den Ort, um ein Restaurant zum Abendessen zu finden. Ein paar Schritte von unserer Unterkunft entfernt stoppten wir an einer gemütlich eingerichteten Bar, die Jacque, ein ebenfalls gemütlicher belgischer Auswanderer, betrieb. Wir freuten uns über die Gesellschaft, freies Wi-Fi und einen Fernseher, um den Africa Cup zu verfolgen. Noch einen Abend hatten wir im schönen Senegal, bevor wir am nächsten Morgen die Grenze in das kleine Gambia überqueren wollten.

Jacque, der spaßige Belgier mit Lockenkopf, stellte uns zwei Bier vor die Nase und hieß uns willkommen. Als er hörte, dass wir mit den Rädern weiter in den Süden wollten, verzog er das Gesicht.

»Habt ihr noch nicht gehört, was passiert ist?«

Rudi und ich schüttelten den Kopf und der Belgier sprach leise weiter.

»In der Casamance haben sie acht Leute erschossen. Banditen, sie wollten eine Bank überfallen und dann ist was schiefgegangen. Auch zwei Franzosen sind unter den Opfern. Da müsst ihr echt aufpassen, in der Casamance ist nicht zu spaßen! Ich würde da jetzt nicht mit dem Rad durchfahren.«

Ein leichtes Gefühl des Unbehagens kroch in mir hinauf. Unsicher blickte ich zu Rudi herüber und versuchte mit etwas Ironie die Stimmung zu heben.

»Toll, und das sagt einer, der im Senegal eine Bar aufmacht!«

Dann tranken Rudi und ich einen Schluck vom vertrauten Gazelle-Bier, aber irgendwie schlug mir die Warnung von Jacque auf den Magen und das kalte Bier wollte mir nicht recht schmecken.

Nach ein paar Tipps für unsere Weiterreise kehrte Jacque zurück hinter die Bar und Rudi und ich bestellten bei Tayo, dem breitschultrigen, tiefschwarzen Küchenchef Thunfisch mit Pommes und Salat. Als das Abendessen serviert wurde, bekamen wir große Augen: Ein

Stück Thunfisch groß wie ein Rindersteak mit einer feinen Weißweinsoße lag auf einem riesigen Teller, der bis zum Rand mit knusprigen Pommes bedeckt war.

»Das haben wir uns nach all den Kilometern auf den sandigen Pisten verdient!«, sagte Rudi strahlend. Ohne weitere Worte stürzte sich Rudi auf sein Essen.

Seltsamerweise schwand bei mir der Appetit, bevor ich überhaupt einen Bissen genommen hatte. Ich blickte zu Rudi, der wie ein Weltmeister abwechselnd Pommes, Fisch und Bier herunterschluckte und seinen Teller bereits halb leer hatte. Ich hingegen schob mir vorsichtig eine Gabel Fisch in den Mund und bemerkte mit wachsender Alarmiertheit, dass sich ein ungewohntes Völlegefühl in meinem Magen breitmachte – und das hatte sicher nichts mit Jacques Warnungen zur Casamance zu tun. Ich versuchte noch einmal ein paar Pommes nachzuschieben, da wurde mir schlagartig übel. Ohne ein Wort der Erklärung schob ich meinen Stuhl zurück, stand auf und lief eilig zu den Toiletten. Ich stürmte in das kleine Klohäuschen und zog die Tür hinter mir zu. Dann wurde mir schwarz vor Augen.

Als ich wieder zu mir kam, lag ich auf dem Boden der Toilette, zusammengekauert auf den sandigen Fliesen. Ich verstand nicht, was geschehen war, und langsam zog ich mich an der Kloschüssel nach oben. Ich begann zu zittern und das Aufstehen wollte mir nicht gelingen. Mit letzter Kraft schaffte ich es gerade, mich auf die Knie zu hocken, die Keramikschüssel zu umklammern und meinen Kopf in der Schüssel zu versenken. Dann ließ ich meinem Mageninhalt freien Lauf.

Mehrere Minuten lang hing ich über der Schüssel und erbrach mich, bis nur noch die bittere Galle aus meinem Mund tropfte. Kaum war mein Magen geleert, spürte ich Druck, auch meinen Darm zu befreien, und ich begann heftig zu schwitzen. Alle Poren meiner Haut schienen sich zu öffnen, in dem Versuch, das Gift aus meinem Körper zu spülen. Inzwischen war ich schweißgebadet, mein langarmiges Baumwollshirt hatte sich dunkel verfärbt und selbst meine dickere Trekkinghose klebte nass an meinen Schenkeln.

Dann begann das Zittern. Ich fühlte mich eiskalt und um mich herum drehte sich alles. Kurz drohte ich erneut ohnmächtig zu werden, da riss mich mein Würgereflex zurück und ich erbrach mich abermals in die schmutzige Kloschüssel. Tränen liefen mir die Wangen hinunter und in meinem Kopf kreisten wirre Gedanken an meine Heimat.

Eine Ewigkeit verging, bis der Spuk langsam nachließ. Als ich wieder genug Kraft in den Beinen spürte, rappelte ich mich auf und hockte mich auf die Kloschüssel. Ich vergrub mein Gesicht in den Handflächen. Für einige Minuten verharrte ich und beobachtete, wie Schweiß und Tränen zwischen meinen Füßen auf die schmutzigen Kacheln tropften. Schwach und schwankend wagte ich schließlich aufzustehen und die wenigen Schritte zum Wasserhahn zu gehen. Mit dem kalten Wasser wusch ich mir das das totenbleiche Gesicht und versuchte zu begreifen, was geschehen war. Noch nie im Leben hatte ich dermaßen die Kontrolle über meinen Körper verloren! Wie konnte es mir schlagartig so schlecht gehen?

Wie ein Häufchen Elend tapste ich zurück an die Bar, wo mich Rudi und Jacque bereits mit sorgenerfüllten Gesichtern erwarteten. Jacque musterte mich kurz.

»*Merde,* siehst du scheiße aus!«, sagte er dann. »Du musst unbedingt einen Malariatest machen!«

Beim Wort Malaria stellten sich meine Nackenhaare auf und Entsetzen machte sich in mir breit. Daran hatte ich überhaupt nicht gedacht! Aber jetzt, wo Jacque es aussprach, klang alles nach dem tödlichen Buschfieber. Kurz drohte ich wieder ohnmächtig zu werden, da packte mich Rudi und schob mich auf einen der Plastikstühle.

»Alles klar, Jacque, machen wir! Wo sollen wir denn hin mit ihm?«

»Hm, das ist schwierig.« Jacque fuhr sich mit seiner Hand durch das krause Haar. »Das nächste Krankenhaus ist in Kaolack. Das sind fast hundert Kilometer und es ist Samstagabend. Das dauert zu lange.«

Einen Moment überlegte der Belgier, dann rief er seinen Küchenchef zu sich und beriet sich mit ihm auf Französisch.

»Tayo bringt dich zur Apotheke. Die ist fünf Minuten von hier und sollte noch geöffnet haben. Mach dir keine Sorgen, der Apotheker ist ein guter Kerl.«

Und dann packte mich der kräftige Tayo und setzte mich auf den Rücksitz seines Quads, stieg selber vorne auf und bretterte mit mir durch den stockdunklen Ort. Während der Senegalese das Geländefahrzeug durch die sandigen Gassen Toubacoutas steuerte, klammerte ich mich, noch immer schweißdurchnässt, an den breiten Körper, um bei der holprigen Fahrt nicht hinunterzufallen. An jedem anderem Tag wäre die kostenlose Spritztour auf dem Geländefahrzeug ein tolles Abenteuer gewesen, aber mit Galleresten zwischen den Zähnen und vor Kälte zitternd war es eine Horrortour.

Nach einer gefühlt endlosen Fahrt stoppte Tayo das Gefährt vor einem quadratischen weiß gestrichenen Backsteingebäude, auf dem in grüner Farbe die Aufschrift »Pharmacie« zu lesen war. Dann hob er mich vom Quad und schob mich durch die offenstehende Tür. Die Apotheke hatte zu der späten Stunde also tatsächlich noch geöffnet, aber nicht nur das: Der halbe Ort schien sich dort versammelt zu haben. Ein Dutzend Männer stand eng gedrängt vor dem Schalter und starrte laut gestikulierend in die Ecke, in der auf einem niedrigen Holztisch ein kleiner Röhrenbildschirm flimmerte, der das Fußballspiel zeigte. Südafrika gegen Mali, es stand 1:1, die Partie befand sich in der Verlängerung.

Obwohl ich aussehen musste wie der lebende Tod – bleich, durchnässt und mit einem verfilzten Rauschebart – schenkten mir die Männer kaum einen Blick, sondern feuerten lautstark die beiden Mannschaften an. Tayo schob mich in Richtung Schalter und ein schlaksiger Mann in weißem Kittel und mit einer dunklen Baseballkappe auf dem Kopf stellte sich als *pharmacien* vor. Der Mann hatte ein freundliches Lächeln, aber die Baseballkappe, auf der der orangene Hirschkopf des Jägermeister-Logos prangte, vermittelte nicht gerade Seriosität.

Tayo setzte mich auf einen Stuhl hinter dem Schalter und gesellte sich zu den Männern am Fernseher, schüttelte hier und da ein paar Hände und begann mit seinen Kumpels, das Spiel zu verfolgen. Derweil musterte der Mann mit der deutschen Likörwerbung auf der Kappe mich kurz, schnallte die Blutdruckmanschette um meinen Arm und fragte mich, was passiert war. In holprigem Französisch berichtete ich von meinem Schwächeanfall.

Der Apotheker warf einen prüfenden Blick in mein Gesicht, dann auf den Spielstand im Fernseher und kam zu seiner Diagnose:

»*Aha, alors, le palu.*« Dann verschwand er hinter dem Schalter und begann die hohen Medikamentenregale zu durchsuchen.

Auf dem Fernseher war das Spiel unterbrochen, die Mannschaften bereiteten sich auf das Elfmeterschießen vor.

Der Apotheker kam zurück und drückte mir drei dicke Schachteln in die Hand.

»Davon nimmst du jetzt sofort eine und dann drei Tabletten pro Tag. Fünf Tage lang. Und dann noch das hier, gegen den Durchfall. Und das hier ist gegen das Fieber.«

Verwirrt von der schnellen Diagnose und den vielen Tabletten blickte ich den Apotheker fragend an.

»Ja, aber ich hab doch gar kein Fieber.«

»Das wirst du bekommen«, antwortete er und warf erneut einen hastigen Blick auf den Fernseher. Das Elfmeterschießen wurde angepfiffen.

»Aber was habe ich denn?«

»*Tu as le palu*«, antwortete er knapp.

»*Palu?*«

»*Oui, paludisme, malaria.*«

»Malaria? Wollen Sie nicht erst mal einen Malariatest machen?«

»Malariatests haben wir hier nicht, die sind zu teuer. Du solltest dich mal sehen. Die Zeichen sind eindeutig. Hast du Malariaprophylaxe genommen?«

»Nein«, gab ich kleinlaut zu.

»Hättest du besser tun sollen. Aber jetzt ist es zu spät. Nimm die Tabletten und nach fünf Tagen wird es dir besser gehen.«

Der Apotheker wandte sich dem Fernseher zu. Ich verharrte einige Minuten zusammengesunken auf dem Stuhl hinter dem Schalter und beobachtete, wie Südafrika einen Elfmeter nach dem anderen verschoss und Mali ins Halbfinale des Afrikacups einzog.

Als sich die Menge in der Apotheke langsam auflöste, kam Tayo zu mir. Er war zufrieden mit dem Ausgang des Fußballspiels und der Diagnose des Apothekers. Daher hob er mich wieder auf das Quad und bretterte mit mir auf dem Sozius zurück zu Rudi und Jacque.

Dort angekommen kam ich mir vor wie ein Verräter. Malaria! Hätte ich bloß auf meine Mutter gehört und nicht auf Alfred, der meinte, ein paar Bierchen am Abend würden genügen, um den tödlichen Virus fernzuhalten. Wie in Trance stolperte ich unter Rudis Führung zurück zu meinem Zelt und warf mich in den Schlafsack.

Meine erste Nacht mit Malaria war grausam. Unruhig träumte ich von Fußbällen und orangefarbenen Hirschen, mir war abwechselnd heiß und kalt, unzählige Male musste ich vom Durchfall geplagt auf die Toilette des benachbarten Bungalows wanken.

Am nächsten Morgen, noch immer von stechenden Magenkrämpfen geplagt und vollkommen erschöpft, hockte ich zusammen mit Rudi vor dem Zelt und hielt Krisensitzung. Eigentlich hatten wir mit unserem letzten Tag im Senegal gerechnet und daher hatten sowohl Rudi als auch ich kaum noch Geld in den Taschen. Ich zählte

10.000 Franc, etwa 15 Euro. Damit konnte ich mir keine Woche Genesung in dem kleinen Hotel oder im Zelt leisten. Der nächste Geldautomat befand sich, genau wie das nächste Krankenhaus, in Kaolack, und da kamen wir so schnell nicht hin.

Rudi hatte aber bereits eine Lösung für unser Dilemma gefunden: Unweit von unserer Campingmöglichkeit gab es ein prächtiges Touristenhotel, das Kreditkarte akzeptierte und das für meine Genesung einen guten Standard bot. Also inspizierten wir die benachbarte, hübsch gepflegte Ferienanlage. Das noble Hotel Keur Saloum kostete stolze 45 Euro pro Nacht und war damit so teuer wie drei ganze Wochen Fahrradtour durch Afrika. Zu müde zum Denken und zu erschöpft, um etwas anderes zu suchen, quartierte ich mich dennoch ein. Nachdem Rudi mich im Hotel abgestellt hatte, beschloss er, bereits nach Gambia vorzufahren, um eine Campingmöglichkeit zu organisieren und sich um seinen Rückflug nach Deutschland zu kümmern. Rudi hatte nicht genügend Geld für das teure Hotel. Ich sollte ihn in einigen Tagen in Gambias Hauptstadt Banjul wiedertreffen.

So verbrachte ich die nächsten Tage alleine in einem noblen senegalesischen Touristenhotel, das einen traumhaften Ausblick über das vogelreiche Naturparadies des Saloum-Deltas, einen wunderschönen Swimmingpool und gemütliche Liegestühle zum Sonnenbaden bot. An der Bar gab es einen Cocktail des Tages und abends ließen sich die französischen Gäste in gebügelten weißen Hemden Muskateller zu ihren Froschschenkeln servieren. Doch mit meiner Malaria fühlte ich mich nicht in der Lage, mich am Wohlfühlprogramm des Hotels zu beteiligen, sondern lag vom Tropenfieber geplagt im Bett meines runden Bungalows und verbrachte zwanzig Stunden am Tag schlafend. Dabei verlief meine Genesung, nach den ersten schlimmen Stunden, deutlich besser als vermutet. Bis auf eine erhöhte Temperatur sowie sehr viel und sehr tiefen Schlaf in einem viel zu teuren Hotelzimmer, konnte ich dank der schnellen Behandlung kaum etwas von der Malaria spüren. Die Tabletten, die ich zu mir nahm, waren jedoch zehnmal stärker als diejenigen, die ich für die Prophylaxe hätte nehmen sollen, und die Mischung aus Medikamenten, meinem schlechten Gewissen gegenüber meiner Mutter und der Malaria schalteten mich für eine knappe Woche vollkommen aus. Allein das Skype-Gespräch mit meiner Mutter, bei dem ich ihr beichten musste, dass ich auf die Malariaprophylaxe verzichtet hatte und nun mit Buschfieber in einem senegalesischen Dorf lag, hinterließ traumatische Spuren. Krank vor Sorge konsultierte meine Mutter dann auch gleich eine Tropenärztin, die mir durchs Telefon gründlich den Kopf wusch.

»Sie haben Glück gehabt, dass sie nicht die Malaria tropica erwischt haben! Das wäre nicht so glimpflich ausgegangen. Aber auch mit der einfachen Form ist nicht zu spaßen, Sie müssen nun mit dem Erreger leben, denn der bleibt in Ihrem Körper. Es kann passieren, dass Sie in den kommenden Jahren weitere Malariaschübe bekommen. Bei einem Patienten wurden 40 Jahre nach der Erstinfektion noch Fieber- und Malariaanfälle festgestellt.«

Nachdem ich aufgelegt hatte, beschloss ich, zukünftig mehr auf meine Mutter zu hören. Auch mit 32 Jahren war eine solche Erkenntnis noch möglich.

GENESUNG
IN GAMBIA

BANJUL, GAMBIA, FEBRUAR 2013
– 9.555 KILOMETER –

Ich wollte nicht, dass sie ihn verprügeln, aber da war es schon zu spät. Ich zeigte auf den hageren Mann und brüllte laut: »Er hier, er war's!«, dann schob sich ein muskelbepackter Arm aus der Menge, packte den Mann am Hemdkragen und zerrte die dürre Gestalt aus dem Bus. Sie begannen, auf ihn einzuschlagen, wieder und wieder. Bis ihm das Blut durch das Gesicht lief.

Gambia kam mir ein wenig seltsam vor. Das kleinste Land Afrikas hatte gerade erst die Mehrwertsteuer und die Viertagewoche eingeführt und wollte durch Ölexport wirtschaftliche Stabilität erlangen, obwohl dort bisher noch kein einziger Tropfen Öl gefunden worden war. Es war das Land, dessen höchster Berg 53 Meter über dem Meer thronte und dessen Präsident Diabetes und HIV per Handauflegen heilen konnte. Das gambische Präsidialamt hatte seinen Staatschef daher bereits als »die größte Bedrohung für die Interessen multinationaler Pharma-Unternehmen« gefeiert und ausländische Botschaftsmitarbeiter des Landes verwiesen, die an den Heilkräften des Präsidenten gezweifelt hatten.

Nein, ich hatte keine bleibenden Wahnvorstellungen, durch die Lariamtherapie während meiner Malariaerkrankung davongetragen, denn auch wenn man auf der Afrikakarte lange suchen musste: Das Land existierte wirklich.

Fünf Tage dauerte es, bis ich nach meiner Malariakur wieder in den Sattel meines Fahrrads stieg, um in das sagenumwobene Gambia zu radeln. Nach fünf Tagen war den froschschenkelfressenden Touristen abends im Hotelrestaurant ein ganzes Spanferkel serviert worden, eine westliche Köstlichkeit, über deren Zubereitung sich die muslimischen Köche mit Sicherheit besonders gefreut hatten, und ich hatte beschlossen, mich wieder auf den Weg zu machen. Am Morgen des 8. Februars zahlte ich eine horrende Hotelrechnung mit meiner MasterCard, stattete noch einmal meinem Apotheker einen Besuch ab, um mich zu bedanken, und ließ Toubacouta hinter mir. In Zukunft würde ich wohl bei jedem Schluck Jägermeister eine Gänsehaut bekommen und an meinen Malariaanfall, aber auch an meinen freundlichen Retter aus dem kleinen Ort zurückdenken.

Rudi hatte mir bereits per SMS mitgeteilt, dass sich die Fahrt in das benachbarte Gambia gelohnt hatte: »Bin in Gambia. Bis Grenze nur 30 km. Camping Sukuta, 25 km von Banjul. Platz gut, Internet schwach, saubere Keramiktoiletten. Sichere Fahrt! R.«

Nachdem ich mein schweres Rad durch die sandigen Gassen Toubacoutas geschoben hatte, setzte ich meine Fahrt auf einer gut geteerten Landstraße fort. Die Tropenkrankheit und die Nachwirkungen der hochdosierten Medikamente machten meiner Beraterleber noch zu schaffen und das Radfahren war anstrengender als gedacht. Trotzdem war meine Stimmung gut, denn ich war froh, die Krankheit überstanden zu haben und wieder im Sattel zu sitzen.

Nach zwei Stunden tauchte die Grenze vor mir auf, mitten im kleinen Ort Karang versperrte mir eine nostalgische Eisenschranke den Weg. Ein paar Buschtaxis und einige mit Kisten und Koffern bepackte Männer reihten sich in einer Schlange. Zu meiner Linken stand ein winziges gemauertes Haus mit der Aufschrift »Douane«, zu meiner Rechten eine Polizeistation in Größe und Form eines Schiffscontainers. Was im Ruhrgebiet kaum für eine Pommesbude reichte, markierte im Senegal die offizielle Landesgrenze.

Ohne große Schwierigkeiten ging der Grenzübertritt dann auch vonstatten: Gegen eine Gebühr von 30 Euro bekam ich Aus- und Einreisestempel in den Pass gedrückt, konnte mein Rad an der eisernen Schranke vorbeischieben und durfte mich einen Monat in Gambia aufhalten. Das war's. Keine lästigen Fragen zu meiner Reiseroute, keine Taschenkontrolle, keine Visabeantragung, kein Bakschisch – auf einmal befand ich mich in Gambia.

Ich radelte gut gelaunt weiter. Nach einigen Dörfern, in denen die Knirpse inzwischen nicht mehr »*donnez-moi*«, sondern »*give me*« riefen, und einer waghalsigen Fahrt über den Gambia River an Bord einer rostigen Fähre, von deren Benutzung das Auswärtige Amt und Afrikaexperten bestimmt dringend abrieten, stand ich in der gambischen Hauptstadt Banjul.

Verglichen mit dem riesigen, stinkenden Dakar war Banjul ein Dorf. Sandige Gassen, Stechmücken und Tropenklima dominierten die verschlafene Stadt. Da es nicht viel zu sehen gab, setzte ich meine Fahrt in Richtung Campingplatz fort. Auf der Strecke in Richtung Süden war Präsident Yahya Jammeh allgegenwärtig: überdimensionierte Plakate mit seinem grinsenden Konterfei zierten den National Highway. Einmal wünschte das Staatsoberhaupt »*Safe route, drive carefully!*«, ein andermal erinnerte er daran, die neu eingeführte Mehrwertsteuer zu bezahlen, und dann wünschte er allen seinen Landsleuten frohe Weihnachten und ein gesundes neues Jahr. Würde es nicht glaubhafte Berichte geben, der Präsident ließe regelmäßig vermeintliche Hexen in einen Sumpf voller Krokodile werfen und Homosexuellen die Köpfe abtrennen, könnte man meinen, er wäre ein richtig netter Kerl.

Nachdem ich die große Straße verlassen hatte, fuhr ich vorbei an traumhaften Stränden wie aus dem Reiseprospekt: feiner weißer Pudersand vor einem blauschimmernden Atlantik, hohe Kokosnusspalmen, mächtige Affenbrotbäume und dunkelhäutige Surfer, die auf den seichten Wellen des Ozeans ritten.

Die Landschaft bot eine echte Postkartenidylle, und ich beschloss, in einem der vielen Strandcafés eine kurze Verschnaufpause einzulegen. Am Gambia Beach House stoppte ich mein beladenes Rad und setzte mich auf die schattige Veranda. Die Nachmittagshitze trieb mir den Schweiß ins Gesicht und ich presste mir die kalte Colaflasche an die Wangen, die mir der Kellner gebracht hatte.

Als ich mich etwas abgekühlt hatte, saugte ich an meinem Strohhalm und begann die Menschen an den Nachbartischen zu inspizieren. Erst jetzt bemerkte ich das skurrile Bild, das mich umgab: Auf der Terrasse des Cafés war ich umgeben von muskulösen Gambiern, die oberkörperfrei über die weißen Plastiktische gebeugt saßen und bleichen Engländerinnen die Hände hielten, die ihnen verträumt in die Augen blickten. Überall hockten attraktive schwarze Männer mit Brustmuskeln und Sixpacks neben aufgedunsenen weißen Frauen mit hängenden Brüsten und Bauchansätzen, die unter den viel zu engen T-Shirts hervorquollen.

Ich nahm einen weiteren Schluck Cola und versuchte, mich auf den Strand und das blaue Meer zu konzentrieren, aber die Faszination der skurrilen Pärchen ließ mich nicht aus ihrem Bann. Direkt vor meiner Nase hockte so ein ungleiches Paar, und die kühle Atlantikbrise trug einige Wortfetzen zu mir herüber. Die mächtige Frau im weißen Tanktop schloss ihre wulstigen, sonnenverbrannten Pranken um die sehnigen Hände des Afrikaners.

»Oh, Jonathan, it would be so great if you came with me to Britain!«
Die dicke Frau blinzelte kurz zu mir herüber, und ich blickte rasch zurück auf meine Cola. So sehr ich es auch versuchte, ich konnte meine Vorurteile nicht verdrängen und in meiner Fantasie malte ich mir aus, wie der schlaue Gambier sich von der dicken Britin abschleppen und heiraten ließ, um dann in Europa ein neues Leben als Sonnbrillenverkäufer und Kleinkrimineller zu beginnen und irgendwann mit einer jungen Italienerin durchzubrennen.

»I swear to the life of my mother, I will always be honest to you«, säuselte der großgewachsene Gambier. Dann beugte er sich über den Tisch und küsste die wulstigen Lippen. *»Olivia, I love you!«*

Am späten Nachmittag erreichte ich den Camping Sukuta, wo mich Rudi bereits aufgeregt erwartete. Nach einem Willkommensbier am Tresen der Campingbar mit Joe, dem deutschen Besitzer, ließen wir uns zu Nudeln vom Campingkocher vor unseren Zelten nieder. Ich gab Rudi eine kurze Zusammenfassung der letzten Tage, und nach einer Stunde zog ich mich zurück in mein Zelt, wo ich in einen wohlverdienten, tiefen Schlaf fiel. Die Nachwirkungen der Tropenkrankheit saßen mir noch in den Knochen und ich benötigte einige Tage, um wieder vollends auf die Beine zu gelangen.

Viel Zeit zum Ausruhen blieb mir allerdings nicht, denn die kleine Hauptstadt Banjul bot eine gute Möglichkeit, einige der fehlenden Visa zu organisieren, die ich auf meiner Weiterreise durch Westafrika benötigen würde. Guinea-Bissau, Guinea und Sierra Leone hießen die nächsten Länder auf meiner Liste, und alle drei hatten Vertretungen in Banjul.

Am frühen Montagmorgen startete ich mit meiner Reisetasche, einigen Geldscheinen und wichtigen Dokumenten in meine Arbeitswoche. Kurz dachte ich an meine Geschäftstermine als Unternehmensberater im fernen Frankfurt zurück, als ich mit einer dünnen Mappe unter dem Arm am Rand der Hauptstraße ein Taxi heranwinkte. Keine Minute später saß ich eingeklemmt zwischen drei afrikanischen Mamas, deren Kochutensilien inklusive flatterndem Huhn auf der Rückbank der rostigen E-Klasse ausgebreitet waren, und die Gedanken an die frühere Arbeit waren verflogen. Mein Vorhaben, frisch geduscht und sauber bei den Botschaften anzuklopfen, wurde jäh zerstört, als mir das Huhn auf das T-Shirt kackte und mich die runde freundliche Mutti zu meiner Rechten in ihrer schwitzenden Achselhöhle begrub. Nein, das Erste-Klasse-Reisen in Deutschland sah irgendwie anders aus.

In Banjul angelangt wechselte ich bei einem Straßenhändler einige US-Dollar, die ich mit mir führte, da die ehemalige britische Kolonie meine MasterCard nicht akzeptieren wollte und ich kein Geld abheben konnte. Ich verteilte mehrere Bündel gambische Dalasi, dick wie Backsteine, in meinen Hosentaschen und begann mit meinem Reisepass, einer Serie Passfotos und Impfdokumenten die Prozedur durch die Botschaften und Konsulate.

Den Mitarbeiter in der guineischen Botschaft konnte ich überreden, mir meinen Pass bereits am selben Mittag zurückzugeben, und der Hohe Konsul von Sierra Leone höchstpersönlich bearbeitete meinen Antrag noch während ich in kurzer Hose, Flip-Flops und einem verschwitzten T-Shirt mit Hühnerscheiße auf der Brust vor ihm saß. Aber für eine Einreisegebühr von 150 US-Dollar konnte man schließlich einen gewissen Service erwarten. Das Visum für Guinea-Bissau sollte noch ein paar Tage dauern, aber ich war zufrieden mit meiner Ausbeute und den neuen bunten Aufklebern in meinem Reisepass. Es war ein gelungener Tag!

Nach anstrengenden Stunden in der gambischen Hauptstadt wartete ich in der Nachmittagshitze am großen Busbahnhof von Banjul auf eine Fahrtmöglichkeit zurück zum Zeltplatz. Es dauerte nicht lange, da hielt ein grüner Mercedes Sprinter vor mir. Zusammen mit 28 Afrikanern quetschte ich mich in das Buschtaxi und wartete, bis der Wagen losfuhr. Doch bevor die Seitentüre des Wagens geschlossen wurde, begann das Unheil.

Inzwischen war ich geübt darin, mich mit fremden schwitzenden Menschen, Tieren und diversen Utensilien in Autos zu stapeln, aber wer schon einmal versucht hat, 29 Personen plus Fahrer in ein für neun Leute ausgelegtes Auto zu quetschen, wird mir zustimmen, dass es eng wird. Und dann drängte sich ein hagerer Mann besonders aufdringlich neben mich, obwohl die winzige Lücke zu meiner Rechten selbst für afrikanische Verhältnisse keinen Platz mehr bot. Irgendetwas an dem Typen schien mir seltsam und der Mann wollte einfach nicht von meiner Seite weichen. Meine Nackenhaare stellten sich auf und geistesgegenwärtig griff ich zu meiner Hosentasche, in der ich den Reisepass und diverse Geldbündel aufbewahrte. Zu meinem Schrecken stellte ich fest: Der Reißverschluss meiner Tasche stand offen und eine fremde Hand umklammerte bereits meinen Geldbeutel!

Ohne weiter zu zögern, sprang ich in dem niedrigen Bus auf, schlug mir den Kopf an und schrie aus Leibeskräften:

»*Stop this guy! Stop him, he ist robbing me!*«

Für einige Sekunden verstummte der Tumult um mich herum. Ich hatte noch immer den Arm des Diebes ich meiner Hand. Mit einem Ruck befreite dieser sich und blickte mir tief in die Augen. In seinen Blick legte sich ein flehender Ausdruck. Aber ich war selbst viel zu aufgeregt und wusste mir nicht anders zu helfen.

Noch immer den Blick in seine glasigen Augen gerichtet, realisierte ich, wie ein kräftiger Schwarzer den Dieb am Kragen seines T-Shirts packte und ihn mit einem einzigen Ruck aus dem Bus beförderte. Der dürre Mann war kaum wieder auf den Beinen, da versetzte ihm der Kraftprotz eine Kopfnuss. Den dumpfen Knall, der entstand, als der Schädel des Angreifers auf die Stirn des hageren Tagelöhners donnerte, würde ich so schnell bestimmt nicht mehr vergessen. Mit einer Gänsehaut wandte ich mich ab, aber die schrillen Schreie und dumpfen, bleiernen Schläge, als die Menschenmeute den Mann verprügelte, drangen unaufhörlich in mein Bewusstsein.

Wenige Minuten nach dem Tumult begann das Buschtaxi Fahrt aufzunehmen. Wir hatten gerade den Ort des Geschehens verlassen, da drehte sich der glatzköpfige Alte neben mir lächelnd um.

»Mach dir keine Sorgen, weißer Mann, sie werden ihn nicht umbringen. Sie werden ihn ein wenig schlagen, dann bringen sie ihn zur Polizei. Hier in Gambia beklaut man keine Touristen!«

Nach einem anstrengenden und aufregenden Tag in der Hauptstadt verbrachte ich schließlich meinen letzten gemeinsamen Abend mit Rudi auf dem Campingplatz. Auch mein deutscher Begleiter war fleißig gewesen. Am kommenden Tag ging sein Rückflug und er hatte sich an die Reisevorbereitungen gemacht. Mit bepacktem Rad war er an den Flughafen gefahren, hatte dort Fahrrad und Taschen wiegen lassen und zurück auf dem Campingplatz sein Gepäck um die nötigen vier Kilo reduziert, um das geforderte Maximalgewicht nicht zu überschreiten. Dann war er ohne Gepäck zurück in die Stadt geradelt und hatte sich einen großen Karton und Klebeband besorgt. Den Rest des Tages hatte er damit verbracht, seine Dicke Berta zu waschen, das übriggebliebene Gepäck zu sortieren, das Fahrrad auseinanderzuschrauben und alles fein säuberlich in dem Fahrradkarton zu verstauen. Den sperrigen Karton und seine Radtaschen wollte er schließlich früh am nächsten Morgen in ein Taxi hieven und sich zum Flughafen kutschieren lassen. Ach, Rudi, dachte ich, ein wirklich gutes deutsches System!

Ein wenig wehmütig tranken wir einige letzte Flaschen Gazelle und gingen früh schlafen. Am nächsten Morgen packte Rudi sehr früh sein Zelt zusammen und wir verabschiedeten uns kurz und schmerzlos. Dann stand ich wieder alleine da.

Doch vielleicht würde ich es nicht lange sein, denn etwas abseits von Rudis und meinem Schlafplatz war in der Nacht ein neues Zelt aufgestellt worden, und neben meinem pinken Fahrrad lehnte ein altes Mountainbike, an dessen Ende an einem hohen Draht eine argentinische Flagge baumelte. Womöglich hatte sich über Nacht bereits ein neuer Begleiter auf meinen Weg verirrt.

EL AVENTURERO
ARGENTINO

SUKUTA, GAMBIA, FEBRUAR 2013
– 9.555 KILOMETER –

K aum hatte ich mich von Rudi getrennt, lag ich schon auf der Lauer nach einem neuen Weggefährten. Auf dem Kies konnte ich noch die Umrisse von Rudis Zelt erkennen, und nun war bereits eine neue Behausung direkt dahinter aufgestellt worden. Vor dem gelb-weißen Igluzelt lagen ausgetretene Jesussandalen, ein schmutziges T-Shirt und zwei rote Packtaschen verteilt im Kies. Die weiß-blau-gestreifte Fahne am etwas heruntergekommenen Mountainbike hatte bereits gut ein Drittel ihrer Länge eingebüßt und die herabhängenden Fäden waren mit Paketband provisorisch gekittet worden.

Gespannt auf den neuen Zeltnachbarn setzte ich mich in den Kies, brühte einen Kaffee, schmierte mir ein Baguette mit Marmelade und wartete. Irgendwann gegen Mittag kroch mein neuer Nachbar dann aus seinem Zelt.

»Hey hey, buenos dias!«, rief er und streckte seinen Kopf aus dem Zelteingang.

Ich sah schwarze zerzauste Haare, ein braun gebranntes Gesicht, dunkle buschige Augenbrauen und tiefe Lachfalten um glänzend braune Augen. Der Argentinier stieg aus dem Zelt, gähnte laut und streckte sich. Dann kam er herüber, schüttelte mir lachend die Hand und stellte sich als Pablo vor.

Was mir neben seinem breiten Grinsen sofort auffiel, war Pablos Geruch nach Landstreicher und getrocknetem Schweiß. Es war, als würde ihn eine muffige Wolke umgeben, die ihn bereits einige Meter gegen den Wind ankündigte. Überhaupt sah Pablo ein wenig angeschlagen aus. Seine schwarzen Haare hingen in fettigen Zotteln auf die Schultern, von seiner sonnenverbrannten Nase zogen sich lange

Hautfetzen und sein Longsleeve sah eher aus wie ein durchlöcherter Kartoffelsack. Aber bis auf sein staubig-verlottertes Äußeres war der Argentinier ein feiner Kerl.

»*Amigo!*«, rief er freundlich aus seinem Dreitagebart grinsend. »Was treibt dich denn ins ferne Gambia?«

Es war Liebe auf den ersten Blick. Ich lud Pablo zu einem Kaffee ein und wir teilten unsere Reisegeschichten. Ich konnte es kaum glauben, aber der Argentinier war noch planloser unterwegs als ich. Pablo hatte wie ich Betriebswirtschaft studiert und die vergangenen Jahre für die Aerolíneas Argentinas in Buenos Aires gearbeitet. Vor drei Monaten hatte ihn der Bürojob im Controlling genervt, er hatte seine gesparten Pesos genommen und war losgeradelt. Über Umwege war er in Marokko gelandet und hatte dort ein britisches Pärchen getroffen, das mit dem Fahrrad durch die Westsahara, Mauretanien und weiter in den Senegal wollte. Kurz nachdem sich Pablo den beiden angeschlossen hatte, hatten diese sich zerstritten und ihre Heimreise angetreten, und Pablo war einfach alleine weitergeradelt. In Mauretanien hatte ihn die Polizei aufgegriffen und wegen des ausbrechenden Mali-Konflikts bis an die Grenze zum Senegal gefahren.

»He, Argentinier«, hatten sie gesagt, »wenn du Selbstmord begehen willst und mit dem Rad durch die Wüste fährst, dann mach das woanders, aber nicht hier in Mauretanien.«

Und so war er im Senegal gelandet, den er in wenigen Tagen durchquert hatte. Nach Wochen auf dem Fahrrad und im Zelt war er mitten in der Nacht in Banjul angekommen, und ohne Karte und Ideen, wo er übernachten konnte, hatte ihn ein Afrikaner auf seinen Pick-up geladen und ihn im Camping Sukuta abgeliefert. Da war er nun und freute sich sichtlich über die erste Dusche seit Tagen und einen neuen Weggefährten.

Nachdem ich von meiner Togo-Idee berichtet hatte, strahlte mich Pablo mit einem kindischen Schimmern in den Augen an.

»Hey, Mann, total verrückt«, dann grinste er schief und ergänzte: »Okay, ich bin dabei!«

Noch am selben Tag brachen wir auf und verließen den Campingplatz auf der breiten Hauptstraße in Richtung Süden. Nach dreißig Kilometern hatten wir uns das erste Mal verfahren. Zwar mussten Pablo und ich unnötig Kilometer abstrampeln, aber die Fahrt ohne Karte und ohne metergenaue Navi-Angaben fühlte sich gut an. Nach fünfzig Kilometern verließen wir das kleine Gambia und fuhren erneut über die Grenze in den Senegal und in die abtrünnige Region der Casamance. Der gleichnamige Fluss entsprang im Osten des Senegals und brachte der Region saftige Wiesen, bevor er in einem breiten Delta in den Atlantik mündete.

In der Casamance begann ein Teil des Senegals, der sich mit seiner tropischen Vegetation erheblich von der trockenen Sahelzone und der Savanne unterschied: Mangrovensümpfe und Reisfelder in weiten Wasserflächen reihten sich an Abschnitte mit hohen Dattelpalmen und uralten Affenbrotbäumen. Pablo und ich radelten vorbei an Kakaoplantagen und Orangenbäumen, und oft waren wir eingeschlossen in dem hohen grünen Dickicht, das links und rechts von der holprigen Straße in den Himmel kletterte. Nicht nur die Natur, auch die Bevölkerung unterschied sich vom Norden Senegals, was wir an einer einfachen Tatsache feststellten: der Existenz von Schweinen. Im muslimischen Norden des Senegals hatte ich bis auf das Spanferkel im Franzosenhotel kein einziges Schwein zu Gesicht bekommen. Nun in der Casamance standen die dicken Säue häufig in den hohen Müllbergen hinter den Dörfern und fraßen den Unrat. Die dort lebenden Einwohner vom Volk der Diola waren zum größten Teil Katholiken, die in der Casamance vom Reisanbau lebten – und die hochgewachsenen Frauen waren mindestens genauso schön anzusehen wie die Wolofdamen im Norden des Landes.

Pablo und ich radelten auf bröckeligem Teer durch die abtrünnige Region des Landes, die seit Jahren um die Unabhängigkeit kämpfte. Das Mouvement des forces démocratiques de la Casamance setzte sich seit 1990 für die Abspaltung vom Senegal ein, und Rebellen und Militär lieferten sich regelmäßige blutige Auseinandersetzungen, in denen in den vergangenen Jahren mehrere hundert Menschen ums Leben gekommen waren. Und auch Pablo und mir wurde es etwas unheimlich, als an den regelmäßigen Straßenkontrollen bewaffnete Freiheitskämpfer mit Maschinenpistolen patrouillierten, sich die Minenwarnschilder häuften und wir hinter einem Waldstück einen Panzer im Gebüsch entdeckten.

Doch von Kämpfen und Unruhen bekamen Pablo und ich glücklicherweise nichts mit. Im Gegenteil, in den vielen Dörfern rannten uns erneut Knirpse mit strahlenden Augen hinterher, die Frauen lugten vorsichtig aus ihren Lehmbauten und winkten uns verhalten zu und auch die dickbäuchigen Rebellen mit den Kalaschnikows entpuppten sich nach anfänglichem Erstaunen über die deutsch-argentinische Fahrradtruppe als freundliche Gesellen.

Wir hatten uns gerade an die vielen Unterbrechungen durch die Rebellenpatrouillen gewöhnt, als Pablo plötzlich laut zu fluchen anfing.

La puta madre!«, rief er hinter mir, und ich fürchtete bereits eine Straßensperre, Wegelagerer oder ein Trupp Freiheitskämpfer, die uns an den Kragen wollten. Dann ergänzte Pablo:

»Mann, mein Hemd stinkt grauenhaft!«

Glücklich über Pablos Erkenntnis und die ausbleibende Bedrohung antworte ich:

»Ja, da hast du recht, eine Wäsche wäre wohl nicht verkehrt.«

»Eigentlich wollte ich es auf dem Campingplatz in Gambia waschen, aber irgendwie hab ich's vergessen. Heute Abend werd ich das Ding sauber schrubben, unbedingt!«

Aus Pablos Plan wurde nichts, da wir unsere Zelte tief im grünen Gebüsch des Regenwalds aufschlugen und die Wasserreserven benötigten, um unsere Hände und Gesichter zu waschen. Und auch am nächsten Abend wurden Pablos gute Vorsätze nicht in die Tat umgesetzt. Wir hatten Ziguinchor erreicht, die Hauptstadt der Casamance, und fanden einen Schlafplatz im Hinterhof eines Hotels. Als ich Pablo am Abend ein Bier an der Hotelbar ausgab und ihn an sein Hemd und die Wäschepläne erinnerte, lehnte er sich in seinem Sessel zurück, nahm zufrieden einen Schluck Bier und antwortete:

»Weißt du, das mit dem Waschen kann ich auch morgen noch erledigen!«

BIZARRER KAFFEE
IN BISSAU

BAFATÁ, GUINEA-BISSAU, FEBRUAR 2013
– 10.074 KILOMETER –

Mein Aufenthalt in Gambia hatte sich gelohnt: Ich hatte mich von der Malaria erholt, mit Pablo einen neuen Reisegefährten gefunden und in meinem Reisepass klebten drei neue bunte Aufkleber: République de Guinea-Bissau, République de Guinée und Sierra Leone.

Von den drei Staaten, die ich als nächstes mit dem Fahrrad durchqueren wollte, wusste ich nicht wirklich viel. Und auch die Recherche in meinem Reiseführer trug kaum dazu bei, mir eine Vorstellung von den Staaten zu verschaffen. Im Gegenteil, ihre Geschichten ähnelten den Schicksalen der vielen anderen afrikanischen Staaten, die sich bekanntermaßen mit wenigen Sätzen zusammenfassen lassen:

Nach Jahrzehnten der Ausbeutung merkten die europäischen und amerikanischen Besatzer, dass es im armen Afrika außer Tropenkrankheiten nicht viel zu holen gab. Dennoch bedurfte es erst einiger blutiger Bürgerkriege, bevor sich die Unterdrücker aus den gebeutelten Ländern zurückzogen. In Form der sogenannten »Demokratisierung« übergab der Westen die politische Macht an die afrikanischen Militärs. Diese bildeten instabile Regierungen, und eine Mischung aus korrupten Politikern und Drogenbossen übernahm das Sagen. Die neuen Regierungen standen den ehemaligen Besatzern in nichts nach und wirtschafteten sich den wenigen Wohlstand in die eigenen Taschen. Ein undurchdringliches Netz aus Korruption wurde gesponnen und ganze Landstriche gegen billige Dollars an asiatische Investoren veräußert. Auf den Kakaoplantagen arbeiteten Kinder und die Erwachsenen fanden in der vergeblichen Suche nach Diamanten oder im Alkohol einen neuen Lebenssinn. Touristen trauten sich nicht in die politisch noch immer instabilen Länder, das Auswärtige Amt gab idiotische Sicherheitshinweise heraus und goss damit Öl ins Feuer, und nur Verrückte auf pinkfarbenen Fahrrädern wagten sich tiefer in die Länder, um sich ein Bild vor Ort zu machen.

Als Folge blieben die Staaten wirtschaftlich unterentwickelt und konnten weder echte Demokratie noch Bildung aufbauen. Gleichzeitig blickte der Westen mit Argwohn auf Afrika und klagte über Genitalverstümmelung und andere Grausamkeiten, ohne sich für das Schicksal der Länder, deren Historie oder Einwohner überhaupt annähernd zu interessieren. Einmal im Jahr eine Überweisung bei der Spendengala mit Johannes B. Kerner und das Gewissen ist beruhigt. Und wenn dann noch furchtbare Tragödien wie Ebola ausgerechnet diese Regionen heimsuchten, na dann, Prost Mahlzeit! Dann guckte man doch besser gleich zweimal weg und diskutierte über die Eurorettung oder über zu viele Flüchtlinge in Europa, anstatt über Reparationszahlungen oder Investitionen in Afrika als Ausgleich für die Folgen, die der Kolonialismus dort hinterlassen hat!

Vermutlich sollte man die Geschichte der Staaten Westafrikas etwas differenzierter betrachten, aber mehr Vorwissen hatte ich nun einmal nicht, als ich mit Pablo die Grenze nach Guinea-Bissau überquerte. Und wie kann man Vorurteile besser abbauen, als dadurch, dass man sich selbst vor Ort überzeugt?

Im kleinen Guinea-Bissau war es in der Tat ähnlich wie in meiner Vorstellung. Erst Mitte der 70er hatten die portugiesischen Besatzer das Land verlassen und ihm die Unabhängigkeit zurückgegeben. Zuvor hatte ein blutiger Bürgerkrieg getobt, unter dessen Folgen die Einwohner bis heute zu leiden hatten. Der letzte Staatsstreich und der Aufbau einer militärischen Übergangsregierung hatten gerade einmal wenige Wochen zurück gelegen und die ersten freien Wahlen waren für 2014 geplant. Aufgrund seiner geringen geografischen Größe und seiner politischen Vergangenheit stand das Land bei Touristen nicht gerade hoch im Kurs, und eine funktionierende Wirtschaft existierte nicht. Bestes Beispiel für die Armut des Landes: 85 % des Exports wurde aus Cashewnüssen erwirtschaftet. Ja, richtig, Cashewnüsse!

Mit dem Eintritt in das winzige Land staunten Pablo und ich nicht schlecht, als wir auf vollkommen neu geteerten Straßen in das Land rollten. Wie von deutscher Ingenieurskunst geplant und umgesetzt bahnten sich die frisch asphaltierten Pisten kilometerlang durch den dichten grünen Dschungel. Wir genossen das leise Surren, das entstand, als unsere Räder den schnellen Teer griffen, und folgten den Straßen, die sich durch hohe Gräser und Palmen, durch Alleen voller Cashewbäume und grüne Tropengewächse schlängelten.

Die Straße führte uns weg von der Küste in Richtung Osten. Die Temperatur wurde zunehmend drückender und der Dschungel um uns herum immer dichter, sodass wir den Eindruck bekamen, vor uns hätte jemand den Pfad mit einer Machete frisch herausgeschlagen. Manchmal drängte sich das Buschwerk so stark zurück auf die schmale Straße, dass uns die grünen Halme des Dickichts ins Gesicht schlugen, manchmal verirrten sich Schmetterlinge und andere, handgroße Insekten auf unsere Packtaschen. Mit jedem Kilometer drangen wir tiefer ein in den grünen Regenwald.

Unterwegs überholten wir Arbeiter, die uns mit Hacken, Macheten oder Gewehren über der Schulter entgegenkamen und freundlich grüßten. Männer auf klapprigen Fahrrädern transportierten Brennholz, Frauen trugen Wassereimer auf ihren Köpfen und hin und wieder trotteten Eselkarren durch das feuchte Tropenland.

»*That's Africa, amigo!*«, rief Pablo, und zuversichtlich radelten wir voran.

Pablo und ich hatten geplant, Guinea-Bissau der Länge nach zu durchqueren und im Nordosten des Landes die Grenze nach Guinea zu passieren. Wenn wir morgens aus unserem Versteck krochen, waren die Zelte feucht vom Tau der Tropen und bereits früh hatten sich Pablos und mein Oberhemd dunkel gefärbt vom Schweiß. Um zehn Uhr zogen wir unsere langarmige Kleidung an, um unsere Arme vor der Sonne zu schützen, und um elf begegneten wir bereits kaum mehr einem Einheimischen auf der Straße. In der Mittagszeit zogen sich die Bewohner des Landes dann ganz in ihre Lehmhütten und unter die schattenspendenden Überdachungen zurück.

Anfangs versuchten Pablo und ich mittags ebenfalls eine Siesta einzulegen, aber irgendwann konnten wir es nicht mehr aushalten; selbst im Schatten der riesigen Baobabs flimmerte die Gluthitze vor unseren Augen und die schwüle Luft war zum Schneiden dick. Irgendwann fuhren wir einfach immer weiter, um wenigstens den kühlenden Fahrtwind um die Ohren zu spüren – von morgens vor Sonnenaufgang bis zum frühen Abend.

Trotz der kaum erträglichen Hitze, dem pausenlosen Fahren und der Schmerzen im Fahrradsattel, die Fahrt durch Guinea-Bissau war ein Abenteuer, das ich in vollen Zügen genoss. Wiedermal trugen die Begegnungen einen wesentlichen Teil dazu bei, allen voran, die Kinder, die uns erneut in Scharen hinterherliefen. Im Vergleich zum Senegal waren die Knirpse noch aufgeregter, wenn sie uns zu Gesicht bekamen. Egal ob sie gerade beim Essen oder Fußballspielen waren oder in großen Wassereimern badeten, sie ließen alles stehen und liegen und rannten uns teilweise splitterfasernackt hinterher. Die sympathischen *Toubab-Toubab*-Rufe hatten sich inzwischen in *Branco-Branco-* und *Branco-mbellele*-Grüße gewandelt, aber das Lachen in den runden Kinderaugen war noch immer dasselbe. Einige Male fingen die Jungen und Mädchen in Guinea-Bissau sogar an zu singen und zu tanzen, als wir vorbeiradelten. Und egal wie Pablo und ich durch die Hitze bereits gebeutelt waren, wie sehr uns unsere Hinterteile schmerzten und wie kraftlos wir manches Mal waren; eine Hand bekamen wir immer vom Fahrradlenker, um freundlich zurückzuwinken und den Knirpsen einen Freude zu machen.

Auf den gut ausgebauten Straßen von Guinea-Bissau kamen wir gut voran und Pablo und ich harmonierten hervorragend. In Bafatá, mitten im Herzen des kleinen Landes, hielten wir an einer Bretterbude mit der bunten Werbeschrift »Café Resto Obama«. Die Sonne brannte unnachgiebig und nach den ersten fünfzig Kilometern des Tages sehnten wir uns nach einer Stärkung.

»Na dann lass mal sehen, was es zu essen gibt!«

Ich lehnte mein Fahrrad an die Wand der Garbude und trat ein.

Hinter einem Türvorhang aus billigen Kunststoffperlen hockte ein riesiger, muskelbepackter Afrikaner, der einen erschrockenen »Iiiiiieeeehhh«-Ruf von sich gab, als Pablo und ich unsere Köpfe durch die Perlenschnüre schoben.

»Iiiiiieeeehhh!«, stieß der stämmige Mann erneut aus, dann stand er auf und musterte uns ungläubig. »*White men*, was sucht ihr denn hier?«

»Wir sind hungrig!« Pablo betrat den engen Bretterverschlag und deutete auf den bunten Schriftzug an der Wand. »Steht doch an der Tür: Restaurant! Was gibt's denn?«

Vollkommen überfordert mit dem überraschenden Besuch von zwei verschwitzten, stinkenden Weißen auf Fahrrädern durchsuchte der Hüne seinen Vorratsschrank.

»Oh, ich habe gar nicht mehr viel. Und das Brot ist auch alle. Aber ich kann euch einen echten guineischen Kaffee zubereiten.«

»Kaffee klingt hervorragend!« Ich nahm auf einem wackligen Barhocker an der Theke Platz und inspizierte das dubiose afrikanische

Restaurant. Die enge Hütte, die gerade genug Platz für den großen Schwarzen und eine Handvoll Gäste bot, ähnelte von innen einem Teenagerzimmer aus den 2000er-Jahren. Die gesamte Hütte war tapeziert mit Fußballplakaten und Postern von Hip-Hop-Stars: Jay Z, Lil Wayne, Puff Daddy und Snoop Dogg schmückten den Raum, je größer die Goldketten um den Hals desto besser!

Pablo kam grinsend zu mir und setzte sich vor ein Poster von Lionel Messi im Barca-Trikot.

»Oh, ich mag es hier in Bissau, hier kennt man sogar meinen argentinischen Bruder!«

Inzwischen hatte sich der Küchenchef gesammelt, und mit viel Hingabe begann er, unsere Bestellung zuzubereiten. Der Afrikaner holte zwei bierhumpengroße Plastikbecher unter dem Tresen hervor, die so enorm waren, dass sogar seine wuchtigen Hände dagegen klein aussahen. Dann nahm er eine Büchse mit der Aufschrift »Nestlé lait concentré sucré« und stach mit einer rostigen Machete ein Loch in den Deckel. Zu meinem Entsetzen füllte er daraufhin die Bierhumpen fast bis zur Hälfte mit der gesüßten Kondensmilch. Als nächstes nahm er einen Teelöffel, schob ihn mit seinen dicken Fingern vorsichtig in eine Dose Nescafé und teilte eine Prise Kaffeepulver auf die beiden großen Becher auf. Zum Schluss goss er das Gemisch mit heißem Wasser aus einer Thermoskanne auf und rührte kräftig um.

»*Voilà, café guinée!*«, strahlte der Koch und schob die beiden Plastikhumpen über den Tresen.

Pablo grinste mich schief an, dann prosteten wir uns zu und probierten. Beim ersten Schluck von dem heißen, zuckersüßen Gebräu zog es mir die Zähne zusammen. Der guineische Kaffee schmeckte wie heißer Sirup ohne jegliches Anzeichen von Kaffee.

Auch Pablo schien fasziniert und angewidert zugleich. Nach seinem zweiten Schluck runzelte er die Stirn, nahm dem riesigen Schwarzen die Kaffeedose aus der Hand, rührte uns zwei Extralöffel Kaffeepulver in die Bierhumpen und probierte erneut. Dann lächelte er den dunklen Hünen zufrieden an:

»*Voilà amigo, that's what we call coffee in Argentina!*«

Und obwohl ich unter normalen Umständen nie im Leben Milch oder gar Zucker in meinen Kaffee schütten würde, war der guineische Kaffee mit der Extraprise Kaffeepulver das Beste, was ich in den letzten Monaten auf meiner Tour getrunken hatte. Es war ein heißes, wohltuendes Getränk, das durch den hohen Zuckergehalt sowohl

Energie als auch neue Motivation durch das Koffein für die kommenden Kilometer spendete.

Auf unserer weiteren Fahrt durch das kleine Guinea-Bissau probierten Pablo und ich alles, was uns von den Händlern am Wegesrand angeboten wurde: ob Wasser aus den schmutzigen großen Kanistern, einen Begrüßungstrunk aus dem Dorfbrunnen, Maniok, die Wurzel des Cassavastrauchs in unterschiedlichsten Formen, oder das knorpelige fettige Muskelfleisch, das in kleinen Portionen stundenlang in der afrikanischen Sonne geschmort hatte und dann über dem offenen Feuer auf den Marktplätzen gegrillt wurde. Wo der korrekte Rudi schon vom Hingucken Durchfall bekommen hätte, hatte Pablo schon seine Zähne in das lederne Fleisch gebohrt und mit einem kräftigen Schluck Brunnenwasser heruntergespült. Und aufgrund mangelnder Alternativen und einem blinden Vertrauen in den Argentinier ließ ich mich gehen und tat es ihm gleich.

Und es ging uns gut dabei. Das viele frische Obst, das wir tagsüber den dickbusigen Guineerinnen abkauften, spendete uns Vitamine und abends füllten wir die Kohlehydratspeicher mit Eintöpfen mit viel Reis, Brot und Cassava auf. Bei dem vielen Essen führten wir unzählige Gespräche mit erstaunten Afrikanern, die sich über unsere Reise erkundigten und munter mit uns scherzten. Zum ersten Mal im Leben sah ich Cashewnüsse wachsen, und nachdem ich verstanden hatte, dass an den niedrigen Bäumen unterhalb der knallroten und gelben Früchte jeweils nur eine einzige Nuss heranwuchs und ein Einheimischer mir erklärte, wie aufwendig es war, die Nüsse aus ihren Schalen zu befreien, zu trocknen und zu rösten, erst dann begriff ich ihren wahren Wert für das Land. Von diesem Tag an würde ich Cashews mit einer ganz besonderen Aufmerksamkeit essen und dabei stets an das hübsche kleine Bissau denken, das für uns sowohl landschaftlich als auch durch die Begegnungen ein umwerfendes Land war und seinen geringen Bekanntheitsgrad wirlich nicht verdient hatte.

MEIN SCHWERSTER TAG

TIEF IM URWALD, GUINEA, MÄRZ 2013
– 10.398 KILOMETER –

Pablo, ich kann nicht mehr!«

Der Argentinier war mit seinem Rad ein ganzes Stück vorausgefahren. Nun ließ er sich auf meine Höhe zurückfallen und grinste mich von der Seite an.

»Ach, stell dich nicht so an. Noch fünfzehn Minuten, dann haben wir das Dorf erreicht. Maximal zwanzig.«

»Das hast du vor einer halben Stunde schon mal gesagt.«

»Vielleicht kommt hinter der nächsten Kurve auch ein McDonald's. Stell dir vor, kalte Cola, Pommes und ein McSunday!«

Das war zu viel! Ich schaltete auf stur, trat monoton weiter in die Pedale und sprach kein Wort mehr mit Pablo. Immerhin war uns vor zwei Stunden das Wasser ausgegangen, da verstand ich keinen Spaß mit kalter Cola und Eiscreme.

Die untergehende Sonne tauchte den Dschungel in ein warmes Licht. Ich spürte, wie sich die Temperatur langsam senkte, ja fast angenehm kühl wurde. Das rote Licht fiel durch die dichten Blätter der Bäume und glitzerte im Staub der Straße, den unsere Reifen aufwirbelten. Eine ganz besondere, fast zauberhafte Atmosphäre.

Ich konnte dem malerischen Sonnenuntergang allerdings keine Schönheit abgewinnen, es war ja sowieso alles rot, da wir seit fünf Tagen durch die rote Staubwüste Guineas radelten.

Der härteste Tag meiner Tour hatte um zwei Uhr nachts begonnen. Von schmatzenden Geräuschen vor meinem Zelt schreckte ich auf. Als ich meinen Kopf aus dem Fliegengitter streckte, blickte ich in die dunklen Augen eines Wasserbüffels, der genüsslich versuchte, den Riemen meiner Fahrradtasche herunterzuschlucken. Zu meinem Glück war das guineische Rindvieh genauso schreckhaft wie ich, und nach einem entsetzten Schrei und etwas Geklapper mit den Töpfen vom Abendessen konnte ich den Büffel vertreiben. Doch trotz meiner Drohungen und einiger Steinwürfe schlich das Tier die Nacht über weiter durch das Gebüsch und bescherte mir einen unruhigen Schlaf.

Gegen sechs Uhr früh rappelte ich mich erneut auf. Ich fühlte mich müde, aber es musste ja weitergehen, bevor die flirrende Mittagshitze wieder einsetzte und das Radfahren noch beschwerlicher machte. Dass es der anstrengendste Tag überhaupt werden sollte, wusste ich zu dieser frühen Stunde noch nicht.

»*Hey, Pablo, wake up you lazy bastard!*«, rief ich hinüber und warf meinen stinkenden Turnschuh auf das Zelt gegenüber. Aus dem weißen Iglu nebenan hörte ich leises Stöhnen.

Einige Minuten später saß Pablo aufrecht in seinem Zelt und streckte den Kopf hinaus.

»*Good Morning, German amigo!*«

Mein treuer Reisebegleiter rieb sich die Augen, gähnte laut und blickte mich vorwurfsvoll an.

»Wie kann man nur so früh aufstehen? Kein Wunder, dass die Deutschen das mit den Nazis waren, ein Argentinier hätte viel zu wenig Disziplin für so einen Mist!« Dann griff er nach seiner Zahnbürste und schrubbte sich mit verschlafenen Augen, noch immer in seinem Zelt sitzend, die Zähne.

Pablo hatte natürlich geschlafen wie ein Stein und fühlte sich eine Viertelstunde nach dem Aufstehen ausgeschlafen und topfit. Vom nächtlichen Büffelangriff hatte er nichts mitbekommen. Ich hingegen fühlte mich vollkommen gerädert, nicht nur wegen meines unruhigen Schlafs – zusätzlich spürte ich ein seltsames Kratzen im Hals und meine Nase lief. Vermutlich war ich der einzige Mensch auf der Welt, der es schaffte, im heißesten Monat Afrikas eine Erkältung zu bekommen.

Ich gab mir einen Ruck und begann mit dem Zeltabbau. Hinter den gewaltigen terrakottafarbenen Bergen ging die Sonne auf und tauchte unser Versteck in den dichten Büschen in einen warmen roten Schein. Die letzten Moskitos zogen sich zurück und im Licht der ersten Sonnenstrahlen entdeckte ich die Spuren von schleimigen Schnecken und anderen Kleintieren, die auf meinem Zelt und den Packtaschen umherkrochen. Während ich die Isomatte vor meinem Zelt zusammenrollte, setzte ich meinen Fuß in ein Termitennest. Ich bemerkte meinen Fehler erst, als mir tausende der kleinen Biester bereits in die Trekkingsandale gekrochen waren und meine Wade hinaufkletterten.

Als sich der brennende Juckreiz an meinem rechten Bein ausbreitete, realisierte ich erneut: Unsere Zelte standen mitten im tropischen Regenwald.

Ich versuchte, die beißenden Termiten abzuklopfen, und eine rote Staubwolke erhob sich von meiner Kleidung. Fragend betrachtete ich meine Hände, sie waren aufgequollen, von Dornen aufgerissen und von einer rostfarbenen Staubschicht umhüllt. Der rote Staub der guineischen Pisten hatte sich auf unsere Körper und unsere Kleidung gelegt – an diesem Morgen glaubte ich, er hätte sich auch auf einen Teil meiner Seele gelegt.

»He, Pablo, haben wir Wasser für Kaffee übrig?«, rief ich in der Hoffnung, Pablo hätte noch irgendwo in seinen Taschen eine Flasche gefunden. Doch der Argentinier schüttelte den Kopf.

»Ich fürchte, du musst auf den Kaffee in Togo warten!«

Ohne morgendlichen Kaffee würgten wir ein paar trockene Kekse herunter und sattelten unsere Räder. Als ich gerade meine hinteren Taschen am Gepäckträger befestigen wollte, stellte ich fest, dass mein Reifen platt war. Ich fluchte laut hinein in die Tiefen des dunklen Regenwalds, aber es half nichts. Während Pablo gemütlich auf einem Stein hockte und den Sonnenaufgang über den tropischen Wäldern Guineas beobachtete, kniete ich mich ins dichte Gras, ließ mich von Termiten in den Hintern beißen und flickte meinen Reifen. Der fehlende Kaffee rächte sich in Form von hämmernden Kopfschmerzen und das Kratzen im Hals wurde stärker. Ich dachte an meine Familie und meine Freunde in der Heimat. Das sehnsuchtsvolle Gefühl kroch in mir hinauf, und am liebsten hätte ich mein Rad in den tropischen Busch geschmissen und laut losgeheult.

Allerdings ging das nicht, denn dann würde ich niemals ankommen in der nächsten großen Stadt, die ich mir so herbeiwünschte. Ich schluckte die Verzweiflung hinunter, zog den langen Dorn aus dem Fahrradschlauch und dachte, dass das Leben als Weltenbummler manchmal ganz schön hart war.

Nach der Reparatur setzten wir die Schinderei vom Vortag fort. Wir schoben unsere Räder aus dem Gebüsch zurück auf die Straße und vorsichtig setzte ich mich in den Sattel. Sogleich durchfuhr mich ein stechender Schmerz am Hintern, wo seit Tagen eine offene Stelle klaffte, und mir entfuhr ein lautes Stöhnen.

»He, alter Mann, nicht gleich am Anfang schlappmachen!« Pablo schob sich breit grinsend auf seinem klapprigen Mountainbike an mir vorbei. Die argentinische Flagge an seinem Gepäckträger wippte holprig auf und ab und schien mir hämisch von vorne zuzuwinken.

Ich biss die Zähne zusammen und versuchte, mit dem motivierten Argentinier Schritt zu halten. Doch wie ein rostiges Uhrwerk knirschte es in meinen Knien und bei jedem Stein, bei jedem Schlagloch erinnerten mich mein Hintern und die schmerzenden Handgelenke daran, dass ich es bereits übertrieben hatte.

Nur leider war eine längere Pause kaum möglich, denn Pablo und ich steckten mitten im Busch, irgendwo in Guinea. Mit jedem Tag warteten wir darauf, die nächste Stadt endlich zu erreichen. Wir hatten weder Kompass, noch GPS, noch eine Vorstellung, wo es überhaupt lang ging. Nur die Westafrikakarte mit dem Maßstab 1 zu 2,2 Millionen schleppte ich mit mir herum – die viel zu kleine Karte und die Gewissheit, dass wir in den kommenden Tagen keine Stadt erreichen würden.

Mir blieb also nicht viel übrig als voranzufahren, und ich fand mich damit ab, dass mein Morgen in Guinea genauso begann, wie der Abend zuvor geendet hatte: Hungrig, durstig und auf einer nicht endenden roten Sandpiste.

Die Strecke zwischen Koundara und Labé, der Hauptstadt des Fouta-Djallon-Plateaus, galt als eine der schwierigsten im Land. Im hochgelegenen guineischen Bergland gab es keine Infrastruktur, weshalb die Gegend eine der unberührtesten Regionen Afrikas war. Und schnell musste ich lernen, weshalb das so war: Die ersten 80 Kilometer, die Pablo und ich auf der Strecke zurückgelegt hatten, waren inzwischen geteert, die restlichen bestanden aus einer halsbrecherischen Dreck- und Staubwüste, auf der man sich noch nicht mal im besten Allradjeep wiederfinden wollte.

Neben der roten Staubpiste hatten wir in Guinea das Problem, dass die winzigen Dörfer weit voneinander entfernt lagen, und mit jedem Kilometer wurde mir mulmiger zumute und ich hoffte, dass das wenige Wasser reichen würde, das Pablo und ich vom Vortag noch übrig hatten. Wir versuchten, selten zu trinken, und hofften, dass um die nächste Kurve das ersehnte Dorf auftauchen würde, in dem wir unsere Vorräte auffüllen konnten.

Das sparsame Trinken war allerdings leichter gesagt als getan, denn wir waren nicht die einzigen, die auf der roten Lehmstraße in das hoch gelegene Fouta-Djallon-Plateau wollten. Bereits früh am Morgen überholten uns die ersten überladenen Buschtaxis. Grün-gelb bemalte Peugeots, die oben auf dem Dach Sofas, Stühle, Reissäcke und andere Dinge geladen hatten, rasten an uns vorbei und ließen uns in beißenden Staub- und Abgaswolken zurück. Das Gemisch aus Wüstenstaub und Diesel, das uns umschloss, zwang uns häufig, anzuhalten und uns den kratzenden Staub aus den Kehlen zu spülen.

Nach der ersten Stunde und den ersten anstrengenden Kilometern hatte ich die Schmerzen im Hintern und das Taubheitsgefühl meiner Erkältung überwunden. Das Wasser war inzwischen aufgebraucht und als Schutz vor den brennenden Strahlen hatten Pablo und ich unsere langarmigen Baumwollshirts übergestreift und die schmutzigen Kappen tief ins Gesicht gezogen. Meine müden Gelenke waren warm gefahren und gerade begann ich, das Radfahrabenteuer wieder ein wenig zu genießen, da wurde meine Motivation erneut auf die Probe gestellt, denn zeitgleich mit der einsetzenden Hitze kamen die Fliegen. Hunderte dicke, grünschimmernde Mistviecher surrten auf einmal um unsere Köpfe. Wie Pferde auf einer Weide wurden Pablo und ich von ihnen umschwärmt. Auf der hügeligen Piste ging es stetig bergauf und wir mussten beide Hände fest am Lenker halten, um die schweren Räder zu steuern – ein Abwehren der Fliegen war nicht möglich. Während wir uns mit den Rädern den Berg hinaufkämpften, hockten sich die Biester in unsere Gesichter, krabbelten langsam in unsere Ohren und tranken den Schweiß von unseren Wangen. Einige krochen unter die Sonnenbrille und versuchten, an die Augenflüssigkeit zu gelangen. Für viele Kilometer waren wir umgeben von einem stetigen Surren und Brummen.

Die Luft um mich herum waberte, voll vom Staub der Straße und tausenden Moskitos. Verzweifelt trat ich mein Fahrrad voran und versank in einer Art Trance: unter meinen Rädern die rote Sandpiste, auf meinem Körper die Last der gleißenden Sonne und um mich herum das dichte Grün der Tropen und der surrenden Fliegen. Rot, Gelb, Grün – wie die Farben der guineischen Flagge.

Etwa drei Stunden hatten Pablo und ich uns vorangekämpft durch die quälende Tropenhitze. Dann endlich erreichten wir eine Lichtung und eine Straßenkreuzung, an der einige dickbusige Frauen ihre Waren anboten.

»Ich hab's doch gesagt, *German amigo!* Noch fünfzehn Minuten und da ist das Dorf!« Mit der Aussicht auf Wasser und etwas zu essen lief Pablo erneut zur Hochform auf. Ich hingegen war froh, den anstrengenden Morgen hinter mich gebracht zu haben und sehnte mich danach, endlich einen Schluck Wasser die verstaubte Kehle herunterspülen zu können.

Wir füllten unsere Wasserflaschen, ließen uns in den Schatten einer der Hütten fallen, saßen eine Weile schweigend da und nagten an ein paar frittierten Bananen und fettigen Teigstücken, die wir den Frauen abgekauft hatten. Erschöpft und zitternd lehnte ich an der kühlen Lehmmauer.

Als ich wieder einigermaßen klar denken konnte, versuchte ich herauszufinden, wie viel Strecke wir bis Labé noch vor uns hatten. Einige der Einheimischen erklärten uns, dass das mit dem Fahrrad nicht möglich sei, und so wagten Pablo und ich erneut einen Blick auf die Landkarte.

Die Westafrikakarte, die ich mir vor meiner Abfahrt aus Mangel an Alternativen gekauft hatte, war die einzige Navigationshilfe, die ich mit mir führte. Leider war die Karte so klein, dass Länder wie Gambia oder Guinea-Bissau die Größe einer afrikanischen Dattel einnahmen, die meisten Orte gar nicht erst verzeichnet waren und wir die Höhenangaben nur erraten konnten. Frisch gestärkt wagten wir dann aber doch einen neuen Versuch. Mit dem verstaubten Daumen nahm ich Maß.

»Ich glaube, es sind noch etwa dreißig, vierzig Kilometer zur nächsten Straßenkreuzung.« Ich betrachtete den Abschnitt genauer. »Und irgendwie wechselt die Farbe der Karte von hell zu dunkel. Vermutlich geht es bergauf.«

Pablo nahm mir die Karte aus den Händen und beugte sich tief über das Papier.

»Ja, aber hier ist ein Fluss eingezeichnet, guck mal. Der wird wohl nicht ganz so hoch liegen, also werden wir hier wohl wieder runter müssen.«

»Hm, kann sein.« Ich nahm ihm die Karte wieder ab und studierte sie ausgiebig.

Pablo lehnte sich zufrieden zurück an die Mauer und biss in eine Orange. Der Saft tropfte ihm in seinen dünnen Bart und auf das durchgeschwitzte, zerlöcherte Shirt. Kauend wischte er sich mit seinem schmutzigen Ärmel den Mund ab.

»Es hat ja eh keinen Zweck, wir werden schon sehen, ob es rauf oder runter geht.«

»Ja, aber ein bisschen Gewissheit hätte ich schon gerne. Einfach nur, um zu wissen, wie viel Anstrengung noch auf uns zukommt.«

»Entspann dich, *German amigo! Relax!*«

Ich steckte die Karte weg und lehnte mich ebenfalls an die kühle Lehmmauer. Dann blickte ich auf und betrachtete die verstaubte Straße. Das Ende der roten Piste verschwand am Horizont in einem staubigen Flimmern. Es hatte wirklich keinen Zweck, ging es mir durch den Kopf. Wir würden schon sehen, ob es rauf oder runter geht!

Bevor wir aufbrachen füllten wir unsere Wasservorräte erneut am Dorfbrunnen. Die vielen Kinder freuten sich, die Pumpe für uns bedienen zu können, und als wir fertig waren, schnallte ich alle fünf Wasserflaschen, insgesamt sieben Kilo, auf mein Fahrrad, und wir setzten unsere Fahrt auf den roten Sandpisten fort.

Nach unserem Halt an der schmalen Kreuzung führte unser Weg stetig bergauf. Bei unvorstellbarer Hitze traten wir unsere Räder im ersten Gang durch den guineischen Dschungel. Die rote Staubpiste wechselte ihre Gestalt und abwechselnd radelten wir durch teichgroße Schlaglöcher, über steinige Wellblechpisten, steile Anstiege und sandige Trampelpfade. Einige Male verließ die Piste den schützenden Dschungel und kilometerweit fuhren wir durch offenes Land, vollkommen ungeschützt vor der Sonne, die von oben auf uns herniederbrannte.

Am Straßenrand entdeckten wir hoch aufgereiht Säcke mit Holzkohle, Überreste der vielen Brandrodungen, die in den Gebieten üblich waren, und ab und an passierten wir ein Mütterchen, das vertrocknetes Obst, frittierte Bananen oder gerösteten Maniok verkaufte. Pablo und ich versuchten, wenig anzuhalten, da das Wiederaufsteigen so schwer fiel, und ich dachte daran, wie schön es jetzt wäre, im klimatisierten Büroturm von Frankfurts Finanzwelt zu sitzen und in einer Exceltabelle Zahlen von links nach rechts zu schieben. Doch leider war ich nicht in Frankfurt, sondern im tropischen Guinea, und ich fragte mich erneut, wieso ich diese Tortur eigentlich auf mich nahm. Inzwischen war ich über dreißig, alle meine »vernünftigen Freunde«, wie meine Mutter sie nannte, waren wichtige Manager, Juristen, Psychologen oder zumindest Unternehmensberater. Sie waren verheiratet, hatten Kinder und zahlten die Raten für ihre Häuser ab. So wie man das eben macht im Leben. Und ich? Auf bestem Weg auf der Karriereleiter, mit gut bezahltem Job, hatte ich Deutschland verlassen und radelte nach Togo, um dort einen Kaffee zu trinken.

Ein hupendes Buschtaxi riss mich aus meiner Melancholie. Der hoch beladene Peugeot 504 raste dicht an mir vorbei und ließ mich in eine rote Staubschicht gehüllt zurück. Ich stoppte mein Fahrrad, trank einen Schluck von dem trüben, inzwischen heißen Brunnenwasser und hoffte, dass es bald dunkel würde, damit die abendliche Kühle die Sonne vertrieb. Einen Teil des heißen Wassers schüttete ich mir über den Kopf, dann beobachtete ich, wie Pablo langsam voranradelte und sich die argentinische Flagge auf der Wellblechpiste auf und ab bewegte. Um mich herum ragten riesige Bäume aus dem Himmel. Dreißig, vierzig, fünfzig Meter führten die Stämme in den Himmel. Über den Baumwipfeln erhoben sich die roten steilen Felsen des Fouta-Djallon-Plateaus. Zu meiner Rechten erkannte ich einen Wasserfall, der bestimmt hundert Meter in die Tiefe stütze. An den Stämmen der dicken Bäume schlängelten sich Lianen und andere Kletterpflanzen nach oben. Zu meinen Füßen wuchsen kniehohe Büsche und bunte Blumen mit stacheligen Beeren, modrige Pilze und leuchtende Gewächse. Von der Straße aus konnte ich keinen Meter in das Dickicht blicken, alles wurde von der Finsternis des undurchdringlichen Dschungels verschluckt. Hinter der Straße, tief im Herzen des Urwalds, hörte ich den fremden Gesang von Vögeln und das Geschrei der Affen. Einmal eingetreten in den dunklen Busch würde man nie wieder herausfinden aus dem dichten Labyrinth. Der grüne Dschungel Guineas verströmte eine düstere Atmosphäre.

Ich blickte nach vorne, Pablo war inzwischen hinter einer Kurve verschwunden. Schnell nahm ich einen letzten Schluck, steckte dann die Wasserflasche zurück in die Halterung und setzte mich wieder in Bewegung. Meinen treuen Begleiter wollte ich schließlich nicht verlieren im abenteuerlichen Guinea.

Als die Sonne bereits untergegangen war und wir die ersehnte Stadt Labé noch immer nicht erreicht hatten, gaben Pablo und ich auf und begannen uns nach einem Schlafplatz umzusehen. Wir hatten bereits das Herz des Fouta Djallon erreicht und die rote Straße schlängelte sich in weiten Serpentinen stetig die Bergwelt hinauf. Eine geeignete Möglichkeit, sich links oder rechts der Straße in die Büsche zu schlagen, bot sich wegen der steilen Hänge nicht. So radelten wir weiter, bis wir uns kaum mehr auf den Beinen halten konnten. Seit zwei Stunden hatten Pablo und ich nicht mehr gesprochen und wir waren beide an unserer Grenze angelangt.

In völliger Finsternis wagte sich Pablo schließlich einen steilen Hang hinunter und gab mir nach einer Weile ein Zeichen, dass ich folgen konnte. Dann endlich, gegen 20 Uhr und nach zehn Stunden im Sattel, hatten wir einen kleinen Fleck am Fuße eines Flusslaufs entdeckt, an dem wir zelten konnten. Als ich mein Fahrrad die Böschung hinabführte, flog meine Kamera in hohem Bogen aus der Lenkertasche, und ich hörte das Objektiv krachen. Etwas später stellte ich fest, dass zu meinem Unglück auch meine Stirnlampe vom vielen Gerüttel das Zeitliche gesegnet hatte, und ich musste mit beiden Füßen im Wasser stehend und ohne Licht das Zelt aufbauen. Als mir dann auch noch hungrig und vollkommen entkräftet meine Isomatte in den Fluss glitt, war ich erneut den Tränen nahe.

Pablo spürte meine Schwermut. Er war wie immer guten Mutes und versuchte, mich aufzuheitern.

»Amigo, heute gibt es dein Leibgericht: Pablos Chicken Flavoured Couscous Sensation!« Und wie in den vergangenen fünf Tagen rührte er daraufhin einen Brühwürfel in das lauwarme Couscous, drehte sich strahlend zu mir um und wünschte »*Bon appetit!*«

LEBEN UND STERBEN IN GUINEA

DALABÁ, TIEF IM HERZ GUINEAS, FEBRUAR 2013
– 10.601 KILOMETER –

Über Guinea wusste ich nicht viel, als ich das Land betrat. Mein kurzer Blick in den Reiseführer verriet mir: Guinea besaß eine der schönsten Landschaften Afrikas mit hohen Bergen, grünen Wäldern, Wasserfällen und einer überwältigenden Tier- und Pflanzenpracht. Die drei großen Flüsse Westafrikas, der Senegal, der Gambia und der Niger fanden ihren Ursprung in den Bergen des Landes und an der Küste konnte man auf traumhafte Strände, bezaubernde Buchten und Mangrovensümpfe stoßen. Und nicht zuletzt fand man in Guinea einen der letzten unberührten Tropenwälder Afrikas.

Wieso sich nicht mehr Touristen in das wunderschöne Land wagten? Ein weiterer Blick in den Reiseführer verriet es, denn trotz überwältigender natürlicher und kultureller Ressourcen war Guinea eines der ärmsten Länder Afrikas und ohne einen Hauch von Infrastruktur. Eine Mitschuld trug dabei mal wieder die moderne Welt, die das früher einflussreiche Imperium ausgebeutet und ökonomisch wie politisch am Boden zerstört hinterlassen hatte. Zur politischen Lage in Guinea fasste sich mein Reiseführer kurz: »Während dieser Ratgeber verfasst wurde, war Guinea von stetigen politischen Spannungen durchzogen. Bitte erkundigen Sie sich vor Reiseantritt nach der aktuellen Situation im Land.«

Das hatte ich natürlich nicht getan. Stattdessen radelte ich seit einer Woche an der Seite meines argentinischen Kumpels über die roten guineischen Sandpisten, ohne voreingenommen zu sein und vielleicht auch etwas blauäugig.

Vom kleinen Nachbarn Guinea-Bissau waren Pablo und ich über den wenig genutzten Grenzübergang bei Kandika im Norden Guineas nach Koundara geradelt. Von dort aus hatten wir hunderte Kilometer auf einer roten Staubpiste zurückgelegt und waren in Labé in das Zentrum der Fouta-Djallon-Hochebene gelangt und dann weiter durch das Herz Guineas und seiner Tropenwälder bis an die Grenze zum benachbarten Sierra Leone gefahren.

Unsere Tage begannen vor Sonnenaufgang, wenn die Feuchtigkeit noch in der Luft hing und Zelte und Taschen vom Tau der Tropen bedeckt waren, und endeten mit dem roten Licht der untergehenden Sonne irgendwo tief im Busch. Früh zogen wir unsere langärmlige Kleidung an, um uns vor der Gluthitze zu schützen, und Pablo streifte sogar regelmäßig seine Winterhandschuhe über, da seine Hände, ähnlich wie die Nase, bereits anfingen, sich zu schälen, und das Fleisch an einigen Stellen offen lag.

Die Straßen im großen Conakry, wie Guinea von den Einheimischen aufgrund seiner Hauptstadt genannt wurde, hatten kaum den Namen Straße verdient. Sie waren in einem deutlich schlechteren Zustand als zuvor im Senegal oder in Bissau. Im Gegensatz zur rebellenüberfluteten Casamance stießen wir allerdings auf wenig militärische Präsenz. Meist genossen wir die morgendliche Kühle und betrachteten die überwältigenden fremden Landschaften, die in Zeitlupe an uns vorbeizogen, während wir unsere schweren Räder über die hügeligen Wege trieben.

An den Kreuzungen der wenigen Straßen, die sich durch das Land wanden, hielten wir. Die Gabelungen der Staubpisten waren von einer Handvoll Hütten gesäumt und meist begrüßten uns geschäftstüchtige Afrikanerinnen, die uns mit gefüllten Tellern und Schüsseln auf den Köpfen entgegenliefen und ihre Waren anpriesen.

»Eeeey, eeeey, les blanches! Achetez des bananes!«, »Alors, messieurs, achetez de l'eau!« oder »Water, water!« riefen sie und lachten herzlich, wenn wir anhielten und mit ihnen um die Preise feilschten.

Und auch wenn es nicht viel gab im armen Guinea, eines gab es neben den freundlichen, aufgeschlossenen Menschen fast im Überfluss, nämlich Obst. Für umgerechnet einen Euro konnte man am Straßenrand dreißig Orangen, vierzig Bananen oder vierzig Mangos erwerben. Und natürlich nutzten Pablo und ich den guten Wechselkurs, kauften den Frauen für ein paar Cent Wasser und Obst ab und genossen die kurze Erholung von den harten Stunden im Sattel.

Die Orte in Guinea waren besonders abends sehenswert. Es gab weder Strom noch Straßenlaternen oder gar Gehsteige, und so schlenderten wir auf der ungeteerten Hauptstraße durch die stockfinstere Nacht. Nur das warme Leuchten von Gasflammen und die hellen Lichtkegel einzelner Taschenlampen erhellten die Szenerie. Hin und wieder tauchten vor uns die weißen Zahnreihen eines grinsenden Afrikaners auf und öfters stolperte ich mit meinen Flip-Flops über eine Erhebung in der Straße oder in ein Schlagloch.

Je weiter wir der Hauptstraße ins Zentrum folgten, desto faszinierender wurde das kunterbunte Treiben in den dunklen Orten. In den sandigen Gassen trafen wir die Mama Afrikas, wie Pablo und ich die dickbusigen Frauen liebevoll nannten, die mit Taschenlampen und Kochlöffeln vor ihren dampfenden Kesseln hockten, aus denen sie Reis, Maniok oder eine dickflüssige *soup* schöpften, Eintöpfe, bestehend aus Bananenblättern, Ocra, Bohnen und Fisch oder Fleisch. Die Speisen waren mit dem lokalen Piment scharf gewürzt, salzarm und mit Massen an fettigem Palmöl zubereitet. Neben den Mama Afrikas saßen ihre hübschen Töchter vor niedrigen Tischen und halfen ihren Müttern beim Abspülen der Teller oder verkauften Erdnüsse, bereits portioniert in kleinen Plastiktüten, vorgeschälte Orangen oder Bananen in unterschiedlichsten Farben und Formen. Einige Bretterbuden hatten Dieselmotoren angeschmissen, um ihre Ware unter dem hellen Schein einer einzelnen Glühbirne anzupreisen oder einen der raren Kühlschränke zu betreiben, um lauwarmes Bier oder Cola anzubieten. Im Schein von Kerzen, Glühbirnen und Taschenlampen wurde genäht, gehämmert und gefeilscht. In der Nacht, wenn die Temperaturen angenehm wurden, erwachten die Orte in Guinea zu neuem Leben.

Unter den kleinen Buden gab es faszinierende Geschäftsmodelle, wie zum Beispiel das des Handyladers: Hierzu benötigte man einen geschäftstüchtigen Afrikaner, eine lange Steckdosenleiste, ein Dieselaggregat und viele veraltete Handynetzteile von Nokia, Samsung oder Sony-Ericson, um die noch antiquierteren Handys der Besitzer mit Strom zu versorgen. Das Aufladen eines Handys über Nacht kostete keine zehn Cent, und an dem »Guinee Portable Charge« standen die Kunden Schlange.

Ein Renner schien auch der Verkauf von T-Shirts und Schuhen zu sein, die bei uns in Deutschland im Kleidersack gelandet waren. Einmal musste ich wirklich schmunzeln, als mich mitten im guineischen Busch ein Junge begrüßte, auf dessen Polohemd die Aufschrift »Schlüsselfertighaus Müller und Hopp Gelsenkirchen« prangte. Ich hatte schon gehört, dass der Altkleidermarkt in Europa ein boomendes Geschäft war. Oft wurden nur zehn Prozent der Kleidung für Bedürftige in der Heimat verwendet, der Rest wurde verkauft und der Gewinn eingestrichen. Über diverse Zwischenhändler landete der deutsche Altkleidersack dann auf afrikanischen Märkten, wo sich die Afrikaner mit unseren alten Jeans und Hemden einkleideten, die sie liebevoll »Die Kleidung der Toten« nannten.

Pablo und ich genossen den abendlichen Trubel in den fremden Orten. Auf der Suche nach einem Schlafplatz radelten wir dann entweder einige Kilometer aus den Ortschaften, um uns einen abgeschiedenen Platz im Busch zu suchen, oder wir fragten direkt vor Ort nach einer Möglichkeit zum Übernachten.

Ähnlich erschien uns all das auch, als wir in einem kleinen guineischen Ort, einige Kilometer hinter der Stadt Dalabá, tief im Herz Guineas, ankamen. Wir erkundeten das Dorf und wurden von einem hageren Schwarzen einen schmalen Pfad hinaufgeführt, während der Mann erläuterte, dass wir bei den *docteurs cubains* unterkommen könnten. Nachdem wir unsere Räder den Pfad hinaufmanövriert hatten, standen wir vor einem langgezogenen Backsteinhaus, aus dem uns ein breit lachender Weißer begrüßte – der erste, den wir seit zwei Wochen zu Gesicht bekamen. Der große Hugo mit dem dicken braunen Schnauzbart war mit seiner Frau und drei weiteren Ärzten von seiner Heimat Kuba aus nach Afrika gereist, um in Guinea medizinisch zu helfen und Studenten sein Wissen weiterzugeben.

Pablo und ich wurden sogleich freudig empfangen. Hugo und seine Frau setzten uns an eine lange Tafel und servierten Reis und Bier.

»Übernachtung bei kubanischen Ärzten in Guinea, das hatte uns noch gefehlt auf unserer Liste der Schlafplätze!«, grinste Pablo zu mir herüber und hob seine Bierflasche.

Nach wenigen Minuten waren Pablo und die Ärzte zu fließendem Spanisch übergegangen und irgendwann konnte ich dem Gespräch nicht mehr folgen. Ich ließ Pablo berichten, denn er war sichtlich glücklich, sich in seiner Heimatsprache unterhalten zu können. Ich nippte müde, aber geduldig an meinem Bier. Irgendwann bemerkte ich, wie sich Pablos freudiges Gesicht wandelte und besorgten Falten wich. Als ich ihn ansprach, blickte er mich traurig an.

»Hugo meint, hier im Ort haben achtzig Prozent der Menschen HIV.«

Damit war meine Stimmung endgültig hinüber. Ich verabschiedete mich und begann, vor dem Haus mein Zelt aufzustellen. Als ich wenig später auf meiner Isomatte lag, dachte ich zurück an die freundlichen Gespräche mit den vielen Männern am Straßenrand, mit den vielen Mama Afrikas vor ihren Suppentöpfen und an die vielen Kinderaugen, in die ich an diesem Tag geblickt hatte. Mir wurde übel und ich richtete mich auf.

Hier in Guinea stieß ich nun also auf das echte Afrika. Das echte Afrika mit all seiner Schönheit und mit seinem schrecklichen Erbe. In Guinea war ich das erste Mal wirklich an meine physischen Grenzen gestoßen, als ich mein Fahrrad auf ausgetrampelten Pfaden durch den Busch geschoben hatte. Und in Guinea stieß ich an diesem Abend das erste Mal an meine psychischen Grenzen, als ich mir ausmalte, dass von den vielen Kindern, die ich an diesem Tag begrüßt hatte, weniger als die Hälfte das Erwachsenenalter erreichen würde.

IM BETT EINES DIKTATORS

MANGE, SIERRA LEONE, MÄRZ 2013
– 11.052 KILOMETER –

Sierra Leone: von einem zehnjährigen Bürgerkrieg verwüstet, hat sich das Land am südlichen Zipfel Westafrikas in den vergangenen Jahren nach oben gearbeitet. Der Wiederaufbau schreitet voran und die ehemalige britische Kolonie besitzt heute wieder politische wie wirtschaftliche Stabilität. Und auch wenn Sierra Leone inzwischen wieder als sicheres Reiseland gilt, der Index für menschliche Entwicklung sieht das Land an fünftletzter Stelle von fast 200 anerkannten Staaten weltweit. Ein Schauer lief mir also schon den Rücken herunter, als mir der dickbäuchige, tiefschwarze Zollbeamte mit dem Namen Barry White den Einreisestempel in meinen Pass drückte, mir auf die Schulter schlug und rief: »Welcome to Sierra Leone, my friend!«

Der Übergang in das neue Land hatte mit einer Überraschung begonnen, denn einige Kilometer vor der Grenze war eine nagelneue Teerstraße aus dem Dschungel aufgetaucht. Pablo und ich konnten es kaum glauben, nach wochenlangem Rütteln auf den roten Dreckpisten endlich wieder auf einem asphaltierten Teerband sanft voranzurollen. Die Sonne brannte uns in die Gesichter, und nach einigen Minuten auf dem makellosen Untergrund entdeckten wir ein hohes Schild mit der Aufschrift: »This road was financed by the European Union«.

Ich trat freudig in die Pedale und blickte auf die Anzeige meines Tachos, die seit Tagen endlich wieder mehr als zwanzig Stundenkilometer zeigte.

»He, Pablo, für die gute Straße musst du mir einen ausgeben«, rief ich. »Kommt alles von den europäischen Steuergeldern!«

Doch trotz der glatten Straße kamen wir nicht so schnell voran wie erhofft, denn die guineischen Militärkontrollen häuften sich und die letzten Kilometer vor dem Grenzübergang wurden wir regelmäßig an den Straßenrand gewunken. Muskulöse Männer in Camouflagehosen und mit Maschinengewehren über den Schultern stoppten uns, und wir wurden aufgefordert, Pässe vorzuzeigen, Taschen zu öffnen und unsere »Mission« zu erläutern.

Das Prozedere zog sich, und erst unter der sengenden Nachmittagssonne erreichten wir den guineischen Grenzort Pamalap, an dem wir auf der neuen EU-Straße auf das Staatsgebiet von Sierra Leone rollten. Wir lehnten unsere Räder an die Wand des gemauerten Zollgebäudes und begaben uns zu den Männern, die vor einer Holzbaracke im Schatten dösten und uns ungläubig anstarrten. Schnell wandelte sich die Trägheit der Beamten in Neugier und wir waren umringt von Zöllnern in Sandalen, schwer bewaffneten Militärs und Polizisten in hochgeschnürten Stiefeln. Gespannt begannen die Männer unsere Fahrräder zu inspizieren und hier und da hörte ich erstauntes Gemurmel: »Sieh mal, sie haben Ersatzreifen dabei«, »Guck mal, eine Karte von Afrika« und »Was ist das für eine Fahne, Argentinien? Sieht ziemlich kaputt aus.«

Dann begannen die Beamten uns mit Fragen zu löchern, scheinbar mehr zum Zwecke der Unterhaltung als für das offizielle Protokoll.

»Dear Mister Pablo und Mister Markus, wo kommt ihr beiden her?«

»Und wie seid ihr denn von Spanien nach Afrika gekommen? Da ist doch das Meer dazwischen!«

»Und wie seid ihr durch die Sahara gekommen?«

»Wieso seid ihr keine Brüder? Ihr seht doch beide genau gleich aus!«

»Ach so, Argentinien. Hast du schon einmal Lionel Messi getroffen?«

»Und du, Mister Markus, stimmt es, dass alle Taxis in Deutschland Mercedes sind?«

Und während Pablo und ich unsere Reiseroute erläuterten und von Messi, Merkel und Mercedes berichteten, hörten die Uniformierten gespann zu und kommentierten unsere Ausführungen hier und da mit den typisch westafrikanischen »Iiiiieeeehhh«-Rufen des Erstaunens.

Nach unseren Erklärungen inspizierte einer der Zöllner unsere Pässe und blickte uns mit schmalen Augen an.

»Wie viel musstet ihr in Guinea den Beamten bezahlen, damit sie euch aus dem Land gelassen haben?«

Als ich erklärte, dass wir keine Bestechung zahlen mussten und die Kollegen auf der anderen Seite sehr nett gewesen waren, war der Beamte sichtlich enttäuscht.

Er gab die Pässe an einen dritten Kollegen weiter, und als dieser die Seiten mit unseren Visa betrachtete, hellte sich sein Blick auf. Er reichte unsere Pässe an die umstehenden Polizisten, Militärs und Zöllner und belehrte seine Kollegen:

»Mister Pablo und Mister Markus haben viel Geld gezahlt, damit sie Sierra Leone besuchen dürfen, das Visa für die Einreise kostet 150 US-Dollar!«

Daraufhin stimmte die Gruppe anerkennende »Iiiiieeeehhh!«- und »Uuuuuhhhhh!«-Rufe an.

Sichtlich zufrieden mit unseren physischen wie finanziellen Anstrengungen, um das ferne Sierra Leone zu besuchen, gab uns der dickste der umstehenden Zöllner ein Zeichen und wir folgten ihm in das kühle Innere seiner schattigen Hütte. »Barry White« konnte ich auf dem Namenschild lesen, das an die grau-blaue Camouflageweste geheftet war.

Der dicke Zöllner wies uns an, uns zu setzen, schenkte Tee ein und begann von seinem geliebten Land zu erzählen. Nach einer Viertelstunde hatte er uns belehrt, dass Sierra Leone das sicherste Land in ganz Afrika sei und natürlich hervorragend geeignet zum Fahrradfahren. Mit einem breiten Grinsen schob er uns die Pässe über den Tisch zu und ließ uns passieren.

Der erste Ort hinter der Grenze Sierra Leones hieß Kambia. Wie so viele Grenzorte wirkte er auf Pablo und mich etwas unheimlich. Schmierige Typen, betrunkene Schnorrer und erschöpfte Reisende drückten sich am hektischen Busbahnhof, an den Taxiständen und in den Cafés, in denen Bier und anderer Alkohol ausgeschenkt wurde, herum. Bei einem abgemagerten Jugendlichen in einem zerlöcherten Hemd wechselten wir unsere letzten guineischen Francs und erhielten im Gegenzug einige abgegriffene Bündel von hunderttausenden Leones. Wir verstauten die sperrigen Geldbündel in unseren Taschen und stiegen auf die Räder, um der aufdringlichen, unangenehmen Atmosphäre des Grenzortes zu entkommen.

Auf der breiten Teerstraße kamen wir gut voran. Am frühen Abend überquerten wir eine Stahlbrücke, die sich über einen breiten Fluss spannte und uns den Blick auf eine hübsche Landschaft eröffnete. Das blaue Wasser, das sich zwischen den runden Felsen hindurchschlängelte, die hohen Palmen und bunten Orchideen in der sonst so tiefgrünen Tropenlandschaft gefielen uns gut und Pablo und ich beschlossen, es gut sein zu lassen an diesem Radfahrtag.

Hinter der Brücke bogen wir vom Teer auf den holprigen Sandweg des anliegenden Ortes. Wir hatten entschieden, nicht einfach im Unterholz zu zelten, denn die Polizisten an der Grenze hatten etwas zu häufig betont, dass Sierra Leone ein sicheres Land war und auch mein ansonsten abenteuerlustiger Rough-Guide-Reiseführer warnte vor dem Wildzelten.

Der Sandweg führte uns in das Innere eines kleinen Ortes mit dem Namen Mange. Unser erster Übernachtungsort in Sierra Leone glich den Dörfern in Bissau und Conakry, nur die Lehmhütten schienen größer und stabiler und in den Lebensmittelgeschäften standen ein paar bunte Dosen und verstaubte Colaflaschen mehr in den Regalen.

Im Dorfinneren lehnten wir unsere Räder an die Wand eines Krankenhauses und erklärten einem erstaunten Mitarbeiter unser Anliegen. Phil, der junge muskulöse Krankenpfleger, meinte, wir müssten einen der Dorfältesten um Erlaubnis bitten. Dann nahm er Pablo an die Hand und führte uns einige Straßen weiter zu einem großzügig gestalteten Wohnhaus. Im schattigen Hinterhof begrüßte uns ein alter, in feine grüne Tücher gehüllter Mann namens Mohammed Kamara, der Imam des Ortes und Mitglied im Ältestenrat.

Der Alte saß vor einem breiten Holztisch, auf dem eine dicke Lupe und eine aufgeschlagene Zeitung lagen. Auf der Nase trug er eine Brille mit daumendicken Gläsern und trotz seiner offensichtlichen Sehschwäche studierte er uns mit wachen Augen aus einem verrunzelten Gesicht. Der Imam hörte aufmerksam zu, während Phil unser Anliegen im lokalen Dialekt vortrug. Schließlich nickte Mohammed Kamara und sprach einige Worte in einem mir unbekannten Singsang. Der Krankenpfleger übersetzte:

»Die islamische Gastfreundschaft ist ein hohes Gut und gerne helfen wir euch. Mohammed Kamara lässt seinen Sohn rufen. Er wird euch einen Platz zum Schlafen geben.«

Ich freute mich über die gute Nachricht und malte mir bereits aus, unsere erste Nacht in Sierra Leone in einem pompösen Haus zu verbringen, schließlich standen Pablo und ich vor einem Teil des Ältestenrates. Als dann aber der Sohn des Imams um die Ecke bog, wurden meine Pläne jäh durchkreuzt: ein einmetersechzig kleiner, rundbäuchiger Afrikaner stand barfuß, nur mit Unterhose und T-Shirt bekleidet und von oben bis unten in Matsch gehüllt vor uns. Die Farbe seines hellen Shirts war vor lauter Schmutz kaum mehr zu erahnen und er roch streng nach Schweiß und feuchtem Schlamm.

Pablo zog eine Augenbraue hoch und ich dachte daran, dass jedes schäbige Hotelzimmer im dubiosen Grenzort sicherer gewesen wäre, als sich diesem ominösen Mann anzuschließen.

Doch dann reichte uns der kugelrunde Bampia Kamara strahlend seine schmutzige Hand und stellte sich in perfektem Englisch vor.

»Entschuldigt bitte Jungs, ich baue gerade ein Haus. Ich bin hier Lehrer für Englisch, Religion und Mathematik an der Schule in Mange. Meine Schüler helfen mir beim Hausbau, sie sollen Steine aus dem feuchten Lehm fertigen. Wenn ihr wollt, könnt ihr mitkommen und zusehen.«

Zehn Minuten später standen ein staubiger Argentinier, ein schwitzender Deutscher und ein in Lehm gehüllter Leoner auf dem Dorfplatz und beobachteten, wie zwanzig Kinder im Grundschulalter bis zu den Knien in einem schlammigen Loch standen und mit Haken, Schaufeln und bloßen Händen den hellbraunen Matsch umgruben. Etwa zwanzig weitere Schüler bildeten eine Versorgungskette zum nahgelegenen Fluss und kamen schwer keuchend mit Eimern, Schüsseln und großen Flaschen in den Händen und auf den Köpfen balancierend die Böschung heraufgelaufen. Selbst die allerkleinsten Knirpse halfen, trugen Schüsseln auf ihren Köpfen und schütteten den Inhalt laut stöhnend in das Matschloch zu unseren Füßen. Es war eine riesige Sauerei und gleichzeitig eine Freude zuzusehen, denn trotz der harten Arbeit schienen die Kinder Spaß zu haben. Sie schütten die Wasserschüsseln mit Schwung in den Matsch und versuchten dabei, möglichst viele der schwitzenden Jungen mit den Schaufeln nass zu spritzen. Die Kinder waren meist nur mit Unterhosen bekleidet und von oben bis unten voll von braunem Schlamm.

Inmitten des chaotischen Geschehens stand wild gestikulierend der Lehrer und spornte die Knirpse an. Wie ein dicker Diktator stand er da, ermahnte die Träger, nicht so sehr mit dem Wasser zu spritzen, und ermutigte die Jungen mit den Schaufeln, noch tiefer zu graben. Zwischendurch zwinkerte Bampia Kamara uns zu und lachte laut über die spielenden Knirpse.

Die Sonne senkte sich und Erschöpfung machte sich auf den Gesichtern der kräftigen Jungen mit den Schaufeln breit. Auch die Wasserträger liefen immer langsamer die steile Böschung hinauf, und der kugelrunde Diktator erkannte, dass es genug war. Zufrieden blickte er auf den zehnmal zehn Meter großer Matschhaufen, der inmitten des Dorfes entstanden war, und klatschte in die Hände.

»So, meine Schüler, das sollte genügen! Ab zum Fluss, ihr seid ja völlig verdreckt!«

Dann wandte er sich zu uns:

»Die Arbeit mit dem Lehm ist wichtig. Zwar habe ich einen guten Beruf als Lehrer, aber hier in Mange hat fast niemand genug Geld, sich echten Zement zu leisten. Und da müssen wir die Steine eben aus Lehm fertigen. Das ist die traditionelle Bauweise, wenn die Wände gestrichen sind, erkennt man fast keinen Unterschied mehr zwischen Lehm und Zement.«

Kritisch begutachtete ich den hoch aufgetürmten Matschhaufen.

»Ja, aber wo sind denn die Steine? Ich sehe nur einen Haufen Matsch.«

»Langsam, langsam, mein deutscher Freund! Die kommen morgen. Ich möchte mein Haus um einen Anbau erweitern, zwei Räume und eine Vorratskammer. Dafür brauche ich 800 Steine. Der Lehm muss nun über Nacht liegen bleiben und ruhen. Morgen früh kommen Arbeiter, die den Lehm in Holzformen pressen und die Steine in der Mittagssonne zum Trocknen auslegen. Das dauert ein paar Tage, aber zu viel Zeit darf ich nicht verlieren, Ende März beginnt die Regenzeit. Wenn der Anbau bis dahin nicht steht, schwimmt er mir weg. Daher muss ich meine Schüler auch ordentlich anspornen.« Dann lachte der dicke Diktator laut.

Während unser Gastgeber uns in weitere Geheimnisse des Hausbaus einwies, gingen wir hinunter zum Little Scarcies River – ein breites Gewässer, das hoch in den Bergen Sierra Leones entsprang und in einem schlammigen Delta im Atlantik mündete. Hier im Ort machte der Flusslauf einen Knick und legte eine schöne Landschaft aus hohen runden Steinen und bunten Blumen frei.

Nach den anstrengenden Radfahrtagen ohne Dusche kam Pablo und mir der Fluss gerade recht und wir mischten uns unter die Kinder, die sich im Fluss den getrockneten Schlamm von den Körpern schrubbten. Wir streiften die Kleidung von uns und sprangen in unseren Radlerhosen in den seichten Fluss.

Die Nacht verbrachten wir im Haus der Familie des Dorflehrers. Bampia Kamara bestand darauf, dass Pablo und ich in seinem Bett schliefen, während er mit seiner Frau ins Nebenzimmer umgezogen war. Wir konnten den freundlichen Mann nicht überzeugen, uns im Gästezimmer übernachten zu lassen, und so endete mein erster Tag in Sierra Leone im Ehebett eines gastfreundlichen muslimischen Diktators.

Vielleicht hatte Barry White, der Zöllner, ja doch recht gehabt und Sierra Leone war das sicherste und beste Land zum Fahrradfahren in Afrika.

KEIN FREIES GELEIT IN FREETOWN

FREETOWN, SIERRA LEONE, FEBRUAR 2013
– 11.160 KILOMETER –

Zweimal hatten wir es geschafft, den Mann abzuhängen, beim
dritten Versuch schaffte er es dann aber doch, uns auszubremsen.
Triumphierend stellte er sein Motorrad ab und lief auf uns zu.
Der zornige Ausdruck in seinem Gesicht verhieß nichts Gutes.

Nach unserer ersten Nacht in Sierra Leone brachen wir voller Vorfreude auf. Eine angenehme Kühle war über Nacht vom Atlantik
herübergezogen, die Luft roch nach den uns umgebenden immerfeuchten Tropen und Bampia Kamara begleitete uns zum Marktplatz
des kleinen Ortes, wo wir Kaffee aus riesigen Bechern und dünnen
Reisbrei frühstückten. Dichte Nebelschwaden hingen über der breiten
Teerstraße und aus dem nahen Tropenwald hörten wir lautes Kräch-
zen und Krachen, als der Urwald erwachte.

Wir beendeten unser Frühstück und bedankten uns bei unserem
Gastgeber, dann setzten wir uns und unsere Räder in Bewegung.
Hinter den hohen grünen Bäumen ging die Sonne auf und die letzte
angenehme Kühle des Morgens wich einem schwülheißen, klebrigen
Dunst. Ich richtete den Blick nach vorne, wo das Ende der grauen
Straße in einem milchig trüben Flimmern verschwand, und wir glit-
ten leise surrend über den sanften Teer.

Gegen Mittag war der Nebel ganz verschwunden und mit jeder
Pedalumdrehung wurde es heißer. Die gnadenlosen Sonnenstrahlen
brannten auf unsere Rücken und in die bereits verbrannten Nacken. Der
dunkle Asphalt der Teerstraße reflektierte die grausame Hitze und Pablo
deutete auf seinen Tacho, der eine Temperatur von 53 Grad anzeigte.

»*Welcome to the jungle, my friend!*« Der Argentinier schüttelte den Kopf. »Das ist eine unglaubliche Hitze! Wenn wir Eier dabei hätten, könnten wir ein paar hübsche afrikanische Spiegeleier braten – direkt auf der Straße!«

Trotz Sonne und zunehmend schlechter werdender Straße radelten wir tapfer weiter. Unsere ersten tollen Erfahrungen in Sierra Leone und der bevorstehende Aufenthalt in der Hauptstadt motivierten uns. Nach Tagen der Schinderei im Sattel freuten wir uns auf die anstehende Radfahrpause und den Luxus der großen Stadt mit dem bedeutungsvollen Namen Freetown.

Zwei straffe Radfahrtage benötigten wir von Mange bis zum Fährhafen von Tagrin, von dem aus wir auf einer schwankenden, rostigen Nussschale, zwischen Lastwagen und Busse gequetscht, auf die Freetown Peninsula übersetzten.

Freetown, was für ein Name für eine Stadt! Freetown klang für mich nach tragischer Vergangenheit und tränenreicher Geschichte, aber auch nach Hoffnung, Freiheit und einer großartigen Zukunft. Und in der Tat, Freetown hatte wie das gesamte Land eine tragische Geschichte aus Sklaverei, Kolonialisierung und Bürgerkrieg durchlebt. Erst 2002 hatte die »Province of Freedom«, wie Sierra Leone einst genannt wurde, begonnen, sich vom langjährigen Krieg zu erholen.

Als Pablo und ich unsere Räder aus dem Bauch der rostigen Fähre schoben, war es bereits spät am Abend. Staub und Ruß lagen in der Luft und funzelige Hafenlaternen leuchteten spärlich in die immer dunkler werdende Nacht. Das Licht der Dämmerung reichte gerade, um die gespenstischen Schemen der vielen hundert Menschen, Autos und Motorräder im Hafengebiet zu erahnen. Die wenigen Dinge, die wir in der zunehmenden Finsternis wahrnahmen, reichten allerdings aus, um festzustellen, dass Freetown ein ganz anderer Ort war als die vielen hübschen Tropendörfer zuvor.

Der Weg vom Fährhafen ins Stadtzentrum führte uns auf einer überfüllten Straße vorbei an eingezäunten Slums, brennenden Müllbergen und durch das Getöse von qualmenden Lastwagen und röhrenden Motorrädern. Bettelnde Kinder hockten auf den Straßen, verwegen aussehende Männer versuchten uns zum Anhalten zu zwingen und in der feuchten Luft hing ein beißender Gestank von Ruß, Fäkalien und Verwesung.

Die Fahrt ins Stadtzentrum erinnerte mich an meine beschwerliche Fahrt durch den Moloch Dakar, nur war es diesmal stockdunkel und die vielen Menschen um uns herum schienen uns noch aufdringlicher hinterher zu starren. Auch Pablo fühlte sich unwohl und kam bei dem Verkehrschaos kräftig ins Stöhnen.

»Freetown, frei von Verkehrsregeln und frei von Ampeln!«, rief er zu mir herüber, »frei von Autos wäre besser!«

Bereits 120 Kilometer auf einer schlechten Straße hatten wir an diesem Abend in den schmerzenden Knochen und wir waren beide hundemüde, als wir begannen, uns zwischen den hupenden Autos nach Schlafmöglichkeiten am Straßenrand umzublicken. Wir näherten uns dem Zentrum und vor uns bauten sich die dunklen Löwenberge auf, die Sierra Leona, die dem Land seinen mysteriösen Namen gegeben hatten. Bedrohlich ragten die Felsen aus den schmutzigen Hütten der Slums und den überquellenden Straßenzügen hervor. Doch Pablo und ich hatten wenig Sinn für die Hügel. Wir konzentrierten uns auf die Slalomfahrt durch die im Stau stehenden Autos und Lastwagen.

Als ich an einem Motorradfahrer in einem hellen T-Shirt besonders dicht vorbeiradelte, blickte dieser mir erstaunt nach und rief mir aufgebracht etwas hinterher. Ich drehte mich um und sah, dass der Mann versuchte, mich mit aufgeregten Handzeichen zum Halten zu bringen. Auch Pablo hatte ihn gesehen.

»*Let's move, Pablo*«, rief ich zu ihm herüber. »*I don't wanna talk to this guy.*«

Ich schaltete einen Gang nach oben und trat kräftig in die Pedale.

In meinem Rückspiegel beobachtete ich, wie der Mann sein Motorrad startete und die Verfolgung aufnahm. Pablo und ich schlängelten uns weiter durch den tosenden Verkehr und verloren mit dem bizarren Motorradfahrer im Nacken nun völlig die Orientierung in der riesigen afrikanischen Stadt. In meinem verschmierten Rückspiegel am Lenker beobachtete ich beunruhigt, wie unser Verfolger im grellgelben T-Shirt aufholte, und auch Pablo begann sich nervös umzublicken.

»Pablo, lass uns hier abbiegen.« Ich deutete in eine sandige Gasse zu unserer Rechten und wir steuerten unsere Räder in die schmale Straße. Nervös lugten wir aus der Gasse auf die Hauptstraße, und der Mann auf dem chinesischen Motorrad raste an uns vorbei.

»Was ist das denn für ein Typ?« Pablo blickte mich fragend an.

»Keine Ahnung. Jedenfalls kein *amigo bueno!*«

Nach der kurzen Verschnaufpause wagten wir uns zurück auf die breite Straße. Lange ging unsere Fahrt allerdings nicht, denn an der nächsten Kreuzung hörte ich hinter mir den bekannten röhrenden Motorradsound. Ein zweites Mal schafften wir es, dem Motorradmann zu entkommen, indem wir in eine enge Gasse abbogen. Doch kaum setzten wir unsere Fahrt fort, hatten wir unseren Verfolger wieder auf den Fersen. Beim der dritten Versuch, ihn abzuhängen, war in dem engen Labyrinth an Autos und Menschen aber kein Entrinnen mehr.

Dann fuhr der dubiose Motorradfahrer direkt neben mich und brüllte von der Seite herüber.

»*Stop! I tell you! Stop your bicycle!*«

Die Augen des dünnen Mannes auf dem Motorrad funkelten vor Zorn. Das Adrenalin in meinem Körper ließ mir keine Zeit, die Antwort zu überlegen, und in gewähltem Deutsch schrie ich zurück.

»Verpiss dich, du Idiot!«

»*Stop! I tell ya, stop this bicycle*«, wiederholte er mit finsterer Miene. »*This is Sierra Leone police!*«

»*Go and fuck you!*«, versuchte ich es erneut, diesmal auf Englisch.

Dann griff der Mann unter sein grellgelbes T-Shirt, zog einen metallenen Gegenstand hervor und hielt ihn mir bei voller Fahrt unter die Nase.

Pablo blickte zu mir herüber und ich gab ihm ein Zeichen, anzuhalten. An der nächsten Kreuzung stoppten wir unsere Räder am Straßenrand. Der Mann im gelben T-Shirt hielt neben uns und stieg von seinem Motorrad. Er steckte die Polizeimarke zurück unter sein Shirt und steuerte direkt auf mich zu. Erst kurz vor meinem Gesicht stoppte er und ich konnte den Atem des Mannes spüren. Seine Nasenflügel zitterten und trotz seiner dunklen Hautfarbe glaubte ich, einen hochroten Kopf und eine wild pochende Ader an seinem Hals zu erkennen.

»Seid ihr beiden vollkommen verrückt? Wieso haltet ihr nicht an, wenn ich euch dazu auffordere?«

Noch immer aufgebracht von der Verfolgungsjagd stellte ich mich dem Mann mit verschränkten Armen entgegen.

»Wäre ja noch schöner, wenn wir bei jedem dahergelaufenen Typen anhalten, der uns heranwinkt!«

»Ich bin von der Polizei! Her mit den Pässen.«

»Ach ja, du hast ja noch nicht mal 'ne ordentliche Uniform an!«

»Hat dir meine Polizeimarke nicht gereicht? Ich habe schon Verstärkung angefordert!«

Bevor die Diskussion weiter ausuferte, legte Pablo beruhigend die Hand auf meine Schulter.

»Entspannt euch, Leute. Wir wollen ja nur irgendwo einen Schlafplatz finden. Es ist dunkel und wir sind total k. o.«

In diesem Moment hielt ein weißer Geländewagen laut hupend am Straßenrand. Der Pick-up war mit blauen Streifen beklebt und auf der Motorhaube war in großen Lettern »POLICE« zu lesen. Von der Ladefläche sprangen vier junge Männer in blauer Uniform, mit schweren Maschinengewehren bewaffnet. Die Polizisten stellten sich neben ihren Kollegen und betrachteten fasziniert uns und unsere Räder.

Langsam begriff ich, dass ich mich besser nicht auf weitere Diskussionen einlassen sollte, und kramte meine Reiseunterlagen aus meiner Lenkertasche. Inzwischen war es stockdunkel. Mit einer beeindruckenden Taschenlampe in der Hand begann der Mann im gelben T-Shirt, unsere Pässe zu begutachten. Pablo erläuterte erneut unser Fahrradabenteuer und der Polizist begann, sich allmählich zu beruhigen.

»Schon gut. Also, ihr seid Touristen, ja? Wo wollt ihr heute schlafen? Um eure Sicherheit zu garantieren, bringen wir euch in das nächste Hotel.«

Erneut begann eine Diskussion, da wir ja eigentlich kein Hotel, sondern nur eine Möglichkeit zum Zelten suchten. Irgendwann gab sich Pablo geschlagen.

»Die haben es aber mit der Sicherheit hier. Was soll's, sollen sie uns eben in ein Hotel bringen.«

Wir setzten uns wieder in Bewegung und folgten dem Polizeijeep durch den dichten Verkehr der überfüllten Hauptstadtstraße. Mehrere Kilometer fuhren wir dem Polizeikomitee hinterher, das sich trotz aufdringlichem Gehupe kaum mehr Platz auf der überfüllten Straße verschaffen konnte – im Gegenteil, viele der Autofahrer starrten uns noch verständnisloser an und verlangsamten damit zusätzlich unser Weiterkommen.

Auch die Suche nach einer Schlafmöglichkeit zog sich in die Länge, denn die Hotels, zu denen uns die Polizisten lotsten, waren allesamt Luxushotels für westliche Pauschaltouristen. Es dauerte fast zwei Stunden, weitere zwanzig anstrengende Kilometer und fünf Hotelbesichtigungen, bis die Polizisten endlich verstanden hatten, dass Pablo und ich kein Hotel, sondern ein billiges Guesthouse suchten.

Nach einer unendlichen Zeit des Umherirrens durch das nächtliche Freetown stoppten wir schließlich vor einer schäbig aussehenden Pension in dem quirligen Viertel von Murray Town.

»Hier wollen wir euch eigentlich nicht unterbringen. Die Gegend ist nicht gerade sicher für weiße Touristen, aber ein günstigeres Hotel werdet ihr heute nicht mehr finden. Und außerdem habe ich keine Lust mehr, mich länger mit euch herumzuschlagen!«

Mit diesen Worten verabschiedete sich der Polizist im gelben T-Shirt, stieg auf sein Motorrad und fuhr zurück auf die Hauptstraße. Auch die Kollegen sprangen zurück auf den Pick-up und verschwanden im dichten Verkehr der riesigen Stadt.

Pablo und ich atmeten tief durch und nahmen im Guesthouse das erstbeste Zimmer, das uns der junge Mitarbeiter der Pension zeigte. Es war für afrikanische Verhältnisse unverhältnismäßig teuer, aber wir hätten an diesem Abend sowieso keinen Meter weiterfahren können. So erschöpft, dass wir uns noch nicht einmal den Schweiß von den Gesichtern waschen wollten, legten wir uns schmutzig auf unsere Isomatten. Kurz bevor ich die Augen schloss, drehte ich mich noch einmal zu Pablo herüber.

»Freetown scheint ja nicht gerade die Stadt der Freiheit zu sein, wenn man nicht mal mit dem Fahrrad alleine durch die Straßen fahren kann.«

»Abwarten, *German amigo,* morgen wird es bestimmt besser!«

Mit diesen Worten fielen wir in einen langen, wohlverdienten Schlaf.

FREETOWN,
STADT DER FREIHEIT

FREETOWN, SIERRA LEONE, FEBRUAR 2013
– 11.160 KILOMETER –

Ein bekannter Witz in Sierra Leone lautet:»Auf welcher Straßenseite fährt man in Freetown?«Die Antwort: »Auf der besseren.«

Nicht nur während unserer nächtlichen Fahrt über die Hauptstraßen der monströsen Stadt, auch tagsüber ist das lebhafte Treiben und Drängen in den Straßen und sandigen Gassen unvorstellbar, ja wahrscheinlich noch ein Stück chaotischer als in den anderen afrikanischen Metropolen zuvor. Aber das ist nicht das Einzige, wo Freetown im Vergleich zu anderen Hauptstädten noch eins draufsetzt.

P ablo und ich erwachten mit schmerzenden Gliedern. Nach der unfreiwilligen Polizeieskorte und der mühseligen Fahrt durch den Verkehr am Vortag war eine Dusche das Erste, woran wir dachten. Doch leider blieb uns die morgendliche Wäsche verwehrt, denn Freetown war zwar die Hauptstadt Sierra Leones, wie wir feststellen mussten hieß das aber nicht, dass es überall und jederzeit Strom und fließend Wasser gab. Im Gegenteil, die Stadt auf der schmalen Halbinsel platzte seit Jahren aus allen Nähten und war inzwischen so überlaufen und heruntergewirtschaftet, dass der wenige Strom von der Regierung eingeteilt werden musste. In unserem Viertel gab es nur jeden zweiten Abend Elektrizität und wir mussten den Hotelbesitzer mehrfach dazu auffordern, dass er für uns das laute, stinkende Dieselaggregat anschmiss, damit die Wasserpumpe lief und wir uns waschen, unsere Trinkflaschen füllen und unsere Handys aufladen konnten.

Überhaupt war Freetown für Europäer gewöhnungsbedürftig. Die hohen grün-grauen Löwenfelsen der Freetown Peninsula waren das erste, was man erkannte, wenn man seinen Blick über den Staub und Smog der Stadt hinaus richtete. Auf den Hügeln wuchsen grüne Laubbäume und dornige Büsche und früh am Morgen hingen die Gipfel der Hügel in dem milchigen Dunst der Tropen. Hier und da schimmerten die gelben, roten und blauen Häuser wohlhabender Familien aus dem Dunst und sahen aus wie bunte Blüten.

Am Fuße der Hügel spielte sich das quirlige Leben der Hauptstadt ab: Autos standen Stoßstange an Stoßstange, die Motoren der Mopedtaxis knatterten, die Auspuffe der Lkw stießen dicke Rußwolken aus, Hupen wurden betätigt und lautes Fluchen drang aus den vollbesetzten Taxis herüber. An den schmalen Seitenstreifen bahnten sich bunt gekleidete Frauen mit Töpfen, Schüsseln und Säcken auf den Köpfen ihren Weg zu den Marktplätzen. An den engen Straßenkreuzungen hockten Afrikanerinnen im roten Staub und verkauften alles, was man in Afrika irgendwie zu Geld machen konnte: Stromkabel, Vorhängeschlösser, gebrauchte Plastiktüten, Telefonakkus, Obst und Gemüse. Im undurchdringlichen Chaos von Menschen und Autos wurden Waren getauscht und abgegriffene Geldbündel wechselten die Besitzer. Es roch nach Schweiß und Staub, dem süßlichen Aroma von verdorbenem Fleisch und Alkohol. Die schwüle Hitze stieg einem zu Kopf und die aufdringlichen Rufe der Schlepper ließen einen schneller voranlaufen. Als Weißer war man fremd in Freetown, und die skeptischen Blicke lasteten einem im Nacken.

Wer von der belebten Hauptstraße und dem Wirrwarr auf den Märkten in die engen Nebengassen flüchtete, musste sich als Europäer ebenfalls erst an den Anblick gewöhnen: stinkende Gassen, Staub und Stacheldraht prägten das Stadtbild links und rechts der Hauptstraße. Die ein- oder zweistöckigen, rechteckigen Häuser in den westlichen Stadtvierteln waren von hohen grauen Mauern umgeben, die ihre Bewohner durch die Glassplitter zerbrochener Bierflaschen und Stacheldraht vor möglichen Eindringlingen schützten. Die scheibenlosen Fenster der Wohnungen waren mit dicken Gittern versehen und die Häuser umgeben von schmalen Kanälen, in denen sich der Müll stapelte. Je weiter man auf der Freetown-Halbinsel in Richtung Osten gelangte, desto armseliger wurden die Viertel, bis man sich schließlich in erbarmungslosen Slums wiederfand, in denen Zehntausende ohne Dach über dem Kopf hausten und Kinder in den Müllbergen spielten. Unrat und Fäkalien quollen aus den schmalen Kanälen, die die Stadt in der Regenzeit vor der Überflutung schützen sollten, und der Anblick der Armut war für den ungeübten Europäer unerträglich.

Zwischen den armen und reichen Vierteln befand sich das geschäftige Zentrum der Stadt, das sich aus zerfallenen Kirchen und heruntergewirtschafteten Häusern aus der Kolonialzeit zusammensetzte. Das Wahrzeichen Freetowns war hier ebenfalls zu finden: der Cotton Tree, ein hoher tropischer Kapokbaum, der ein halbes Jahrtausend und die Last der afrikanischen Sklaven in den Ästen trug. Der Baum war das einzig Grüne, was man im Stadtzentrum zwischen den rußenden Autos und staubenden Mopedtaxis zu sehen bekam. In seinen Wipfeln hingen tagsüber tausende Fledermäuse, die nachts umherirrten und die Gegend mit Exkrementen zuschütteten. Freetown, Stadt der Freiheit, Geisel der britischen Kolonialzeit.

Umherirren mussten Pablo und ich ebenfalls, als wir uns an unserem ersten Tag in Freetown auf den Botschaften die fehlenden Visa für unsere Weiterreise organisierten. Trotz dem Geschiebe durch die überfüllten Straßen, der anstrengenden Suche nach den Botschaften und den aufreibenden Diskussionen mit Konsulen und Botschaftern hatte sich der Aufwand gelohnt: Das Visum für das benachbarte Liberia bekamen wir gegen die Gebühr von 100 US-Dollar noch am selben Tag in den Pass geklebt, und auch dem lang ersehnten Ghana-Visum kamen wir einen wichtigen Schritt näher. In der ghanaischen Botschaft konnten wir den Botschafter überzeugen, für uns die Visa zu beantragen, obwohl diese eigentlich nur für westafrikanische Staatsangehörige ausgestellt wurden. Gegen einen Stapel Passfotos, diverse Formulare, Ausweiskopien, 100 US-Dollar sowie die Namen, Adressen und Telefonnummern unserer Kontakte in Ghana, die wir wie immer freizügig erfanden, wurde unser Visumsantrag endlich bearbeitet. Wegen eines Feiertages und der afrikanischen Bürokratie mussten wir allerdings über eine Woche warten, bis wir unsere Pässe von der ghanaischen Botschaft zurückbekommen sollten. Pablo und mir blieb also nichts anderes übrig, als die kommenden Tage in der übervollen Hauptstadt mit Warten zu verbringen.

Und das taten wir dann auch. Mit Aussicht auf das Visum verbrachten wir die Vormittage in Internetcafés und dösten bei der schwülen

Mittagshitze in unserem unklimatisierten Zimmer. Selten wagten wir uns hinaus und erledigten Einkäufe von Dingen, die sich auf unserer Reise als wertvoll erwiesen hatten: Zahnseide, Mückenschutzmittel, Malariaprophylaxe, Kernseife und Eiscreme.

Einige Male machte ich mich alleine auf Erkundungstour und Pablo versprach mir, währenddessen seine stinkenden T-Shirts mit der neu erstandenen Seife zu waschen. Doch immer wenn ich zurück in die Pension kam, fand ich Pablo laut schnarchend in Unterhose auf dem Bett liegen, neben sich ein Stapel stinkender Kleidung. Und wenn ich den Argentinier weckte, brummte er etwas von wegen Stromausfall, kein Wasser und morgen wäre auch noch ein Tag.

Wenn es gegen Abend kühler wurde, erwachte Pablo langsam wieder zum Leben und wir wagten uns erneut in das Getöse der Hauptstadt, um etwas zu essen.

Um die Ecke von unserer Pension lag die befahrene Aberdeen Junction, ein Knotenpunkt zwischen den nördlichen Stadtvierteln und dem quirligen Süden. Auf der Kreuzung reihten sich die bunten Stände der Marktfrauen, und abends kauften wir den Frauen im Schein der Ölflammen und Taschenlampen Obst, Chai, Reis und ein paar Stücke gegrillten Fisch ab. Doch trotz der vielen Marktstände fiel das Angebot spärlich aus, denn anscheinend hatte das britische Erbe der Kolonialzeit keinen guten Einfluss auf das Essen in Sierra Leone hinterlassen: Statt knusprigem Baguette wie zuvor im Senegal oder im bettelarmen Conakry, gab es in den Straßen von Freetown nur labbriges weißes Toastbrot. Statt frisch gekochten Eintöpfen, die es in den französischen Kolonialländern bereits früh morgens gab, boten die Mama Afrikas hier nur Mayonnaise-Sandwiches an, und anstatt köstlichem, frisch gebackenem Kuchen fanden Pablo und ich nur in Palmöl frittierte Teigtaschen, die fettiger waren als eine Tüte Chips. Es war schon seltsam, wie sich die Unterschiede zwischen der weltberühmten französischen Kochkunst und der traurigen englischen Küche bis ins tiefe Afrika bemerkbar machten.

Und trotzdem, wir mussten ja essen. Also schlenderten Pablo und ich durch die lebhaften Straßen, immer auf der Suche nach neuen kulinarischen Kreationen. An unserem dritten Abend in der Hauptstadt fanden wir schließlich ein einzigartiges Gericht, das so ausgefallen war, dass es vermutlich nie seinen Weg in die westliche Sterneküche finden würde: Eine junge hübsche Afrikanerin mit dicken Goldketten um den Hals und traditionellen Schmucknarben im Gesicht winkte uns zu sich. Etwas verlegen lächelte sie zu uns auf und deutete an, wir sollten uns an ihren niedrigen Tisch setzen.

»Was gibt es denn, junge Frau?«, fragte ich das Mädchen, und verlegen erklärte sie etwas von dem ich nur Couscous und Chicken aufschnappte.

Ich blickte zu Pablo herüber.

»Was soll's«, sagte er gähnend. »Ich kann immer essen.«

Dann setzten wir uns auf die beiden Plastikhocker und die hübsche Dame begann mit der Zubereitung: Das Couscous schöpfte die Frau aus einem Suppentopf und presste es mit dem langen Holzlöffel vorsichtig auf den beiden Porzellantellern fest. Dann legte sie eine Handvoll roher Zwiebelscheiben und Tomatenwürfel darauf und würzte großzügig mit einer bräunlichen Soße, die viele kleingeschnittene Chilistücke enthielt. Auf die bereits hohe Schicht aus Couscous und Gemüse legte sie eine Portion Spaghetti, die sie mit einer Gabel aus einer Tupperschüssel schöpfte, und löffelte daraufhin einen dicken Klecks Mayonnaise auf die Nudeln.

Pablo zog eine Augenbraue nach oben und blickte mich verwundert von der Seite aus an.

»Interessant«, entgegnete ich.

Das Werk war allerdings noch nicht fertig, denn anschließend drückte sie etwas Ketchup aus einer Plastikflasche auf die Mayonnaise, steckte ein hartgekochtes Ei an die Seite des Tellers und garnierte hübsch mit einigen verwelkten Salatblättern. Da das Konstrukt scheinbar noch nicht wackelig genug war, griff sie in einen weiteren Topf zwischen ihren Beinen und legte einen gebratenen Hähnchenschlegel ganz oben auf den Teller. Zum Abschluss schöpfte sie erneut einen großen Klecks aus dem ranzig wirkenden Mayonnaisefass oben auf das Hühnerbein, garnierte erneut mit der scharfen Soße und schob jedem von uns neben dem vollgehäuften Teller zwei Scheiben Toastbrot herüber.

»*There you go!*«, lächelte die junge Dame verlegen und drückte Pablo und mir je eine Gabel in die Hand. Dann ließen wir uns die seltsame Kreation schmecken.

Bis zu diesem Moment mit dem Couscousteller auf der befahrenen Aberdeen Junction war mein Eindruck, dass in Freetown weniger Freiheit existierte, als der Name der Stadt vermuten ließ. Als ich mich jedoch durch die verschiedenen Schichten an Couscous, Spaghetti, Ei, Fleisch, Salat und Mayonnaise arbeitete, wurde mir klar, dass ich zu früh geurteilt hatte. So eine wilde Kreation konnte es nur in einer Stadt geben, die den Menschen echte Freiheit ließ – Freetown, Stadt der Freiheit!

PARADISE CITY

Schwitzend saß ich in unserem Hotelzimmer. Der Strom war erneut ausgefallen, der Ventilator stand nutzlos in der Ecke und die schwüle Hitze war zum Schneiden dick. Dort, wo ich mit meinem Rücken an der Wand lehnte, hatte sich ein nasser Fleck gebildet. Langsam lief der Schweiß meinen Rücken hinunter und sammelte sich in meiner Unterhose. Durch das vergitterte Fenster drang das Rauschen und Hupen der vielbefahrenen Aberdeen Junction. Pablo lag neben mir im Bett und döste. Ich blätterte in meinem Reiseführer.

»Hör mal, Pablo, Freetown ist die feuchteste Hauptstadt der Erde. In der Regenzeit wird die Stadt von täglichen Gewittern und Regengüssen heimgesucht, in den Monaten August und September kann es sogar ohne Unterbrechung regnen.«

»Hm.« Pablo drehte sich müde auf die Seite.

»Wir könnten heute Abend mal ein Bier im Paddys trinken. Das ist der Nachtclub, in dem sie *Blood Diamond* gedreht haben. Mit Leonardo DiCaprio, die Szene in der Bar.«

Neben mir hörte ich ein leises Schnarchen. Ich blätterte weiter.

»Auf der Freetown Peninsula gibt es die schönsten Strände des Landes. Viele behaupten, es wären die schönsten Strände ganz Afrikas!«

Pablo setzte sich ruckartig auf.

»Die schönsten Strände Afrikas? Na, was hocken wir dann noch in diesem stinkenden Hotelzimmer? *Let's go!*«

Und mit diesen Worten packten wir unsere Taschen – auf unsere Pässe und das Ghana-Visum konnten wir schließlich auch an einem hübschen Strand warten.

Es dauerte eine Weile, bis wir dem Verkehr der Metropole entkommen waren. Und kaum hatten wir das hektische Gehupe der Mopeds und die qualmenden Lastwagen hinter uns gebracht, endete vor unseren Rädern die Teerstraße. Wie die vielen Tage zuvor führte unsere Strecke auf einer terrakottafarbenen Dreckpiste weiter. Zwei Stunden radelten wir an der Westseite der Freetown Peninsula entlang, und in der beißenden Hitze fing ich bereits an, unsere Entscheidung, das Hotelzimmer verlassen zu haben, zu bereuen. Nach einigen Auf- und Abfahrten erreichten wir dann aber den kleinen Ort, mit dem vielversprechenden wie seltsamen Namen River No. 2, und meine Zweifel waren vergessen.

Ein schmaler Trampelpfad führte hinunter an den Strand. Wir schoben unsere Räder den holprigen Pfad entlang und unter unseren Füßen wurde der trockene rote Staub von feinem weißen Sand abgelöst. Mit jedem Meter, den wir weiter in Richtung Meer gingen, wurde deutlicher, dass unsere Entscheidung die richtige gewesen war.

Wir lehnten unsere Räder an den Stamm einer hohen Palme und blickten uns um. Die Landschaft um uns herum war so überwältigend, dass es mir die Sprache verschlug. Auch dem gewitzten Pablo blieb die Kinnlade für einen langen Moment nach unten geklappt, bevor es aus ihm herausplatzte.

»German amigo, das ist der beste Strand, den ich je in meinem Leben gesehen habe! Wieso sind wir nicht schon früher hierhin?«

Und Pablo hatte recht. Ein kilometerlanger feiner, zuckerweißer Sandstrand führte flach in den türkisfarbenen Atlantik. Der weiße Sand war sowohl zu unserer Linken als auch zu unserer Rechten vollkommen unberührt, keine Menschenseele war zu sehen. Das Einzige, was den zauberhaften Strand unterbrach, waren Palmen, die wie Oasen in der Wüste in kleinen Gruppen zusammenstanden. Im Hintergrund ragten grün bewachsene Bergkegel aus dem flachen Wasser und einige hundert Meter entfernt kreisten Pelikane über der Mündung des River No. 2. Wir ließen uns an Ort und Stelle in den warmen Sand fallen und genossen schweigend den Ausblick im Schatten der Palmen.

Am späten Nachmittag gesellte sich Ishmail zu uns, ein junger Fischer, der uns anbot, unsere Zelte in seinem Fischerdorf aufzustellen – für ein kleines »Souvenir« versteht sich. Wir überlegten nicht lange, folgten Ishmail einige Kilometer den Strand hinunter und stellten Räder und Taschen in den schützenden Schatten der Leonischen Rundhütten.

Die kommenden Tage verbrachten wir im Paradies. Tagsüber hockten wir im Schatten der Hütten und sahen den Fischern zu, wie sie ihre Netze flickten und die Haken zum Fang von Makrelen, Barrakudas und Snappern vorbereiteten. Wir kühlten uns im warmen Atlantik ab und ließen uns von den Dorffrauen mit frischem Fisch und Reis versorgen. Müde vom Nichtstun dösten wir in der Hitze des Nachmittags unter den schattenspendenden Palmen, und abends beobachten wir, wie die hölzernen Fischerboote hinaus aufs Meer fuhren, um die Nacht auf dem Wasser zu verbringen. Unter einem klaren Sternenhimmel schliefen wir mit dem Tosen des Atlantiks ein, um bei Sonnenaufgang von den Motoren der wiederkehrenden Fischerboote geweckt zu werden. Früh morgens schlenderten wir dann zum Strand und sahen zu, wie die Frauen ins Meer wateten und den frischen Fang von ihren Männern aus den Fischerbooten entgegennahmen. Das Leben konnte kaum besser sein.

Eines Morgens, Pablo und ich hatten bereits vergessen, wie viele Tage wir in dem paradiesischen Fischerdorf verbracht hatten und welcher Wochentag es war, kam Ismahil aufgeregt auf uns zugelaufen.

»Hey, *white men,* ich habe euren Bruder wiedergefunden!«

Kurz darauf stand ein junger weißhäutiger Mann in zerrissenem Muskelshirt und gepolsterter Fahrradhose vor uns. Der Neuankömmling sah mit seinen schulterlangen lockigen Haaren und dem braungebrannten Gesicht aus wie ein wilder Surfer. Nur seine etwas zu lange Nase lenkte vom makellosen Äußeren eines perfekten Sunnyboys ab.

»*What's up, guys, I'm Jon from Spain*«, begrüßte uns der junge Mann strahlend und umarmte uns. Dann setzten wir uns in den Sand und der Spanier erzählte, wie er nach Sierra Leone gekommen war.

»Also, Jungs, als alle meine Freunde begonnen hatten, einen ordentlichen Job anzunehmen, wurde mir das zu heiß. Ich meine, ich bin 24, da will man doch noch nicht arbeiten!« Jon lächelte uns an, dann nahm er einen kräftigen Schluck aus seiner Wasserflasche. »Also habe ich mich umgeguckt und bin im Internet auf diesen Typen gestoßen. Ein Brasilianer, der seit dreißig Jahren um die Weltmeere segelt. In Barcelona bin ich zugestiegen und dann mit ihm bis Dakar gesegelt. Der Kapitän war völlig verrückt und hat nur gekifft, war aber ein feiner Kerl!«

»Und wie bist du dann hier runter nach Sierra Leone gekommen?« Ich reichte Jon ein paar Kekse aus meinem Vorrat. Jon griff beherzt zu.

»Na ja, so wie ihr, mit dem Fahrrad.« Er deutete hinter sich und mein Blick fiel auf ein klappriges, altes Trekkingrad, das an einer der Rundhütten lehnte und trotz der grellen Sonne wegen des vielen Rosts nur wenig glitzerte.

»Total verrückt, meine Fahrt hierher. Ich hab mich mehrfach im Busch verirrt. Und als ich Freetown vor zwei Tagen endlich erreicht hatte, wurde mir die Stadt zu anstrengend. Total voll mit stinkenden Autos und Mopeds. Nun ja, und da bin ich eben hierhin gefahren!«

Jon war ein spaßiger Zeitgenosse und Pablo und ich nahmen ihn gerne auf in unser kleines Team. Nach einer langen Nacht, in der wir uns von unseren Reiseabenteuern erzählten, beschlossen wir, in den kommenden Tagen gemeinsam weiterzufahren, die Freetown-Halbinsel zu umrunden und unsere Pässe in der Hauptstadt abzuholen.

Am nächsten Tag brachen wir auf. Unsere Fahrt führte uns vorbei an weiteren traumhaften Stränden und Piratendörfern mit unheimlichen Namen wie Black Johnson und John Obey. Unseren Ausflug beendeten wir im kleinen Ort Bureh, in dem es außer einer Handvoll Fischerhütten nicht viel zu sehen gab. Was uns allerdings wieder zum Anhalten brachte, war der Strand, der noch beeindruckender war als zuvor am River No. 2. Kilometerlang und unberührt zog sich der zuckerweiße Sandstrand den Atlantik entlang, bis er friedlich eins wurde mit dem leuchtend blauen Horizont. Nichts von Menschenhand Geschaffenes war zu erkennen, nur einige einheimische Surfer schwammen im Wasser und ein paar streunende Hunde tollten über den weißen Sand.

Im benachbarten Dorf deckten wir uns mit gegrillten Bananen, Cassava, Reis und Fisch ein, und Jon rauchte einen Joint mit einem langhaarigen Rastafari, der uns von seinen Marihuanafeldern berichtete, die er tief im Busch versteckt hielt.

Für die Nächte in Bureh fanden wir Unterschlupf in einer Surfschule. Gegen ein paar Leones konnten wir unsere Zelte im Schatten des Vordachs aufschlagen und Duschen und Toiletten mitbenutzen. Und erneut verbrachten wir wundervolle Tage mit Nichtstun und Baden in den warmen Wellen des Atlantiks vor dem unbeschreiblichen Panorama des dichten grünen Regenwalds von Sierra Leone.

Leider hielt die Ruhe im Paradies nicht lange an. Es war Sonntagvormittag und Jon, Pablo und ich hatten gerade unser Frühstück beendet, da hörten wir das Röhren von Motoren. Einen Augenblick später rollten vier kastenförmige SUVs auf den Parkplatz hinter der Surfschule. Überrascht betrachtete ich die Szenerie und erkannte die Logos der Vereinten Nationen, Plan und Ärzte ohne Grenzen auf den Motorhauben der Pick-ups. Dann öffneten sich die hinteren Wagentüren und ein halbes Dutzend bleicher, dickbäuchiger Männer stieg unbeholfen aus den Autos, bevor sich ihnen fünf zierliche schwarze Frauen anschlossen. Die Fahrer gingen um die Wagen und luden große Kühlboxen und Kisten von den Ladeflächen, die sie den weißen Männern hinterhertrugen. Almatti, der Besitzer der Surfschule, rückte unter den Palmen die Tische und Stühle zusammen und die dicken weißen Bäuche ließen sich ohne ein Wort des Grußes in die Liegestühle fallen. Kaum saßen sie in den Strandstühlen, hörte ich das Ploppen von Kronkorken und das Klirren der Heineken-Flaschen beim Anstoßen.

Nachdem Almatti die weißen Herrschaften mit Sonnenschirmen und Snacks versorgt hatte, kam er zu uns herübergelaufen. Kurz drehte er sich noch einmal um, um sich zu vergewissern, dass er gerade nicht gebraucht wurde, dann flüsterte er uns zu:

»Das ist am Wochenende immer so. Sind alles Engländer und Amerikaner. Expats, die als Ingenieure an den Ölfeldern arbeiten oder die schweren Maschinen in den Diamantenminen bedienen. Die trinken ein paar Bier, sonnen sich und hauen dann wieder ab.«

Ich beobachtete, wie die Männer die zweite Runde Bier öffneten und wie einer der Dickbäuche seiner Begleiterin grob an die Brüste fasste. Es folgte lautes Gelächter und das Mädchen blickte verlegen auf den sandigen Boden. Dann pfiff einer der Männer und kommandierte Almatti zurück, um den Grill anzuzünden.

Der Surflehrer schüttelte vorsichtig den Kopf.

»Das sind schlechte Menschen, diese Briten. Sie kommandieren uns herum wie Hunde. Aber sie lassen auch Geld da. Nach dem langen Krieg ist Freetown endlich dabei, sich wieder aufzurappeln. Und nicht nur die ausländischen Investoren, auch die Touristen kommen immer öfter zurück. Die Libanesen haben bereits die gesamten Strände auf der Freetown-Halbinsel aufgekauft, von Lumley Beach, Juba, Lakka über River No. 2 bis hier nach Bureh. Bald sollen auch internationale Hotelketten folgen.«

Skeptisch blickte ich Almatti an.

»Die ganzen Strände sind aufgekauft?«

»Ja, von den Libanesen, ein paar von den Chinesen. Einerseits ist das schade, weil wir dann vermutlich hier bald überall Hotels stehen haben, andererseits geht es dann endlich voran, und vielleicht kann ich bald von meiner Surfschule leben!«

Ein lauter Pfiff ertönte und Almatti wandte sich ab, um aus seinem Schuppen die Holzkohle zu holen. Jon und Pablo begannen, sich aufgeregt auf Spanisch über die entstehenden Hotelketten zu brüskieren. Ich hockte mich in den Schatten und wollte von all dem nichts weiter hören.

Die Vertreibung aus dem Paradies, dachte ich, während ich beobachtete, wie Almatti den Grill anfachte. Bald würden hier also überall Hotels stehen, wo nun noch unberührte Natur war. Ich lehnte mich zurück an den faserigen Stamm der hohen Palme, stöpselte meinen MP3-Player in die Ohren und beobachtete, wie sich die grünen Heineken-Flaschen auf dem Tisch türmten und die bleichen Briten in der Sonne langsam ungesund rot anliefen. Dann drehte ich die Musik in meinen Kopfhörern lauter und lauschte den Tönen von Guns N' Roses:

Take me down to the paradise city
Where the grass is green and the girls are pretty
Oh won't you please take me home ...

IM LAND DER DIAMANTENSCHMUGGLER

BUREH BEACH, SIERRA LEONE, MÄRZ 2013
– 11.237 KILOMETER –

Der Souvenirverkäufer am Strand in Bureh auf der Freetown Peninsula bemerkte schnell, dass ich an den vielen Holzstatuen und dem bunten Billigschmuck nicht interessiert war, und da holte er zu seinem Trumpf aus. Er griff in seine Hosentasche und zog feierlich eine Plastiktüte heraus. Darin befand sich ein dunkles Samtsäckchen und dort, gut eingewickelt, sein großer Schatz. Vorsichtig griff er mit seinen knochigen Fingern in die Tücher und zog einen kleinen Stein hervor. Er hauchte ihn an und polierte ihn sorgfältig mit dem Stoff des Samtsäckchens. Dann hielt er ihn gegen das Licht, betrachtete ihn verträumt und legte ihn mir auf die Handfläche.

Etwas ungläubig blickte ich auf den pfefferkorngroßen, durchsichtigen Stein. Ich musterte ihn sorgfältig von allen Seiten und kam zu meinem Urteil.

»Sorry, Ibrahim, sieht aus wie ein Stück Glas. Bist du sicher, dass das ein Diamant ist?«

Die Mine des hageren Souvenirverkäufers und Diamantengräbers verfinsterte sich.

»Was sagst du da?«

»Glas, na, ein Stück Glas, eine Scherbe. Rundgeschliffen vom Meer oder so.«

Ibrahim nahm mir das Kügelchen aus der Hand, griff sich den Spiegel, der zum Betrachten der bunten Schmuckstücke gedacht war, und ritzte mit dem Stein eine tiefe Kerbe in das Glas. Dann streckte er Pablo und mir den Spiegel entgegen.

»Seht diesen Kratzer! Meint ihr, mit einem Stück Glas könnte man so etwas tun?«

Pablo schnappte sich den Spiegel und musterte ihn eine Weile konzentriert.

»Mannomann, ich hab ja schon Wochen keinen echten Spiegel mehr in der Hand gehabt! Was hab ich denn da für einen Sonnenbrand auf der Nase? Wieso hast du mir das nie gesagt?«

Das war zu viel für Ibrahim. Er riss Pablo den Spiegel aus der Hand, spuckte vor uns auf den Boden und wickelte seinen Diamanten zurück in die Tücher. Dann warf er seine Holzstatuen und Perlenketten in einen Stoffbeutel, schulterte den Sack und verschwand laut fluchend vom Strand.

»Was hat der denn?« Jon war von seinem Nickerchen unter den Palmen aufgewacht und blickte fragend zu uns herüber.

Pablo zuckte die Schultern.

»Ich glaube, ich hätte nichts von meinem Sonnenbrand erzählen dürfen.«

Am folgenden Tag brachen wir auf. Gemeinsam mit unserem neuen Kumpanen Jon, bildete unsere Radfahrtruppe ein unterhaltsames Dreigespann. Gemütlich vervollständigten wir unsere Umrundung der Freetown Peninsula, holten in der Botschaft der hektischen Hauptstadt unsere Pässe mit dem wertvollen Ghana-Visum ab und setzten unsere Reise in Richtung Südosten fort.

Von Freetown aus fuhren wir ins Landesinnere und die Landschaft wurde grüner und die Fahrbahn hügeliger. Das breite graue Teerband fraß sich durch die hohen Gräser und dunklen Wälder des afrikanischen Dschungels. Wir passierten beeindruckende Bambussträucher, Palmen und Alleen voller Laubbäume. Nach den erholsamen Tagen an den paradiesischen Stränden funktionierte das Radfahren hervorragend und wir machten viele Kilometer gut. Auf unserer Reise durch die ehemalige britische Kolonie passierten wir spannend klingende Orte mit Namen wie MacDonald, Waterloo, Mile 31 und Mile 91. Meist waren die Orte allerdings weniger interessant als ihre Namen vorgaben, denn sie bestanden lediglich aus einer Straßenkreuzung, um die sich einige verstaubte Einkaufsstraßen, eine Handvoll Marktstände, ein paar Cafés und hier und da eine Tankstelle installiert hatten.

Nach 350 Kilometern verließen wir in der großen Stadt Bo im rohstoffreichen Landesinneren den schnellen Highway und bogen auf eine Nebenstraße. Unsere Route sollte uns die kommenden Tage auf schmalen Pisten zur bekannten Tiwai Island führen, einem Nationalpark nahe der Grenze zu Liberia. Nach dem sorglosen Radeln auf der Asphaltstraße fiel es mir schwer, den schnellen Teer wieder zu verlassen und gegen die holprige Lehmpiste einzutauschen. Lauthals beklagte ich mich bei Jon und Pablo über die Streckenplanung und die beiden lachten laut über den »German Engineer«, der lieber an seiner hübschen geraden Teerstraße festhalten wollte, anstatt auf die abenteuerliche Buckelpiste auszuweichen.

Eine ganze Weile meckerte ich vor mich hin, wurde aber bald entschädigt, denn die staubige Piste führte uns durch hübsche Landschaften und schließlich über eine klapprige Brücke an einen wunderschönen Fluss. Der Sewa River war ein beeindruckendes Gewässer, das sich seinen Weg von den hohen Sierra-Bergen im Nordosten durch das Landesinnere zur Atlantikküste bahnte. Als wir die Brücke passierten, entdeckten wir unter uns ein quirliges Treiben am gegenüberliegenden Flussufer. Kleine Boote schipperten auf dem braunen Wasser, Frauen wuschen Kleidung in schmalen Schüsseln und Kinder spielten am matschigen Ufer.

Jon zückte seine Kamera. »He, lasst uns einen Blick wagen. Mal gucken, ob ich ein paar hübsche Fotos schießen kann!«

Auch Pablo war begeistert.

»Lasst uns eine Runde im Fluss schwimmen! Meine Kleidung könnte endlich mal eine Wäsche vertragen.«

Und da auch ich nichts gegen eine Radfahrpause einzuwenden hatte, schoben wir auf der anderen Seite der Brücke unsere Räder vorsichtig die steile Böschung hinab.

Kaum hatten uns die ersten Kinder gesehen, rannten sie lauthals schreiend zu einer Gruppe von Frauen, die im seichten braunen Wasser des Flusses watete. Auch die Frauen starrten uns ängstlich an, aber nach einigen Worten der Erklärung verloren sie ihre Scheu und deuteten an, dass wir uns zu ihnen in den Schatten setzen konnten.

»Was treibt ihr denn hier mit all den Schüsseln und Töpfen in dem schmutzigen Wasser?«, begann Jon mit seiner typisch aufgeweckten Art das Gespräch.

»Wir suchen nach Gold«, antwortete eine junge hübsche Frau mit lilafarbenem Kopftuch und einer flachen Metallschüssel in der Hand. »Die Männer graben dort hinten die Erde ab und fahren sie mit den Booten zu uns. Wir sieben dann das Gold heraus.«

Ich blickte am Ufer entlang und entdeckte zwei Dutzend kräftige Männer, die mit Schaufeln und anderen Werkzeugen Sand und Erde von der Insel schaufelten, um die Ladungen in wackligen Einbäumen ans andere Ufer zu transportierten.

»Gold, echt? Und wie viel habt ihr gefunden?«, fragte Jon weiter.

»Wir suchen nur in der Trockenzeit. Beim Regen arbeiten wir auf den Feldern. Viel finden wir nicht, aber wenn wir etwas finden, können wir für das Dorf Reis und manchmal auch Fleisch kaufen.«

Ungläubig betrachtete ich die Frau. »Und wo verkauft ihr das Gold?«

»Einmal im Monat kommt ein Händler aus Bo. Der kauft uns das Gold ab und zahlt uns aus. In letzter Zeit sind die Preise allerdings gesunken und wir bekommen nicht mehr viel für das, was wir hier finden.«

Eine Weile hockten wir bei den Frauen im Schatten der Bäume und beobachteten die Goldgräber. Jon knipste ein paar Bilder und Pablo versuchte einem der Knirpse einzureden, ich wäre der Teufel und hätte daher so einen langen Bart. Trotz der Albernheiten konnte ich mich vom Anblick der Goldsucher nicht lösen, ein ganzes afrikanisches Dorf auf der Suche nach dem Klümpchen Glück.

Am Abend las ich im Internet, dass die Hoffnung auf Gold und Diamanten in Sierra Leone und im benachbarten Liberia groß war – und zwar nicht nur bei den Einheimischen, denn in den vergangenen Jahren hatten auch westliche Investoren festgestellt, dass es in den Ländern Westafrikas außer Malaria und HIV doch etwas zu holen gab.

Blutdiamanten wurden sie genannt. Sie galten als Motor des Bürgerkriegs, sie waren Finanzierungsmittel von Waffen und sicheres Anlagegut für Terrororganisationen. Sie waren wertvoller Rohstoff der armen westafrikanischen Länder und ihr verhängnisvolles Schicksal zugleich.

Für den Abbau der Diamanten wurden Wälder abgeholzt und Dörfer umgesiedelt, Menschen vertrieben und Kinder in die Minen geschickt – und trotzdem bedeuteten Diamanten Hoffnung für die Menschen in Sierra Leone. Denn auch hier träumten sie den Traum vom Reichtum: Vom Tellerwäscher zum Millionär, oder eben von der Arbeit in der Mine bis zum Fund des großen Steins, vom Goldwäscherdasein bis zum Tag des großen Glücks.

Allerdings fiel das Geschäft mit Gold und Diamanten recht einseitig aus. Insbesondere im boomenden Rohstoffgürtel von Bo waren die zerfallenen Minen nach dem Bürgerkrieg wieder aufgebaut worden. Kinder und Frauen schufteten in den Minen, Männer ackerten für einen Hungerlohn, und das Quecksilber, das zum Waschen der Diamanten genutzt wurde, verseuchte ganze Landstriche. Von 1.000 geborenen Kindern starben 300, bevor sie das fünfte Lebensjahr erreichten.

Würde nur ein Teil der Gewinne aus den schmerzvoll geförderten Rohstoffen an die Bevölkerung zurückfließen, könnte echte Hilfe für die ärmlich lebenden Menschen in den kriegsgebeutelten Gebieten geschaffen werden. Doch wieso sollte man das gut funktionierende Geschäft in Frage stellen? Es wurde ja wieder etwas aufgebaut. Die Mine der Koidu Holdings beispielsweise, die im Bürgerkrieg in Bo geschlossen worden war, lieferte heute wieder regelmäßig an Tiffany's. Und wer fragte schon nach dem Herkunftszertifikat, wenn es viel zu viele gute Gelegenheiten gab, die uns die Herkunft der Blutdiamanten und das Schicksal der afrikanischen Minenarbeiter vergessen ließen.

»Oh Schatz, ein echter Diamant? Aber natürlich, ja, ich will!«

GOD BLESS JON'S LONELY PLANET!

»*Und als er seine Kontonummer nicht herausgeben möchte, lässt Prince Yormie Johnson seinem Widersacher das Ohr abschneiden und zwingt ihn, es zu essen. Kurz darauf unterliegt der Gefolterte seinen Verletzungen.*«

In Liberia ist der Glaube verbreitet, man könne die Kraft seiner Feinde erben, wenn man deren Körperteile verspeist oder verspeisen lässt. Im Falle von Prince Johnson scheint es gewirkt zu haben. Heute ist der beliebte Politiker demokratisch gewählter Senator für das Nimba County, einer Verwaltungsregion im Norden Liberias.

Der Bürgerkrieg in Liberia war einer der grausamsten, den die Welt je erleben musste. Folter, Massentötungen, Vergewaltigungen und Kannibalismus standen an der Tagesordnung. Warloards und Kindersoldaten verwüsteten das Land und versetzten das Volk in ein bis heute andauerndes Trauma.

Als ich zusammen mit meinen beiden fahrradfahrenden Begleitern die Grenze nach Liberia überquerte, waren die Zeichen des Krieges auf den ersten Blick kaum mehr zu erkennen. Die roten Sandpisten waren genauso unwegsam wie in Sierra Leone und die Mittagshitze genauso unerträglich wie in den anderen afrikanischen Ländern, die ich inzwischen auf meiner Reise hinter mir gelassen hatte.

Auch bei der Grenzkontrolle lief alles wie gewohnt: Pablo, Jon und ich passierten mehrere Militärposten, in denen uns großgewachsene Offiziere mit klapprigen Kalaschnikows und rostigen Macheten skeptisch musterten, um dann mit ihren wuchtigen Fingern unsere Namen handschriftlich in winzige, abgewetzte Büchlein einzutragen. Gelangweilte Zöllner durchsuchten unsere Radtaschen, während wir geduldig in der sengenden Mittaghitze warteten. Und die tiefschwarze, kugelrunde Dame bei der Immigration trug unsere Namen, Adressen und Berufe zur Registrierung in einer endlosen Langsamkeit in ein dickes Buch.

Nach einem Marathon an Erklärungen, Warten und Vorzeigen unserer Reisedokumente, saßen wir im Büro des Immigration Officers. Ein kurzes Staunen darüber, dass wir ihm kein »Souvenir« aus unserer Heimat mitgebracht hatten, und ein Hinweis, dass wir ja sicher sehr reiche Touristen wären, wenn wir uns mit Fahrrädern nach Afrika wagen würden, dann drückte er uns schließlich den Einreisestempel in unsere Pässe. Mit den skeptischen Blicken des Officers im Rücken stiegen wir auf unsere schwer bepackten Räder und rollten auf die staubige Teerstraße.

Bereits die ersten Meter im neuen Land fühlten sich seltsam an. Anfangs verstand ich nicht, was sich geändert hatte, denn die rote Piste, die grünen Tropen und die tiefschwarzen Menschen waren unverändert geblieben. Und trotzdem merkte ich, dass etwas anders war.

Erst nach einigen Kilometern fiel der Groschen: Es war der Einfluss der USA! Inmitten des liberischen Dschungels passierten wir methodistische Kirchen und Baptistenhäuser. Die uns entgegenkommenden Geländewagen trugen Aufschriften von USAid, United Nations oder Logos von US-amerikanischen NGOs auf der Motorhaube und am Straßenrand zogen zahlreiche Schilder von Hilfsprojekten an uns vorbei, die von den USA finanziert wurden. Im gesamten Land konnte man problemlos mit US-Dollar bezahlen und selbst die Flagge Liberias in ihren rot-weißen Stars & Stripes sah der Fahne der USA zum Verwechseln ähnlich. Wäre da nicht die afrikanische Hitze gewesen, hätte ich mich genauso gut in Louisiana, Mississippi oder einem anderen der amerikanischen Südstaaten befinden können.

Und Pablo wusste auch eine Erklärung für die starke Ähnlichkeit und Verbundenheit mit den Vereinigten Staaten: Ende des 19. Jahrhunderts waren in den USA die Stimmen lauter geworden, dass das mit der Sklaverei doch gar keine so tolle Sache war. Die Schwarzen im Süden Amerikas hatten mit Revolten begonnen, die amerikanischen Sklavenhändler mussten sich geschlagen geben und beendeten zähneknirschend das lukrative Geschäft mit den billigen Arbeitern. Ganz schön doof für Amerika, denn nicht nur ihre Arbeitskräfte waren damit hopsgegangen, das Land war nun auch voll von schwarzen Frauen und Männern, die niemand haben wollte. Aber die Vereinigten Staaten wären ja nicht die mächtigste Nation der Welt, wenn man dafür nicht auch eine Lösung hätte: Man schiffte die ungewollten »Neger« einfach wieder dahin zurück, wo man sie her hatte – nach Afrika.

»*God bless America!*«, rief Jon lakonisch.

Die USA hatten dafür natürlich eine andere Bezeichnung gehabt, wie unser Argentinier weiter ausführte: Die Schiffsladungen voll ungewollter Schwarzer waren »auf dem Weg zurück in die Freiheit«. Geändert hatte das an der Sache aber nichts, und Anfang des 19. Jahrhunderts hatten sich tausende ehemalige Sklaven ungewollt an der Westküste des afrikanischen Kontinents befunden. Mit neugewonnener Freiheit und ungewisser Zukunft begannen sie ein Leben im fremden Afrika. Durch eine Starthilfe der Amerikaner entwickelten sich die freigelassenen »Kreolen« oder »Congos«, wie die neu Eingereisten genannt wurden, zu einer afrikanischen Elite im dicht besiedelten Küstengebiet. 1847 bildeten die Kreolen dann den ersten unabhängigen westafrikanischen Staat: Liberia – Land of the Free.

Die Umsiedlung der Schwarzen und die Herrschaft der kreolischen Elite im neugegründeten Staat ging eine Weile gut, bis die Kreolen damit begannen, sich in Form der im Land lebenden Ureinwohner selbst Sklaven anzuschaffen. Eine tiefe Kluft zwischen den regierenden »besseren« Amerika-Schwarzen und den auf dem Land lebenden Natives entstand. Nach Jahrzehnten instabiler Regierungen, Korruption und wirtschaftlicher Rezessionen zerfiel das Land 1989 in einen fürchterlichen, fast zwanzig Jahre andauernden Bürgerkrieg. Erst im Jahr 2005 gelangten Stabilität und Frieden zurück in das völlig verwüstete Liberia.

Die Unterstützung der USA war seit jeher groß, teils aus echtem Willen zu helfen, teils aus politischem und wirtschaftlichem Eigeninteresse, um beispielsweise den Einfluss auf die lukrativen Kautschuk- und Rohstoffexporte zu sichern. Fakt war, dass die Vereinigten Staaten viel zum Wiederaufbau des vom Bürgerkrieg zerstörten Landes beigetragen hatten und eine starke Bindung zwischen den beiden Staaten bestand.

Nach der kurzen Geschichtsstunde durch unseren argentinischen Freund wirkten meine ersten Kilometer in Liberia auf mich nicht weniger verstörend. Wir radelten auf staubigen Straßen durch den heißen afrikanischen Dschungel, sahen an jeder Ecke den US-amerikanischen Einfluss, und doch wusste ich nur allzu gut, dass hinter der nächsten Kurve eben nicht der McDonald's auftauchen würde, den ich mir so herbeisehnte.

Pablo, Jon und ich hatten Liberia von Westen aus betreten. Etwa zwanzig Kilometer von der Atlantikküste entfernt hatten wir den kleinen Grenzfluss Mano überquert und fanden uns auf einer schmalen staubigen Teerstraße in Richtung Monrovia, Liberias Hauptstadt, wieder. Ich freute mich bereits über den ordentlich befahrbaren Untergrund, doch da hatten sich die beiden spanischsprechenden Radfahrfreunde bereits gegen mich verschworen und machten mir einen Strich durch die Rechnung.

Pablo radelte zu mir herüber.

»*German amigo!*«

»Pablo, immer wenn du mich *German amigo* nennst, folgt etwas Schlechtes.«

»Ach was, Jon und ich haben bloß etwas überlegt.«

»Sag ich doch.«

Pablo lächelte mich an.

»In Jons Lonely Planet steht, dass es in Robertsport einen super Strand zum Baden gibt.«

»Aha. Und wo ist der Haken?«

»Na ja, wir müssen da hinten wieder runter von der geteerten Straße und ein kleines Stückchen auf der roten Piste weiter. Dort drüben, wo die vielen Hütten stehen.«

»Ein Stückchen?«

»Ja, ist nicht weit. Die Karte in Jons Lonely Planet ist nicht so gut, aber allzu weit sollte es nicht sein.«

Mit Sorgenfalten im Gesicht gab ich mich den beiden Draufgängern geschlagen und an der folgenden Gabelung lenkte ich mein Fahrrad hinter Pablo und Jon auf die rote Dreckpiste. Der Weg war in einem noch schlechteren Zustand als die Trampelpfade durch den guineischen Dschungel und bot keinen Schutz vor der brennenden Sonne. Mit jedem Meter auf dem staubig-steinigen Untergrund begannen meine Handgelenke mehr zu schmerzen und mein Herz wurde schwerer. Pablo und Jon hingegen freuten sich über das Abenteuer und darüber, dass ich jeden Stein und jedes Schlagloch mit lautem Fluchen kommentierte.

Nach zwei Stunden auf der liberischen Nebenstraße war mein Fluchen der Erschöpfung gewichen und ich schleppte mich leise stöhnend voran durch die zunehmende Hitze. Immerhin, nach einer weiteren halben Stunde forderte das beschwerliche Gerüttel sein erstes Opfer und ich bekam eine gute Gelegenheit, mich hämisch zu freuen. An Jons altem Trekkingfahrrad brachen bei der Tortur gleich drei Speichen nacheinander. Und während Jon in dem winzigen Schatten eines niedrigen Buschs am Straßenrand kniete, um sein Hinterrad zu inspizieren, lief ich zu Höchstform auf.

»Da seht ihr, meine *amigos,* hättet ihr mal besser auf den *German engineer* gehört! Ich hab doch gleich gesagt, wir hätten nicht von der ordentlichen Straße abfahren sollen!«

Jon ignorierte meine diebische Freude und versuchte, das Hinterrad noch irgendwie zu retten, bevor der Rest seiner Speichen aus der Felge fiel. Ohne größere Reparatur blieben dem Spanier allerdings nicht viele Möglichkeiten, und so beschlossen wir, das Gewicht auf Jons Hinterrad zu reduzieren, indem Pablo und ich Jons Gepäck auf unsere Räder luden.

Nach einer weiteren Stunde auf der staubigen Buckelpiste hatten das Gerüttel und die erbarmungslose Hitze uns alle drei geschlagen: Ich stöhnte über die schlechte Straße, Jon stöhnte über meine Besserwisserei und Pablo stöhnte über die immergleiche Schinderei durch die immergleiche Landschaft und das zusätzliche Gewicht, das er nun mit sich herumschleppen musste.

Erst als die Sonne auf unsere rechte Seite gewandert war und wir durch die Büsche an der Seite zumindest ab und an ein wenig Schatten abbekamen, begannen wir uns zu entspannen und uns erneut über die Fahrradfahrt zu freuen. Die Hütten und seltenen Dörfer, die wir im liberischen Hinterland passierten, waren eine willkommene Ablenkung. Oft lagen die einfachen Häuser der Einheimischen tief im Busch, versteckt zwischen undurchdringlichen Gräsern und grünen Pflanzen; manchmal passierten wir die Hütten direkt am Straßenrand. Wie in den anderen Ländern zuvor mussten auch in Liberia eine Handvoll Ziegen, ein wenig Reis oder eine Ansammlung von Papayapalmen für den Unterhalt einer Familie ausreichen. Neu war allerdings die Bauweise der Behausungen, denn im Gegensatz zu den kleinen Rundhütten im Senegal, den breiten Lehmbauten in Guinea-Bissau, den eckigen Lehmhäusern in Conakry oder den Zementbauten in Sierra Leone bestanden die Hütten im tiefen Dschungel Liberias aus einer Konstruktion aus Bambus und Lehmschlamm.

Schmunzelnd radelten wir an allerlei findigen Geschäften vorbei: In Sawilo, nahe der Küste, passierten wir die »God Divine Filling Station«, eine Tankstelle, die aus einem Tisch, zwei Stühlen und einem Dutzend mit Diesel gefüllter Ginflaschen bestand. Bei unserem Nachmittagssnack ließ Jon sein Telefon an der »God Blessing Charging Station« aufladen, und Pablo konnte mich gerade noch davon abhalten, einen Blick in das »Blessed Entertainment Center« zu werfen, in dem der Generator angeschmissen worden war, um die Dorfjugend gegen einen kleinen Obolus mit lautem Afrika-Hip-Hop, Nollywood Movies und Playstation-Spielen zu erfreuen.

Auch die guten Wünsche und göttlichen Segnungen auf den fahrbaren Vehikeln Liberias waren kaum zu übertreffen. »*God bless my mother!*« entzifferte ich die hübsche Verzierung auf der Motorhaube eines Buschtaxis, das uns mit röhrendem Motor überholte. »*Be honest!*« prangte unverkennbar auf der Heckscheibe eines gut beladenen Lkw und über dem Nummernschild eines Motorrads las ich »*Yes, we can!*« Besonders schön fand ich den Spruch »*God bless Islam*«, den ich häufig auf allerlei Autoscheiben zu lesen bekam – für mich ein eindrucksvolles Zeichen des friedlichen Miteinanders zwischen Christen und Moslems in Westafrika.

Inspiriert von den einfallsreichen Sprüchen fiel auch mein Urteil am Abend kreativ aus: »*God bless Jon's Lonely Planet!*« war das Einzige, was ich zu meinen beiden Radfahrfreunden sagte, als wir feststellten, dass wir Robertsport an diesem Tag nicht mehr erreichen würden. Denn erst als mit Einbruch der Dunkelheit die rote Piste vor unseren Rädern vor einem riesigen See endete, bemerkte Jon, dass der hübsche Badeort Robertsport gar nicht am Ende der Dreckpiste lag, sondern am anderen Ende des riesigen Lake Piso, dem größten See Liberias. Und natürlich gab es weder eine Brücke noch eine Möglichkeit, von der Stelle, an der wir standen, auf die andere Seite zu gelangen.

Mit sarkastischer Verzweiflung ließ ich mich in den Staub der roten Straße fallen und wiederholte meine Worte:

»*God bless Jon's Lonely Planet!*«

VON RINDENSCHNAPS
UND SCHULBÜCHERN

KLAY, LIBERIA, MÄRZ 2013
– 11.793 KILOMETER –

Ich schrecke aus einem Traum auf. Ein Geräusch irgendwo in der Ferne hat mich geweckt. Schweißgebadet richte ich mich auf. Es ist kühl. Kühler als sonst im stickigen Inneren meines Zelts. Aber ich liege nicht in meinem Zelt. Und auch nicht auf meiner Isomatte, ich liege auf einer weichen Matratze auf einem hohen Bett. Ich blicke mich um, aber alles ist verschwommen.

Licht fällt durch ein vergittertes Fenster und um mich herum nehme ich die Wände eines gemauerten Hauses wahr. Doch es ist kein gewöhnliches Haus. Ich starre auf die Wand gegenüber, sie besteht aus Büchern. Auch der Tisch in der Ecke, die Hocker und das Regal bestehen aus Büchern.

Ich muss husten und spüre ein übles Kratzen in meiner Kehle. Ungläubig reibe ich meine Augen, doch die Bücher verschwinden nicht. Ich setze mich an den Rand des Bettes, meine Füße baumeln an der Matratze herunter. Unter meinen nackten Beinen thront auch die Matratze auf einem Bettgestell aus weißgrauen Büchern. Bücher, überall Bücher! Das kann doch nicht sein!

Eine Nacht im Zelt, eine kurze Diskussion mit den einheimischen Fischern, acht US-Dollar und eine mehrstündige Überfahrt in zwei afrikanischen Einbäumen benötigten wir, um den Lake Piso zu überqueren und am nächsten Mittag in den Badeort Robertsport zu gelangen.

Nachdem wir unsere Räder und Taschen aus den wackeligen Einbäumen geladen hatten und den beiden Fischern ein extra Trinkgeld für die weite Überfahrt in die Hand gedrückt hatten, machten wir uns auf, den Ort zu besichtigen. Robertsport war eine typisch afrikanische Fischerstadt. Auf dem seichten Wasser des Lake Piso schipperten Einbäume, die mit langen Stangen fortbewegt wurden, und Fischer warfen auf dem großen See ihre Netze aus. Verwahrloste Hunde rannten durch die staubigen Gassen, immer auf der Suche nach einer abgetrennten Flosse oder einer mageren Fischgräte, und hinter den schiefen Lehmhütten am sandigen Ufer stapelten sich bunte Eimer, Netze, Kisten und Plastikfässer.

Die liberischen Frauen und Männer grüßten verwundert, als Pablo, Jon und ich unsere Räder durch die rostbraunen Straßen in Richtung Zentrum schoben. Je weiter wir in das Herz der kleinen Stadt spazierten, desto mehr vom Rauch der Holzfeuer und vom bunten afrikanischen Trubel wehte uns um die Ohren. Die winzigen Lebensmittelgeschäfte, die Märkte und die Africell-Handyshops mehrten sich, und tief im Zentrum hockten die bekannten dickbusigen Mama Afrikas vor ihren Suppentöpfen, Bananen, Mangos und Erdnüssen.

An einem Grillstand, der aus einem alten aufgeschnittenen Ölfass bestand, stillten wir unseren Hunger mit knusprig gegrillter Makrele und schlaffem amerikanischem Toastbrot. Dann hockten wir uns in eine der gemauerten Trinkhallen mit den bunten Werbeplakaten vom leonischen Star- und dem liberischen Club-Bier und blickten auf den ruhigen Lake Piso vor unserer Nase. Die Mücken ließen uns an diesem Mittag zufrieden, wir lehnten uns in den bunten Plastikstühlen zurück und stießen mit unserem malzigen Club auf die vor uns liegenden Abenteuer an. Liberia konnte kommen!

Als Jon für eine zweite Runde Bier an den Tresen ging, stand er kurz darauf mit vier jungen weißen Männern wieder vor uns. Mein Erstaunen war groß, seit Wochen hatte ich kaum einen weißen Menschen gesehen. Die einzigen Hellhäutigen, die uns begegnet waren, waren die Libanesen in Freetown gewesen, die die vielen Lebensmittelgeschäfte und Hotels betrieben, und die dicken Briten am hübschen Strand von Bureh. Dass es sich bei den Vieren allerdings nicht um Geschäftsmänner oder Touristen handelte, erkannten wir auf den ersten Blick, denn ihre Kleidung, ihre etwas verwilderten Frisuren, die braungebrannten Gesichter und nicht zuletzt die lockere Art, wie die vier uns begrüßten, zeigten, dass sie nicht erst seit ein paar Tagen in Afrika waren.

Der größte der vier schüttelte uns lachend die Hand.

»He, Leute, das ist ja witzig. Kommt ihr für einen Wochenendausflug aus Monrovia? Ich bin übrigens Tom aus New Jersey.«

Dann stellten sich auch die anderen drei vor: Christoph, Robin und Monty.

»Wir arbeiten alle vier für die US Peace Corps. Kennt ihr die? Das ist eine Hilfsorganisation der USA, eine NGO könnte man sagen. Wir sind alle Lehrer in kleinen Dörfern hier in Liberia. Monty ist in Klay, Christoph in Greenville, Robin in Voinjama ganz im Norden und ich arbeite in Tubmanburg, gut zwei Stunden nördlich von hier.«

Ich deutete an, dass sich die vier zu uns setzen sollten, und erzählte, dass wir mit den Rädern auf dem Weg durch Westafrika waren und in den kommenden Tagen in die Hauptstadt Monrovia aufbrechen wollten.

»Und ihr? Was unterrichtet ihr denn?«

»Oh, alles Mögliche. Meist Mathe, Englisch, ein wenig Geschichte, wo eben Not am Mann ist. Das sind alles kleine Orte, in denen wir arbeiten. Fünfhundert, manche haben tausend Einwohner. Da geht es mehr um Lesen und Schreiben und Kopfrechnen als um die großen Rätsel der Algebra.«

Monty starrte uns unter seinen blonden halblangen und sehr zerzausten Haaren immer noch ungläubig an.

»Wahnsinn, mit dem Fahrrad über diese Drecksstraßen hier, verrückt!«, strahlte er. »Hört mal, Jungs, wenn ihr morgen weiter nach Monrovia fahrt, dann könnt ihr bei mir pennen. Der Ort, in dem ich unterrichte, liegt nicht weit von der Hauptstraße entfernt, quasi auf direktem Weg in die Hauptstadt. Das könnt ihr gar nicht verfehlen. Es sind etwa achtzig Kilometer auf einer roten Piste.«

»Achtzig Kilometer, das schaffen wir locker.« Jon trank zufrieden ein Schluck Bier.

»Alles klar, abgemacht. Und in Monrovia hab ich auch ein paar Bekannte, bei denen ihr unterkommen könnt. Alles kein Problem, Liberia ist ein Dorf!«

Dann prostete uns der blonde Monty mit den leuchtend grünen Augen zu und wir stießen auf Liberia und das Abenteuerleben in Afrika an.

Der Abend dauerte noch lange und die leeren Club-Flaschen stapelten sich auf dem quadratischen Plastiktisch neben der Bar.

Am nächsten Morgen wachte ich auf und erblickte durch den Eingang meines Zelts zwei große, abgetragene Lederstiefel. Mein Blick wanderte an der olivgrünen Tarnhose hinauf zu dem Lauf einer beeindruckenden Schrotflinte. Der Lauf der Waffe endete an einem breiten Gürtel, an dem eine rostige Machete mit einem Lederriemen befestigt war. Meine Augen kletterten weiter in die Höhe über einen muskelbepackten dunkelhäutigen Oberkörper, der in ein viel zu enges, schweißfleckiges Unterhemd gezwängt war. Ganz oben kam das Gesicht eines breit grinsenden Afrikaners zum Vorschein. Dem Mann fehlten die oberen Schneidezähne und an seiner rechten Wange klafften zwei dicke Stammesnarben. Auf seinem kahlrasierten Kopf trug er eine olivgrüne Armeemütze.

»*Good Morning, Mister!*«, lachte der Mann. »*Did ya have a good sleep?*«

Ich öffnete den Reißverschluss und nickte dem Bewaffneten zu. Langsam kehrte die Erinnerung an den Abend in der Trinkhalle zurück. Ach ja, richtig, nach einigen Flaschen Club-Bier hatten wir außerhalb des Ortes nach einer Möglichkeit zum Übernachten gesucht und irgendwo hinter einem offiziellen Gebäude unsere Zelte aufgeschlagen.

»*Good Morning*«, murmelte ich. Dann streckte ich meinen Kopf ganz aus dem Zelt und schaute mich um. Neben dem breitschultrigen Schrotflintenmann erblickte ich den Lake Piso und zu meiner Rechten ein langgezogenes gemauertes Gebäude.

Ich blickte zu den anderen Zelten hinüber. Pablo und Jon schienen noch zu schlafen. Dann kletterte ich ganz aus meinem Zelt, streckte die müden Gelenke und atmete die feuchte kühle Luft ein, die vom großen See herüberströmte. Als ich mich aufrichtete und laut gähnte, klopfte der Mann mit dem Gewehr mir auf die Schulter.

»*Ah, good sleep. Very good. I promised to keep you safe! Nobody steel your bicycle!*«

»Oh ja. Gut«, sagte ich. »*Very kind of you. Thanks!*« Noch immer nicht wissend, wie ich den Mann mit dem Gewehr einzuordnen hatte, lächelte ich ihn freundlich an.

Mein Kopf brummte und ich spazierte das Ufer zum See hinunter. Ich beobachtete, wie sich die gelbe Sonne durch die Mangroven schob, und stellte mich an einen Busch, um zu pinkeln. Dann lief ich ganz an das Wasser, hockte mich hin und wusch mir das Gesicht.

Es war wohl nicht bei dem einen Bier mit den Amis geblieben, dachte ich, während ich mir das kühle Wasser unter die Achseln rieb und meinen Oberkörper wusch. Ich trocknete mein Gesicht mit meinem verschmutzten T-Shirt ab und schlenderte zurück zu unserem Schlafplatz.

Hinter meinem Zelt stand ein graues Backsteingebäude. Als ich das große Schild las, das oben auf dem Gebäude angebracht war, kamen die Erinnerungen: »Ministry of Agriculture of Liberia« stand dort in breiten Lettern. Wir hatten unsere Zelte am Abend im Landwirtschaftsministerium von Liberia aufgestellt. Der Mann mit der Schrotflinte war der Sicherheitschef, den wir angetroffen hatten und der uns versprochen hatte, auf unsere Zelte und Räder aufzupassen. Wo wir hier wieder gelandet waren!

Müde und mit leichtem Brummschädel hockte ich mich in den Schatten eines hohen Laubbaumes und begann, Wasser für Kaffee zu kochen. Irgendwann schälten sich auch Pablo und Jon aus ihren Zelten und setzten sich zu mir. Wir luden den Sicherheitschef zu einem Frühstück ein und drückten ihm für das nächtliche Wachestehen drei US-Dollar in die Hand. Dann brachen wir auf.

Für die 130 Kilometer nach Monrovia würden wir zwei Tage benötigen, da kam uns die Einladung von Monty vom Abend zuvor gerade recht. Mit Aussicht auf einen sicheren Schlafplatz bei dem freundlichen Amerikaner begannen wir unsere Tour auf der roten Sandpiste.

Am frühen Abend erreichten wir Klay. Der kleine Ort an der geteerten Hauptstraße nach Monrovia lag etwa dreißig Kilometer von der Atlantikküste entfernt und bestand aus staubigem rotem Sand, Lehmhütten, einer Handvoll Geschäften und, wie immer, aus Scharen von schwarzen Kindern, die uns nackt und barfuß entgegenliefen, als wir uns dem Zentrum des Ortes näherten.

Wir schoben unsere Räder zu einer der hohen Wasserpumpen und fragten einen Jugendlichen im verschlissenen Barcelona-Trikot nach Monty, dem »*white man from the Peace Corps*«. Kaum hatten wir seinen Namen ausgesprochen riefen die vielen Kinder aufgeregt »Monty! Monty!« und rannten los. Viele kleine Kinderhände griffen nach unseren Packtaschen und schoben und zerrten unsere Räder eine sandige Gasse entlang, bis wir vor einem großen gemauerten Haus standen.

Kurz darauf öffnete uns ein strahlender, aber nicht minder verkaterter Monty die Eingangstür seines Hauses.

»He, da seid ihr ja! Coole Sache, kommt rein.«

Monty führte uns durch einen schmalen Flur, in dem wir unsere staubigen Radlersandalen auszogen, und weiter hinein in sein Heim.

»So, Leute, fühlt euch wie zu Hause.«

Monty bewohnte ein für afrikanische Dörfer ausgesprochen nobles Haus. Auf etwa sechzig Quadratmetern standen ihm ein Wohnzimmer, zwei Schlafräume und eine Toilette zur Verfügung. Das Badezimmer war mit zwei bunten Plastikeimern für die Dusche und einer gefliesten Stehtoilette geradezu luxuriös, und auch sonst war das gemauerte Haus gut in Schuss.

Neben der feinen Wohnung fiel uns sofort eine Besonderheit ins Auge, denn an zwei der vier Wände im Wohnzimmer stapelten sich dicke graue Bücher bis unter die Decke. Monty folgte unseren fragenden Blicken und lächelte.

»Nicht erschrecken, Jungs, hier stehen noch ein paar Schulbücher von mir herum. Bevor ich nach Liberia aufgebrochen bin, hab ich Spenden gesammelt und einen großen Container voller Schulbücher gekauft. Als ich vor zwei Jahren hier angekommen bin, lagen in der Wohnung über 15.000 Bücher rum. Inzwischen hab ich die meisten davon verteilt, und nun habe ich Platz. Alle sind noch nicht weg, aber ich habe mich damit arrangiert.«

Ungläubig blickten wir uns um: Die langgezogene Wohnzimmerwand war noch immer bis unter die Decke vollgestellt, die Matratze des Gästebetts war auf einem Meter voller Schulbücher gebettet, den Schreibtisch bildete eine dünne Holzplatte, die auf Türmen von Schulbüchern lag, und die Regalbretter in der Küche sowie die Hocker bestanden aus kreativ gestapelten Büchern.

Aber nicht nur wegen der Schulbücher, auch sonst war Monty ein verrückter Kerl. Vermutlich musste man das auch sein, wenn man freiwillig für ein Gehalt von 350 US-Dollar im Monat in einem kleinen Dorf in Liberia als Lehrer arbeitete.

»Der einzige Luxus, den ich mir gönne, sind ein importierter Rolling Stone und vier Pfund Dallmayr-Kaffee aus München, den ich von einem Kumpel aus Deutschland im letzten Sommer bekommen habe«, erzählte er, während wir unsere Taschen abstellten.

»Dallmayr Kaffee, gute Wahl, Monty!«, sagte ich und freute mich bereits auf den kommenden Morgen und einen vertrauten Kaffee tief in Liberia.

Nachdem wir uns den roten Staub aus den Gesichtern gewaschen hatten und eine Nachbarin Monty eine große Schüssel Reis mit Hühnerfleisch herübergebracht hatte, saßen wir auf einem Stapel Schulbücher und lauschten Monty, der von seinem Leben in Liberia berichtete.

»Als ich vor zwei Jahren hier nach Klay kam, bestand der Ort aus etwa zehn Hütten. Der Rest war vom Bürgerkrieg vollkommen zerstört. Auch heute kann man beim Spazierengehen noch die Patronenhülsen entdecken. Liberia wurde im Krieg vollkommen kurz und klein geschlagen. Vergewaltigungen, Kindersoldaten, ihr kennt ja die Geschichten.«

Monty trank einen Schluck Wasser und fuhr fort.

»Inzwischen ist Klay wieder auf tausend Personen angewachsen. Es gibt eine Schule, mehrere Wasserpumpen und einige Geschäfte. Mit jedem neuen Tag kann man den Fortschritt im Land erkennen.«

Kauend blickte Pablo von seinem Teller auf.

»Gibt es auch was, das schlecht läuft? Kann ich mir gar nicht vorstellen, dass nach einem so langen Bürgerkrieg plötzlich alles wieder in Butter ist.«

»Ja, natürlich! Viele Männer und Frauen im Dorf haben Traumata. Und natürlich gibt es niemanden, der sie irgendwie betreuen kann. Besonders die Männer versuchen ihre Erlebnisse im Alkohol zu ertränken. Es gibt wirklich viele Alkoholiker hier. Am liebsten trinken sie Gana Gana, das ist ein billiger Schnaps, der aus der Rinde eines Baumes hergestellt wird und starke halluzinierende Wirkung hat. Und anstatt, dass sie sich Arbeit suchen, hocken die Männer herum, saufen und heizen die Spannungen zwischen den Kreolen und den Natives weiter an.«

Plötzlich hörten wir ein lautes metallenes Krachen von draußen, gefolgt von Kinderlachen und hastigen kleinen Füßen, die sich hinter dem Haus entfernten. Monty seufzte und nickte genervt zum Fenster.

»Das ist ein weiteres Problem. Die Kinder der Nachbarn, sie starren abends gern mal durch meine Fenster. Heute wahrscheinlich ganz besonders, weil sie wissen, dass ich Besuch habe. Die Kinder können hier tun und lassen, was sie wollen, oft bleiben sie bis spät in die Nacht auf, und am nächsten Morgen können sie sich in der Schule nicht konzentrieren. Manche schlafen während des Unterrichts dann ein. Aber es hilft nichts, ich spreche mit den Eltern, aber nicht alle hören auf mich.«

Monty nahm ein Stück von dem Hühnerbein in die Finger und begann, es abzunagen.

»Es geht voran in Liberia. Es geht voran. Aber eben langsam.«

Nach dem schmackhaften Abendessen schoben wir die Teller von uns und lehnten uns auf den Bücherstapeln zurück. Jon unterdrückte ein lautes Rülpsen und blickte Monty an.

»Monty, vielen Dank für das gute Essen, das war echt lecker.« Er grinste diabolisch. »Aber jetzt lass uns noch einmal zurückkommen auf diesen Gana Gana. Können wir den mal probieren?«

Und mit dieser Frage war der restliche Verlauf des Abends vorherbestimmt. Eine Viertelstunde später standen wir vor dem vergitterten Fenster eines düsteren Geschäfts auf der anderen Seite des Dorfes. Durch die Gitterstäbe reichte uns ein alter knochiger Verkäufer eine eingedellte Plastikflasche gefüllt mit einer braunen, streng riechenden Flüssigkeit. Als ich den trüben Inhalt näher betrachte, erkannte ich zwei Stücke der modrigen Baumrinde, die noch immer in der Flasche umhertrieben und dem Gesöff seinen rauchig verwesten Geruch verliehen.

Der Ladenbesitzer grinste mich mit drei einzelnen gelbbraunen Zähnen durch die Gitterstäbe an.

»Du brauchst dir keine Sorgen machen, ich stelle den Schnaps traditionell her. Die anderen mischen Chemie rein, und davon wird man blind. Aber nicht von diesem hier. Alleine die Rinde des Marula-Baums verleiht ihm seine Stärke.«

Später machten wir es uns auf der Veranda vor Montys Haus gemütlich und spülten den Baumrindenschnaps mit ein paar Büchsen lauwarmen Guinness herunter. Das importierte Bier gehörte genau wie das schlaffe Toastbrot nach der Kolonialzeit noch zum Standard in Liberia. Ich wusste nicht, welches der Gesöffe schlimmer schmeckte, der faserige Rindenschnaps mit der kräftigen Note aus schottischem Whiskey und Diesel oder das warme braune Guinness, das in den afrikanischen Aluminiumbüchsen sämtliche Kohlensäure verloren hatte. Trotz des fragwürdigen Geschmacks schafften wir es, die Plastikflasche mit dem Rindenschnaps im Laufe des Abends zu leeren.

Am nächsten Morgen benötigten wir alle eine ganze Weile, bis wir uns von dem furchtbaren Gesöff und seiner halluzinogenen Nachwirkung in der Nacht erholt hatten. Wir waren so verkatert, dass wir sogar den guten Dalmayer-Kaffee vergessen hatten, den wir eigentlich unbedingt probieren wollten. Stattdessen tranken wir zusammen mit

Monty in einem Straßencafé die übliche Nescafé-Fertigmischung und frühstückten ein fettiges Omelette mit Toastbrot.

Bevor wir uns an diesem Morgen von Monty verabschiedeten, drückte mir der Lehrer noch die Telefonnummer seiner kanadischen Bekannten aus Monrovia in die Hand.

»Isabelle und Matthew sind echt super Leute. Ich habe euch gestern schon per SMS angekündigt und ihr könnt gerne bei ihnen unterkommen.«

Dann umarmte ich Monty und wünschten ihm viel Erfolg in seinem kleinen Dorf und mit den vielen Schulkindern.

Monty war ein klasse Kerl und seine Hilfe in dem winzigen Dorf in Liberia war mit Sicherheit nachhaltig. Ich wünschte es gäbe mehr Menschen wie Monty. *God bless Monty!*

COUCHSURFINGKARMA

MONROVIA, LIBERIA, MÄRZ 2013
– 11.883 KILOMETER –

Das Hotel Africa war einst ein luxuriöses Gebäude an der Küste des Atlantiks. Am Eingang zu Monrovia, der Hauptstadt Liberias, beherbergte es Filmstars, Wirtschaftsikonen und Politiker. Viele Sterne und noch mehr Stockwerke hatte es. Der Pool hatte die Form des afrikanischen Kontinents, auf der Höhe von Madagaskar befand sich der Whirlpool. Im Jahr 1979 war das Hotel feierlicher Veranstaltungsort der Gründungsversammlung der African Union, dem afrikanischen Pendant zur EU. Sämtliche Präsidenten des Schwarzen Kontinents wohnten in dem feinen Haus, das beeindruckend und geschichtsträchtig zugleich war.

Heute ist von all der Pracht nur noch ein graues Betonskelett übrig. Während des Bürgerkriegs in Liberia blieben die Gäste aus und die hungernde Bevölkerung hatte sich an allem bedient, was mitzunehmen war. Heute ist das ehemals stolze Hotel Africa nicht mehr als ein trauriges Symbol des Bürgerkriegs.

Nach unserem Aufenthalt bei Monty radelten Pablo, Jon und ich mit gehörigen Kopfschmerzen in Richtung Hauptstadt. Am Morgen unserer Abreise hatte uns Monty den Tipp gegeben, das ehemals prächtige Hotel zu besichtigen. Etwa zwanzig Kilometer vor Monrovia bogen wir von der Straße und fuhren nach Montys Instruktionen in Richtung Küste. Wir passierten einen großen Militärstützpunkt von UN-Blauhelmsoldaten und entdeckten hinter verwilderten Büschen und hohen Palmen die grauen Überreste eines zerfallenen Gebäudes. Inmitten bunter Blumenpracht und hohen grünen Bäumen konnte man den schönen Standort von damals noch erahnen, das Gebäude selber machte allerdings einen bedauerlichen Eindruck. Von außen war lediglich das bröckelnde Gerippe des Gebäudes zu sehen. Wacklige Säulen trugen vier, fünf zerfallene Stockwerke, in denen nur noch Schutt und dunkler Staub zu erkennen war. Das Hotel war ein Geisterhaus. Geplündert, verlassen und tot.

Kurz hielten wir inne, betrachteten die ehemalige Vorzeigeimmobilie Liberias von außen und malten uns den früheren Prunk im Inneren aus. Dann schoben wir unsere Räder durch das hohe Gras in Richtung des Haupteingangs.

Als wir uns dem dunklen Torbogen näherten, sprangen drei Jungen in Fußballtrikots aus den Büschen.

»Hello, white men, sollen wir euch das Hotel zeigen?«

Wir willigten ein und gegen ein kleines Trinkgeld führten uns die Drei in die zerfallenen Hallen.

An der Hand eines kleinen Didier Drogbas betrat ich die kühle, mit Schutt und Asche gefüllte Eingangshalle. Die Fassade war von Einschusslöchern gesäumt und hier und da sah es aus, als ob Granaten Teile aus dem Fundament gerissen hatten. Ich betrat den beeindruckend hohen Innenraum, in dem sich einst die Lobby befunden haben musste. Der leere Saal war von Staub und Abfall übersät und nur mit viel Fantasie konnte ich mir den Prunk und Glanz der vergangenen Jahre vorstellen.

Der kleine Drogba führte mich herum und berichtete vom Hotel, als ob er früher selbst regelmäßig zu Gast gewesen war.

»Hier standen die tiefen braunen Ledersessel, in denen die Präsidenten Zigarre geraucht haben. Und hier war der Aufgang, über den die Diener die schweren Koffer in die Suiten getragen haben.«

Der Junge führte mich in die Mitte der Lobby, von wo aus ich mehrere Stockwerke hoch durch die zerschlagenen Betondecken in den klaren Himmel blicken konnte.

»Hier war der Empfang. Zwanzig Angestellte standen an der Rezeption. Und während die Gäste warteten, haben sie Cocktails aus Kokosnüssen getrunken.«

Dann liefen die drei Jungen eine hohe zerfallene Steintreppe in den zweiten Stock und wir folgten unsicher auf den eingefallenen Stufen. Oben angelangt zeigten sie uns, wo sich damals die Bar, das Restaurant und die Konferenzsäle befunden hatten. Von einem eingefallenen Balkon warfen wir einen Blick in den ehemaligen Palmengarten und auf den verwilderten Swimmingpool im Afrika-Design. Alles, was wir sahen, war zerstört, geplündert und zerfallen. Was für ein trauriges Ende für ein prachtvolles Hotel.

Mit dem Gefühl der Melancholie im Bauch machten wir uns an den Abstieg auf der geländerlosen, steilen Wendeltreppe. Die drei Schwarzen sprangen geübt voran und erklärten, dass an Wochenenden im alten Hotel manchmal geheime Partys stattfanden. DJs mit lauter Musik und viele bunte Lichter würden die Hallen wieder zum Leben erwecken.

Ich aber war mit den Gedanken woanders. Das zerfallene Hotel Africa würde mir noch lange im Gedächtnis bleiben und ich musste an die makellosen deutschen Innenstädte und die hübschen Fassaden von Kaufhäusern, Restaurants und Hotels zu Hause denken. Auch nach meiner bisherigen Zeit in Westafrika und den vielen Schilderungen der Einheimischen, die Gräueltaten des Bürgerkriegs waren für mich noch immer nicht richtig greifbar.

Nachdem wir das Hotel Africa hinter uns gelassen und das Zentrum von Monrovia erreicht hatten, kontaktierte ich die beiden Kanadier, deren Telefonnummer mir Monty am Morgen zugesteckt hatte.

Isabelle und Matthew wohnten außerhalb Monrovias, und nach drei Stunden durch den chaotisch afrikanischen Hauptstadtverkehr trafen wir sie in dem ruhigen Vorort Thinkersvillage. Am Ende einer sandigen Straße erreichten wir den hübschen Wohnkomplex, in dem die beiden ihr Apartment hatten. Der Empfang war herzlich, und nach zwei Monaten Tour über die afrikanischen Staubpisten konnten Pablo, Jon und ich endlich wieder eine echte Dusche genießen, mit Brause und nonstop fließendem Wasser.

Nachdem wir uns ausgiebig gewaschen hatten, saßen wir am Abend bei einer Flasche Rotwein und einer Schüssel Reis mit Hähnchen zusammen auf der Terrasse der großzügig gestalteten Wohnung und unterhielten uns mit unseren Gastgebern. Matthew war ein eins sechzig kleiner Kanadier mit blonden kurzen Haaren und tiefen Lachfalten um die Mundwinkel. Seine Freundin Isabelle war genauso groß und genauso fröhlich wie er. Beide kamen aus dem fernen Toronto und arbeiteten seit einem halben Jahr für eine NGO in der liberischen Hauptstadt.

»Jungs, wir freuen uns wirklich sehr, dass ihr hier seid«, sagte Matthew. »Wir wohnen seit einem halben Jahr hier in dem hübschen, aber etwas sterilen Gebäudekomplex, und bisher hatten wir kaum Gäste.«

Isabelle lächelte. »Wir müssen unser Couchsurfingkarma aufbessern. Ihr könnt also so lange bleiben, wie ihr wollt!«

»Ja, zu Anfang unseres Aufenthalts haben wir zwei Wochen direkt in Monrovia gewohnt. Da hatten wir noch mehr Besuch, aber die Stadt ist einfach zu voll und zu hektisch. Abends gibt es keinen Strom und für das Geld, das wir von der NGO erhalten, konnten wir uns nur ein winziges Zimmer leisten. Hier außerhalb ist es viel angenehmer und günstiger.«

»Was macht ihr denn eigentlich für die NGO?«, wollte Pablo wissen.

»Die NGO koordiniert und betreut Bauprojekte«, antwortete Matthew. »Ich bin gelernter Bauingenieur, Isabelle arbeitet als Ranger in einem Nationalpark. Wir haben beide eine einjährige Auszeit eingelegt. Hier in Liberia bauen wir neue Wohnsiedlungen und bilden dabei die Einheimischen aus. Die Bevölkerung muss die fertigen Häuser später vom Projekt abkaufen. Für einen günstigen Preis, versteht sich, aber das ist durchaus sinnvoll.«

Isabelle schob sich ein Stück Brot in den Mund.

»Wir sind nur eine Handvoll Weiße, die das organisieren. Wir beauftragen ausschließlich lokale Baufirmen und zeigen den Arbeitern, wie man die Häuser nachhaltig plant und baut. Wichtig ist uns die Wirtschaftlichkeit, vielleicht habt ihr schon einmal gehört, dass der Wert von Spenden oder gestifteten Brunnen oder Saatgut in Afrika nicht lange anhält. Dadurch, dass die Dorfbewohner uns die Häuser abkaufen müssen, wird der richtige Umgang mit Werten vermittelt.«

Pablo und ich nickten zustimmend, nur der alternative Jon schien noch etwas unschlüssig, ob er das Modell des Häuserverkaufens an die Afrikaner gutheißen sollte.

»Die größte Herausforderung für den Start eines solchen Bauprojektes in Westafrika ist übrigens der Erwerb des Landes«, fuhr Matthew fort. »Das Problem dabei ist, dass in Liberia niemand über die Grundstücksgrenzen und Besitztümer Bescheid weiß. Vor dem Bürgerkrieg hatten die Menschen auf natürliche Grenzen in ihren Dörfern vertraut. Das eigene Grundstück reichte beispielsweise vom Fluss zum Zaun und vom großen Baum zur Ziegenherde. Im Westen grenzte das Nachbardorf, im Osten ein Berg. Aber während des Bürgerkriegs herrschten

Zerstörung und Chaos im ganzen Land. Hundertausende Menschen sind geflohen und erst nach Jahren in ihre zerstörten Dörfer zurückgekehrt. Andere Menschen hatten sich dort inzwischen angesiedelt, und heute gibt es keinen Beleg mehr für die ursprünglichen Grenzen. Eine ausländische Firma, die nun versucht, ein Stück Land von der Regierung zu pachten oder zu kaufen, wird daher von den Einheimischen skeptisch betrachtet. Ob die Firma versucht, Gutes zu tun oder nicht, sie ist zuerst einmal ein Störfaktor für viele der Einheimischen.«

Matthew nahm einen Schluck Wein und erzählte weiter. »Vor zwei Wochen stand ich morgens auf unserer Baustelle bei Ben Town, einem kleinen Ort etwa dreißig Kilometer von hier. Kaum war ich aus dem Wagen gestiegen, kamen die Arbeiter auf mich zugerannt, sie waren vollkommen verstört. Als ich näher kam, entdeckte ich das Übel: Mitten auf der Baustelle hatte jemand eine riesige Echse an ein Holzkreuz genagelt und es in den Boden gerammt. Ein Waran oder so was. Das Tier war an allen Vieren an den langen Stock genagelt, der Schwanz hing schlaff am Holz herunter und der Boden unterhalb des Kreuzes war vom Blut dunkel gefärbt.«

Ich beobachtete Jon, der ebenfalls gerade einen Schluck Wein nehmen wollte, sein Glas aber ohne zu trinken mit angewidertem Blick zurückstellte.

»Einer meiner Arbeiter erklärte aufgebracht, dass die Bewohner aus dem Nachbardorf einen Schamanen bezahlt hatten, der das Bauprojekt und alle Arbeiter mit einem schwarzen Zauber verflucht hatte. Drei der Arbeiter waren an dem Morgen sofort abgehauen, die habe ich nie wieder auf der Baustelle gesehen.«

Jon rutschte unruhig auf seinem Stuhl hin und her.

»Aber zum Glück sind wir ja in Afrika, und auch für so einen Fluch gibt es pragmatische Lösungen.« Matthew verzog das Gesicht zu einem schiefen Grinsen. »Mein Vorarbeiter hat die Echse vom Stock gerissen und das Tier mit seinen Füßen über den roten Sand in das Gebüsch befördert. Dann hat er die Kollegen zu sich gerufen, in einem Halbkreis haben sie sich um das tote Tier gestellt und draufgepinkelt. Dann haben sie Benzin aus dem Wagen abgezapft und das Tier verbrannt. Es war scheußlich!«

Isabelle, die die Geschichte bereits zu kennen schien, lachte laut.

»Also Jungs, solltet ihr auf eurer Reise mal verflucht werden, dann einfach die Echse vom Stock reißen, draufpinkeln und anzünden, und der Fluch ist gebrochen, ganz einfach!«

Matthew fand das nicht so witzig und erklärte, dass Aberglaube und Voodoozauber in Westafrika noch immer stark verbreitet waren. »Besonders in Liberia, wo die Menschen sich gegenseitig mit Macheten abgemetzelt haben. Schlimm geht es zum Beispiel den Albinos. Menschen mit Albinismus haben es in Afrika sowieso schon schwer genug, aber vor den Wahlen oder wichtigen Fußballturnieren sind die überhaupt nicht mehr zu sehen. In Liberia ist der Glaube verbreitet, dass das Töten und Verspeisen von weißer Haut zu Macht und Reichtum führt. Immer wieder kann man in den Zeitungen lesen, dass es eine ganze Mafia gibt um die weißen Gliedmaßen von Afrikanern! Nach den schlimmen Gräueltaten im langjährigen Bürgerkrieg sind Mythen und Riten im Land immer noch tief verwurzelt. Erst vergangene Woche hat man einem sechsjährigen Kind mit Albinismus aus einem Vorort von Monrovia in der Nacht den Arm abgehackt. Vermutlich hat schon längst irgendein Magier einem Diamantenjäger daraus einen Glückstrank gebraut.«

Pablo und ich saßen kerzengrade, schockiert von den Erzählungen. Jon hatte die Geschichte scheinbar noch mehr mitgenommen, er sprang auf und rannte mit den Händen auf den Bauch gepresst in Richtung Toilette.

Der Abend mit den beiden Kanadiern dauerte noch lange an. Irgendwann wechselten wir zu fröhlicheren Themen und wir tauschten viele spannende Geschichten unserer Reisen aus. Nur Jon war nicht mehr zum Spaßen aufgelegt und verschwand früh in seinem Zimmer.

Als wir den Spanier am nächsten Morgen bleich und mit 39 Grad Fieber im Bett vorfanden, stellte sich heraus, dass es nicht die schlimmen Geschichten von Matthew waren, sondern die Malaria, die ihm auf den Magen geschlagen hatte. Er hatte, wie ich, auf die alten graubärtigen Abenteurer vertraut und seit zwei Wochen seine Malariaprophylaxe nicht mehr genommen.

GOD BLESS LIBERIA

GBARNGA, LIBERIA, MÄRZ 2013
– 12.125 KILOMETER –

Und wieder waren Pablo und ich um eine nächtliche Erfahrung reicher. Mit »xiè xiè!« verabschiedeten wir uns von den drei Chinesen. Mister Ming Wu winkte uns aufgeregt hinterher, auch wenn er ein wenig traurig war, dass wir keine elektronischen Geräte bei ihm aufgeladen hatten.

Mit der Malaria hatte Jon Glück im Unglück. Ähnlich wie bei mir zeigten die Medikamente, die er im JFK Hospital in Monrovia erhalten hatte, sofort Wirkung. Nun lag der Spanier vollkommen erschöpft, aber bei sinkendem Fieber gut behütet im Gästebett bei Matthew und Isabelle. Unsere beiden kanadischen Gastgeber gingen wieder ihrer Arbeit auf der Baustelle nach und Pablo und ich nutzten die Zeit im ruhigen Vorort Monrovias, um zu entspannen.

Wir schliefen lange, planten unsere Weiterfahrt, sprangen ins Meer, säuberten unsere Räder und wuschen unsere schmutzigen Radlerklamotten. Wir hatten so viel Freizeit, dass sich sogar Pablo am dritten Tag unseres Aufenthalts in den Hof setzte und versuchte, sein stinkendes Radlershirt in mehreren Waschgängen vom Schweiß und Staub der vergangenen Wochen zu befreien.

Auch sonst waren wir nicht untätig. In vollbesetzte Buschtaxis gezwängt fuhren wir in die Hauptstadt, um im Internet mit Freunden und Familie zu chatten und in der Botschaft der Elfenbeinküste unsere Visa für die Weiterfahrt zu beantragen. Kurzzeitig freuten wir uns, in der überfüllten Hauptstadt zu sein, und genossen das riesige Angebot an Schokolade, Eiscreme und kühlen Getränken in den bunten Theken der libanesischen Supermärkte. Bald versetzten uns der Verkehr, der Lärm und das Chaos Monrovias aber wieder in Aufbruchsstimmung.

Am vierten Tag des Faulenzens beschlossen Pablo und ich, wieder in die Sättel zu steigen. Wir wollten Liberia einmal in der Mitte durchqueren, um am nördlichen Grenzort Kahnple im Dreiländereck mit Guinea in die Elfenbeinküste zu gelangen. Jon fühlte sich zwar bereits besser, würde aber noch einige Tage benötigen, bis er sich soweit erholt hatte, sein Fahrrad die liberischen Straßen entlang manövrieren zu können. Der junge Spanier wollte sich noch einige Tage Ruhe gönnen und dann mit Bus und Buschtaxi zu uns stoßen. Also ließen wir Jon in der Obhut unserer kanadischen Gastgeber und setzten uns nach einer herzlichen Verabschiedung von Isabelle und Matthew wieder in Bewegung.

Hundert Kilometer hinter Monrovia wurde der Teer der Hauptstraße grobkörniger, die Schlaglöcher nahmen zu und der Monrovia–Kakata Highway verwandelte sich in die altbekannte rote Dreckpiste.

Die Bezeichnung Highway blieb reinster Euphemismus. Abermals kämpften Pablo und ich uns und unsere Räder über eine terrakottafarbene Sandpiste ins Landesinnere und abermals wurde es mit jedem Kilometer, den wir zurücklegten, heißer. Die gemütliche Zeit bei den Kanadiern war schnell vergessen und bald wünschte ich mir die nächste große Stadt mit dem Luxus einer Dusche und einem echten Bett herbei.

Am zweiten Tag unserer Reise ging die Piste in eine schmale Schneise über, die in den dunklen Regenwald geschlagen war, gerade noch breit genug, dass die unerträgliche Sonne weiter auf unsere müden Körper brennen konnte. Links und rechts ragten die gewaltigen immergrünen Bäume in den Horizont und abends bildeten sich dunkle Wolken über uns, die die anstehende Regenzeit ankündigten. Wir passierten weitläufige kahle Flächen, an denen der Regenwald der Brandrodung der Einheimischen zum Opfer gefallen war, und betrachteten kilometerlange Gummibaumplantagen, die den chinesischen Investoren zur Kautschukgewinnung dienten.

Bald kehrten die Sonnenbrände zurück auf unsere Nasen, der rote Staub setzte sich unter unsere Fingernägel und der salzige Schweiß rieb sich in die alten Wunden zwischen unseren Schenkeln. Abends erklärten wir unsere Reise den Townchiefs, den Häuptlingen der Dörfer, und morgens wachten Pablo und ich inmitten von Scharen an Kindern und neugierigen Einheimischen auf. Die Räder quietschten, ich stöhnte, Pablo lachte und das harte Leben der Abenteurer hatte uns wieder.

Nach einem langen Tag erreichten wir Gbarnga, ein einfaches Städtchen, an dem sich die Hauptstraße in verschiedene kleinere Straßen ins Landesinnere gabelte. Wir saßen bei einer kalten, kohlensäurefreien Flasche Cola auf den staubigen Stufen des Dorfladens und massierten unsere harten Waden, wie immer umringt von aufgeregten Dorfbewohnern und mutigen Kindern. Einer der Männer, der trotz der unvorstellbaren Hitze in eine langärmlige Jeansjacke gehüllt war, kniete sich zu uns.

»Hallo, ihr zwei, ich heiße Ismael. Ich arbeite für das Free Liberia Radio Gbarnga, einen lokalen Radiosender. Kann ich ein Interview mit euch führen?«

Pablo und ich grinsten uns an, geschmeichelt von unserer Berühmtheit tief in dem westafrikanischen Dorf.

»Klar!«, riefen wir mit vereinter Stimme, und der Reporter in der schweren Jeansjacke rückte ein Stück näher. Ismael zog ein altertümliches Diktiergerät mit einer kleinen Magnetbandkassette aus seiner Jackentasche und drückte den Record-Knopf.

»Hier ist Ismael von Free Liberia Radio Gbarnga. Neben mir sitzen heute zwei besondere Gäste, sie sind weiß und nicht ganz normal. Pablo und Markus sind mit dem Fahrrad nach Liberia gefahren. Nun sind sie bei Radio Gbarnga für ein Interview.«

Dann begann Ismael mit seinem Fragenmarathon:

»Weiße Brüder, wo kommt ihr genau her? Wie seid ihr nach Afrika gekommen? Wie viele Kilometer fahrt ihr am Tag? Wie gefällt euch Liberia? Habt ihr Monrovia besucht? Habt ihr die Präsidentin getroffen? Wurdet ihr schon von einer Schlange gebissen? Habt ihr einen Talisman dabei?«

Pablo und ich antworteten ausführlich, obwohl die Fragen zunehmend amüsanter wurden. Bei der Frage »Wurdet ihr schon einmal verflucht?« blickten wir uns skeptisch an.

»Ich weiß nicht recht«, antwortete mein argentinischer Freund, »unser Kumpel Jon liegt mit Malaria im Bett.«

Ismael runzelte die Stirn über unsere Unwissenheit, dann kniff er die Augen zusammen.

»Und was wollt ihr machen, wenn euch ein Schwarzer Magier verflucht?«

Ich wusste nicht, was ich dazu sagen sollte, und Pablo antwortete mit einem verlegenen Grinsen und einem Schulterzucken. Ismael amüsierte sich über unser Schweigen und unsere Naivität. Mir hingegen wurde flau im Magen. Ja, was sollten wir denn tun, wenn uns wirklich jemand verfluchte?

Aber nicht nur das Interview, auch der Abend in dem kleinen liberischen Ort endete skurril. Nachdem wir den Fragemarathon überstanden und eine zweite Cola getrunken hatten, schoben wir unsere Räder in den Ortskern und fragten eine Gruppe von Männern, ob wir irgendwo unsere Zelte aufschlagen konnten. Gerade als einer der Afrikaner uns den Weg zum Townchief erklären wollte, drängelte sich ein aufgeregter, zierlicher Chinese durch die Menschenmenge und sprang auf uns zu. Der kleine Mann fiel unter den hochgewachsenen breitschultrigen Liberianern genauso auf wie wir mit unseren Rädern, aber keiner der Dorfbewohner schien sich um ihn zu kümmern. Aufgeregt winkte der Chinese mit beiden Händen, als er auf uns zu rannte.

»Hello, hello, I am Ming Wu! Who are you? Can I get a picture?«

Und noch bevor er die Antwort abwartete, standen Pablo und ich bereits im Blitzlichtgewitter seines iPhones.

Es dauerte eine ganze Weile, bis sich der Chinese wieder beruhigt hatte und nicht mehr fuchtelnd um uns herumtanzte. Erst nach zehn Minuten und gefühlten zweihundert Bildern konnten wir uns mit Ming Wu vernünftig unterhalten. Pablo erklärte, dass wir eine Übernachtungsmöglichkeit suchten.

»No problem! No problem!«, rief der Chinese, erneut aufgeregt wie ein Flummi.

»Kommt mit, ihr könnt bei mir vor dem Haus wohnen.« Dann sprang der Chinese zurück durch die Menschenmasse und stand kurze Zeit später mit einem knatternden Motorrad wieder vor uns. Und schneller als wir »Drei Chinesen mit dem Kontrabass« sagen konnten fanden wir uns auf dem Grundstück von Ming Wu und seinen beiden chinesischen Freunden wieder.

Ming Wu und seine Landsleute wohnten in einem gemauerten Haus außerhalb des Ortskerns. Vor dem Haus lag ein hübsch gestalteter Garten, in dem grüner Salat und allerlei mir unbekanntes Unkraut wuchsen.

Wir nahmen auf einer schmalen Bank Platz und Ming Wu sprang um uns herum, knipste Fotos mit seinen beiden chinesischen Freunden und Pablo und mir in unterschiedlichen Konstellationen, und erneut dauerte es eine Weile, bis er wieder zur Ruhe kam. Als das Licht für seine Fotos zu dunkel wurde und sich der Akku seines Telefons zu Ende neigte, setzte er sich schließlich zu uns.

»Toll, dass ihr da seid, endlich sehe ich mal ein paar Weiße! Meine beiden Kollegen und ich sind vor zehn Monaten nach Liberia gekommen, seitdem sind wir nur von Afrikanern umgeben! Wir arbeiten für FAO, Food and Agriculture Organisation von den Vereinten Nationen. Wir sollen den Menschen erklären, wie man effizient chinesischen Kohl anpflanzt.«

»Aber das ist unmöglich in Afrika!«, unterbrach einer der anderen Chinesen aufgebracht. »Wir haben erst vor vier Wochen einen Wasseranschluss bekommen. Die anderen neun Monate saßen wir hier rum und konnten überhaupt nichts tun.«

Chinese Nummer drei mischte sich ein: »Jetzt steht die Regenzeit bevor, ob da der Kohl überhaupt wächst, wissen wir nicht. Wahrscheinlich müssen wir nun noch mal ein halbes Jahr warten, bevor wir mit der Arbeit anfangen können. Zum Glück haben wir Internet.«

»Ja, es ist alles total schwierig hier«, sagte Ming Wu. »Nichts ist organisiert. Bis vor Kurzem hatten wir noch nicht einmal Strom im Haus und mussten unsere iPhones an der Dorftankstelle aufladen. Stellt euch vor, bei den Schwarzen im Dorf! Habt ihr auch iPhones? Wir können sie für euch aufladen!«

Verwirrt von dem hektischen Geplapper der Chinesen schüttelten Pablo und ich den Kopf.

Ming Wu guckte ein wenig enttäuscht.

»Wir haben auch Adapter für unterschiedliche Stecker. Welche Steckdosen habt ihr in Deutschland? Wir können etwas für euch laden. Was ist denn mit deiner Kamera, soll ich sie aufladen? Habt ihr kein Navigationsgerät?«

Das Gespräch zog sich noch eine Weile, und als der Mond hoch über unseren Köpfen stand, waren Pablo und ich von den zappeligen Chinesen total erschöpft. Die Chinesen wiederum schienen etwas beleidigt, da wir ihnen nichts zum Aufladen anvertrauen wollten. Schließlich verabschiedeten wir uns, schlugen die Zelte auf und zogen die Reißverschlüsse unserer Mückengitter nach oben. Als das wuselige Geplapper der Drei nur noch im Inneren des Hauses zu hören war, gähnte Pablo laut.

»Mannomann, wo sind wir hier wieder reingeraten? Und was sind denn das für faule Chinesen?«

Ich machte es mir auf meiner Isomatte gemütlich.

»Da hast du recht, wir hätten bestimmt auch ohne Wasseranschluss bereits das ganze Dorf begrünt!«

Kurz bevor wir einschliefen summte Pablos Handy. Er hatte eine SMS von Jon erhalten, der sich am kommenden Morgen mit dem Buschtaxi auf den Weg zu uns machen wollte. Wir würden uns an der Grenze zur Elfenbeinküste treffen.

Ich freute mich über die Nachricht, dass unser Spanier wieder genesen war, rückte mein schmutziges Radlershirt unter meinem Kopf zurecht und schloss die Augen. Es war spät geworden und der Abend hatte eine angenehme Kühle gebracht. Die Hitze des Tages blieb aber noch lange in dem roten Sandboden gespeichert, Isomatte und Zelt hatten sich in den wenigen Minuten bereits auf über 25 Grad aufgeheizt. Ich versuchte mich auf nichts zu konzentrieren, aber die wuseligen Chinesen und die Hitze ließen mich nicht in den Schlaf fallen. Daher öffnete ich die Augen und betrachtete den sternenbedeckten Himmel durch das engmaschige Fliegengitter.

Morgen würde ich also die Grenze überqueren und die aufregende Zeit in Liberia hinter mir lassen. Nach all den Schreckensnachrichten, die ich zuvor über das Land gehört hatte, hatte ich doch nur Positives erlebt. Und nach zwanzig Jahren Bürgerkrieg hatte Liberia inzwischen gute Voraussetzungen: seltene Regenwälder, unzählige Tierarten, Jahrhunderte alte Traditionen, weiße Sandstrände, hohe Berglandschaften und reiche Rohstoffvorkommen. Und trotz der traumatischen Erlebnisse rappelte sich das Land stetig auf, auch politisch schien die Situation stabil. 2011 war Ellen Johnson-Sirleaf, die erste Frau an der Spitze eines afrikanischen Staates, für fünf Jahre wiedergewählt worden. Das Land lebte seit zehn Jahren in Frieden. Mithilfe von engagierten Menschen wie Monty, Isabelle und Matthew würde es bestimmt weiter vorangehen.

Ich schloss meine Augen und wünschte Liberia still alles Gute und eine friedvolle Zukunft! *God bless Liberia!*

EIN ENDE
AN DER GRENZE

GRENZÜBERGANG IN DIE ELFENBEINKÜSTE, LIBERIA, MÄRZ 2013
– 12.268 KILOMETER –

Die ersten falschen Informationen hatte ich in Freetown erhalten. Vor drei Wochen hatte ich in der Hauptstadt von Sierra Leone von einem blutigen Konflikt an der Grenze zwischen Liberia und der Elfenbeinküste gelesen. Noch am selben Tag hatte ich mich zusammen mit Pablo auf der liberischen Botschaft über die Einreisemöglichkeiten ins benachbarte Côte d'Ivoire erkundigt. Die zuständige Beamtin war optimistisch:

»Aber natürlich kann man von Liberia in die Elfenbeinküste reisen! Liberia ist ein offenes Land und schließt keine Grenzen. Der Konflikt, den ihr ansprecht, ist längst vorbei. Natürlich, es gab ein paar Probleme wegen der Rebellen und all diesen Angriffen, aber das ist alles geregelt. Seit über einem Jahr können alle Grenzen uneingeschränkt passiert werden.«

Das zweite Mal mit unglaublichem Unvermögen konfrontiert wurde ich in Monrovia. Nachdem ich in der Botschaft der Elfenbeinküste meinen Visumsantrag ausgefüllt und gewissenhaft auf dem Einreiseformular die obligatorischen Fragen nach Beschäftigung, Grund der Reise und Aufenthaltsorten beantwortet hatte, wurde mir auch hier versichert, dass der Übergang von Liberia in die Elfenbeinküste problemlos möglich sei.

»Pas de problème, monsieur!«

Den einzigen Zweifel, ob ich das Land betreten durfte, hegte die kugelrunde ivorische Botschaftssekretärin, als sie das Passfoto aus meinem abgewetzten Reisepass mit meiner aktuell verwahrlosten Realität abglich. Ernsthafte Bedenken äußerte sie zwar nicht, amüsierte sich allerdings so köstlich über meinen langen Bart und mein verwegenes Erscheinungsbild, dass sie ihren Kollegen aus dem Nachbarzimmer zu sich zitierte und mit lautem Lachen fragte, was Afrika bloß mit mir angestellt hatte.

Vermutlich hatte es am lauten Gelächter und der guten Stimmung in der Botschaft gelegen, dass die beiden Angestellten ganz vergessen hatten, mir zu erklären, dass eine Einreise in die Elfenbeinküste über Liberia überhaupt nicht möglich war.

Von den Problemen an der Grenze ahnte unser internationales Radfahrtrio noch nichts, als es sich Ende März im nördlichen Liberia wiedervereinte. Am überfüllten Busbahnhof im kleinen Ganta schlossen wir Jon in der abendlichen Dämmerung in die Arme. Nach einem herzlichen Willkommen musterte ich unseren Freund von Kopf bis Fuß; der Katalane sah ein wenig blass und eingefallen aus. Jon bemerkte meinen kritischen Blick und versicherte, dass sein Zustand nicht der Malaria geschuldet war, sondern der siebenstündigen Fahrt in dem klapprigen Peugeot-Taxi, die er gerade hinter sich gebracht hatte. Denn neben ihm hatte der Fahrer sechs kugelrunde Mama Afrikas, zwei Säuglinge, fünf Koffer, drei Säcke Zwiebeln, zwei Ziegen, vier Hühner und sein Fahrrad geladen.

Um Jon nach der stundenlangen Taxifahrt über die afrikanischen Buckelpisten wieder zu Kräften zu bringen, schlenderten wir die überfüllte Hauptstraße entlang und suchten nach etwas zu essen. Mit einem blechernen Röhren kündigten die ersten Dieselaggregate den Einbruch der Dunkelheit an, die letzten verbleibenden Marktfrauen packten das nicht verkaufte Gemüse in ihre Taschen und vor den Trinkhallen füllten sich die Stühle mit finsteren Gestalten. Martha, eine liebenswerte Köchin am Straßenrand, zerrte uns auf drei niedrige Plastikhocker und servierte eine schmackhafte Portion Reis mit Cassava Leaves. Dem bleichen Spanier schöpfte sie eine Extrakelle Palmöl auf den Plastikteller und wir ließen es uns im Schein der Gasleuchten schmecken.

»Mann, meine Eltern sind ganz schön sauer wegen der Malaria«, sagte Jon, als er seinen ersten Bissen nahm. »Mein Vater hat fast täglich angerufen und mit mir gemeckert, wegen der Prophylaxe, die ich nicht genommen habe.«

Im fahlen Licht der Gasleuchten beobachtete ich, wie sich eine Schar schwarzer Fliegen auf meinen Teller setzte.

»Ja, das kenn ich. Meine Mutter war auch total sauer.«

Ich wedelte mit dem Löffel über dem Essen. Der schwarze Haufen erwachte zum Leben und flog wild umher. Einen kurzen Moment später setzte er sich wieder auf die Cassava Leaves und machte den dunkelgrünen Brei noch dunkler.

Dann berichtete Jon über seine Genesung in der Obhut der beiden Kanadier und die letzte Helligkeit des Tages wurde von der Abenddämmerung verschluckt. Als der kreisrunde Mond über den Rand der Tropenwälder geklettert war, verabschiedeten wir uns von Martha, schoben unsere Räder an den Ortsrand und platzierten die Zelte auf einem verlassenen Fabrikgelände. Die zerfallenen Mauern der hohen Hallen boten ausreichend Schutz vor neugierigen Blicken und die schattigen Räume hatten sich in der afrikanischen Mittagshitze nur wenig aufgewärmt.

Wir hatten uns gerade in unsere Zelte verkrochen, da begann es schlagartig zu regnen. Wie Bindfäden legte sich der Regen auf die zerfallenen Mauern und schluckte den Staub der roten Pisten. Die Tropfen trommelten auf das undichte Betondach und der Wind pfiff unheimlich durch die zerfallenen Gemäuer. Draußen donnerte es und grelle Blitze warfen dunkle Schatten an die Wände. Trotz der gespenstischen Atmosphäre in den zerfallenen Hallen waren wir froh, ein Dach über dem Kopf zu haben, das unsere Zelte vor den Wassermassen schützte. Mit dem monotonen Prasseln des Regens und glücklich über die Wiedervereinigung unserer Reisegruppe fiel ich in einen tiefen, traumlosen Schlaf.

Am nächsten Morgen blickte ich über eine trübe, sumpfige Landschaft.

»*Mierda!*«, hörte ich Pablo neben mir fluchen, als er barfuß aus seinem Zelt stieg und in eine tiefe Pfütze trat. Wo am Abend zuvor noch trockene Trampelpfade gelegen hatten, hatte sich der Boden in einen sumpfigen Morast verwandelt. Schlammiges Wasser war bis zu unseren Zelten vorgedrungen und unsere Räder und Taschen standen in flachen braunen Pfützen.

Trotzdem waren wir guten Mutes und dachten bei Instantkaffee und einer Packung feuchter Kekse an die frischen Croissants, das knusprige Baguette und den duftenden Bohnenkaffee, der uns bald in der Elfenbeinküste erwarten würde. Denn so sah es in unserer Vorstellung aus, wenn wir aus der ehemaligen US-Kolonie in das bunte, ehemals französische Land fahren würden.

Nach dem spärlichen Frühstück packten wir unsere Taschen, verstauten die Zelte und schwangen uns in die Sättel. Jons altes Mountainbike ächzte unter der Ladung, die der Spanier dem fünfzehn Jahre alten Rad zumutete, aber der genesene Jon war optimistisch, dass das klapprige Rad die letzten Kilometer bis in die Elfenbeinküste noch durchhalten würde, bevor er von Abidjan aus zurück nach Europa fliegen wollte.

Im Zentrum von Ganta herrschte bereits buntes Treiben. Zwar waren auch hier die engen Gassen und kleinen Marktplätze von teichgroßen Pfützen bedeckt, aber die geschäftstüchtigen Afrikaner ließen sich davon nicht stören. In den dunklen Bretterbuden wurden bereits Kaffee und Omelettes zubereitet, der Vulkaniseur beruhigte seinen ersten fluchenden Kunden und die Mädchen und Jungen in grünen Schuluniformen rannten ihrer ersten Unterrichtsstunde entgegen, ihre Schulbücher auf dem Kopf balancierend.

Motiviert von der morgendlichen Frische begannen wir unseren Radfahrtag. Hinter dem Ortsausgang wand sich die rote feuchte Sandpiste in unendlicher Langsamkeit die kargen Hügel hinauf. An den Rändern wurde die schmale Straße von einem tiefgrünen Dschungel verschluckt und in der Ferne hob sich das mächtige Nimba-Gebirge eindrucksvoll über die grauen Gummibäume und grünen Akazien.

Wie gewohnt wurde die Fahrt nach wenigen Minuten zu einer Tortur und wie gewohnt begann ich als Ältester unseres Trios bald über Afrika, die Straßenbedingungen und mein hohes Alter zu klagen. Insgeheim hoffte ich sogar, dass der kräftige Jon nach seiner Malariaerkrankung noch ein wenig gebeutelt war, damit er kein allzu hohes Tempo vorgeben konnte.

Aber nicht nur für mich, auch für die beiden anderen war die Fahrt im nördlichen Liberia mühsam, und es dauerte fast drei Stunden, bis wir nach dreißig Kilometern vor einem brüchigen Wegweiser zum Halten kamen. Links führte der Weg in dunkles Geäst, den kaum besiedelten Regenwald des vergessenen Guinée Forestière. Rechts, so zeigte es ein hölzernes Schild an, lag die östliche Grenze Liberias in Richtung »Ivory Coast«. Pablo, Jon und ich blickten uns kurz an, nickten und nahmen den rechten Weg.

Hinter der Gabelung stieg die ohnehin schon unwegsame Piste steil an und schob sich den Fuß des Mount Nimba hinauf. Die Straße führte immer höher in die Tropen und selbst die wenigen Abfahrten, die es gab, brachten keinen Spaß, da unsere Räder auf dem steinigen Untergrund gefährlich durchgeschüttelt wurden.

Bei einer Pause unter einem der seltenen schattenspendenden Bäume am Straßenrand begann ich lauthals zu meckern:

»Das kann ja wohl nicht wahr sein! Gibt es hier eigentlich keinen Verkehrsminister? Das ist schließlich die Hauptverbindung in die Elfenbeinküste, wir stehen kurz vor dem wichtigsten Grenzübergang in das Nachbarland, wie kann man denn so eine Piste bauen!«

Auch Jon schloss sich meiner Missstimmung an, nachdem er zwei gebrochene Speichen aus seinem Hinterrad gezogen hatte und nach der Reparatur der Gepäckträger in sich zusammenbrach.

»*Carajo!* Das ist ja wie verhext, erst krieg ich die Malaria und jetzt fällt mein Fahrrad auseinander!«

Nur Pablo grinste wie immer breit bis über beide Ohren. Er war genauso erschöpft von der kräftezehrenden Fahrt wie wir, aber immer noch fröhlich.

»*Hey guys, T.I.A., don't forget that!*«

Wir blickten ihn fragend an.

»Hier ist eben alles anders, T.I.A. – This is Africa!«

Mit Pablos Worten und der Aussicht auf die nahe Elfenbeinküste fassten wir neuen Mut. Fachmännisch flickten wir Jons Heckspoiler mit Kabelbindern und Klebeband und abermals verteilten wir sein schweres Gepäck auf Pablos und mein Fahrrad. Dann setzten wir unsere Reise fort.

Der nächtliche Sturzregen hatte den vor uns liegenden Streckenabschnitt in eine sumpfige Moorlandschaft verwandelt und das Vorankommen wurde zu einem echten Abenteuer. Nach einigen Kilometern tat sich auf einmal vor uns ein riesiges Wasserloch auf, das sich über die gesamte Breite der Straße bis hinein in den dichten tropischen Busch zog.

»*Mierda!*« Pablo bremste neben mir. »Das ist ja eine Riesenpfütze!«

»Das ist ein ganzer See!«, entgegnete Jon, der von seinem Rad stieg und mit einem langen Stock prüfend in dem trüben Wasser herumstocherte.

Pablo und ich beobachteten, wie Jon das sumpfige Wasserloch von allen Seiten begutachtete und sich dann die Schuhe abstreifte.

»Da haben wir nicht viele Möglichkeiten, Jungs, am besten mittendurch!«

Jon griff sein Fahrrad, schob es vorsichtig in den großen Teich und watete barfuß dem anderen Ufer entgegen. Als er in der Mitte des Wasserlochs angekommen war, stand der Spanier bis zur Hüfte im modrig braunen Wasser und blickte unsicher zu uns zurück.

Pablo deutete an, dass er weiterlaufen sollte.

»Gut gemacht, nur nicht umkehren. Wir ziehen dich schon raus, bevor du untergehst oder dich ein Krokodil schnappt!«

Und Jon setzte sich wieder in Bewegung. Nach einer Minute vorsichtigen Watens hatte er das Wasserloch hinter sich gelassen und grinste uns von der anderen Seite zu.

»War kinderleicht, jetzt ihr!«

Vorsichtig folgte auch Pablo, dann war ich an der Reihe. Aus Angst vor unangenehmen Lebewesen, die sich in dem sumpfigen Brutkasten befinden konnten, behielt ich bei der Durchquerung des Wasserlochs meine Trekkingsandalen an. Einen strengen Geruch verströmten die Schuhe ja sowieso schon, das Wasser konnte es nur wenig schlimmer machen.

Langsam setzte ich den ersten Fuß in das lauwarme Wasser und tastete mich voran. Die trübe Brühe verströmte einen Geruch von Verwesung und ich musste mich konzentrieren, nicht auszurutschen oder sofort wieder umzukehren. Bis zu den Knien, dann bis knapp unter den Bauchnabel sank ich in dem Loch ein. Nur mit Mühe konnte ich mein Fahrrad und die schweren Taschen durch das sumpfige Wasser schieben.

Am anderen Ufer angelangt schüttelte ich mich vor Ekel. Brauner Schleim rann meine Beine herunter und hatte sich in meinem T-Shirt und meiner Radlerhose gesammelt. Meine Schuhe waren voll von Matsch und wir alle drei rochen samt unserer Räder und Packtaschen streng nach verfaulten Eiern.

Mehrere Wasserlöcher und einen Fluss durchquerten wir auf diese Weise. Aber anstatt Abkühlung und Abenteuer verspürten wir nur Ermüdung durch die unwegsame Straße und Ekel durch den beißenden Geruch. Bei einer Trinkpause am späten Nachmittag musste ich dann feststellen, dass die Methode, die Wasserlöcher mit den Schuhen zu durchqueren, auch einen Nachteil mit sich gebracht hatte: Die feuchten Riemen meiner Sandalen waren aufgequollen und hatten durch das stete Treten erste Blasen in meine Knöchel gerieben.

Während Pablo und Jon außer Atem aus ihren Flaschen tranken, inspizierte ich die roten Stellen an meinen Füßen und erkannte, dass die Blasen bereits offen lagen. Unweigerlich kamen mir die Worte von Christoph in den Sinn, der Rudi und mich in Marokko vor den afrikanischen Krankheiten gewarnt hatte: »Es reicht, wenn ihr eure Handtücher morgens feucht vor eurem Zelt aufhängt, dann können irgendwelche Biester schon ihre Eier reinlegen, und beim nächsten Waschen habt ihr die Parasiten am Sack!«

Ekel kroch in mir hoch und schnell beschloss ich, den Gedanken an die Lebewesen aus den Wasserlöchern zu verdrängen. Ich schwang mich zurück in den Sattel und mit jedem schmerzlichen Pedaltritt sehnte ich mehr die Elfenbeinküste herbei.

Vier Stunden und etwa fünfzig weitere Kilometer bewegten wir unsere schweren Räder an diesem Tag über rote Piste, steinige Hänge und durch stinkende Sumpflandschaften. Am frühen Abend tauchten endlich die kleinen Blechbarracken des namenlosen liberischen Grenzortes auf. Wie gewohnt bestand die Grenze aus einer rot-weiß gestreiften Schranke, einer Handvoll unscheinbarer Blechhütten und ein paar mit Stacheldraht halbherzig bekleideten Absperrungen zum Nachbarland.

Als wir uns dem Kontrollposten näherten, passierten vor unseren Nasen zwei mit Reissäcken beladene Afrikaner die Grenze in die Elfenbeinküste und riefen uns etwas zu, das wir nicht verstanden. Bis auf die zwei Reisträger war der Grenzort allerdings ausgestorben und zu unserer Enttäuschung fanden wir keine Garbude oder liebevolle Mama Afrika, die uns mit frischem Obst oder Snacks versorgte.

Während ich noch über das fehlende Speiseangebot sinnierte, schoben Pablo und Jon bereits ihre Räder in Richtung Grenze. Pablo war wie immer bester Laune.

»La Côte d'Ivoire, c'est bon, c'est jolie!«, rief er laut seine einzigen französischen Sätze, die er auf dem Markt in Monrovia aufgeschnappt hatte, und lehnte sein Rad an die schattige Wand des Grenzbüros. Auch ich ließ mich anstecken von Pablos Heiterkeit, denn nach der Tortur über die steinigen Hügel und durch die braunen Wasserlöcher war ich froh, endlich angekommen zu sein. Jetzt nur noch durch die Passkontrollen, und es hieß »Bonjour Côte d'Ivoire!«

Ich suchte meinen Reisepass und die anderen Dokumente aus meiner Lenkertasche und betrat hinter Jon und Pablo die Hütte der Militärpolizei. Im Inneren der klimatisierten Hütte hockte ein beleibter Mann in grauer Polizeiweste und mit einer Zigarette im Mundwinkel.

Der kahlköpfige Mann saß an einem schweren hölzernen Schreibtisch und blätterte gelangweilt in seinen Dokumenten. Als wir eintraten blickte der Polizist auf, betrachtete uns kurz und rümpfte angewidert seine Nase.

»*What do you want, guys?*« Er nahm seine Zigarette aus dem Mund und beugte sich zu uns vor. Und noch bevor wir ihm antworten konnten, machte der Polizist unsere Heiterkeit mit einem einzigen Satz zunichte. »*Get out, this border is closed!*«

T.I.A. –
THIS IS AFRICA!

GRENZÜBERGANG IN DIE ELFENBEINKÜSTE, GUINEA,
APRIL 2013 – 12.418 KILOMETER

Pünktlich zum Sonnenaufgang aufstehen √

Schuhe nach Skorpionen durchsuchen √

Letzten liberischen Kaffee trinken √

In der afrikanischen Regenzeit mit dem Fahrrad hundert Kilometer Horrorpiste zurücklegen √

Einen Polizeibeamten an der Grenze bestechen und illegal in ein afrikanisches Land einreisen √

T.I.A. – This is Africa!

Ich konnte meinen Ohren nicht trauen und starrte den glatzköpfigen Grenzbeamten fassungslos an. Ausreise verboten? Das konnte nicht sein! Eine Woche lang waren wir quer durch das Land gereist. Auf der einzigen Teerstraße Liberias war ich mit Pablo bis an den nördlichen Zipfel des Landes geradelt. Die letzten Kilometer hatten wir unsere Räder durch ein Inferno an Kratern und Sumpflöchern bewegt. Und jetzt war die Grenze geschlossen? Das durfte nicht wahr sein!

»Habt ihr mich nicht verstanden?« Der dicke Beamte riss uns aus unserem fassungslosen Schweigen. Dann stand er von seinem Stuhl auf, drückte die Zigarette in den Aschenbecher und blickte uns genervt an. »Ihr kommt hier nicht über die Grenze. Es gibt Konflikte mit der Elfenbeinküste und diese Grenze ist seit über einem halben Jahr geschlossen. *Good bye!*«

Jon und ich standen noch immer schweigend da und starrten den Grenzbeamten entgeistert an. Pablo hatte seine Fassung bereits wiedergefunden, und dem ansonsten immer freundlichen Argentinier platzte der Kragen. Er stellte sich dem wuchtigen Mann entgegen und schrie ihm ins Gesicht.

»Das kann ja wohl nicht dein Ernst sein! Wir haben uns auf den Botschaften erkundigt und die haben uns versichert, dass wir einreisen dürfen. Wir haben hundert Dollar für die Visa gezahlt! Hundert US-Dollar! Was können wir denn dafür, wenn eure Botschaften uns hierher schicken? Und außerdem haben wir gerade zwei Afrikaner beobachtet, die da hinten über die Grenze gelaufen sind. Wieso dürfen wir Weißen das dann nicht? Das ist Diskriminierung! Rassismus!«

Jon zog Pablo an der Schulter und redete beruhigend auf ihn ein. Der dicke Beamte ließ sich von alledem nicht stören, hockte sich wieder auf seinen gepolsterten Stuhl und begann demonstrativ in seinen Unterlagen zu blättern.

Daraufhin begannen auch Jon und ich wild auf den Mann einzureden. Mehrfach wiederholten wir unser Anliegen, erklärten, dass wir mit unseren Rädern quer durch Westafrika gereist waren und jetzt ja nicht ausgerechnet in Liberia Schluss sein konnte, und überhaupt könnte der freundliche Herr Polizist ja mal ein Auge zudrücken und vielleicht gäbe es ja eine Möglichkeit, sich irgendwie zu einigen, und so weiter und so fort.

Nachdem wir alle Argumente mehrfach vorgebracht hatten, blickte der wuchtige Mann müde von seinem Papierstapel auf.

»Jungs, ihr könnt hier gerne Wurzeln schlagen. Mir ist das total egal. Ich habe den Befehl, niemanden durchzulassen, und ich lasse niemanden durch. Unten, tief im Süden, gibt es noch eine Grenze an der Küste, bei Harper. Ich glaube nicht, dass sie Touristen da durchlassen, aber ihr könnt es ja mal probieren. Ansonsten könnt ihr vielleicht über Guinea ausreisen, die kümmern sich nicht drum, wenn an ihrer Grenze ein paar Weiße ermordet werden. Mir ist das ehrlich gesagt auch egal, wenn ihr von den ivorischen Rebellen abgeknallt werdet, nur nicht hier an meiner Grenze. Viel Erfolg und Bye-bye!«

Mit diesen Worten beendete der Grenzpolizist die Konversation und rief einen hageren Soldaten herein, der uns mit einer beeindruckenden Kalaschnikow über der Schulter aus dem klimatisierten Büro führte. Niedergeschlagen ließen wir uns im Schatten der Hütte in den roten Wüstenstaub fallen. Pablo und Jon begannen, sich aufgebracht auf Spanisch über die afrikanischen Polizisten aufzuregen, ich hockte schweigend daneben und versuchte erst gar nicht, ihrem Gespräch zu folgen.

Was für eine Enttäuschung! Ich vergrub meinen Kopf in den Händen und blickte auf meine schlammigen Füße. Die Blasen waren inzwischen zu tiefen nässenden Wunden herangewachsen, in denen sich der Staub der afrikanischen Straßen gesammelt hatte. Zu müde, um sie abzuhalten, beobachtete ich, wie sich die ersten grün schimmernden Schmeißfliegen in die Wunden setzten und begannen, die auslaufende Flüssigkeit zu trinken. Neben mir diskutierten Jon und Pablo mit hochrotem Kopf über den Grenzbeamten und keine dreißig Meter von uns entfernt wehte die orange-weiß-grüne Flagge der Elfenbeinküste.

Nach einer Viertelstunde schwitzend im Schatten der rostigen Blechhütte und nachdem Pablo und Jon erneut vergeblich versucht hatten, den Chef des Grenzbüros zu überzeugen, sammelte ich mich wieder. Ich schaltete den Unternehmensberater in mir ein und begann nach möglichen Lösungen zu suchen.

Wir befanden uns im Dreiländereck mit der Elfenbeinküste und Guinea, und die Ausreise über Guinea schien mir die beste Alternative. Der Weg war deutlich kürzer als zurück nach Monrovia oder an den Küstenort Harper zu radeln und die Menschen in Guinea hatten uns immer freundlich empfangen. Allerdings war auch diese Option problembehaftet, da unser argentinischer Freund weder ein Visum für den Wiedereintritt nach Guinea, noch eine freie Seite in seinem Reisepass hatte. Gleichzeitig endete die Gültigkeit unseres Liberia-Visums in einer Woche, und wenn wir doch zurück nach Monrovia oder sogar an die Grenze von Sierra Leone mussten, hätten wir mit dem Versuch, über Guinea auszureisen, wertvolle Zeit verloren. Im schlimmsten Fall könnte Pablo kein Visum für Guinea bekommen, unsere Aufenthaltsgenehmigung für Liberia wäre abgelaufen und wir wären auf diplomatische Hilfe angewiesen, um das Land überhaupt wieder verlassen zu können.

Aber wie ich es auch betrachtete, wir hatten keine bessere Alternative. Nach kurzem Abwägen teilte ich Pablo und Jon meine Entscheidung mit.

»Jungs, wir packen unsere Sachen und radeln nach Guinea. Vor uns liegt eine unbekannte Piste und ein Grenzübergang, über den wir Pablo ohne Visum und Pass bringen müssen. Dann müssen wir die dunklen Tropenwälder von Guinée Forestière überwinden und Pablo ohne Ausreisestempel über eine weitere Grenze in die Elfenbeinküste schmuggeln. Und das in den Sätteln unserer sechzig Kilo schweren Fahrräder in der afrikanischen Regenzeit. Irgendwelche Einwände?«

Pablo grinste »Klingt nach einem Plan!« Dann nickte auch Jon zustimmend, und mit einem letzten »*Thank you very much for your help!*« wendeten wir uns von den liberianischen Grenzern ab und traten kraftlos den Rückzug an.

Neben dem Eingeständnis, dass der dicke Grenzbeamte gewonnen hatte, hatte die Entscheidung, zurückzuradeln, auch zur Folge, dass wir die vielen hügeligen Kilometer und sumpfigen Wasserlöcher erneut hinter uns bringen mussten. Also hievten wir erneut unsere Räder durch die stinkenden Sümpfe und erneut sank unsere Stimmung, während wir bis zum Bauchnabel in den modrigen Pfützen versanken.

Wir benötigten vier schmerzhafte Radfahrstunden und eine durchnässte Nacht in unseren Zelten, bis wir wieder vor dem zerfallenen Wegweiser im liberischen Hinterland standen. Dieses Mal schlugen wir den linken Weg ein und folgten der bergigen Straße in Richtung Guinea. Jon stöhnte laut, als die Straße bergauf führte, aber Pablo hatte über Nacht neue Motivation getankt.

»Es wird alles gut gehen, Männer, wäre doch gelacht, wenn wir nicht in der Elfenbeinküste ankommen. Immer dran denken, T.I.A. – This is Africa!«

Und Pablo sollte recht behalten. Am frühen Mittag hatten wir fünfzig Kilometer zurückgelegt und den liberischen Grenzübergang ins benachbarte Guinea erreicht. Auch hier bestand die Landesgrenze aus einer Schranke, einer mannshohen Mauer und einigen rechteckigen Hütten von Polizei, Zoll und Militär. Im Gegensatz zur Grenze am Vortag herrschte an diesem Übergang allerdings deutlich mehr Trubel. Autos und Lastwagen standen eingereiht vor der rot-weißen Absperrung und Männer in Tarnuniformen prüften Papiere und Ladung der wartenden Afrikaner. Schwitzende Männer tummelten sich am Rande der Gebäude und diskutierten aufgebracht mit den Polizisten, und im Schatten einer breitgewachsenen Akazie hockten geschäftstüchtige Jungen und verkauften lauwarme Getränke aus Kühlboxen, geröstete Erdnüsse und dicke gelbe Bananen.

Als wir unsere dickbepackten Räder in Richtung Grenze schoben, zogen wir neugierige Blicke und laute Rufe auf uns. Wir ließen uns nicht weiter ablenken, stellten unsere Räder ab und machten es uns im Schatten der Akazie gemütlich. Dann kauften wir einem der Knirpse den halben Bauchladen leer und hielten bei Cola und Knabbereien eine Lagebesprechung.

Jon und ich hatten beide noch ein gültiges Visum für Guinea, da wir bei der Beantragung ein Multi-Entry-Dokument erstanden hatten. Pablos Visum hatte nur für eine einmalige Einreise gegolten und war bereits deutlich sichtbar gestempelt und abgelaufen. Eine kleine Korrektur mit dem Kugelschreiber, wie sie uns bereits beim Übergang nach Sierra Leone weitergeholfen hatte, wollten wir in dieser heiklen Situation nicht riskieren. Zudem könnte der Beamte, selbst wenn er uns ein neues Visum ausstellen würde, dieses nirgends in Pablos Pass aufkleben, da dieser ja bis zur letzten Seite gefüllt war. Nein, damit kämen wir nicht so einfach durch. Wir wollten es daher mit der Wahrheit versuchen.

Wir ließen unsere Räder im Schatten zurück und gingen zu der grauen Betonanlage von Ausreise und Zoll. Ein junger Soldat mit rotem Barett auf dem kahlrasierten Kopf führte uns in einen engen Raum. Hinter einem massiven Holztisch, der fast den gesamten Raum einnahm, saß ein stämmiger Mann mit rostfarbener Haut. Unter dem grünen Fleckentarnshirt zeichneten sich seine Muskeln ab. Auf dem Schreibtisch stapelten sich Papiere, dicke Ordner, Stempel und eine kastaniengroße rosafarbene Kokanuss. Schweiß rann dem Mann von seinem breiten Schädel, und aus glasig-gelben Augen starrte er uns an.

Die Luft war zum Schneiden dick und ich musste mich auf das Atmen konzentrieren, um nicht umzukippen. Einatmen, ausatmen. Einatmen, ausatmen. Hoffentlich waren wir hier bald wieder raus!

Während ich noch mit der Sauerstoffversorgung kämpfte, kam Pablo gleich zur Sache. Zielstrebig trat er vor den Schreibtisch, grüßte freundlich und erläuterte sachlich, aber bestimmt unsere Misere. Der Mann in der Militäruniform lehnte sich zurück, biss ein Stück von der Kokanuss ab und hörte kauend zu.

Als Pablo seine Ausführungen beendet und der gewaltige Unterkiefer die halbe Kokanuss zermalmt hatte, schüttelte der riesige Grenzbeamte den Kopf.

»Na, *that's not possible.*« Zwischen den gelben Zähnen hatte sich der rotfarbige Saft der Kokanuss gesammelt.

Pablo trat noch ein Stück vor und blickte dem Grenzbeamten in seine gelangweilten Augen.

»*C'mon man!* Sie sind der Einzige, der uns jetzt noch helfen kann. Jetzt stellen Sie sich mal nicht so an!«

Sichtlich erstaunt über die Widerworte erhob sich der Mann und richtete sich zu seiner vollen Größe auf. Der Raum um uns herum schien zu schrumpfen. Mit einem lauten Grunzen spuckte er einen erdfarbenen Klumpen auf den Boden. Dann stützte er seine Hände auf den Schreibtisch und blickte Pablo in die Augen.

»*Listen, I am da boss here and I tell ya no! No visa, no exit for you, my Argentinian friend!*«

Das war's dann, dachte ich, und malte mir vor meinem geistigen Auge bereits die schweißtreibende Rückreise nach Monrovia aus. Wortlos drehte Pablo sich um und verließ den Raum. Jon und ich blieben reglos zurück, und ich ahnte, dass Pablo seinen argentinischen Dickschädel wieder eingeschaltet hatte. Durch die offene Tür konnten wir beobachten, wie er zurück zu seinem Fahrrad lief, aufstieg und langsam auf die Schranke zurollte. Kurz bevor er die rot-weiße Absperrung erreicht hatte, drehte er sich zu uns und dem Muskelmann um.

»Ihr werdet mich nicht an der Ausreise hindern können! Ich hab zwar kein Visum für Guinea, aber ihr könnt mich hier nicht festhalten!« Dann trat er kräftig in die Pedale und schob sich an der Schranke vorbei.

Die Mundwinkel des riesigen Mannes begannen nervös zu zucken. Nach einem kurzen Moment rannte er aus der Tür und brüllte etwas Unverständliches in einem afrikanischen Dialekt. Dann wandte er sich zu Jon und mir. Nur mit Mühe konnte er das Beben in seiner Stimme unterdrücken.

»*Get this crazy Argentian back here! He must not pass the barrier, they will shoot him!*«

Eine halbe Stunde, eine wilde Diskussion und eine Kokanuss später war der Grenzoffizier geknackt. Nachdem Pablo Mut gezeigt hatte, schien der tiefschwarze Beamte richtig Gefallen an uns Dreien gefunden zu haben und entließ uns nach einigen mahnenden Worten sogar mit dem offiziellen Ausreisestempel im Pass.

»*You're crazy guys. Totally foolish to ride bicycles through Africa! But I like ya. I donnut know what the military in Guinea will do with ya. But you should have good memories about Liberia when you're back at home.*« Dann grinste er schief und fügte hinzu: »*If you survive.*«

Wir dankten dem Grenzbeamten und verließen, ohne uns weiter Gedanken über seine Worte zu machen, euphorisiert das stickige Backsteingebäude. Das Gefühl der Freiheit, als wir kurz darauf die rot-weiße Schranke passierten, war unbeschreiblich. Noch nie war ich so erleichtert, als freier Mensch ein Land verlassen zu dürfen.

Hinter der Schranke erwarteten uns drei Kilometer bergiges Niemandsland und ein schräger Singsang von unserem erleichterten Argentinier:

»La Côte d'Ivoire, la Côte d'Ivoire, c'est bon, c'est mangefique! La Côte d'Ivoire, la Côte d'Ivoire ...«

Nach einer Viertelstunde tauchte am Ende einer staubigen Piste die rot-gelb-grüne Flagge der Republik Guinea auf. Fünf weitere Minuten später saßen wir in einem stickigen Raum dem Chef der guineischen Einreisebehörde gegenüber. Der Commandant de l'Immigration war ein kleinwüchsiger, kugelrunder Mann, der uns mit offenen Armen empfing. Freundlich lächelte er uns an, als Jon und ich auf Französisch erklärten, wie wir mit den Rädern nach Afrika gekommen waren. Als wir merkten, dass der Beamte uns wohlgesonnen war, ließ ich die Katze aus dem Sack.

»Sehr geehrter Herr Polizeikommandant. Vor einigen Wochen waren wir bereits im wunderschönen Guinea und haben das beeindruckende Land mit den Rädern bereist. Die Menschen hier waren sehr gastfreundlich und zurück in unseren Heimatländern werden wir nur Gutes berichten«.

Ich wartete kurz bis der Militärchef anerkennend nickte, dann fuhr ich fort.

»Bisher ist unsere Reise gut verlaufen und wir sind über 10.000 Kilometer problemlos mit unseren Fahrrädern gefahren. Nun sind wir sehr verzweifelt, da unsere Reise zu scheitern droht. Und das alles wegen eines kleinen administrativen Problems mit einem Dokument. Die Polizisten in Liberia wollten uns an der Grenze nicht durchlassen, aber hier im schönen Guinea müsste es doch Möglichkeiten geben. Und Sie können doch als wichtiger Polizeioffizier mit Sicherheit eine Lösung für uns finden?«

Wie in einem Ganovenfilm tippte ich bei meinem letzten Satz unmerklich mit dem Zeigefinger auf meinen Geldbeutel, der neben unseren Pässen auf dem Schreibtisch lag.

Der kleinwüchsige Mann lehnte sich in seinem Stuhl zurück und strahlte uns an.

»Junge Männer, ihr habt Glück! Guinea ist für alle Afrikaner und seine Freunde ein offenes Land. Ohne Visum ist der Aufenthalt in Guinea nicht erlaubt, aber ich will euch keine Steine in den Weg legen.«

Dann lehnte sich der Mann wieder nach vorne und blickte mir in die Augen.

»Für fünfzigtausend Franc habe ich deinen argentinischen Freund hier nie gesehen.«

Ich drehte mich zu Pablo um und übersetzte ihm die Worte des Polizisten. Der Argentinier überlegte kurz, dann griff er in seine Hosentasche und schob einen Stapel abgegriffener Dollarnoten über den Tisch. Der Polizeichef lächelte zufrieden.

»*Alors, Monsieur Pablo,* herzlich willkommen in Guinea!«

In diesem Moment schossen mir drei Buchstaben durch den Kopf: T.I.A. – This is Africa!

SCHEISSE NOCH EINS, ICH BIN VERFLUCHT!

DANANÉ, ELFENBEINKÜSTE, APRIL 2013
– 12.463 KILOMETER –

Na toll, heute ist es geschehen! An meinem ersten Tag in der Elfenbeinküste! Da passt man einmal nicht auf, und schon passiert es. Schöne Scheiße aber auch!

Zusammen mit meinen beiden Begleitern saß ich in einem Café in der Elfenbeinküste. Es war sieben Uhr morgens, und nach unserer illegalen Reise durch Guinea befanden Pablo, Jon und ich uns in Danané, der ersten Grenzstadt im Dreiländereck mit Liberia und Guinea. Wir freuten uns wie kleine Kinder über unseren Coup an der Grenze und waren erleichtert, endlich in der lang ersehnten Elfenbeinküste angekommen zu sein. Zudem gab es einen exzellenten Kaffee, der seit einer Ewigkeit nicht mehr aus Nescafé-Instantpulver, sondern aus echten Bohnen frisch zubereitet worden war. Zufrieden hockten wir auf den wackligen Barhockern des Café Danané und blickten die belebte Hauptstraße der ivorischen Grenzstadt hinunter.

Als ich zu unseren Rädern blickte, die einige Meter von uns entfernt an einem dürren Baum lehnten, sah ich ein buckliges altes Weib in abgetragenen Kleidern und wild zerzausten Haaren. Die Alte stand auf einmal da, ohne Vorwarnung und ohne, dass ich sie kommen gesehen hätte.

Sie schien uns nicht zu sehen, blickte nicht zu uns herüber, sondern konzentrierte sich auf unsere Fahrräder. Plötzlich begann sie, in kleinen Kreisen um unsere Räder zu tanzen und unverständliche

Worte zu murmeln. Die graue zottelige Mähne der Greisin tanzte vom kühlen Westwind erfasst um ihr schrumpeliges Gesicht. Vor lauter Zotteln konnte man ihr fremdartiges Antlitz kaum erkennen.

Eine Weile tanzte das Weib wie in Trance ihren sonderbaren Reigen, dann hielt sie für einen Moment inne und blickte unvermittelt in unsere Richtung. Zwischen den borstigen Haaren blitzten strahlend grüne und merkwürdig junge Augen. Ich hatte gerade genug Zeit, die Entschlossenheit in ihrem Blick zu erkennen. Dann riss die Alte ihre Arme in den Himmel, schien dort etwas zu finden, griff zu und schleuderte das imaginäre Unheil auf unsere Räder. Anschließend setzte sie ihren seltsamen Tanz fort.

Amüsiert tauschte ich mit Pablo und Jon Blicke aus und wir beobachteten das Spektakel aus sicherer Entfernung von unseren hohen Barhockern aus. Eine Weile tanzte das Weib noch herum, dann drehte sie sich abermals zu uns. Unsere Blicke trafen sich und die Mine des Weibs wurde finster. Ihre verschrumpelten Lippen bewegten sich und der Wind trug leise, kehlige, unbekannte Worte zu mir. Die Alte ließ den Blick nicht von mir ab, und im Augenwinkel beobachtete ich, wie ihr schrumpeliger Zeigefinger aus ihrem langen Umhang kroch und auf mich zeigte.

Ich ließ mich von alledem wenig beeindrucken, winkte dem Mütterchen fröhlich mit der Kaffeetasse zu und grüßte freundlich »*Bonjour Madame!*«, was ich schon wenige Sekunden später bereute.

Nach meinem Gruß mit der Kaffeetasse schrie die Alte plötzlich auf. Sie reckte ihre Arme erneut in den Himmel und begann heftig zu zittern. Beeindruckt stellte ich die Tasse hinter mir auf dem Tresen ab, um ihr meine volle Aufmerksamkeit zu schenken. Als ich mich wieder umblickte, deutete sie erneut auf mich und führte daraufhin ihren knochigen Zeigefinger langsam an ihrer Kehle vorbei. Eine internationale, unmissverständliche Geste: Die Alte hatte mir gerade die Pest an den Hals gewünscht!

Zufrieden mit ihrer Tanzeinlage rannte das bucklige Weib davon und wurde vom staubigen Verkehr der Hauptstraße verschluckt. Pablo blickte zu mir herüber.

»Hey, *amigo,* so früh am Morgen, und schon verflucht! Zieh lieber deinen Helm auf, wenn wir weiterradeln.«

Es dauerte einen Moment, bis ich den Ernst in Pablos Worten erkannte. Dann begann ich zu frösteln, von meinen Unterarmen breitete sich eine Gänsehaut über meinen Körper aus, die mir bis hinauf in den Nacken kroch. War ich wirklich verflucht worden? Immerhin befand ich mich in der Elfenbeinküste und ich wusste, dass die Menschen hier tief religiös waren und an Schamanen und schwarze Magie glaubten. Aber die alte Frau war ja offensichtlich nur geistig verwirrt gewesen und nicht gleich eine professionelle Voodoohexe – und im Zweifelsfall konnte ich ja immer noch auf unsere Räder pinkeln und sie anzünden.

»Ach, wird schon alles gut gehen!« Ich drehte mich zu Pablo und grinste unsicher zurück. »Wird schon alles gut gehen!«, wiederholte ich. In meinem Magen breitete sich ein flaues Gefühl aus.

Als Pablo, Jon und ich das Land von Westen betraten, hatte sich die Côte d'Ivoire gerade erst von einer schweren politischen, wirtschaftlichen und vor allem menschlichen Krise befreit. Anfang des Jahrtausends hatten sinkende Kakaopreise und wirtschaftliche Stagnation die junge Demokratie, die sich aus einer Mischung von fast einhundert Ethnien, sechzig Sprachen und noch mehr Religionen zusammensetzte, auf eine harte Probe gestellt. Aus Wut und Verzweiflung über die zunehmende Armut wurden die Einwanderer aus den Nachbarländern für die Krise verantwortlich gemacht, und viele der Minderheiten, die sich hauptsächlich im Norden angesiedelt hatten, wurden diskriminiert und verfolgt. Der Ruf nach Änderung wurde laut und das Land spaltete sich in zwei Teile: den regierungstreuen, christlichen Süden und den muslimischen, von Einwanderern dominierten Norden. Im Jahr 2002 eskalierte der Konflikt und in einem blutigen Militärputsch versuchten Soldaten aus dem Norden den amtierenden Präsidenten aus seinem Amt zu stoßen. UNO-Blauhelme und französischen Soldaten versuchten zu beschwichtigen, konnten eine weitere Eskalation aber nicht verhindern, und erst nach fünf Jahren Krieg, Verfolgung und Rassismus hatte sich die Lage einigermaßen entspannt. 2007 wurde mit dem Vertrag von Ouagadougou eine Machtteilung zwischen dem Präsidenten und den Rebellen vereinbart, und zwischen dem rebellischen Norden und dem regierungstreuen Süden wurde eine Pufferzone eingerichtet.

Auch heute existierte diese Pufferzone noch, und ehemalige Rebellen standen dort Seite an Seite mit den offiziellen Militärs der Regierung – beide Parteien bis an die Zähne bewaffnet. Ein gewagter Schritt der Friedenssicherung.

Trotz deutlicher Besserung hatte sich die Elfenbeinküste noch nicht erholt von ihrem schweren Erbe, und pünktlich zu Wahlen, wichtigen

Fußballspielen und anderen Großereignissen brachen noch immer regelmäßig blutige Konflikte aus.

Bei unserem Eintritt in das Land waren die Spannungen im Land noch so jung, dass mein ansonsten sehr aktueller und vorbildlich geschriebener Westafrikaführer das Kapitel »Ivory Coast« einfach ausgelassen hatte. Anstatt einer hilfreichen Beschreibung der Infrastruktur, der großen Städte und Sehenswürdigkeiten, hieß es nur, dass die Konflikte der vergangenen Jahre eine gründliche Recherche verhindert hätten und man sich vor Reisebeginn genau über die Situation im Land erkundigen sollte.

Natürlich hatte ich diese Zeilen erst gelesen, als ich mit Jon und Pablo bereits das Land betreten hatte. Und daher hockten wir wieder einmal unvorbereitet in einem fremden afrikanischen Staat und ließen die Ereignisse bei einem morgendlichen Kaffee auf uns zukommen.

Zum Glück hatten wir Jamal, den jungen muslimischen Cafébesitzer, der uns beim Kaffeenachschenken von seiner Heimat berichtete.

»Freunde, die Elfenbeinküste ist ein tolles Land, aber ihr solltet Danané bald verlassen. Touristen werden hier im Westen selten gesehen, ihr erzeugt Aufmerksamkeit, und zwar nicht nur bei der alten Hexe. Hier im Grenzgebiet gibt es noch immer Konflikte, erst vor zwei Wochen haben Rebellen fünfzehn Personen getötet. Danané ist für Weiße kein guter Aufenthaltsort.«

Jamal stellte die große Metallkanne zurück über die glühenden Kohlen, dann wandte er sich wieder zu uns.

»Von hier könnt ihr über die neue Teerstraße bis ins schöne Man fahren. Eine traumhafte Stadt, ich bin dort geboren, es gibt eine wunderschöne Moschee, viele Märkte, und durch das nahe Gebirge ist es immer schön kühl.«

»Alles klar, klingt hervorragend!« Pablo strahlte uns an und schüttete seinen Kaffee runter. »Auf geht's Männer. *German amigo*, vergiss nicht deinen Helm!«

Während Jon ein paar Scheine auf den Tresen legte und Pablo bereits auf sein Fahrrad stieg, kam mir das Bild der alten Frau mit ihren stechend grünen Augen in den Sinn, und in meinem Bauch begann es zu brodeln.

Die gut geteerte Hauptstraße führte uns ins Landesinnere. Nach Wochen auf roten schlammigen Pisten und durch trübe Wasserlöcher genossen wir die Fahrt auf der schnellen Asphaltstraße. In engen Kurven schlängelte sich der Asphalt durch die saftig-grüne Landschaft.

Der dichte Dschungel war nicht zu bändigen und quoll über die Ränder des breiten Teerbands, sodass an manchen Stellen große Teile der Fahrbahn verschluckt wurden und nur noch die Mitte der Straße freiblieb. Euphorisiert durch den guten Kaffee und die glatte Straße machten wir viele Kilometer gut. Dann wurden wir von einem weiteren Zeichen der Hexerei gestoppt.

Wir radelten gerade um eine Kurve, als wir einen Ivorer im hohen Gras neben der Straße stehen sahen. Der Mann starrte auf den Boden und durchsuchte mit den Händen das dichte Gebüsch. Auf einmal schnellte ein hellgrünes Chamäleon aus dem Dickicht und vor uns auf die Fahrbahn. Gerade noch rechtzeitig, bevor unsere Vorderräder das zerbrechliche Geschöpf erfassen konnten, warf der Ivorer seine abgetragene Adidas-Trainingsjacke auf das Tier und las es von der Straße auf.

Das war aber ein netter Kerl, dachte ich, er hatte das seltene Tier eingefangen, um es sicher auf die andere Straßenseite zu bringen. Nur die Tatsache, dass ich in Afrika war und hier die Wirtschaftlichkeit und das blanke Überleben meist vor Dingen wie dem Artenschutz standen, ließ mich kurz stutzen.

Neugierig, was es mit seinem Einsatz auf sich hatte, sprach ich den Mann mit dem Chamäleon an, und er ließ mich einen Blick auf das Tier werfen. Die kugelrunden Augen starrten aus der Jacke hervor und nervös zuckte die lange Zunge auf und ab. Das Tier war quietschgrün und ein wirklich wunderschönes Geschöpf. Als es versuchte, sich zu befreien, griff der Ivorer beherzt mit seiner linken Hand zu und wickelte es erneut fest in seine Jacke.

»Chamäleons sind sehr selten«, erklärte er. »Ich verkaufe das Tier an einen Sorcière.«

»Ein Sorcière?«

»Ja, ein Sorcière, ein Schamane. Ich bekomme bestimmt 10.000 Franc dafür. Vor einem Monat habe ich sogar 15.000 Franc für ein großes Chamäleon bekommen, aber für dieses hier nicht, es ist ja noch ganz jung.«

Verwundert über den ungeahnten Verwendungszweck nickte ich.

»Und was macht der Schamane damit?«

»Oh, das weiß ich nicht. Die Magie der Sorcières ist mächtig, ich kann sie nicht verstehen. Zauberkräfte können in vielen Dingen innewohnen. Der Schamane braut Tränke aus Kräutern, Affenpfoten und Ziegenschädeln.«

Dann beugte sich der Ivorer mit der Adidas-Jacke zu mir, blickte sich kurz um und sprach leise in mein Ohr.

»Ich glaube, manchmal benutzt er auch Menschenhaut.«

Ich nickte angewidert und dachte trotzdem kurz darüber nach, ob ich dem Mann das Tier abkaufen und draufpinkeln sollte. Doch bevor ich einen Entschluss fassen konnte, drängte Jon uns zur Weiterfahrt. Er wollte nicht länger an der befahrenen Hauptstraße in der Sonne stehen. So überließen wir das Tier seinem Schicksal und stiegen wieder auf.

Fünfzig Kilometer und unzählige Militärkontrollen später erreichten wir die Provinzhauptstadt Man. Und kaum rollten wir über die hügelige Straße ins Zentrum, stellten wir fest, dass Jamal, der Cafébesitzer, recht gehabt hatte, denn von Man waren wir sofort begeistert.

Bisher waren uns die afrikanischen Städte meist durch ihren Staub, den Smog und den ständigen Lärm in Erinnerung geblieben, und schnell hatten wir die aufdringlichen Souvenirverkäufer und das Aufeinandertreffen von Überreichen und Bettelarmen satt. Doch Man war anders, die Stadt lag am Fuße der Dix-Huit Montagnes und war umrandet von saftig-grünen Hügeln, aus denen graue und rote Granitfelsen hervorstachen. Mit 150.000 Einwohnern hatte Man eine stattliche Größe, behielt durch seine roten Lehmgassen, die vielen bunten Geschäfte, die quirligen Märkte und die qualmenden Garbuden aber seinen charmanten Dorfcharakter.

Was uns Jamal allerdings vorenthalten hatte, erfuhren wir gleich bei unserer Ankunft im Guesthouse: Besorgt klärte uns der Besitzer darüber auf, dass unsere Route genau durch die Pufferzone des Landes geführt hatte, in der sich Rebellen und Militär auf gemeinsamer Friedensmission befanden. Und auch darüber, dass Man neben der schönen Landschaft ebenso als Zufluchtsort für ehemalige Rebellen bekannt war. Nur ein Idiot hätte freiwillig eine solche Route gewählt – oder jemand, der gerade illegal in ein afrikanisches Land eingereist war, verflucht wurde und ohne Reiseführer und vernünftige Karte mit einem Fahrrad nach Togo radelte.

Mit den anstrengenden Tagen des Grenzübertritts in den Knochen verbrachten wir vier entspannte Tage in dem hübschen Man. Früh morgens genossen wir frisch gemahlenen Kaffee im Café de Valencia gegenüber unserer Pension, verbrachten den heißen Vormittag im klimatisierten Internetcafé und schlugen uns beim zweiten Frühstück in der französischen Bäckerei mit Zimtschnecken und Kuchen die

Bäuche voll. Am Nachmittag aßen wir afrikanische Eintöpfe am Straßenrand und abends stießen wir mit einem schmackhaften luxemburgischen Flag-Bier auf das herrliche Globetrotterleben an:

»La Côte d'Ivoire, c'est bon, c'est jolie!«

Als wir am Morgen des vierten Tages wieder aufbrechen wollten, hatte es nach vier wunderschönen Tagen in der Nacht wie aus Kübeln gegossen. Das Wasser war unter der Türe unseres Hotelzimmers hindurchgelaufen und hatte all unsere Sachen durchnässt. Die staubigen Straßen im Ort hatten sich in braunen Schlamm verwandelt und jeder Meter mit dem Fahrrad war die reinste Qual. Zweimal mussten wir unsere Strecke ändern und beim dritten Mal komplett umkehren, weil die Wege für Fahrräder unbefahrbar geworden waren.

»Scheiße noch eins, das ist ja wie verhext!«, rief Jon, als wir am frühen Nachmittag erneut auf dem bunten Marktplatz von Man standen.

Nach einem kurzen Mittagessen warfen wir unsere Reisepläne, die uns über die Lehmpisten in den Norden führen sollten, über den Haufen und beschlossen umzukehren und der geteerten Hauptstraße in Richtung Süden zu folgen.

Am Abend erreichten wir nach 50 Kilometern einen Ort mit Namen Bangolo. Nach dem Abendessen, bei dem ich seltsam wenig Appetit hatte, zogen dunkle Wolken auf, und wir schlugen unser Lager in einem leer stehenden Neubau am Rande des Ortes auf. Kaum hatten wir unsere Taschen von den Gepäckträgern geschnallt, begann das Gewitter sich über uns zu entleeren. Bei dem tiefen Grollen des Donners und dem einsetzenden Platzregen freuten wir uns, gerade noch rechtzeitig ein Dach über dem Kopf gefunden zu haben.

»Komisch, findet ihr nicht auch?«, meinte Jon, während er sein Zelt auf den staubigen Betonboden stellte. »Seitdem wir in der Elfenbeinküste angelangt sind, läuft es nicht mehr so sauber. Ich meine, wir hatten super Wetter in Man, aber kaum wollten wir aufbrechen, fing es an zu schütten. Und auch jetzt wieder. Morgen müssen wir unsere Räder bestimmt wieder durch den Matsch tragen.«

Pablo hatte sein Zelt noch in den Taschen gelassen und sich stattdessen auf seiner Isomatte ausgebreitet.

»Ach was, das ist eben die Regenzeit. So ist das hier halt, Jungs. T.I.A.!«

Ich gab mich mit Pablos Einschätzung zufrieden und machte mich ebenfalls ans Zeltaufbauen. Doch mit dem dröhnenden Donner setzte auch ein tiefes Brodeln in meinem Bauch ein.

Mit einer bösen Vorahnung zog ich früh am Abend den Reißverschluss meines Zelts nach oben, während Pablo und Jon noch eine Weile draußen saßen und sich auf Spanisch unterhielten. Wie immer dauerte es nicht lange, bis sich das Zelt im Innern auf über dreißig Grad aufgeheizt hatte. Ich lag flach auf dem Rücken und versuchte, mich möglichst wenig zu bewegen, um die Temperatur und das Schwitzen nicht weiter anzuheizen. Doch an diesem Abend schien mir die Hitze unerträglich, und ich begann, im schwachen Schein meines Handys meine Erste-Hilfe-Tasche nach Möglichkeiten der Abkühlung zu durchsuchen. Als ich kurz darauf die alte Tube Franzbranntwein in meinen Fingern hielt, war ich erleichtert. Eigentlich hatte ich ihn zum Kühlen der verspannten Waden und zur Behandlung von Zerrungen gedacht, als ich ihn in Deutschland in die Tasche gesteckt hatte. Aber es schien mir einen Versuch wert. Großzügig verteilte ich die grüne Masse auf meinem sonnenverbrannten Gesicht, und bereits nach wenigen Sekunden setzte die erhoffte Wirkung ein. Mit einer angenehmen Kühle auf der Haut und dem Geruch von ätherischen Ölen in der Nase schlief ich ein.

Durch das Krachen des Donners schreckte ich auf. Ich setzte mich hin, und ein Schmerz bohrte sich durch meinen Körper. Vom Bauch ausgehend wanderte ein unerträgliches Stechen bis hoch in meinen Nacken. Dann krampfte mein Magen und ich sank zusammen. Einen Moment lang lag ich still da, zusammengekauert wie ein Embryo. In meinem Inneren pulsierte der Schmerz, draußen grollte der Donner und der Regen knisterte in den roten Pfützen. Als eine neue Krampfwelle einsetzte, kroch ich eilig aus dem Eingang meines Zelts, rannte durch die Dunkelheit und hockte mich in das nahe Gebüsch hinter unserem Unterschlupf. Während ich bis zu den Knöcheln tief in den roten Pfützen versank und meinen Darm entleerte, prasselte der kalte Regen auf meinen schmerzenden Körper. Um mich herum erhellten Blitze die schwarze Nacht und die Regentropfen bohrten sich wie Nadeln in meinen Rücken.

Einige Minuten später kroch ich erschöpft und am ganzen Leib zitternd zurück in mein Zelt und hoffte inständig, dass sich meine Eingeweide bald beruhigen würden. Doch als ich zehn Minuten später erneut krampfend im nahen Gebüsch hockte und mir der Regen meine Exkremente um die blanken Füße spülte, wurde mir klar, dass die Nacht noch lange andauern würde. Und schuld daran war die Hexe. Die Hexe und ihr verdammter Fluch!

DAS KNOCHENBRECHERFIEBER

HÔPITAL GÉNÉRAL DE BANGOLO,
ELFENBEINKÜSTE, APRIL 2013

– 12.761 KILOMETER –

Zurück im Zelt kroch ich mit letzter Anstrengung auf meine Isomatte. Wegen des aufgeheizten Betonbodens unseres Unterschlupfs war es noch immer unerträglich heiß im Inneren meiner Behausung. Trotzdem begann ich zu frieren. Wie in Trance suchte ich meinen Schlafsack aus den Tiefen meiner Packtaschen und kroch hinein. Ich zitterte am ganzen Körper und ein unbeschreiblicher Schmerz fuhr mir in die Glieder. Ich war gerade noch in der Lage, den Reißverschluss des Schlafsacks bis unters Kinn zu ziehen, dann schloss ich meine Augen und schickte ein Gebet in den Himmel, zu einem Gott, an den ich nicht glaubte. So durfte es nicht enden!

Im Halbschlaf gingen mir Szenen von *Into the Wild* durch den Kopf, dem Abenteurerfilm, der ein plötzliches Ende nimmt, als Christopher McCandless einen grausamen Tod stirbt, weil er tief in den Wäldern Alaskas die falschen Kräuter isst. Doch bevor ich zu sehr in die wirren Gedanken meines Halbschlafs versinken konnte, riss mich ein bohrender Schmerz zurück zu den Lebenden. Wie ein langer Speer bohrte sich ein unerträgliches Stechen in meinen Magen und bis tief in meinen Rücken. Zusammengekauert lag ich im Schlafsack, hielt die Luft an und lauschte dem lauten Pochen meines Herzens.

Als die Schmerzen langsam nachließen, realisierte ich entkräftet, dass da etwas ganz und gar nicht mit mir stimmte. Ich rappelte mich auf, schob mir das kleine Reisethermometer in den Mund, und als ich nach einer Minute draufblickte, zeigte es 40 Grad. In einer letzten erschöpfenden Aktion griff ich nach der Schachtel Doliprane, die bereits bei meiner Malaria das Fieber gesenkt hatten. Ich löste eine Tablette aus der Packung und schluckte sie mit dem letzten Rest aus meiner Wasserflasche hinunter. Dann fiel ich in einen tiefen, trance-artigen Schlaf.

Pablos Gesicht lag in tiefen Falten, als er mich am nächsten Morgen betrachtete.

»Mannomann, du siehst ja gar nicht gut aus. Wie oft warst du gestern eigentlich Kacken? Ich hab dich bestimmt zehnmal draußen gehört.«

»Ja, bestimmt. So fühle ich mich auch.«

»Hast du Fieber?«

»Ja, 40 Grad in der Nacht. Heute früh nur noch 38,5.«

Jon reichte mir seine Wasserflasche.

»Bestimmt wieder die verdammte Malaria. Lass uns mal gucken, ob es hier im Dorf einen Arzt gibt.«

Und auch wenn ich es nicht wahrhaben wollte, Jon hatte recht. Ich musste den Schritt gehen, den ich auf meiner Reise durch Afrika tunlichst vermeiden wollte: Ich musste ein afrikanischen Krankenhaus aufsuchen.

Das Hôpital Général de Bangolo lag am Rande des Orts und bestand aus mehreren rechteckigen Steingebäuden. Auf den ersten Blick machte es einen guten und sauberen Eindruck. Pablo und Jon hatten mich begleitet, und früh um sieben Uhr saßen wir vor einer Art Aufnahmeambulanz auf einer niedrigen Bank im Schatten und lehnten mit dem Rücken an der gelb gestrichene Backsteinmauer. Zu unserer Linken saßen drei kugelrunde Frauen mit Säuglingen in den Armen, rechts von uns ein dürrer älterer Mann mit grauen Kraushaaren und ein hagerer Jugendlicher mit einem rasselnden Husten. Weiter hinten standen mehrere Frauen mit ihren Kindern in einer Schlange und ein junger Pfleger maß Fieber, hörte die Kinder mit dem Stethoskop ab und verteilte Medikamente.

Wir warteten eine gefühlte Ewigkeit, die unterbrochen wurde, als ein muskulöser Schwarzer einen leblosen Körper in einer Schubkarre schnell an unserer Wartebank vorbeischob und laut nach einem Doktor rief. Gegen neun stellte sich uns schließlich ein großgewachsener Mann im grünen Polohemd als Arzt vor und führte uns in sein Behandlungszimmer.

Das Innere des spartanisch eingerichteten Raums unterschied sich kaum von den staubigen Zollstationen und Polizeibüros, die wir auf unserer Reise schon so oft gesehen hatten: Gegenüber eines hölzernen

Schreibtischs standen zwei klapprige Stühle, in der Ecke befand sich eine schiefe Liege und an der Wand hing ein Foto des Präsidenten neben einem vergilbten Wandkalender aus dem Jahr 2009. Ansonsten war der Raum leer.

Ich setzte mich auf einen der wackeligen Stühle und schilderte dem Arzt meine nächtlichen Erlebnisse von Übelkeit, Zittern, Durchfall und Fieberschüben. Der Arzt notierte alles auf seinem Block und blickte dann auf.

»Das Krankheitsbild ist eindeutig. Wir machen einen Malariaschnelltest, dann wissen wir mehr.«

Nach einem Stich in den Finger und einigen Minuten bangen Wartens fiel der Test negativ aus. Doch der Arzt wollte von seiner ersten Vermutung nicht abrücken.

»Der Schnelltest war negativ, trotzdem kann ich die Malaria nicht sicher ausschließen. Zur Sicherheit überweise ich Sie ins Labor unseres Hospitals, dort wird ein ausführlicher Bluttest gemacht, der sollte Aufschluss geben.«

Dann drückte er mir einen Zettel in die Hand und erklärte mir den Weg ins Labor.

Fünf Minuten später und zwei Gebäude weiter stand ich in einem Hinterzimmer, in dem ein Putzeimer neben gefüllten Reagenzgläsern, Kaffeetassen und einem krächzenden Radio stand. Auf dem Tisch entdeckte ich ein nostalgisches Mikroskop, daneben kreisten dicke schwarze Fliegen um etwas, das nach einem halb gegessenen Frühstück aussah. Ich holte Luft und wollte mutig den Raum betreten, dann wehte mir ein modriger Geruch in die Nase und ich drehte auf dem Absatz wieder um. Das war zu viel! Eine Blutentnahme in einem nicht sterilen Krankenhaus wollte ich unter keinen Umständen durchführen lassen.

»Stell dich nicht so an!« Pablo schob mich zurück durch die Türe. »Du wirst die Spritze schon überleben!«

»Ich bin mir da nicht so sicher. Nicht dass ich mit Malaria hier reingehe und mit irgendeiner anderen Infektion wieder rauskomme.«

»Ach was, wird schon gut gehen!«

»T.I.A., Pablo, T.I.A.!«

Für weitere Diskussionen blieb keine Zeit. Ein junger Labormitarbeiter nahm mir den Arztzettel aus der Hand und studierte ihn. Auf der Oberlippe des Laboranten zeichnete sich dünner schwarzer Flaum ab und mit der nostalgischen Hornbrille auf der Nase sah der

Afrikaner aus wie ein Berliner Hipster. Doch das fleckige Oberhemd, das an einer Seite aus der zerrissenen Jeans hing, und die ausgetretenen Jesuslatschen zeugten eher von einer gewissen Bedürftigkeit als von einem durchgeplanten Hipster-Look.

Nachdem der Laborant die Anweisungen des Arztes sorgsam gelesen hatte, guckte er mich durch die verschmierten Gläser seiner Hornbrille an.

»*Alors, monsieur*, einen Malariabluttest also. Kein Problem.«

»Na, ich hoffe, dass das kein Problem macht«, sagte ich mit einem skeptischen Blick auf seine staubigen Füße und das Inventar. »Hauptsache alles läuft sauber und ordentlich ab.«

»Wir sind hier zwar in Afrika, aber das heißt nicht, dass wir schlechter arbeiten als ihr.«

Der Mann wies mich an, mich auf einen abgewetzten Stuhl zu setzen. Flehend blickte ich zu Pablo und Jon, die in der Tür auf mich warteten. Beide reckten die Daumen in die Höhe, auf ihren Gesichtern ein aufmunterndes Lächeln.

Zu meinem Erstaunen kam der junge Mann dann aber ohne Spritze zurück. Stattdessen löste er eine Kanüle aus einer Plastikverpackung, griff ohne Vorwarnung meinen Zeigefinger und bohrte die dünne Nadel in meine Fingerspitze. Mit seinen unbehandschuhten Händen presste er daraufhin einen dicken Tropfen Blut aus meinem Finger. Überrumpelt von der schnellen Aktion blickte ich den Mann fragend an.

»Ist das denn alles steril?«

Der Laborant verzog seinen Mund zu einem schiefen Lächeln, griff hinter sich, nahm ein dünnes Mikroskopieglas und polierte es kurz an seinem fleckigen Hemd. Dann hielt er es prüfend gegen das Licht und murmelte »*Bien sûr!*«, bevor er meinen Finger auf die Glasscheibe presste. »*C'est tout.* – Das war's!«

Alles total steril, *bien sûr*, ging es mir durch den Kopf, als ich mir ein Pflaster auf den Zeigefinger presste. Der Labormitarbeiter legte das dünne Glas unter das Mikroskop, verscheuchte mit einer Hand die Fliegen vom Teller neben dem Mikroskop und biss beherzt in sein angefangenes Frühstück. Kauend beugte er sich über das nostalgische Vergrößerungsgerät. Mehr wollte ich nicht sehen und verließ auf schnellstem Weg das Labor.

Eine Viertelstunde später kam der Labormitarbeiter zu uns und drückte mir den Untersuchungsbericht in einem dünnen Umschlag in die Hand. Eilig öffnete ich den Brief und faltete das DIN-A4-Blatt auseinander, das sich darin befand. Darauf waren mit Kugelschreiber lediglich zwei Worte geschrieben: »*palu: negative*«.

Mit diesem aufschlussreichen Befund kehrte ich zurück in das Zimmer des Arztes. Der große Mann studierte den Zettel aufmerksam und viel zu lange, dafür, dass nur zwei Worte darauf standen. Dann kam er zu seinem Ergebnis.

»*Alors, Monsieur Weber*, der Malariatest war negativ. Und trotzdem können wir die Krankheit nicht ganz ausschließen. Die Malaria kommt in Schüben und unter gewissen Umständen kann man die Krankheit nur während eines Schubs nachweisen. Trotzdem glaube ich nicht, dass Sie Malaria haben, vermutlich nur eine Magenverstimmung, weil Sie etwas Falsches gegessen haben. Das passiert Touristen häufig in der Elfenbeinküste. Ich schreibe Ihnen ein Rezept für ein Durchfallmittel.«

Erleichtert von dem negativen Malariatest und gleichzeitig verstört von der bleibenden Ungewissheit wuchs meine Verzweiflung.

»Bei 40 Grad Fieber heute Nacht muss ich aber schon etwas richtig Falsches gegessen haben. Können Sie mich nicht noch auf etwas anderes untersuchen? Hepatitis, Cholera, die Schlafkrankheit oder einen Fluch?«

Der Arzt lachte laut.

»Cholera oder Hepatitis, *mais non!* Dann doch eher die Malaria. Wenn es in zwei Tagen nicht besser ist, kommen Sie noch einmal vorbei.« Dann wies er mit der Hand auf die Tür.

Zu erschöpft, um erneut zu widersprechen, bedankte ich mich und verließ mit Pablo und Jon das Krankenhaus.

DIE SCHWARZE MAMBA

BANGOLO, ELFENBEINKÜSTE, APRIL 2013
– 12.764 KILOMETER –

Da der Besuch im Krankenhaus wenig Aufschluss brachte, war das Einzige, was ich gegen die ungewisse Krankheit tun konnte, Bettruhe. Jon und Pablo quartierten mich in der einzigen Pension des Ortes ein und ich verbrachte die kommenden Tage mit Schlafen und dem Einnehmen von Fieber- und Durchfallmedikamenten. Meine beiden Begleiter stellten ihre Zelte im Garten der Pension auf und nutzten die Zeit des Wartens entsprechend der südländischen Mentalität mit ausgedehnten Siestas.

Am vierten Tag befand ich mich auf dem Weg der Besserung. Ich hatte wieder Farbe im Gesicht und der Appetit kehrte zurück. Auch Pablo und Jon waren froh über meine Genesung, und wir beschlossen, am kommenden Tag wieder ein paar Kilometer im Sattel zurückzulegen.

Erneut waren wir kurz vor dem Aufbruch, als in unserer letzten Nacht in der Pension ein weiteres Unheil passierte. Gerade hatte ich beschlossen, nicht mehr an den ominösen Fluch zu glauben, da riss mich eine nächtliche Begegnung zurück auf den Boden der Tatsachen.

Es war drei Uhr nachts, als ich aus leichtem Schlaf aufwachte. Die Hitze war wie immer unerträglich, weil nachts das Aggregat der Pension ausgeschaltet war und der Ventilator nicht mehr funktionierte. Ich prüfte meine Temperatur, sie war inzwischen wieder auf 37 Grad gesunken und ich fühlte mich merklich besser. Da ich nicht einschlafen konnte, wankte ich auf müden Beinen zur Zimmertür, um noch einmal zur Toilette zu gehen. Meine Taschenlampe war kaputt und in völliger Dunkelheit tastete ich mich vorwärts. Ein muffiger Geruch wies mir den Weg.

Im Badezimmer brannte eine Petroleumlampe, die ein trübes orangenes Licht verbreitete. Ich schloss die Toilettentüre hinter mir und wollte mich gerade über das stinkende Loch im Boden hocken, da erstarrte ich. In der Ecke des gefliesten Raums lag eine Schlange! Übermüdet und vollkommen schockiert sprang ich mit heruntergelassener Hose zurück in Richtung Tür. Durch meine Bewegungen schreckte das Tier auf, fixierte mich und richtete sich bedrohlich auf. Der Kopf der Schlange wanderte in die Höhe und das Tier wuchs zu einer beeindruckenden Größe heran. Vorsichtig tastete ich mich in Richtung Ausgang, die tiefschwarze Schlange nicht aus den Augen lassend. In meinem Kopf schwirrten die Bilder der Pro7-Galileo-Reportage, die vor meiner Abfahrt die gefährlichsten Giftschlangen der Welt gezeigt hatte. Ob das pechschwarze Tier dazugehörte, wusste ich nicht, es war mir auch egal. Unter keinen Umständen wollte ich gebissen werden!

Als die Schlange zu ihrer vollständigen Größe herangewachsen war, begann sie in einem bedrohlichen Ton zu zischen. Geistesgegenwärtig schnappte ich mir den Wassereimer in der Ecke und versuchte, das leere Behältnis über die Schlange zu stülpen. Langsam näherte ich mich, den Eimer am Boden greifend. Als ich noch etwa zwanzig Zentimeter entfernt war, schnellte die Schlange blitzartig nach vorne und schlug ihre Fangzähne in das Plastik.

Das war zu viel für mich. Ich warf den Eimer in die Ecke, hielt meine noch immer offene Hose fest und rannte zurück zu meinem Zimmer. Dort angekommen schloss ich die Türe hinter mir und hielt einen Moment tief atmend inne. Hatte ich gerade geträumt oder war da wirklich eine schwarze Schlange gewesen? Was machte eine Schlange auf dem Klo?

Einen Moment verschnaufte ich noch, dann löste ich mich von meinen Gedanken. Ich konnte die Schlange nicht einfach so auf der Toilette lassen! Der nächste Gast, der sich über das Loch hocken würde, sollte nicht zwei Fangzähne in den Hintern gerammt bekommen. Nein, ich musste etwas tun!

Mit einem Besenstiel bewaffnet machte ich mich erneut auf den Weg zum Gemeinschaftsklo. Abermals blieb mir nur das funzelige Licht der Gaslampe. Langsam öffnete ich die Tür und blickte mich um. Die Schlange war nirgends zu entdecken. Sie hockte in keiner der vier Ecken. Auch nicht hinter der Tür, sie war verschwunden. Noch einmal blickte ich vorsichtig in Richtung des stinkenden Abortlochs – vielleicht war sie ja hineingefallen. Doch nirgendwo war mehr eine Spur von dem Tier zu sehen.

Mit dem Besenstiel bewaffnet stand ich in der Toilette, bereit für jeden Angriff. Dann kam mir auf einmal die Horrorvorstellung: Vielleicht war die Schlange nicht mehr in der Toilette, weil sie inzwischen schon auf dem Weg in mein Zimmer war! Ich ließ den Besenstiel fallen und rannte den dunklen Flur entlang.

Zurück in meinem Zimmer knallte ich die Tür hinter mir zu. Zur Sicherheit stopfte ich Jacken und Packtaschen in den dicken Spalt unter der Tür und schob den schweren Tisch davor. Dann pinkelte ich aus dem Fenster und verkroch mich in mein Bett.

Lange lag ich in dieser Nacht noch wach und grübelte über die rätselhafte Begegnung. Und auch wenn ich noch immer nicht an die Hexerei glauben wollte, war es schon ein wenig seltsam, dass die schlimme Krankheit gerade überstanden war und dann eine Schlange auf dem Klo auf mich lauerte.

Als ich dann wenige Tage später erfuhr, dass ich mich mit einer Form des in Afrika verbreiteten Denguefiebers infiziert hatte, bestand für mich kein Zweifel mehr an der Wirksamkeit meines Fluchs – zumindest für einen Moment. Die Krankheit wurde auch als Knochenbrecherfieber bezeichnet, weil sie unter vielen anderen Symptomen üble Gliederschmerzen auslöste und innere Blutungen verursachen konnte, die zu einem qualvollen Tod führten. Die alte Hexe hatte mir also tatsächlich mein Ableben prophezeit! Zum Glück kamen Flüche scheinbar nicht gegen afrikanische Fiebermittel an.

DIE KETTENMENSCHEN
VON BOUAKÉ

BOUAKÉ, ELFENBEINKÜSTE, APRIL 2013
– 13.271 KILOMETER –

*Eric stammt aus einem Dorf bei Grand Bassam, nahe der
großen Küstenstadt Abidjan. Lange Zeit war Eric krank, von
Dämonen besessen. Über zehn Jahre lag er in Ketten. Angeket-
tet von den eigenen Eltern an einen Baum in seinem Dorf. Die
Eltern hatten Angst vor ihm, vor den Dämonen, die in ihm
wohnten. Ein Priester hatte versucht, Eric mit wochenlangen
Hungerkuren und religiösen Ritualen zu heilen. Zehn Jahre
lang hat man ihn menschenunwürdig behandelt, schlimmer
als ein Tier, und niemand hat ihm geholfen. Zehn Jahre lang
hat er in seinen Ketten ausgeharrt, bis er befreit wurde.*

*Sie haben ihn in der Nacht geholt, heimlich aus den Ketten
geschnitten und zu den anderen gebracht, zu den Kettenmenschen von Bouaké.*

Als ich im St. Camille Krankenhaus in Bouaké eintraf, begrüßte mich Eric per Handschlag und mit einem freundlichen Lächeln. Dem kleinen runden Afrikaner mit den strahlenden Augen
und der Baskenmütze auf dem Kopf sah ich nichts an. Weder, dass er
einmal unter einer psychischen Störung gelitten noch, dass er zehn
Jahre lang in Ketten gelegen hatte. Im Gegenteil, Eric war ein fröh-
licher und sehr sympathischer Zeitgenosse. Er arbeitete als Leiter
des Empfangszentrums St. Camille und verantwortete die Aufnah-

me neuer Patienten, die Betreuung der Familien und den Empfang von Gästen. Er unterstützte im Krankenhaus, wo Not am Mann war, organisierte Gottesdienste und stand den Patienten mit Rat und Tat zur Seite. Er war fest angestellt und verdiente Geld, er hatte eine eigene Wohnung auf dem Gelände des Therapiezentrums, und das Wichtigste: Eric war gesund.

Nirgends war das Schicksal der Kettenmenschen so schlimm wie hier in Westafrika. Ein menschenunwürdiger Umgang mit psychisch Kranken war trauriger Alltag. Aberglauben, Naturreligionen und Magie waren verbreitet und Menschen mit Epilepsie, Demenz oder Schizophrenie wurden als Verfluchte oder Besessene gepeinigt. Besonders in den abgelegenen Dörfern war der Aberglaube tief verwurzelt und Angehörige glaubten fest daran, dass ihre kranken Familienmitglieder besessen waren. Aus Verzweiflung schlossen sie sich Freikirchen und anderen Quacksalbern an, die versprachen, die Patienten von ihren Dämonen zu befreien. Doch statt Heilung erfuhren die Kranken das Gegenteil, aus Angst wurden sie in Ketten gelegt oder in finstere Höhlen gesperrt, sie mussten heilfasten und erhielten als einzige Therapie den Besuch eines Scharlatans, der mit Zaubertränken versuchte, die Epilepsie aus dem Patienten zu jagen.

In Deutschland war ich bei meiner Reiseplanung auf das Schicksal der Kettenmenschen aufmerksam geworden. Ich hatte Kontakt zu einer Gruppe in Reutlingen aufgenommen, die mit privaten Spenden das Krankenhaus und die Psychiatrie in Bouaké unterstützte. Von den Reutlingern hatte ich mehr über das Projekt St. Camille erfahren:

St. Camille war als katholische Einrichtung gegründet worden und hatte zum Ziel, mittellose Patienten zu behandeln, die sich aufgrund ihrer sozialen Situation keinen Arztbesuch, keine Medikamente oder psychiatrische Unterstützung leisten konnten. Mithilfe von internationalen Spenden war aus einer kleinen Auffangstation in Bouaké ein ansehnliches Krankenhaus geworden, das auch in den schwersten Zeiten des Bürgerkriegs die Ärmsten der Armen aufnahm. Neben dem Krankenhaus war in den 90er-Jahren auch ein Therapiezentrum für psychisch kranke Menschen errichtet worden. Ein Team der St.-Camille-Stiftung hatte damit begonnen, die Angeketteten in den afrikanischen Dörfern zu befreien und in Bouaké unterzubringen.

Die Psychiatrie und das Krankenhaus waren schnell gewachsen, auch ohne die großen Etats internationaler Spendenorganisationen. Heute war St. Camille ein gutes Beispiel dafür, dass private Spenden in

Afrika einen echten Beitrag zur Menschlichkeit leisten konnten und richtig eingesetzt eine wirkliche Hilfe zur Selbsthilfe ermöglichten.

Als ich aus Reutlingen von dieser außergewöhnlichen Einrichtung gehört hatte, wurde mir schnell klar, dass ich neben dem Kaffee in Togo auch einen Stopp in Bouaké einplanen musste, um mir die Arbeit des Therapiezentrums vor Ort anzusehen.

Nachdem ich mich vom Denguefieber erholt und den nächtlichen Kampf mit der Schlange überstanden hatte, waren Pablo, Jon und ich eine Woche quer durch die Elfenbeinküste nach Bouaké geradelt. In den vielen Dörfern, in denen wir angehalten und nach Wasser oder einem Unterschlupf gefragt hatten, wurden wir regelmäßig mit Tradition und Aberglaube konfrontiert: In einem der Orte waren sämtliche Kinder mit weißer Kalkfarbe dick bemalt, in einem anderen Dorf beobachteten wir, wie eine Gruppe Jugendlicher mit schwarzer Asche beschmiert wild im Kreis tanzte, während ein mit Federn geschmückter Mann sie mit einem Stock antrieb. Auf einer abgelegenen Straße wurden wir Zeuge einer Geisteraustreibung und konnten beobachten, wie ein Schamane auf langen Stelzen balancierend und in ein dickes Strohgewand gehüllt einen ekstatischen Tanz aufführte. Und auch in der Hauptstadt Yamoussoukro entdeckten wir Zeichen der Hexerei, als wir auf einem quirligen Markt in einer abgelegenen Ecke einen Stand vorfanden, auf dem sich Flughundköpfe, Affenpfoten, getrocknete Tierkadaver und seltsame Kräutertinkturen stapelten. Doch immer, wenn wir die Menschen in den Straßen auf ihre Tradition oder den Schamanismus ansprachen, begannen sie zu flüstern oder wendeten sich von uns ab.

Ganz klar, die Zeichen von tief verwurzelter Tradition, Zauberei und Voodoo waren in der Elfenbeinküste allgegenwärtig. Und je mehr ich von alledem zu sehen bekam, desto weniger konnte ich den Fluch, an den ich immer noch nicht recht glauben wollte, aus meinem Gedächtnis drängen.

Nach unserem Aufenthalt in der Hauptstadt hatten wir das Therapiezentrum St. Camille in Bouaké angesteuert. Über den Unterstützerverein in Reutlingen hatte ich mein Kommen angekündigt und wusste, dass man uns erwartete. Mit dem herzlichen Empfang, den uns die Patienten und Mitarbeiter des Krankenhauses dann aber bescherten, hatte ich nicht gerechnet.

Nach einem anstrengenden Radfahrtag schoben meine beiden südländischen Freunde und ich unsere Räder auf das Gelände des Krankenhauses. Uns blieb kaum Zeit, uns von der Anstrengung im Sattel zu erholen, da wurden wir sogleich lauthals empfangen. Neben Eric und Monsieur Zoulim, dem stellvertretenden Leiter des Zentrums, waren alle 260 Patienten der Psychiatrie auf den Beinen. Sie hatten ihre feinsten weißen Hemden und T-Shirts angezogen und empfingen uns mit tosendem Applaus. Die Patienten saßen auf Stühlen und Bänken, die man im Hof des Krankenhauses aufgestellt hatte, und Eric stand bereits an einem Mikrofon und wartete nervös, bis wir endlich unsere Fahrräder abgestellt hatten und zu ihnen auf den Hof kamen.

Pablo, Jon und ich waren absolut überrumpelt. Gerade noch hatten wir auf unseren Rädern gegen die hügeligen Straßen angetreten und über den Verkehr und die Abgase der großen Städte geflucht, und auf einmal standen wir inmitten hunderter psychisch kranker, lachender Afrikaner.

Bevor ich mir der Situation wirklich bewusst werden konnte, begann Eric auch schon seine Lobesrede und stellte uns den Patienten und Mitarbeitern der Psychiatrie vor.

»Monsieur Markus und seine beiden Freunde haben unzählige Risiken auf sich genommen, um hierher zu fahren. Sie sind vor vielen Monaten aufgebrochen, sie haben die Wüste mit dem Fahrrad durchquert und sind über zehntausend Kilometer gefahren. Nun sind sie hier angelangt, um uns zu besuchen und in ihren fernen Ländern von St. Camille und der Elfenbeinküste zu berichten.«

Auf ein Zeichen von Eric brach die Menge in tosenden Applaus aus. Auf ein weiteres Zeichen kehrte Ruhe ein und die Patienten stimmten ein gemeinsames Lied an. Es wurde getrommelt, geklatscht und gelacht. Auch Jon, Pablo und ich stimmten in den fremden Gesang ein und klatschten laut im Takt, und die Freude in den Gesichtern der Kranken und der herzliche Empfang rührten uns.

Doch meine gute Stimmung wurde bald von Nervosität abgelöst, als mir Eric auf einmal das Mikrofon in die Hand drückte und erklärte, ich solle einige Worte sagen. Natürlich war ich nicht darauf vorbereitet, eine Rede zu halten, schließlich war ich die letzten Tage damit beschäftigt gewesen, einen Fluch loszuwerden und mich über afrikanische Staubpisten zu quälen. Ich gab mein Bestes, aber schnell gingen mir die Worte aus.

»Bonjour! Je m'appelle Markus, j'ai 32 ans, je suis allemand et je suis venu ici à bicyclette.«

Als ich nicht mehr weiter wusste, schob ich mein Fahrrad in die Mitte des weiten Hofs und begann, meinen Zuhörern zu erklären, was ich alles in den Packtaschen mit mir führte. Ich brachte Helm, Kleidung, Ersatzteile und das Zelt zum Vorschein, und jeder Gegenstand wurde von tosendem Beifall und lauten »Ooooohhhh!«- und »Iiiiiieeeehhh!«-Rufen begleitet. Egal was ich aus den Taschen zauberte und egal wie gebrochen mein Französisch auch war, die Menge war begeistert. Zum Abschluss meiner glorreichen Rede stellte ich mich vor die Zuhörer, zog an meinem Bart und rief in die Menge:

»Als ich vor zehn Monaten in Deutschland aufgebrochen bin, hatte ich noch keinen Bart. Dann habe ich aufgehört, mich zu rasieren, und nun, schaut selbst!« Tosender Beifall. Ein gutes Schlusswort.

Nach einem letzten gemeinsamen Lied löste sich die Menge auf. Einige der Patienten blieben auf ihren Plätzen sitzen, einige kamen zu uns herüber, um ungläubig unsere weiße Haut von Nahem zu betrachten, und einige warfen ihre Sonntagskleider beiseite und liefen splitterfasernackt zurück zu ihren Aufenthaltsräumen. Eric und Olivier, ein schlaksiger Afrikaner in feingebügeltem blauem Hemd, kamen zu uns und boten uns eine Führung durch die Einrichtung an.

Die beiden Afrikaner leiteten uns über die Straße, wo sich das Krankenhaus von St. Camille befand, und Olivier erklärte stolz die Idee hinter der Einrichtung.

»St. Camille betreibt eine Psychiatrie und ein Krankenhaus. Ein soziales Krankenhaus für die Ärmsten der Armen. Unser Gründer, Grégoire Ahongbonon, kommt aus Benin. Er hat vor vielen Jahren begonnen, die Kranken aus ihren Ketten zu befreien und hier zu therapieren.«

Wir überquerten den Krankenhaushof und gingen zu einem der grün gestrichenen Gebäude.

»Das hier sind die Büros. Hier arbeiten Eric und ich. Vor vielen Jahren war ich selbst Patient, drüben in der Psychiatrie.« Mit einem traurigen Blickt nickte er zur anderen Seite der Straße, von wo wir kamen. »Das waren schlimme Zeiten, ich möchte nicht daran zurückdenken. Ich hatte bereits in Amerika gelebt, mit Frau und Kindern. Dann war die Aufenthaltsgenehmigung abgelaufen und wir wurden getrennt. Die Polizei in Amerika hat mich geschnappt und behandelt wie einen Aussätzigen. Ohne Prozess bin ich zurück in die Elfenbeinküste geschickt worden, mitten im Krieg und ohne eine Bleibe. Es war furchtbar.«

Olivier versank in ein melancholisches Schweigen. Eric, der neben uns stand, half ihm wieder zu Worten.

»Olivier hatte eine schwere Depression. Hier hat er eine Therapie bekommen und Medikamente. Und seit einigen Jahren hat er eine Anstellung im Krankenhaus.«

»Ja. Seit drei Jahren arbeite ich in der Administration. Buchhaltung, Warenbestellung, Unterstützung in der Logistik. Ich bin sehr froh, dass St. Camille mich gerettet hat. Irgendwann möchte ich zurück zu meiner Familie in die USA, aber ich werde St. Camille nie vergessen.«

Wir liefen zu einem anderen Teil des Krankenhauses und Olivier führte seine Geschichte über St. Camille fort.

»Die staatlichen Krankenhäuser sind für die meisten Afrikaner zu teuer. Selbst wenn man das Geld für die Untersuchung zur Verfügung hat, scheitert es meist an der Behandlung. Als private Einrichtung kann St. Camille die Preise selber bestimmen.«

»Und wie finanziert ihr das?«, als alter Unternehmensberater war ich natürlich interessiert an den Zahlen.

»St. Camille wird durch Spenden unterstützt. Bouaké ist die Partnerstadt von Reutlingen in Deutschland. Wir bekommen von Reutlingen Spendengelder für die Psychiatrie und medizinische Geräte für unser Labor. Das Geld fließt vor allem in die Medikamente. So können wir die Behandlung im Krankenhaus und im Therapiezentrum auf einen geringen Basissatz reduzieren.«

Eric öffnete die Tür zu einem kleinen Zimmer. Im Inneren stand ein hoher Tresen, an der hinteren Wand stapelten sich Medikamentenschachteln in den Regalen und in der Ecke standen zwei junge Damen in weißen Kitteln, die mit dem Kichern gar nicht mehr aufhörten, als Jon, Pablo und ich eintraten.

Eric blickte die lachenden Mädchen mahnend an und zeigte auf die vielen Medikamente in den Regalen.

»Das ist unsere Apotheke, hier findet man alles, was man benötigt.«

Jon ging einen Schritt näher und betrachtete die vielen Pappschachteln und Pillendosen in den Regalen.

»Gibt es wirklich alles hier? Auch gegen Malaria, Hepatitis und andere schlimme Krankheiten?«

Olivier lachte laut.

»Malaria, na, das ist doch einer der Klassiker. Die Malaria ist immer noch eine der häufigsten Todesursachen in Afrika. Die Medikamente sind zwar nicht teuer, doch wegen des Aberglaubens und der Armut versuchen immer noch viele Afrikaner, die Malaria mit Kräutern und Zaubertränken zu heilen. Aber wenn man erst mal 40 Grad Fieber hat, helfen auch die Zaubertränke wenig. Die Malariamedikamente sind bei uns Standard und man bekommt sie umsonst.«

»Umsonst?« Pablo und Jon guckten ungläubig.

»Ja, aber das ist nicht das Besondere. Das Besondere bei uns ist die HIV-Therapie. In der Elfenbeinküste sind vier Prozent der Menschen mit HIV infiziert, die höchste Quote in Westafrika. Bei uns kann man kostenlose HIV-Tests durchführen.«

Eric blickte uns an.

»Dabei wird mit absoluter Sorgfalt und Diskretion vorgegangen, denn in den Dörfern und den Familien wird eine HIV-Infektion als Strafe Gottes angesehen. Ein Aidsleiden ist für viele ein schlimmer Fluch.«

Olivier schlug aufgebracht mit der Faust auf den Tresen der Apotheke.

»Das ist ja das Verrückte! Niemand gibt zu, dass er infiziert ist, und die Krankheit verbreitet sich weiter. Die meisten hier glauben immer noch an alte Tradition und Hexerei. Auf dem Land haben die Männer mehrere Frauen, da breitet sich HIV rasend aus. Manchmal behaupten die Priester, die Krankheit vergehe, wenn man eine Jungfrau schwängert. Stellt euch das mal vor! Kein Wunder, dass es hier so schwierig ist, das Virus in den Griff zu bekommen.«

»Die Medikamente für die HIV-Therapie gibt es bei uns ebenfalls kostenlos«, ergänzte Eric. »Die kosten sonst fünfhundert Euro im Monat, pro Person!«

Als wir die Apotheke verließen, blickten uns die beiden Damen immer noch kichernd hinterher.

»Die meisten psychisch Kranken werden geheilt und können nach ihrer Genesung in ihre Dörfer zurückkehren«, erklärte Eric, während wir in Richtung Psychatrie auf der anderen Straßenseite gingen. »Einige finden auch Arbeit in Bouaké, natürlich auch hier im Krankenhaus. Die beiden Mädchen in der Apotheke, die Krankenschwestern, der Pförtner, Eric und ich, insgesamt zwölf ehemalige Patienten haben hier Arbeit gefunden.«

Bevor wir unseren Rundgang beendeten, fragte ich Eric, was den Unterschied von St. Camille zu anderen staatlichen Krankenhäusern und Psychatrien ausmachte, die es in der Elfenbeinküste gab. Und ob es nur die günstige Behandlung sei.

Einen Moment schwieg der kleine Ivorer.

»Nein, es sind nicht nur die günstigen Behandlungen«, sagte er schließlich. »Es ist viel mehr. Die Kranken werden in die täglichen

Arbeiten eingebunden, und Personal und Patienten gehen familiär miteinander um.« Eric überlegte einen Augenblick, dann guckte er mich mit einem Leuchten in den Augen an. »Hier in Bouaké nimmt man sich Zeit. Die Patienten werden mit Liebe behandelt und nicht nur mit Medikamenten.«

Als ich nach unserem Rundgang Eric die Hand schüttelte, fühlte ich Demut und Dankbarkeit für die vorbildliche Idee des Therapiezentrums und die Unterstützung aus Reutlingen. Der freundlich lachende Eric war das beste Beispiel für die tolle Arbeit der Menschen vor Ort. Ohne St. Camille würde er vermutlich immer noch in seinem Dorf in Ketten liegen.

ENDSPURT INS UNGLÜCKLICHSEIN

IM STRASSENGRABEN IN DER ELFENBEINKÜSTE, APRIL 2013
– 13.335 KILOMETER –

Bei Kilometer 13.335 ist es so weit. Irgendwo in der Elfenbein-küste, an einem unbedeutenden Ort, kurz vor der Grenze zu Ghana. Ich habe die Schnauze voll. Gestrichen. Bis oben. Ich möchte zurück. Ich möchte nach Hause!

Die Woche begann gut. Nach unserem eindrucksvollen Aufenthalt im St. Camille Hospital hatten Pablo, Jon und ich einige Tage in Bouaké verbracht und mehrere Male mit dem schmackhaften luxemburgischen Flag angestoßen. Grund war die bevorstehende Trennung von Jon. Der Katalane wollte von Bouaké aus in Richtung Süden radeln, um von der großen Küstenstadt Abidjan seinen Rückflug in seine baskische Heimat anzutreten. Pablo und ich würden noch einige Kilometer gemeinsam unterwegs sein, bis auch der Argentinier von Ghana aus zu einem Freund nach Europa fliegen wollte. Ich sollte dann meine letzten Kilometer bis nach Togo alleine zurücklegen.

Bei einem letzten Abend mit viel Bier, Erdnüssen und ein paar verkohlten und knorpeligen Stücken Hühnchenfleisch fielen wir uns in die Arme und ließen unsere gemeinsame Reise Revue passieren. Wir waren froh, dass wir uns getroffen hatten und viele Kilometer und Abenteuer im Sattel teilen konnten. Ein letztes Mal stießen wir zu dritt auf unsere Abenteuer an und feierten uns und unsere Kühnheit.

Am nächsten Morgen waren Pablo und ich wieder als Duo unterwegs. Wir verließen Bouaké auf einer breiten und wenig genutzten Asphaltstraße in Richtung Osten. Bis zur ghanaischen Grenze lagen noch gut dreihundert Kilometer vor uns. Mit einem leichten Kater vom vorangegangenen Abend und einer gewissen Melancholie wegen unserer Trennung von Jon radelten wir schweigend durch die morgendliche Kühle. Gedankenversunken betrachtete ich die Landschaft, die an mir vorbeizog. Aus den dichten Tropenbüschen am Straßenrand tauchten hunderte von kleinen Tieren auf: Flauschige Raupen querten den grauen Asphalt, meterlange glitschige Würmer krochen langsam durch das dichte Buschwerk, Heuschrecken ließen sich vor unseren Reifen und auf den Packtaschen nieder, sogar Skorpione, Schildkröten und ein weiteres Chamäleon bekamen wir zu sehen. Große Libellen begleiteten uns eine Weile, bevor sie im dichten Wald verschwanden, und wir entdeckten eine giftgrüne Schlange mitten auf der Straße, die schlagartig den Rückzug antrat, als wir uns mit den Rädern näherten. Besonders die Schwärme bunter, weißer und dunkel gemusterter Schmetterlinge waren beeindruckend. Die Falter waren so zahlreich, dass sie sich bei der Fahrt auf unsere Radtaschen setzten und sich in unseren Haaren verfingen. Einige waren so winzig wie Bienen, andere groß wie Vögel. Auf den wenigen Kilometern zwischen Bouaké und der ghanaischen Grenze bekamen wir eine Vielzahl an Reptilien und Insekten zu sehen, die manch einen Zoobesitzer neidisch machen würde.

Der grüne Dschungel wurde nur unterbrochen von den rot-blühenden Akazien, die alle hundert Meter einen wunderschön leuchtenden Akzent in der Landschaft setzten. Ein Meer voll grünem Wackelpudding, gespickt mit roten Gummibärchen, ein Blattsalat mit Paprika oder ein Teller Spaghetti mit Pesto und Kirschtomaten ...

Und damit setzte ganz plötzlich das Heimweh ein. Mit knurrendem Magen erinnerte ich mich an die Heimat und meine Freunde zu Hause. Nach einer Weile wollte ich nur noch zurück.

Gegen Mittag stoppten wir am Straßenrand und Pablo teilte mit mir einige trockene Kekse und zwei Orangen, die wir in Bouaké auf dem Markt gekauft hatten. Die staubigen Kekse spülten wir mit dem lauwarmen Wasser aus unseren Flaschen hinunter. Nachdem uns die Ärzte in Bouaké dazu gedrängt hatten, das afrikanische Leitungswasser mit Entkeimer trinkbar zu machen, verbreitete die warme Flüssigkeit einen stechenden Chlorgeruch. Aber anstatt von dem beißenden Geruch angewidert zu sein, weckte dieser in meinem Inneren erneut schmerzliche Erinnerungen an die Heimat. Sehnsüchtig dachte ich an die unbeschwerten Tage im Schwimmbad, an den alten Kiosk, an dem wir uns Pommes gekauft und an die bunte Tüte mit sauren Gummibärchen, die wir zum Nachtisch verspeist hatten. Wie gerne würde ich jetzt mit meinen Freunden im Schwimmbad auf einer schattigen Liege sitzen und Pommes essen!

»Weiter geht's!« Pablo hatte seine Winterhandschuhe zum Schutz vor der unerbittlichen Sonne angezogen und war wieder auf sein Rad gestiegen. Ich krempelte die Ärmel meines Longsleeves herunter, zog die Mütze tief ins Gesicht und saß ebenfalls wieder auf. Dann setzten wir unsere monotonen Pedalumdrehungen fort.

Wir fuhren weiter über die gut ausgebaute Straße, aber Hitze, Heimweh und die vielen bunten Tiere begannen mich zu überfordern. Sehnsucht kroch in mir hoch und die Kilometeranzeige meines Tachos verharrte auf der aktuellen Position. Bald konnten mich der dichte Dschungel und die Tiere nicht mehr ablenken und ich war den Tränen nahe.

Als wir am Abend nach 120 Kilometern in den kleinen Ort Ananda einkehrten, war ich vollkommen erschöpft. Sowohl physisch wie psychisch fühlte ich mich am Ende meiner Kräfte. Pablo merkte, dass es mir nicht gut ging, und wir ließen uns im Schatten der hübschen Dorfkirche nieder, von wo aus wir die Jugendlichen beobachteten, die auf dem staubigen Platz vor der Kirche mit einem alten Lederball kickten. Irgendwann schloss ich meine Augen und stellte mir vor, wie schön es jetzt wäre, nicht in einem afrikanischen Dorf im Staub zu hocken und nach dem Town Chief suchen zu müssen, um ihn um einen Schlafplatz zu bitten. Ich hatte das Abenteuer satt!

Doch dann kam unerwartete Aufmunterung von oben. Und zwar von ganz oben, in Form von Dino, dem Dorfpfarrer des Ortes. Der hellhäutige Priester stand auf einmal vor uns und bot uns ohne Umschweife einen Schlafplatz und ein Abendessen an. »Na, hallo, ihr beiden, ihr seid wohl auf großer Tour unterwegs. Habt ihr schon eine Übernachtungsmöglichkeit oder wollt ihr heute Abend meine Gäste sein?«

Dino machte seinem Namen alle Ehre. Er war fast zwei Meter groß und hatte eine absolut entspannte, ja beruhigende Art. Mit seinen halblangen grauen Locken und seinem weißen Vollbart vermittelte er den Eindruck, dass ihn mit seiner Lebenserfahrung so schnell nichts erschüttern würde, ja es schien, als ob er kein bisschen verwundert war, einem Argentinier und einem Deutschen mitten in der Elfenbeinküste auf Fahrrädern zu begegnen.

Dino war Italiener und vor 32 Jahren für einen Erfahrungsaustausch aus Venedig in die Elfenbeinküste gekommen. Dann hatten ihm Land und Leute so gefallen, dass er einfach dageblieben war.

»Ich bin inzwischen mehr Afrikaner als Italiener«, erklärte er lachend. »Aber kommt erst mal an, Jungs. Ihr könnt die Zelte auf der Veranda aufstellen. Und dann kommt rein. Bijan, mein Kirchendiener, wird heute eine große Portion Abendessen zubereiten.«

Wenig später saßen wir zusammen mit Dino und Bijan vor einem dampfenden Topf Reis mit Auberginen. Doch bevor wir uns hungrig auf das Abendessen stürzen konnten, überraschte uns der katholische Priester mit einer weiteren Besonderheit.

»Oh, mir fällt da noch was ein.« Dino schob seinen Stuhl nach hinten und ging zum Kühlschrank. »Ich hab da noch etwas, das euch interessieren könnte.« Dann suchte er in dem rostigen, knatternden Kühlschrank und drehte sich mit zwei Flaschen Bier und drei Tafeln Schokolade wieder zu uns.

Ich traute meinen Augen nicht, das Bier war Beck's und die Schokolade echte Milka! Mir fiel die Kinnlade herunter, und hätte mich der Priester in diesem Moment gefragt, ich wäre sofort zum Katholizismus konvertiert!

Amüsiert blickte Dino in mein Gesicht.

»Das kommt dir wohl bekannt vor, nicht wahr? Die Schokolade haben wir von der Botschaft geschenkt bekommen. Die hatten sie als Notfallration für mögliche Konflikte gebunkert. Vor Kurzem ist das Verfallsdatum abgelaufen, und dann haben sie die Schokolade an die Kirche verschenkt. Auch das Bier steht schon eine Weile rum. Ich weiß gar nicht mehr, wo es her ist, aber wenn ich schon mal Besuch aus Deutschland habe, lade ich euch gerne dazu ein!«

Überglücklich wusste ich gar nicht, an was ich mich zuerst heranwagen sollte. Als ich zu Pablo blickte, prostete dieser mir bereits mit der grünen Bierflasche zu, und meine Wahl war getroffen. Auf einmal hockten wir also mitten im dichten Dschungel der Elfenbeinküste und tranken Beck's aus der deutschen Heimat.

Nach dem Essen berichtete Dino von seinem langjährigen Leben in Afrika. Wie vor zwei Jahren die Kirchenkasse gestohlen worden war, wie er oft todkranke Kinder in die Hände gelegt bekam, um sie zu heilen. Und von seinem Vorgänger, dem alten Priester, den man vor 30 Jahren ermordet aufgefunden hatte.

»Ermordet?« Pablo blickte Dino mit großen Augen an.

»Ja. Es hat sich wohl um einen rituellen Mord gehandelt. Im Körper des Priesters hat man keinen Tropfen Blut mehr gefunden. Vermutlich ist es für eine traditionelle Zeremonie entwendet worden.«

»Für eine Zeremonie?«

»Ja, der alte Pfarrer hatte sich wohl zu oft mit den Dorfältesten angelegt. Vor dreißig Jahren ging es hier in der Elfenbeinküste noch ein wenig anders zu.« Dann lachte Dino laut und schob sich genüsslich ein Stückchen Milka in den Mund.

Wir saßen noch lange zusammen und Dinos Geschichten über die Entwicklung der Elfenbeinküste, über den tief verwurzelten Aberglauben, über die Kirche und über seine Freunde im St. Camille Hospital in Bouaké beeindruckten uns. Als ich spät am Abend alleine in meinem Zelt lag, fühlte ich mich elend. Dinos Erzählungen, der kurzweilige Abend voller Geborgenheit, das heimische Bier und die Schokolade hatten mich in Hochstimmung versetzt, nun lag ich alleine in meinem Zelt und dachte an die ferne Heimat. Morgen würde ich wieder aufbrechen müssen. Wieder müssten Pablo und ich den ganzen Tag durch die Hitze der Tropen radeln, fernab der Zivilisation und ohne zu wissen, wo wir in der Nacht unterkommen sollten. Wieder würde ich schwitzend und schmutzig in einem winzigen afrikanischen Dorf liegen, während meine Familie und meine Freunde unvorstellbar weit weg waren.

Noch lange wälzte ich mich an diesem Abend auf meiner Isomatte, ohne in den Schlaf zu finden. Hitze und Heimweh wollten mich nicht zur Ruhe kommen lassen. Und in die Schweißperlen auf meinem Gesicht mischte sich auch die ein oder andere Träne.

Am nächsten Tag kam ich nur schleppend voran. Bei der Verabschiedung von Dino hatte er uns noch seine letzten Tafeln Milkaschokolade in die Hände gedrückt, und nachdem Pablo und ich diese gegessen hatten, war bei mir die Luft raus. Müde schleppte ich mich voran. Pablo fuhr weit voraus, und je weiter wir radelten, desto mehr breitete sich bei mir eine unerklärliche Erschöpfung aus. Nach knapp hundert Kilometern überredete ich Pablo, in einem der Dörfer anzuhalten. Der Argentinier wäre gerne noch etwas weitergefahren, aber mein Körper befand sich in einem Generalstreik.

»Pablo, ich weiß nicht, was mit mir los ist, aber ich kann einfach nicht weiter. Ich denke die ganze Zeit an mein Zuhause und kann diese Hügel und den grünen Dschungel einfach nicht mehr sehen!«

»Keine Sorge, Kumpel! Schlaf dich aus, das sind bestimmt die Nachwirkungen von deiner Krankheit in Bangolo«, dann grinste Pablo verschmitzt, »oder vom Fluch.«

Aber mir war nicht zum Scherzen zumute. Ohne Abendessen verschwand ich im Zelt, das ich zusammen mit Pablo zwischen den Hütten des Dorfältesten aufgebaut hatte. In der Nacht scheuchte mich meine wiederkehrende Mageninfektion mehrfach auf das stinkende Loch am Rande des Dorfplatzes, und ich machte kaum ein Auge zu.

Am nächsten Morgen war mir bereits beim Aufstehen klar: Das würde heute nicht mein Tag werden! Und so war es auch. Bei jedem Pedaltritt krampfte mein Magen und meine Gedanken drehten sich um die ach so ferne Heimat. Als dann aus der flachen Teerstraße eine hügelige Berg- und Tallandschaft mit unzähligen Anstiegen wurde, war das letzte bisschen Motivation verpufft und meine Gedanken überschlugen sich. Ich hatte die schnelle graue Teerstraße inzwischen genauso satt, wie die roten afrikanischen Staubpisten. Ich meisterte die hügeligen Anstiege mit derselben Lustlosigkeit wie die kurvenreichen Abfahrten. In den schattigen Pausen konnte ich den gezuckerten Kondensmilchkaffee genauso wenig ertragen wie den süßlichen Vanilleduft des in der Sonne faulenden Fleisches der afrikanischen Schlachter. Ich konnte die vor Palmöl triefenden runden Teigtaschen genauso wenig ertragen wie die tägliche Familienpackung Schokokekse, die ich während der Fahrt in mich hineinwürgte, um nicht unterzuckert vom Rad zu klappen. Ich war es leid, abends bei 35 Grad vor den Moskitos in das noch wärmere Zelt zu flüchten und mir während der Schweißausbrüche Franzbranntwein für ein wenig Kühlung in mein Gesicht zu reiben. Ich war es leid, dass sich der dünne salzige Schweißfilm bereits morgens auf meine Stirn legte und kurz darauf unaufhaltsam Nacken und Arme hinunterkroch, um schließlich meinen gesamten Körper in einen immerfeuchten Kokon zu hüllen. Ich war es leid in den Dörfern den Frauen zuzuwinken und den aufgeregten Männern zu erklären, wo wir herkamen. Ich hatte es satt, abends dem Town Chief meine Mission zu erläutern und meine Adresse in ein Büchlein zu schreiben, um ihm seine Hoffnung nicht zu nehmen, er könne es einmal nach Deutschland schaffen. Ja sogar die Kinder war ich leid. Ich hatte es satt, unter der Beobachtung von hunderten Kinderaugen mein Zelt aufzubauen, zu essen und in ein stinkendes Loch im Gebüsch zu kacken. Ich hatte es satt – Afrika, das Fahrradfahren, einfach alles!

Mit einer letzten Kraftanstrengung stieg ich aus dem Sattel und kämpfte gegen den Anstieg. Dann ließ ich einen Schrei in den dichten Dschungel los: »Afrika, ich kann nicht mehr! Ich bin am Ende und ich will nach Hause!«

Pablo drehte sich fragend nach mir um, aber ich ließ mich nicht stören.

»Ich will ein Bett und eine Klimaanlage! Ich will eine Pizza und eine kalte Cola! Ich will nach Hause!«

Mit meinem Aufschrei hatte ich meine letzten Kraftreserven aktiviert. Meter für Meter quälte ich mich den flachen Anstieg hinauf. Vor meinen Augen erkannte ich verschwommen, dass Pablo bereits oben auf dem Hügel angekommen war und nun begann, auf der anderen Seite aus meinem Sichtfeld zu rollen. Ich trat noch einmal in die Pedale, stieg aus dem Sattel und wollte ihm nach. Auf einmal begann ich zu zittern. Ich ignorierte das Taubheitsgefühl in meinem Körper und fuhr ein weiteres Stück voran. Und dann noch ein Stück. Dann spürte ich ein Stechen in meiner rechten Wade, und vollkommen erledigt sprang ich vom Rad.

Die Landschaft um mich herum begann sich zu drehen, ich klammerte mich an mein Fahrrad und mit letzter Kraft rettete ich es an den Seitenstreifen. Dort glitt mir das Rad aus den Händen. Kurz darauf brach ich zusammen und landete neben dem Fahrrad im hohen grünen Gras des Dschungels.

Da lag ich also, im dichten Dschungel der Elfenbeinküste. Zusammengekauert und den Tränen nahe. Mein pinkfarbenes Rad lag neben mir. Das war es also!

Wenige Minuten später und nach einem großen Schluck warmen Chlorwasser kam ich wieder zur Besinnung. Aufgeben? Jetzt, so kurz vor dem Ziel? So kurz vor Togo? Nein, das war keine Alternative! Aber ich konnte nicht weiter. Es ging nicht. Nicht so, nicht in dieser psychischen und physischen Verfassung.

Als ich etwas heruntergekühlt war, fasste ich einen Entschluss: Ich würde weiterfahren. Aufgeben war keine Option. Allerdings würde ich die nächsten Kilometer bis zur ghanaische Grenze nicht mit dem Rad zurücklegen, sondern mit dem Buschtaxi. Ich hatte mir bereits genug bewiesen.

Und so passierte es dann auch. Zwei Stunden später, Pablo hatte an einem schattigen Platz ein paar hundert Meter weiter auf mich gewartet, lud ich mit meinem argentinischen Kumpel mein pinkfarbenes Rad auf das Dach eines rostigen Peugeot 405. Zusammen mit vier Afrikanern hockte ich zusammengekauert auf der Rückbank und wurde zwischen den dicken Brüsten meiner schwitzenden Sitznachbarinnen begraben. Und während ich dem gleichmäßigen, beruhigenden Klappern meines Fahrrads auf dem Dach des alten Kombis lauschte, fiel mir ein Zitat von Albert Einstein ein. Er soll einmal gesagt haben: »Das Leben ist wie ein Fahrrad. Man muss sich vorwärts bewegen, um das Gleichgewicht nicht zu verlieren.«

Eingeklemmt zwischen den dickbusigen Mama Afrikas verstand ich auf einmal, wie dieser Satz zu interpretieren war: Vorwärts bewegen bedeutete für mich weitermachen, das Ziel nicht aus den Augen zu verlieren. Egal wie, ich würde den Kaffee in Togo schon noch trinken! Gleichzeitig durfte ich mein Gleichgewicht nicht verlieren, und nach tausenden Kilometern auf afrikanischen Sandpisten und staubigen Teerstraßen war es dann auch erlaubt, eine kleine Abkürzung einzulegen und das Fahrrad einmal gegen eine Taxifahrt einzutauschen.

Erst drei Tage später traf ich Pablo in Kumasi wieder, einer Großstadt im Herzen Ghanas. Wir ließen es langsam angehen, fuhren die nächsten Tage in gemächlichem Tempo und nahmen hier und da eine Abkürzung mit dem Bus. Als wir die sagenumwobene Goldküste Ghanas erreicht hatten, war es dann auch so weit: Ich hatte meinen Rhythmus wieder. Noch eine Landesgrenze lag vor mir und ich würde Togo erreichen. Der Endspurt konnte beginnen!

UND DAS IST DAS ENDE, BEINAH!

ACCRA-CAPE COAST HIGHWAY, GHANA, MAI 2013
– 13.439 KILOMETER –

Wenn man dem Tod ins Auge blickt, zieht nicht das gesamte Leben innerhalb weniger Sekunden an einem vorbei. Man sieht kein weißes Licht, es spielt keine dramatische Musik im Hintergrund und es ist auch nicht besonders spektakulär. Man durchlebt den Moment auch nicht in Zeitlupe oder verschwommen oder irgendwie anders. Es passiert alles in der unglaublichen, ungebremsten Geschwindigkeit der Wirklichkeit.

Ich hatte es immer gewusst. Es waren nicht die Malaria, nicht die Giftschlangen und Skorpione und auch nicht die anderen Buschkrankheiten. Es waren nicht die Gefahr von Raubüberfällen in den großen Städten, die möglichen Entführungen in Mauretanien, Rebellenangriffe in der Casamance oder der Wassermangel in der Sahara. Es waren die Autos. Es waren der afrikanische Verkehr und die irrsinnigen Autofahrer, die rasenden Motorräder, die überladenen Pkw, die rostigen Kleinbusse und die unberechenbaren Lastwagen auf schlagschlochgespickten Straßen, die das Ende bedeuten konnten. Mein Ende. Das Ende meiner Tour, ja das Ende meines Lebens.

Immer war ich wachsam gewesen: bei meinem Start im Allgäu, als sich die schweren Traktoren und Güllewagen knatternd an mir vorbeigeschoben hatten, bei meiner Fahrt über die holprigen osteuropäischen Landstraßen, als die rasenden Mercedes Sprinter mich in den Seitengraben gedrängt hatten, in Rom, als die quirligen italienischen

Vespafahrer mich von allen Seiten bedrängt, und auf den afrikanischen Buckelpisten, als die überladenen Buschtaxis mir Staub und Abgase ins Gesicht gepustet hatten. Ich war immer wachsam gefahren und hatte mit einem Ohr und einem Auge für die anderen Verkehrsteilnehmer mit aufgepasst. Und trotzdem, wirklich sicher habe ich mich im Straßenverkehr auf meiner Reise nie gefühlt.

So geschah dann auch das Unvermeidliche. Es passierte auf meiner Fahrt am Golf von Guinea bei Kilometer 13.439. Zusammen mit Pablo war ich die Atlantikküste in Richtung Osten gefahren, von Cape Coast in Richtung Accra. Eigentlich hatten sowohl Pablo als auch ich keine Lust auf die riesige ghanaische Hauptstadt, aber Pablo wollte von dort aus einen Flieger nehmen, um nach Europa zu reisen, und auch meine Route nach Togo führte unweigerlich an der bunten Stadt an der Goldküste vorbei.

Nach erholsamen Tagen in Elmina und Cape Coast befanden wir uns also auf der Schnellstraße in Richtung Hauptstadt. Der Asphalt war kaum zehn Meter breit und führte über viele Kurven und Hügel entlang der Küste. Mit jeder Kreuzung, die wir passierten, nahm der Verkehr zu, mehr und mehr beladene Buschtaxis hüllten uns in ihren rußenden Dieseldunst und mehr und mehr Staub und Abgase setzten sich auf unseren Gesichtern und in unseren Lungen ab.

Die geteerte Küstenstraße befand sich in einem einwandfreien Zustand, die vorbeirasenden klapprigen Mercedes E-Klassen, und rostigen VW-Busse allerdings nicht. Ohne Rücksicht auf Verluste rauschte der Verkehr nur Zentimeter an uns vorbei und brachte uns und unsere schweren Räder in gefährliches Wanken. Mehrere Male mussten wir unsere Räder in das hohe Gras neben der Fahrbahn steuern und mehrere Male wurden wir Zeuge, wie bei einer rostigen E-Klasse oder einem Kleinbus ein Reifen platzte, woraufhin sich die Autos im Straßengraben wiederfanden.

Die Warnschilder, die auf unzählige Verkehrstote aufmerksam machten, trugen nicht dazu bei, dass die Fahrer ihre Geschwindigkeit drosselten, wohl aber dazu, dass das mulmige Gefühl in meinem Bauch rasant anstieg: »*OVERSPEEDING KILLS, 32 people died here!*«

Der Tod nahte an einem Samstagmittag. Pablo und ich hatten bereits etliche Asphaltkilometer in den Waden und bei der schwülen Hitze, dem lauten Hupen und dem Dröhnen der Motoren mussten wir uns mehr und mehr auf die Straße konzentrieren. Als wir am Straßenrand eine flache Stelle passierten, bei der die Gräser nicht so hoch standen, hielten wir an, um etwas zu trinken. Der beißende Dieselgestank stieg uns in die Nase und ohne den Fahrtwind floss der Schweiß in Strömen. Nach wenigen Minuten Verschnaufpause stiegen wir wortlos zurück auf die Räder, um die gefährliche Straße schnell hinter uns zu bringen. Ich fuhr voraus, mein argentinischer Freund folgte mir in einigen Metern Abstand.

Dann passierte es. Ein schwerer Tanklaster bretterte eine Handbreit an mir vorbei. Ich klammerte beide Hände fest um den Lenker und hatte trotzdem Mühe, das Fahrrad auf der Bahn zu halten. Der Laster entfernte sich laut röhrend und ich fluchte dem idiotischen Fahrer hinterher, der mich so knapp überholt hatte. Als der Sog des Lasters an mir vorbeigezogen war, hörte ich ein Motorenheulen hinter mir. In meinem Rückspiegel erkannte ich einen schwarzen Kombi, der sich mit hoher Geschwindigkeit näherte. Der Kombi raste von hinten auf mich zu, und kurz bevor er mich über den Haufen gefahren hätte, schwenkte er auf die linke Fahrbahn. Doch offenbar hatte der Fahrer zu stark eingelenkt, der Wagen rollte über die linke Spur hinaus und touchierte den ungeteerten Seitenstreifen. Das linke Vorderrad wirbelte Staub auf und im Augenwinkel sah ich, wie der Fahrer panisch das Lenkrad herumriss und mit zu viel Gas seinen Wagen zurück auf die Fahrbahn steuerte. Dann geriet das Auto völlig außer Kontrolle und schlidderte mit der Schnauze quer zur Fahrbahn in einer Höllengeschwindigkeit in meine Richtung. Genau auf mich zu.

Es ging alles viel zu schnell. Ich konnte gerade noch sehen, dass mich der Kombi genau erwischen würde. Aber ich war machtlos. Im Bruchteil einer Sekunde realisierte ich, dass ich nicht eingreifen konnte. Ein Reflex riss meine Arme schützend vor mein Gesicht und der Wagen raste auf mich zu. Mein Fahrrad kam ins Wanken und ich schloss meine Augen.

Als ich die Augen öffnete, bretterte der Wagen keinen Meter vor meinem Vorderrad an mir vorbei. Ein unglaublicher Sog riss mein Fahrrad zur Seite und ich konnte gerade noch abspringen. Noch in der Luft beobachtete ich, wie der Kombi von der Straße abhob und ungebremst in die Böschung segelte. Das Auto und ich kamen zeitgleich auf. Während ich auf den Füßen landete und über den Seitenstreifen stolperte, sah ich im Augenwinkel, wie sich das Auto überschlug und mehrere Meter neben der Fahrbahn auf dem zertrümmerten Dach zum Liegen kam. Mein Fahrrad schlidderte über den Teer und wurde dann vom hohen Gras am Seitenrand gestoppt.

Für einen Moment blieb ich stehen und versuchte zu begreifen, was geschehen war: Ich stand mitten auf der vielbefahrenen Straße, mein Fahrrad lag im Straßengraben und hinter mir stieg eine graue Rauchsäule von dem Wagen auf, der mich um ein Haar umgefahren hatte.

Leises Bremsenquietschen riss mich zurück in die Realität. Neben mir stoppte Pablo sein Fahrrad. Schweigend stand er da und starrte auf das qualmende und vollkommen zertrümmerte Autowrack, das zwanzig Meter neben uns kopfüber im hohen Gras lag.

Nach einigen Sekunden Schockstarre hatte ich mich wieder unter Kontrolle.

»Pablo, lass uns von der Fahrbahn runter, nicht dass wir doch noch überfahren werden.«

Pablo schob sein Rad ein Stück weiter und legte es in das dichte Gebüsch neben der Straße.

»Los, lass uns hin und helfen!« Der Argentinier zog mich am Ärmel, da beobachteten wir, wie ein grauer Kastenwagen am Straßenrand stoppte und einige Afrikaner aus dem Auto sprangen und die Böschung hinunterliefen.

»Pablo, lass uns lieber warten. Als Weiße stiften wir bei dem Unfall nur noch mehr Verwirrung.«

Pablo nickte zustimmend.

Dann sahen wir, wie die Männer aus dem Sprinter versuchten, die Seitentüre des schwarzen Autowracks zu öffnen. Der Geruch von verschmortem Gummi kroch uns in die Nase und in meinem Kopf begann ich die vielen Informationen der letzten Minute zu verarbeiten. Es fiel mir schwer, meine Gedanken zu sortieren, der Unfall hatte die Schaltkreise in meinem Kopf durcheinandergewirbelt, doch mit einem Mal realisierte ich, dass mich das Auto beinahe getötet hatte!

Wäre ich einen Meter weiter vorne gefahren, hätte es mich genau erwischt. Wäre ich nur ein wenig schneller gefahren, hätte ich bei der Trinkpause einen Schluck weniger getrunken oder hätte ich nur drei Pedalumdrehungen mehr gemacht, meine Reise wäre an dieser Stelle beendet gewesen. Meine Reise und mein Leben.

Gerade verstand ich, was geschehen war, da kam ein Afrikaner auf uns zugelaufen. Der Mann blickte mir ernst in die Augen und legte mir die Hand auf die Schulter.

»*You've been lucky my friend. Really lucky!*«

Auf einmal drangen Schreie zu uns herüber und schlagartig wurde mir übel. Zitternd sank ich auf den heißen Asphaltboden.

FISCHER, SKLAVEN UND EIN ABSCHIED

Der Ozean, das Meer, die Küste. Seit Jahrtausenden bieten das Meer und die fruchtbare Küstenregion Westafrikas den Menschen die Lebensgrundlage. Heute sind es Fischfang, ein wenig Gold und Tourismus, die Ghanas Süden florieren lassen. Früher war es der Handel mit Menschen, der die Wirtschaft ankurbelte und Ghanas Goldküste den Namen »Slave Coast« einbrachte. Millionen von Sklaven wurden von Ghanas Häfen aus in fremde Länder verschifft. Die meisten hatten ihre Heimat nie wieder gesehen. Es war ein gewaltsamer, erzwungener Abschied. Und auch für mich bedeutet die ghanaische Küste, Abschied zu nehmen. Abschied von einem treuen Freund.

Mein Endspurt hatte begonnen. Der Schock von dem beinahe tödlichen Autounfall saß tief. Trotzdem wusste ich, dass ich nicht mehr weit entfernt war von meinem Ziel: Noch ein Land müsste ich durchqueren und ich hätte Togo erreicht.

Gleichzeitig schwebte immer noch das böse Omen des Fluchs über mir: Denguefieber, ein Kampf mit einer Schlange, die schlimmen Heimwehattacken und der Unfall vor meinem Vorderrad waren einfach zu viel, um nicht an ein böses Schicksal zu glauben.

So gut es ging, versuchte ich die Gedanken an den Fluch zu verdrängen und mich auf die letzten verbleibenden Kilometer zu konzentrieren. So machte ich es auch an meinem letzten Tag gemeinsam mit Pablo.

Die Sonne war gerade aufgegangen und Pablo und ich hockten vor unseren Zelten im kühlen Sand von Winbenda, einem Küstenort in Ghana, wo wir am Abend zuvor unser Quartier aufgeschlagen hatten. Trotz stürmischem Wind hatte ich es bereits geschafft, Kaffeewasser zu kochen und nun saßen wir Schulter an Schulter und starrten auf den dunklen Atlantik mit einem heißen Kaffeebecher in der Hand. Ich schob Pablo etwas von dem alten Brot hinüber und wir lauschten dem Rauschen der brechenden Wellen.

Nach einer Weile stand ich auf, suchte die alten Bananen aus meinen Packtaschen und gab Pablo ein paar davon. Mit vollem Mund begann der Argentinier über die vielen Vorzüge von Ghana zu philosophieren.

»Die Küste Ghanas muss echt ein Kracher sein! In Jons Lonely Planet hab ich vor ein paar Tagen noch gelesen, dass hier alles super ist: Strände, Essen, Menschen. Es gibt viel Geschichte wegen der Häfen mit den Sklaven und so. Und Ghana soll super auf Touristen vorbereitet sein. Der Lonely Planet hat Ghana als »*Africa for beginners*« bezeichnet.«

»Ha, *Africa for beginners*«, lachte ich laut. »So was brauchen wir doch nicht! Seit Monaten kurven wir durch Afrika, da kommen wir auch ohne touristenfreundliche Einrichtungen aus.«

Pablo nickte.

»Stimmt, du hast recht. Außerdem hab ich noch kein Anzeichen davon gesehen, dass es den Menschen hier besser geht als in Liberia oder der Elfenbeinküste.«

Weit hinten am Meer entdeckten wir helle Lichter, die sich schwankend näherten. Über dem benachbarten Dorf zu unserer Rechten ging die Sonne auf und in dem rot schimmernden Licht erkannten wir hölzerne Fischerboote, die mit der Flut an Land schipperten. Dann hörten wir Stimmengewirr und aus der Dunkelheit des Dorfes manifestierten sich Gestalten mit Taschenlampen und großen Körben. Nach einer Weile erkannten wir muskulöse Männer und Frauen mit Schüsseln und Körben auf den Köpfen. Genau vor unserer Nase ließen die Frauen ihre leeren Gefäße sinken und hockten sich in den Sand. Die gut gebauten Männer wateten ins Wasser und empfingen die schwankenden Fischerboote im Ozean. Der Wind trug laute Stimmen zu uns herüber, und wir sahen, wie sich Oberarme anspannten, dicke Muskeln sich abzeichneten und kräftige Oberkörper sich gegen ein dickes Tau stemmten, dessen Ende an einem Fischernetz im Wasser schwamm. Die Männer zogen mit Leibeskräften, und Zentimeter für Zentimeter wurde das schwere Netz an Land gezogen.

Pablo und ich hockten schweigend da, beobachteten die Männer bei der Arbeit und lauschten den Gesängen der Frauen. Eine halbe Stunde dauerte die Prozedur, und die Männer mussten gegen die hohen Wellen und die starke Strömung ankämpfen. Dann endlich, gelang es ihnen, das Netz ins seichte Wasser zu ziehen.

Kaum lag das Netz am sandigen Ufer eilten die Frauen dazu, um den Fang zu begutachten. Doch die schwere Last im Netz entpuppte sich vor allem als Treibholz und Müll anstatt der erhofften dicken Fische. Die Fischer fanden eine Hand voll kleiner Thunfische, ein paar Red Snapper und einen langen Barakuda im Netz. Vermutlich gerade genug, um die Familien der hart arbeitenden Fischer zu ernähren. Mit fast leeren Schüsseln liefen die Frauen zurück ins Dorf.

Wie auf ein Zeichen bekamen wir auf Pablos Worte den Beweis geliefert, dass eben nicht alles Gold war, was glänzte – auch nicht an der hübschen Goldküste Ghanas. Denn trotz afrikanischer Vorzeigedemokratie, Tourismus und einem guten Bildungssystem lebten die Menschen, die wir trafen, noch immer in schlimmer Armut.

»*Catch of the day*: Treibholz und Müll«, sagte Pablo ein wenig melancholisch.

Ich nickte stumm und blickte an ihm vorbei zur Hotelanlage links von uns. Auch hier begannen die ersten Lichter zu flackern. Vermutlich warfen die ersten Hotelgäste des Strandresorts einen verschlafenen Blick aus dem Bungalowfenster, um das Wetter zu prüfen, und die ersten machten sich bereits auf den Weg zum opulenten Frühstücksbuffet, wenige Meter von ihren komfortablen Betten entfernt. Die Fischerfrauen machten sich ebenfalls auf den Weg. Sie liefen drei Kilometer am Strand entlang zurück zu ihrem Dorf. Die Männer setzten ihre Arbeit fort und begannen, die Boote zu säubern, die anderen legten das schwere Netz zusammen und trugen es zurück zu ihren Hütten. Und während für die Touristen ein guter sonniger Urlaubstag begann, ging für die ghanaischen Fischer der Tag bereits zu Ende. Wieder kein großer Fang. Morgen vielleicht.

Am selben Tag informierte ich mich in einem Internetcafé über die Geschichte Ghanas und musste feststellen, dass es den Menschen an der Küste vor sechshundert Jahren kaum besser ergangen war. Im Gegenteil, diejenigen, die nicht auf den Feldern für ihren Lebensunterhalt geackert hatten, waren teils auf bestialische Weise von den Besatzern versklavt worden: Im 15. Jahrhundert wächst die europäische

Gesellschaft stark an. Die Wirtschaft boomt und ein Engpass an Arbeitskräften entsteht. Tja, Arbeitskräfte. Woher nehmen, wenn nicht stehlen, haben sich die Industriellen gedacht.

Aber Moment mal, wieso denn eigentlich nicht? Und so beginnen die tatkräftigen portugiesischen Besatzer in Ghana damit, westafrikanische Sklaven nach Lissabon, Sevilla und in andere europäische Städte zu verschiffen. Der Sklavenhandel in Ghana boomt und das Land wird zum Logistikzentrum der Menschentransporte. Auch innerhalb Afrikas werden schwarze Arbeiter unterjocht und verkauft. Ganze Stämme werden versklavt und innerhalb von Afrika umgezogen, um in anderen Regionen im Bergbau und in den Goldminen die schweren Arbeiten der westlichen Welt zu erledigen.

Einige afrikanische Town Chiefs bieten sich den Europäern als Mittelsmänner an, verkaufen ihr Land und liefern gegen gute Bezahlung in Form von Tabak, Schießpulver und Kleidung weitere Sklaven an die Besatzer. So sorgen einige Afrikaner für die Versklavung ihres eigenen Volkes. Herzlichen Glückwunsch!

Der Menschenhandel floriert und schnell rückt auch Amerika ins Licht der portugiesischen Vertriebsexperten. Der Sklavenhandel wird über den Atlantik ausgeweitet und im 16. Jahrhundert sind die portugiesischen Sklavenhändler das Zalando der günstigen Arbeitskräfte. Nur der kostenfreie Rückversand ist zu dieser Zeit noch nicht inbegriffen. Macht aber eh kaum ein Kunde, da die Hälfte der Schwarzen entweder in den bestialischen Gefängnissen an der Goldküste oder auf dem Transport über den Atlantik umkommt. So bleibt die Nachfrage an günstigen Arbeitskräften in aller Welt groß und die Sklavenhändler können sich vierhundert Jahre lang auf ein sicheres Geschäftsmodell verlassen.

Die Sklaverei fördert die Weltwirtschaft und kurbelt einen regelmäßigen Warenumschlag zwischen Amerika, Europa und Afrika an: Die USA und Europa liefern Tabak, Schießpulver, gebrauchte Kleidung und Alkohol und greifen dafür bei schwarzen Arbeitern, Elfenbein und Gold ordentlich zu. Das Tauschgeschäft verbindet die Kontinente und über Jahrhunderte hinweg entsteht eine einmalige Massenwanderung an Menschen zwischen Afrika und Amerika. Insgesamt werden über 10 Millionen Afrikaner versklavt, die meisten davon aus Westafrika. Die günstigen Arbeitskräfte sichern Wirtschaftswachstum und Wohlstand in Europa und der neuen Welt. Was eine Erfolgsgeschichte, Amazon und Google würden Augen machen!

Die Internetrecherche und die Geschichte der Sklaverei schlugen mir auf den Magen. Vielleicht war es auch der Fluch oder aber der Moment, in dem ich mich von Pablo verabschieden musste, den ich vor mir herschob und der trotzdem bedrohlich näher rückte.

Irgendwann war es so weit und ich musste mich von einem treuen Freund und Begleiter verabschieden. Nur zweieinhalb Monate, aber über 4.000 Radfahrkilometer und noch mehr spannende Erlebnisse verbanden mich mit Pablo, meinem argentinischen Fahrradkumpanen. In Gambia hatten wir uns getroffen und gemeinsam sieben Länder durchquert. Wir hatten unsere schweren Räder in der afrikanischen Hitze über die roten Pisten getrieben, waren durch Flüsse gewatet und hatten Berge erklommen. Wir hatten in afrikanischen Büschen, beim Militär und in den Dörfern der Einheimischen übernachtet, und so nah wie mit Pablo wäre ich Afrika sonst nie gekommen. Die roten afrikanischen Pisten hatten ihre Spuren hinterlassen in meinem Leben und mein Freund Pablo hatte seinen Anteil daran.

An diesem Tag schrieb Pablo in mein Tagebuch:

German Amigo! Ich bin so glücklich, dass ich Dich auf meiner Reise getroffen habe. Auf dem wohl beeindruckendsten Kontinent sind wir viele Kilometer gemeinsam gefahren. Wir hatten einfache und schöne Tage und sehr harte. Ich werde nie den Zauber dieser Tage vergessen.

Du warst an meiner Seite und Du warst Zeuge und Mitgestalter des besten Abenteuers in meinem Leben! Pass auf Dich auf und vergiss nicht, wie einfach und schön das Leben sein kann.

Lass Dich bald einmal in Argentinien blicken. Von Buenos Aires musst Du nur nach Süden fahren. Irgendwann, kurz bevor Du von der Karte fällst, warte ich auf Dich mit einem ordentlichen Steak.

Mach's gut, German Machine!
Pablo

EIN KAFFEE
IN TOGO

LOMÉ, TOGO, MAI 2013
– 14.037 KILOMETER –

Der erste Schritt in ein anderes Land war immer etwas Besonderes. 25 Landesgrenzen hatte ich auf meiner Tour bereits überschritten, 25 Staaten hatte ich hinter mir gelassen und mich in neue Abenteuer gestürzt. 25 Mal hatte ich nicht gewusst, was mich auf der anderen Seite der Grenze erwarten würde, und 25 Mal hatte ich anschließend gedacht, so oder so ähnlich würde ich es wieder tun.

Der Anfang meiner Reise war dabei noch ungemein einfach. In Europa hatte ich häufig noch nicht einmal meinen Pass vorzeigen müssen, wenn ich eine Grenze überschreiten wollte. Einmal hatte ich erst bemerkt, dass ich das neue Land schon betreten hatte, als das Bier nicht mehr eins fünfzig, sondern dreihundertfünfzig gekostet hatte – ungarische Forint statt Euro. Und mehrere Male war der Übergang in das neue Land ein Abenteuer für sich gewesen, beispielsweise auf meiner Fahrt durch das verminte Niemandsland nach Mauretanien oder auf unserer illegalen Einreise in die Elfenbeinküste.

Aber egal in welches Land es ging, der Grenzübertritt löste trotz meiner Globetrottererfahrung jedes Mal aufs Neue ein Kribbeln in mir aus: neue Kulturen, neue Menschen, Landschaften und Geschichten. Auch auf eine neue Sicherheitslage, politische Spannungen und nicht zuletzt auf eine neue Infrastruktur musste ich mich einstellen. So schnell würde ich nicht vergessen, wie es von den gut geteerten Straßen im kleinen Guinea-Bissau auf die roten Horrorpisten des großen Nachbarlandes Guinea gegangen war.

Und dann bedeutete ein neues Land meist auch eine neue Sprache und neues Geld, an das man sich gewöhnen musste. Die Preise wurden auf einmal nicht mehr in westafrikanischen Franc berechnet, sondern in Dirham, Ouguiya, Dalassi, Leones, Dollars, Cedis, Pesewas oder wie die Währung gerade hieß. Zuletzt hatten Pablo und ich das Geld nur noch in BingBongs gezählt, weil wir zu schnell durch die Länder gereist waren, als dass wir uns an die Namen der vielen Währungen gewöhnen wollten.

Ja, ein neues Land bedeutete immer ein neues Abenteuer, und immer freute ich mich auf das, was vor mir lag. Und nun stand mein letzter Grenzübertritt bevor: Togo. Das Ziel meiner Expedition erwartete mich.

Um 11 Uhr morgens erreichte ich meine allerletzte Landesgrenze im ghanaischen Küstenort Aflao. Die Mittagshitze hatte bereits eingesetzt und vor dem niedrigen, mit Stacheldraht besetzten Grenzzaun und den gemauerten Polizeigebäuden herrschte großer Andrang. Busse, Autos und Motorräder drängelten sich auf der schmalen Fahrspur in Richtung Zollstation. Abgaswolken und ein Meer von Menschen versperrten mir die Sicht. Zwischen den Wagen balancierten eifrige Verkäuferinnen ihre Waren auf den Köpfen und streckten den wartenden Autofahrern Wasserbeutel, Mangos, frittierte Bananen und lauwarme Colaflaschen durch die heruntergelassenen Scheiben.

Ich stieg von meinem Fahrrad und schob das bepackte Ungetüm langsam an den Menschen und Autos vorbei. Kaum hatte ich die Verkäuferinnen hinter mir gelassen und stand kurz vor der rot-weißen Schranke, da sprangen schon die vielen Schlepper auf mich zu, die mir Visa und andere Dienstleistungen andrehen wollten. Das Durchkommen wurde zu einem Spießrutenlauf:

»Hello, my friend, can I help you with your passport?«

»Hey, white man, do you want to change money?«

»Yes, Sir! I help you with your bicycle!«

Togo, das lang ersehnte Land, lag direkt vor meiner Nase – ich konnte quasi über die Schranke spucken –, doch kurz vor dem Ziel übermannte mich Afrika ein letztes Mal. Die geschäftstüchtigen Männer und Frauen um mich herum, die Hände, die an mir zerrten, die schwarzen Gesichter, die auf mich einredeten, der Geruch nach Schweiß und Alkohol, der rote Staub, die Abgase und fauligen Abfälle, die Stimmen, der Fluch, die Ungewissheit ...

Genug! Ich schlug mit der flachen Hand auf meine Packtaschen und vertrieb die neugierigen Männer, die begonnen hatten, mein Fahrrad zu begrapschen. Jetzt bloß nicht schlappmachen! So lange hatte ich durchgehalten, da konnte ich nicht auf den letzten Metern aufgeben!

Ich fasste mir ein Herz und stieß das Rad unsanft durch die Menschenmassen. Die physischen Qualen, die Krankheiten und die psychischen Extreme der vergangenen Monate saßen mir in den Knochen und ich war müde von den vielen Eindrücken.

Als ich endlich an der Schranke angelangt war, wurde ich erneut an der Weiterreise gehindert, denn im Gegensatz zu den Afrikanern vor mir konnte ich nicht einfach mit Ausweis und Visum das Land verlassen. Der kahlköpfige Grenzpolizist mit der breiten Schmucknarbe auf der Wange musterte mich und meine Dokumente stirnrunzelnd.

»You must go Ghana Registration Office«, sagte er und deutete mit seinem Schlagstock auf ein graues gemauertes Häuschen hinter den wartenden Menschen.

Mir blieb nicht viel übrig und ich bahnte mir den Weg zurück durch die Massen hin zu der Hütte der ghanaischen Polizei. Nach einem Marathon an Fragen und ein wenig Verwunderung über den Beruf meiner Mutter, den ich auf dem Formular als »Belly Dancer« angegeben hatte, drückte mir der ghanaische Beamte endlich den Ausreisestempel in den Pass und ich durfte weiter.

Die Einreise nach Togo lief dann deutlich schneller ab. Auf der anderen Seite der Warteschlange nahm mir ein schlaksiger Soldat den Pass aus der Hand, studierte kurz mein Visum, warf mir und meinem Rad einen skeptischen Blick zu, dann stempelte er meinen Pass und gab ihn mir zurück.

»Bienvenu à Togo, Monsieur!«

Überglücklich über diese Worte und über meinen gestempelten Pass schob ich mein Rad an der Schranke vorbei, stieg zurück in den Sattel und setzte mich in Bewegung.

Bienvenu à Togo, Monsieur! – da war ich also! Togo, ich hatte es geschafft!

Völlig euphorisch über diesen Triumph bemerkte ich zuerst nicht, dass ich nicht nur in Togo eingereist war, sondern auch gleich in Lomé, der Hauptstadt des Landes. Die größte Stadt Togos begann nämlich direkt hinter der Schranke zu Ghana.

Die letzten Radfahrkilometer meines Abenteuers führten mich entlang der togolesischen Küste. Zu meiner Rechten lag der Atlantik mit seinem feinen weißen Puderstrand, zu meiner Linken reihten sich die grauen Betongebäude und die schmutzigen Wellblechhütten der großen Hauptstadt. Schon wenige Minuten später begannen meine Glückshormone allerdings zu schwinden. Nach über vierzehntausend Kilometern im Sattel und dreihundert unruhigen Nächten im Zelt hatte ich mir meine Einfahrt nach Togo bunter ausgemalt. Eine wirkliche Vorstellung hatte ich zwar nicht gehabt, aber meine ersten Eindrücke von Togo und seiner Hauptstadt waren ernüchternd. Lomé schien genauso wie alle anderen afrikanischen Großstädte zuvor: laut, aufdringlich und dreckig.

Am Strand führte mich die vierspurige Schnellstraße ins staubige Zentrum. Autos und Motorräder pusteten ihre Abgase in die Luft und die rostigen Sattelschlepper, die sich auf dem Weg zum Hafen stauten, stießen mir Staub und Diesel in die Lungen. Der Strand zu meiner Rechten lud nicht zum Sonnenbaden ein, da sich Müllberge und Obdachlose das Revier teilten, und das Meeresrauschen wurde vom Tosen der Schnellstraße übertönt.

Das Zentrum der Stadt bot kaum ein besseres Bild. Die alten Regierungsgebäude und grauen Hotelklötze hatten ihren Glanz vermutlich in den 80er-Jahren verloren und konnten nur wenig von den zerfallenen Steinhäusern und Baracken der Armen ablenken. Auf dem Grand Marché schoben sich unvorstellbare Menschenmassen durch die engen Gassen, und erneut wurden meine Sinne mit dem fauligen Geruch der Abfälle, dem vergorenen Fleisch und dem Schweiß der Markthändler auf die Probe gestellt. Dicke schwarze Fliegen surrten um meinen Kopf und setzen sich in mein Gesicht, die Rußwolken der offenen Feuer hüllten mich ein und die vielen Eindrücke begannen mich zu zerfressen. Die Menschen in den staubigen Gassen starrten mich entgeistert an, Frauen drehten sich beschämt von mir ab, alte Männer spuckten vor mir auf den Boden, Jugendliche riefen mir aufgeregt »Osama« oder »Jesus« hinterher und neugierige Kinder kamen angelaufen, um mich anzufassen.

Als mich die Eindrücke erschlugen, stieg ich wieder auf mein Fahrrad und drehte einige Runden um das Zentrum. Ich radelte vorbei an libanesischen Supermärkten, chinesischen Restaurants und heruntergekommenen Bars. Nach der dritten Runde vorbei an immer gleichen Geschäften sammelte ich mich und steuerte mein Fahrrad zurück an die Strandpromenade.

Was hatte ich erwartet? Das Paradies auf Erden? Ich hatte meine Fantasie mit mir durchgehen lassen. Wieso sollte Togo denn anders sein als die anderen Länder Westafrikas? Und wegen des Landes oder der Hauptstadt war ich ja nicht hier, ich hatte eine andere Mission!

Ich blickte mich um. Am Rande der vierspurigen Straße erspähte ich ein Café in der Gestalt eines rechteckigen Bretterverschlags mit einem langgezogenen gezimmerten Tresen, einigen runden Tischen, Plastikstühlen und einer rot-gelb-grünen Togoflagge an einer der Bretterwände. Aus der Ferne sah das Café typisch afrikanisch aus, vermutlich warf der Koch gerade eine Handvoll Spaghetti in die Pfanne, briet ein Omelette und brachte auf dem Holzkohlegrill Kaffeewasser für die durstigen Kunden zum Kochen.

Ich steuerte mein Rad auf das Café zu und hörte bereits von Weitem laute Reggae-Akkorde aus den krächzenden Boxen. Zur bunten Dekoration und zur Musik passend hockten an einem der Tische zwei Rastafaris, die vor großen Kaffeetassen saßen und sich unterhielten. Ich lehnte mein Rad an die rotgestrichene Bretterwand und trat ein Stück näher. Die beiden Rastafaris musterten mich neugierig und einer der beiden grüßte voller Erstaunen mit einem lauten »*Iiiiieee-ehhh! Bonjour, Monsieur Chuck Norris!*«

Ich lächelte die beiden an und ließ mich geschmeichelt vom Chuck-Norris-Vergleich am Nebentisch in einen Plastikstuhl fallen. Ja, hier war ein guter Ort für meinen Kaffee in Togo!

Der Besitzer des Cafés kam aus seiner engen Küche und schlug mir kräftig auf die Schulter.

»*Bonjour, bonjour! Ça va, mon ami?* Was kann ich dir bringen?«

Ich grüßte freundlich zurück und gab voller Vorfreude die Bestellung auf:

»*Un café Togo, s'il te plait!*«

»*Café du Togo, tout de suite.*«

Dann lehnte ich mich in meinem Stuhl zurück und warf zufrieden einen Blick auf meinen verstaubten Tacho. Die digitale Anzeige zeigte 14.037 Kilometer, eine beachtliche Summe. Laut stöhnte ich auf und streckte die Beine unter dem Tisch aus. Vierzehntausend Radkilometer über hügelige Straßen und afrikanische Staubpisten. Ein Jahr Weltreise hatte ich hinter mir und bestimmt über tausend Tassen Kaffee aus 25 verschiedenen Ländern. Nur einen Kaffee hatte ich noch nicht probiert, einen Kaffee in Togo!

»*Et voilà, Monsieur cyclist, ton café.*« Der Besitzer kam zurück und stellte mir einen großen Keramikbecher vor die Nase.

Zufrieden schloss ich die Augen und genoss meinen stillen Triumph. Um mich herum krächzte der Reggae aus den Boxen und von der vierspurigen Schnellstraße vor meiner Nase drangen Staub und

Abgase zu mir. Es war nicht schön in Lomé, aber ich war glücklich. Zufrieden betrachtete ich den großen roten Kaffeebecher, der in der afrikanischen Nachmittagshitze dampfte. Ich senkte meinen Kopf und atmete den wohlig kräftigen Kaffeegeruch ein.

Der Becher thronte auf einem weißen Unterteller mit Blumendekor und Goldrand. Neben dem Becher lagen ein einfacher Teelöffel und eine zerbeulte Dose gesüßte Kondensmilch. Ein Jahr meines Lebens für diesen Kaffee!

Vorsichtig drehte ich den Becher zur Seite, um ihn am Henkel greifen zu können. Doch als ich ihn ein Stück nach links bewegt hatte, lief es mir kalt den Rücken herunter. Auf der Vorderseite erahnte ich einen mir vertrauten Schriftzug. Ich drehte ihn ganz mit der Schrift zu mir. Meine Befürchtung hatte sich bewahrheitet! In großen geschwungenen Lettern war auf dem Kaffeebecher zu lesen: »NESCAFÉ«.

Ein Jahr meines Lebens. 14.037 schmerzhafte Kilometer auf dem Rad. Eine Malariainfektion, Denguefieber und ein Fluch – all das für eine Tasse Instantkaffee!

EIN COFFEE TO GO
IN TOGO

E s war Liebe auf den ersten Blick: Goldgelb schimmerte das Bier in dem geschwungenen Glas, und ganz oben prickelte eine schneeweiße Schaumkrone, die mir vor lauter Heimatgefühlen beinahe die Tränen in die Augen trieb. Mein erstes Weißbier seit dem fernen Bayern, es war den weiten Weg von Deutschland gekommen, genau wie ich. Wenn das keine Entschädigung für den enttäuschenden Instantkaffee war!

Als der tiefschwarze Kellner im feinen weißen Trachtenhemd mir das Hefeweizen vor die Nase gestellt hatte, wollte ich meinen Augen kaum trauen. Da war ich für einen Kaffee nach Togo geradelt, und auf einmal hockte ich in einem mit dunklem Holz getäfelten Restaurant vor einem Tisch mit weiß-rot karierten Deckchen, einem Teller mit Bratwürsten und Sauerkraut und einem Weißbier.

Aber tatsächlich, es stimmte. Mit dickem Sonnenbrand auf der Nase und schmerzenden Waden saß ich in meinen schmutzigen Radlerklamotten im klimatisierten Gastraum des Restaurants Alt München zehn Kilometer außerhalb von Lomé und vergrub meinen staubigen Bart in dem schneeweißen Schaum des Hefeweizens. Da hatte es also doch etwas Gutes, dass Togo einmal deutsche Kolonie gewesen war. Prost!

Nachdem ich den Teller leer gegessen und ein drittes Hefeweizen getrunken hatte, ging es mir besser. Die Enttäuschung über den Fertigkaffee war unter dem Einfluss des Alkohols gewichen, und ich war wieder voller Tatendrang. Ich zahlte und beschloss, dass ich nicht aufgeben würde. Irgendwo in diesem Land sollte ich doch einen ordentlichen Kaffee bekommen!

Zurück im Zentrum von Lomé mietete ich mich in eine Pension ein und fiel erschöpft und leicht beschwipst in einen tiefen Schlaf.

Am nächsten Morgen machte ich mich daran, den lang ersehnten Coffee to go in Togo zu suchen. Meine erste Anlaufstation war das geschäftstüchtige Regierungsviertel der Hauptstadt. Und schnell wurde ich fündig. Wie in den meisten afrikanischen Großstädten gab es auch hier einen »Monsieur Caféman«, einen mit Bauchladen versehenen Afrikaner, der Kaffee, Chai und Snacks verkaufte. Monsieur Caféman aus Lomé hieß Olufemi und war ein hochgewachsener Togolese, der unter der afrikanischen Sonne mit einer dicken blauen Wollmütze auf dem Kopf seine Kunden bediente.

Ich bestellte einen Kaffee und beobachtete, wie Olufemi heißes Wasser im hohen Bogen in eine Tasse mit Kaffeepulver schüttete und dann einen zweiten Becher zur Hand nahm, um das Wasser in beiden Gefäßen vor meinen Augen hin und her zu schütten, bis sich Pulver und Wasser vermischt hatten. Im Anschluss goss der Kaffeemeister einen Schuss Kondensmilch dazu und begann erneut, die Becher vor meinen Augen tanzen zu lassen, bis sich auf meiner Kaffeetasse eine hübsche Schaumkrone gebildet hatte. Den Kaffee mit Showeinlage gab es für 100 Franc, etwa 15 Cent. Leider bestand auch dieser nur aus Fertigpulver, aber immerhin, der spektakulär zubereitete Kaffee war ein guter Start in den frühen afrikanischen Morgen.

Erst zwei Tage und etwa zehn Tassen Pulverkaffee später stieß ich endlich auf den langersehnten Filterkaffee, gebraut aus echten Kaffeebohnen. Ich erhielt ihn in der Auberge Le Galion, einem netten französisch geführten Restaurant mit angesiedeltem Guesthouse. Der Kaffee war mit 700 Franc deutlich teurer als beim sympathischen Olufemi, stammte aber trotzdem nicht aus Togo, sondern aus der Tüte einer südamerikanischen Arabica-Mischung. Trotzdem, ich kam der Sache näher.

Am nächsten Tag hatte ich die Kaffeesuche beinahe aufgegeben und war gerade damit beschäftigt, in einem libanesischen Supermarkt nach einem leeren Pappkarton zu fahnden, in den ich einige Tage später mein Fahrrad für den Rückflug packen wollte, da blieb mein Blick zwischen argentinischen Keksen und chinesischen Konservenbüchsen an einigen Kaffeepackungen hängen. Ich schob die Blechdosen beiseite und griff nach einem der verstaubten Beutel mit Kaffeebohnen. Neugierig roch ich an der Packung und betrachtete das grüne

Etikett. Auf der Vorderseite der Verpackung war in Druckbuchstaben geschrieben: »ROBOUSTA, CAFÈ MOULU. PRODUIT PAR LES MOINES. DANYI-DZOGBEGAN.«

Robusta, so viel wusste ich inzwischen, war eine Kaffeesorte, die nicht in den echten tropischen Hochlagen angebaut wurde, sondern in tieferen Regionen und daher in der Regel keine Premium-Qualität war. *Danyi-Dzogbegan* hingegen sagte mir nichts. Vermutlich war es eine Herkunftsangabe, allerdings klang das eher nach einem fernen Dorf in Osteuropa als nach einem Ort im afrikanischen Togo. Doch als ich die Packung drehte, las ich auf der Rückseite die Angabe »Produit du Togo«.

Mein Herz begann zu rasen. Ich verschob meine Kartonsuche und eilte mit den drei letzten Packungen Kaffee zur Kasse. Dann begab ich mich zurück in mein Guesthouse und begann, im Internet zu recherchieren.

Ich fand heraus, dass es sich bei Danyi-Dzogbegan um einen Benediktinerorden im Nirgendwo handelte, knapp zweihundert Kilometer nördlich der Hauptstadt Lomé. Das Kloster lag auf der Danyes-Hochebene in 800 Metern Höhe. Laut Internetrecherche hatten die dort lebenden Mönche nicht nur eine spirituelle Mission, sondern sorgten auch dafür, den benachbarten Ort finanziell zu unterstützen. Sie betrieben Landwirtschaft, hielten Kühe, produzierten Marmelade – und bauten Kaffee an! Genau diesen, den ich gerade in meinen Händen hielt. Echter Kaffee aus Togo!

Was für ein Triumph! Ich war überglücklich, beschloss aber, mit der Verkostung des Produkts noch bis zu Hause in Deutschland zu warten. Dort würde ich den Kaffee mit Freunden und Familie in einer großen Heimkehrzeremonie aufbrühen.

Nach einem Jahr Expedition konnte ich bestätigen: Ja, es gab echten Kaffee Togo! Eine letzte Frage blieb allerdings offen: Ich hatte noch nicht geklärt, ob es in Togo auch Coffee to go gab.

Am Abend setzte ich mich in ein Café auf dem Grand Bazar im hektischen Herzen Lomés. Ein Togolese mit kahlgeschorenem Kopf und grauem kurzärmligen Hemd bereitete gerade eine Portion Spaghetti für meinen Sitznachbarn am Tresen zu. Nachdem er ihm die gebratenen Nudeln mit einer Extraportion Piment vor die Nase gestellt hatte, lachte er mich an.

»*Hey, bonjour Monsieur Osama!* Was kann ich für dich tun? Einen Rasierer hab ich nicht.«

Ich stieg in sein freundliches Lachen ein.

»Kein Problem, dann muss der Bart eben noch ein paar Tage dranbleiben. Aber mit einem Kaffee kannst du mir helfen. Hast du auch Kaffee zum Mitnehmen?«

»*Café à emporter, bien sûr!*«, rief er und machte sich ans Werk.

Wie üblich nahm der Koch eine viel zu kleine Messerspitze Kaffeepulver, schüttete diese in einen großen Keramikbecher und füllte ihn mit heißem Wasser und einem ordentlichen Schuss gesüßter Kondensmilch auf. Dann begann er, alles mit einem Suppenlöffel zu verrühren. Zufrieden blickte der Togolese auf den hellbraunen Inhalt in der Tasse. Gerade wollte ich ihn unterbrechen, um noch einmal zu betonen, dass ich den Kaffee mitnehmen wollte, da drehte er sich um und holte unter seinem Tresen eine kleine Plastiktüte hervor. Die transparente Tüte war in etwa so groß wie ein Taschenbuch. Fasziniert beobachtete ich, wie der Cafébesitzer die Tüte über die Keramiktasse stülpte und mit Daumen und Zeigefinger die Öffnung des Bechers umschloss. Dann grinste mich Jamal hinter dem Tresen breit an und drehte die große Kaffeetasse einfach auf den Kopf. Der braune Kaffee schwappte in die Plastiktüte und triumphierend stellte der Kaffeemann den Becher auf die Seite. Jamal fasste die Tüte an den Enden und wirbelte sie kunstvoll mehrfach um die eigene Achse, bis die Luft vollständig entwichen war. Zum Schluss schloss er alles mit einem Knoten ab und drückte mir die prallgefüllte Plastiktüte in die Hand.

»*Voilà, Coffee to go.*«

Der Kaffee in der Plastiktüte kostete 40 Franc – 6 Cent. In diesem Moment der Freude hätte ich vermutlich jeden Preis gezahlt. In meinen Händen hielt ich eine zugeknotete Plastiktüte voll überzuckertem Instantkaffee, echter Coffee to go aus Togo!

ETAPPE 5

HEIMKEHR

BESUCH BEI
EINER VOODOOHEXE

TOGOVILLE, TOGO, 20. MAI 2013

Ich war zurück. Mit zehnstündiger Verspätung hatte ich Fuß auf europäischen Boden gesetzt. Ganz konnte ich es noch immer nicht fassen. Ich stand in der langgezogenen Halle des Basler Flughafens unter einem Schild mit der Aufschrift »Gepäckausgabe – Baggage claim« und blickte mich um.

Gepäckstücke drehten sich auf endlosen Förderbändern, Hände griffen nach Koffern, Handys summten und Menschen schoben beladene Trollys in Richtung Ausgang. Vor meiner Nase blinkte die gelbe Leuchtanzeige über dem Gepäckband: »Brussel–Basel LH1005«.

Mein Rückflug von Lomé nach Frankfurt war aufgrund eines Streiks des europäischen Bodenpersonals nach Brüssel und weiter nach Basel umgeleitet worden. Nun stand ich mit beiden Beinen kurz vor der lang ersehnten Heimat und bereits wieder fest in der beschleunigten modernen Welt. Die bunten Anzeigen, die krächzenden Ansagen aus den Flughafenlautsprechern, die schrillen Werbeplakate, die aufgeregten Telefongespräche und die unzähligen weißhäutigen Menschen verursachten bei mir eine innere Unruhe. *Au revoir,* afrikanisches *Laissez-faire,* herzlich willkommen zurück in der hektischen westlichen Welt!

Das graue Rollband vor meiner Nase drehte sich und ich wartete auf mein Gepäck. Es kam nicht. In Brüssel hatte man mir versichert, dass der sperrige Karton mit meinem Fahrrad in den Flieger nach Basel geladen worden war, aber nun sah es schlecht aus. Das Gepäckband drehte sich, und immer weniger Koffer und Taschen blieben auf dem grauen Förderband liegen.

Nachdem der letzte Koffer seinen Besitzer gefunden hatte, blieb ich noch eine Weile stehen und betrachtete das graue Band, das sich monoton im Kreis drehte. Wie die Kurbel meines Fahrrads drehte es sich, wie meine beiden Laufräder und wie die Pedale, die ich die vergangenen Monate wie ein Hamster im Rad vorangetrieben hatte.

Als auch die gelbe Anzeige über dem Gepäckband erloschen war, rappelte ich mich auf und ging mit einer unguten Vorahnung zum Informationsbüro am Ende der langgezogenen Halle.

Nein, mein Fahrrad könne ich noch nicht abholen, wegen des Streiks des Bodenpersonals. Das gesamte Sperrgepäck des Flughafens sei noch nicht verladen, es befinde sich entweder noch in Brüssel oder bereits in Basel im Zentrallager. Heute würde ich wegen der internationalen Streiks mit Sicherheit nicht mehr an mein Gepäck kommen. Ich solle das Formular ausfüllen und mein Fahrrad würde mir in den kommenden Tagen nach Hause geliefert werden.

Während die blonde Flughafenmitarbeiterin auf mich einredete, glitten meine Finger an das Armband an meiner rechten Hand und betasteten das geflochtene Material. Das braune Bändchen, das mir die Voodoohexe in Togoville etwas zu eng an meinem Handgelenk befestigt hatte, beruhigte mich. Während ich den dünnen Bast durch die Finger gleiten ließ, erinnerte ich mich.

Dann hielt ich inne und blickte auf. Auf einmal verstand ich meinen Fehler. Eine Gänsehaut kroch mir bis in den Nacken und mir wurde klar, dass ich meinen treuen Begleiter nicht mehr heil wiedersehen sollte. Vielleicht überhaupt nie wieder. Ich hatte vergessen, das zweite Bändchen um mein Fahrrad zu binden. Die Priesterin in Togoville hatte es mir extra gegeben, um den Fluch auch von meinem Rad zu bannen. Vor lauter Vorfreude auf die Heimreise hatte ich vergessen, es am Rad zu befestigen. Mein Fahrrad war verloren!

* * *

Das bucklige Weib wollte mir einfach nicht aus dem Kopf gehen. Ich saß im Restaurant der gemütlichen Auberge Le Galion in Lomé und trank einen frisch gebrühten Filterkaffee. Mehrere Wochen hatte ich nun versucht, die Alte aus der Elfenbeinküste aus meinem Kopf zu verdrängen, aber immer wenn ich an die Ereignisse der letzten Wochen zurückdachte, gingen mir der kehlige Singsang, ihre Rufe und ihr knochiger Finger, der auf mich zeigte, durch den Kopf. Der sintflutartige Regen in Man, die schlimmen Fieberschübe in Bangolo, die schwarze Schlange auf der Toilette, mein psychischer Zusammenbruch kurz vor dem Ziel und dann der Unfall, der für mich beinahe tödlich geendet hatte – das alles konnte doch kein Zufall sein!

Gedankenversunken blätterte ich in meinem staubigen Westafrikaführer. Wirklich viel Lust, Togo zu erkunden, hatte ich nicht mehr. Der Coffee to go war getrunken und in vier Tagen würde ich meinen Heimflug antreten. Gelangweilt überflog ich die Seiten und betrachtete die bunten Fotos. Bei einem Bild hielt ich inne: Es zeigte einen Marktstand mit einer Ansammlung verschrumpelter Echsenköpfe, grauer Knochen und bunter Amulette. Die Bildunterschrift lautete: »Marché au Féticheurs: Auf dem außerhalb gelegenen Voodoomarkt findet man allerlei Wunderheilmittel.«

Ich stellte die Kaffeetasse beiseite und las den Text neben dem Foto.

»In Togo glaubt der Großteil der Bevölkerung an traditionelle religiöse Mächte und Naturreligionen. Praktizierte Ahnenanbetung und Voodoozauber sind nicht nur in den Dörfern verbreitet. Togoville gilt als Zentrum des Voodoo, in dem afrikanischen Städtchen findet man zahlreiche Schreine und Hinweise auf die spirituelle Praxis. Noch immer gibt es dort praktizierende Heiler und Schamanen. Wer nicht aus der Hauptstadt hinaus möchte, kann sich auf dem Marché au Féticheurs einen kleinen Eindruck von Zauberei und Voodoo verschaffen.«

Ich las die Zeilen noch einmal und suchte auf der kleinen Landkarte im Umschlag den Ort Togoville. Er lag nicht weit entfernt von Lomé, vielleicht eine halbe Tagesreise.

Ich schlug das Buch zu. Nun war also klar, was ich in meinen verbleibenden Tagen in Togo tun würde: Ich würde ins Zentrum des afrikanischen Voodoo reisen, eine Voodoohexe aufsuchen und mich von dem Fluch befreien lassen!

Drei Tage vor meinem Abflug setzte ich mich erneut auf mein Rad und fuhr mit leichtem Gepäck die breite Hauptstraße entlang in Richtung der Landesgrenze zu Benin. Bevor ich losgefahren war, hatte ich mich noch etwas zur Geschichte meines nächsten Ziels belesen: Togoville war ein afrikanisches Städtchen mit knapp 9.000 Einwohnern, vierzig Kilometer östlich von Lomé. Der historische Ort lag direkt am Lac Togo, dem größten Süßwassersee des Landes. In Togoville hatte der deutsche Afrikaforscher Gustav Nachtigall im Jahr 1884 einen Friedensvertrag mit dem afrikanischen König Mlappa III. geschlossen und Togo sowie einige Teile Ghanas damit zu einer Art deutscher Kolonie gemacht. Dann kam der Weltkrieg und mit ihm die Franzosen, und die deutschen Beziehungen zu Togo sowie die Zeit des guten Bieres gingen vorbei. Togo wurde französisch, das Bier wässrig und das Schwarzbrot vom Baguette verdrängt. Aber auch nach wechselnden Besatzern und Kolonialmächten hielt Togo an einer Tradition fest: Bis heute galten Togo und das kleine Togoville als afrikanisches Zentrum für Voodoo, Magie, Hexerei und das Übernatürliche.

Gegen Mittag erreichte ich den malerischen Lac Togo. Das Zentrum von Togoville lag am anderen Ende des Sees und am Ufer standen togolesische Fischer und Fährmänner, die den Reisenden in ihren wackligen Pirogen über den See halfen.

Ich drückte einem der Fischer 200 Franc in die Hand und bat ihn, auf Fahrrad und Gepäck aufzupassen. Kurz darauf stieg ich mit einigen anderen Passagieren in einen Einbaum und ließ mich an das andere Ufer des Lac Togo fahren.

Die Piroge, in der ich saß, bot Platz für acht Menschen. Banjoko, der junge Fährmann, trieb das Boot nur mit einem langen Stock voran, den er immer wieder in das flache Wasser tauchte, um sich und das Boot so vom schlammigen Grund des Sees abzustoßen. Seine Bewegungen wiederholte er so lange, bis wir Fahrt aufgenommen hatten und langsam über den flachen See glitten.

In der Mitte des tiefblauen Gewässers passierten wir ein mit vier kleinen Fahnen abgestecktes Areal. Erst dachte ich, die Fahnen würden Fischernetze oder Krabbenfallen markieren, dann erklärte mir Banjoko, es handle sich um ein heiliges Stück Land.

»Dieser Teil des Sees gehört der großen Hohepriesterin von Togoville. Sie heißt Maman Kponou und ist eine mächtige Zauberin.«

Neugierig blickte ich auf die verwitterten Fähnchen. Ich war also auf dem richtigen Weg, irgendwo in Togoville würde ich die Zauberin finden und sie bezüglich meines Fluchs um Rat fragen können.

Als wir das sandige Ufer erreicht hatten, wartete ich, bis Banjoko allen Passagieren hinausgeholfen hatte, und fragte ihn dann, ob er mich zu Maman Kponou bringen könne. Kurz darauf zogen wir zusammen los. Banjoko zeigte mir auf dem Weg die modernen Schulgebäude und das Denkmal von Gustav Nachtigall, das den Deutschen Eroberer darstellte, wie er mit dem dicken togolesischen König Mlapa den Friedensvertrag unterzeichnete. Er führte mich in den engen Souvenirladen, in dem ich zu seiner Enttäuschung nichts kaufte, und zeigte mir die von deutschen Architekten gestaltete Kathedrale des Ortes.

»Ihr seid also katholisch in Togoville?«, fragte ich ihn.

»Nur teilweise. Knapp die Hälfte der Einwohner ist katholisch, die andere Hälfte ist Voodoo.«

»Voodoo?«

»Ja, Voodoo. Viele Menschen hier glauben an unterschiedliche Götter, an die Natur, an den Wind und das Feuer. Voodoo bringt Glück, und es kann einen vor bösen Geistern schützen.«

Der junge Fährmann führte mich weiter ins Dorfinnere. Wir passierten traditionelle Lehmhütten und einfache gemauerte Häuser. Vor einigen der Häuser waren Voodooschreine aufgebaut, Altare aus Holz, auf denen weiße Muscheln, kleine Kugeln und bunte Steine lagen. Viele der Hausbesitzer im Dorfinneren hatten steinerne Beschützer vor ihre Türen gestellt: kokosnussgroße Steine, auf die grinsende Fratzen gepinselt waren. Schutzpatrone, wie Banjoko mir erklärte.

»Die Steine halten Diebe und Einbrecher fern.«

Ich lief hinter dem jungen Togolesen her und ließ die Zeichen des Voodoo auf mich wirken. Es gab keine Krokodilschädel, Opfergaben, geschnitzte Holzpuppen mit Nägeln oder ähnliche Dinge. Voodoo schien viel pragmatischer und unspektakulärer zu sein, als ich es mir vorgestellt hatte.

Nach zehn Minuten erreichten wir das Haus der Heilerin. Es war ein unscheinbares gemauertes Haus und sah aus wie viele andere Gebäude im Ort. Neben dem Eingang waren in bunten Farben seltsame Symbole gepinselt: Kreuze, Kreise, geschwungene Linien und für mich unverständliche Hieroglyphen. Gespannt wollte ich schon einen Blick ins Innere werfen, da fasste mich Banjoko am Arm.

»Ich werde fragen, ob wir Maman Kponou sehen können. Du darfst das Haus betreten, aber du musst alle westlichen Dinge ablegen. Du musst dein T-Shirt ausziehen und deine Hose mit einem Tuch verbergen.«

»Okay, kein Problem«, ich nickte aufgeregt.

»Maman Kponou spricht auch kein Französisch. Sie beherrscht nur die Sprache der Alten. Ich werde für dich übersetzten.«

»Na gut, gehen wir!«

Banjoko schob den Türvorhang zur Seite und wir schritten über die Schwelle in das Haus der Voodoohexe. Vor uns tat sich ein unscheinbarer Empfangsraum auf, in dem fünf Frauen auf dem Boden saßen und mit ihren Fingern aus einer großen Metallschüssel Reis und Fisch aßen. Eine der Frauen stand auf und ging auf Banjoko zu.

Dieser erklärte ihr einige Sätze auf Französisch, die Frau nickte und verschwand in einem Hinterzimmer.

Als sie zurückkam, streckte sie Banjoko und mir ein Tuch entgegen. Der Fährmann erklärte, dass die Voodoozauberin uns empfangen würde.

Die Frau mit den Tüchern führte uns in ein schmales Umkleidezimmer. Eine rote, gut sichtbare Markierung zum Nachbarraum deutete den inneren Bereich des Hauses an, vor dem Schuhe und Kleidung abgestreift werden mussten. Banjoko und ich entkleideten uns und ich wickelte mir das lange Tuch um die Unterhose. Meine Wertsachen ließ ich bei den Frauen im Vorzimmer zurück. Dann betrat ich halbnackt und ohne Fahrrad, Geldbeutel oder irgendwelche Ausweisdokumente den Zeremonienraum der Priesterin.

Maman Kponou empfing uns auf einer Art Terrasse zu einem weitläufigen Hinterhof. Die Terrasse war mit einem grün bepinselten Zaun vom Garten abgetrennt, die weiß verputzten Wände waren mit gerahmten Fotos versehen, die Afrikaner in Portraitaufnahmen und Gruppenbildern zeigten. Der festgetretene Lehmboden war mit Teppichen ausgelegt, in einer der Ecken lagen Metallschüsseln und eine schiefe hölzerne Kiste. Auch hier: kein Altar für die geopferten Tiere, keine Totenschädel und keine Puppen, durch die man lange Nadeln stecken konnte. Es war alles seltsam normal, und trotzdem war ich angespannt wie selten zuvor, schließlich hockte ich nur mit einem Wickelrock bekleidet im Zentrum des afrikanischen Voodoo und wartete auf die berühmte Hohepriesterin des Ortes.

Und dann trat sie durch eine Hintertür auf die Terrasse. Entgegen meiner Erwartungen war Maman Kponou kein buckliges, mit Totenschädeln behangenes, hundert Jahre altes Weib. Sie war eine hübsche, vielleicht fünfzig Jahre alte Afrikanerin, die aussah wie die vielen anderen Frauen in den Dörfern. Sie hatte weder besondere Ketten um ihren Hals noch ungewöhnlichen Schmuck auf ihrem kahlgeschorenen Kopf, sie hatte weder auffällige Gesichtszüge noch trug sie irgendetwas an ihrem Körper, das sie von den anderen Frauen in den Dörfern unterscheiden würde. Auch war sie wie all die anderen Frauen in den Dörfern halbnackt. Das Einzige, was sie am Leib trug, war ein blauer Rock, den sie um ihre Hüften geknotet hatte.

Die berühmte Voodoozauberin ging langsam auf mich zu und ihre Brüste baumelten wild über dem Bauchnabel auf und ab. Zur Begrüßung klatschte sie viermal in die Hände, wobei ihre Schläge in einer

Art Decrescendo immer leiser wurden. Banjoko gab mir ein Zeichen und wir stimmten in das Klatschen ein.

Nach der Begrüßung griff die halbnackte Zauberin meine Hände, lächelte und redete in einer fremden, nie gehörten Sprache auf mich ein. Banjoko neben mir übersetzte auf Französisch.

»Maman Kponou ist der mächtige Geist von Togoville. Sie kommt aus dem See und aus dem Wald und sie kann mit den Tieren sprechen. Sie kann mit den Geistern der Urahnen Kontakt aufnehmen und sie sieht, dass du nicht als Tourist hierhergekommen bist. Nun möchte sie wissen, was dich zu ihr bringt.«

Aufgeregt erzählte ich von meiner Fahrradtour und meiner Begegnung mit der Hexe in der Elfenbeinküste, dann lauschte ich, wie Banjoko übersetzte. Doch der junge Fährmann, der sonst so aufgeweckt war, tat sich schwer, die Worte mit dem Fluch zu übersetzen. Trotzdem fuhr er fort, und auf dem Gesicht der Voodoozauberin zeichnete sich eine Sorgenfalte ab. Um sicher zu gehen, dass Banjoko mein Französisch auch richtig übersetzt hatte, untermalte ich meine Worte mit einer beeindruckenden Scharade: Ich humpelte wie die bucklige Hexe in der Elfenbeinküste, schrie laut auf, fuchtelte mit meinen Armen wild umher und führte schließlich meinen Zeigefinger an der Kehle vorbei.

Das machte Eindruck und Banjoko rückte unauffällig ein Stück von mir ab. Maman Kponou hingegen schien zu verstehen, und kurze Zeit später übersetzte mir der Fährmann, dass die Schamanin den Fluch mit einem Gegenzauber brechen könne.

Ein Gegenzauber, ja, das klang gut! In meinem Kopf zeichneten sich bereits brodelnde Töpfe mit Zaubertränken, verwesende Ziegenköpfe, Tinkturen, Pulver und skurrile Zeremonien ab. Tiere müssten geschlachtet, Jungfrauen geopfert und kleine Kinder verspeist werden. Dann riss mich Banjoko aus meinen Tagträumen.

»Maman Kponou sagt, das Brechen des Fluchs kostet 20.000 Franc.«

»Wie bitte, 20.000 Franc? Das sind dreißig Euro!«

»*Oui, vingt-mille Franc*«, wiederholte Banjoko.

Nach einer erneuten Scharade und einigen französischen Worten des Verhandelns übersetzte der Fährmann:

»Maman Kponou ist mit 10.000 Franc einverstanden, weil du ein armer Landstreicher bist. 10.000 Franc und eine Flasche Rum.«

15 Euro und eine Flasche Hochprozentiges für einen Gegenzauber, das klang nach einem fairen Deal, und ich willigte ein. Vielleicht konnte ich das ja später bei der Krankenkasse einreichen.

Die Hexe erklärte, sie müsse mich als Erstes von den Verwünschungen reinwaschen, und führte mich hinter das Gebäude. Wir verließen die Terrasse und liefen vorbei an verrosteten Messingschüsseln und niedrigen Stapeln mit Brennholz. Neben der Hauswand entdeckte ich die verwitterten Schädelknochen einer Ziege und einige leere Whiskeyflaschen. Wir gingen weiter, die halbnackte Voodoohexe voran, der Fährmann und ich in unseren Wickeltüchern um die Hüften hinterher.

Nach einigen Metern über den roten Staub hielten wir vor einem niedrigen Holzzaun, hinter dem ein alter Brunnen in den Boden gelassen war. Neugierig beugte ich mich über den Rand und erkannte ölige Schlieren auf dem Wasser und grüne Algen an der Innenwand des Brunnens.

Bevor ich weiter herumstöbern konnte, wies mich die Hexe mit harschen Worten zurecht. Banjoko, der sich im Hintergrund hielt, übersetzte.

»Maman Kponou sagt, du sollst dich auf den Boden knien und sie wird dich reinwaschen.«

Wie befohlen kniete ich mich in den roten Staub und verhedderte mich dabei in dem engen Hüftrock. Maman Kponou begann wieder in dem seltsamen Takt in die Hände zu klatschen und ich schloss mich dem Rhythmus an. Dann stimmte sie ein monotones Gemurmel an und begann mit ihrem Oberkörper vor und zurück zu schwanken. Ihre Finger ballten sich zu Fäusten und ihr ganzer Körper spannte sich an. Der Singsang wurde lauter und ihre Fingerknöchel traten weiß zum Vorschein.

Hinter mir flüsterte mir Banjoko ins Ohr:

»Die Schamanin nimmt nun Kontakt zu den Geistern auf.«

Dann schloss auch ich meine Augen, lauschte dem kehligen Gesang von Maman Kponou und fiel selbst in eine Art tiefe Trance.

Als Maman Kponou einige Minuten später geendet hatte, deutete sie an, ich solle aufstehen. Ich richtete mich auf und Maman Kponou begann mir das modrige Brunnenwasser über den Körper zu gießen. Erst über den Kopf, wie bei einer Taufe, dann über meinen Rücken und die Brust. Da stand ich also in einem afrikanischen Dorf und wurde von einer nackten Hexe gebadet – für 15 Euro und eine Flasche Rum.

Nach der heilsamen Waschung liefen wir schweigend zurück zum Haus. Auf der Terrasse knieten wir uns auf die Teppiche und Maman

Kponou setzte ihren Singsang fort. Dann öffnete die Priesterin ihre Augen, griff hinter sich und brachte eine Flasche Gin zum Vorschein. Die Hexe schraubte den roten Deckel ab und goss einige Schlucke von dem Schnaps in einen kleinen Holzbecher.

»Ah, nun beginnt der gemütliche Teil der Zeremonie.« Ich grinste zu Banjoko.

Aber anstatt mir den Alkohol anzubieten, nahm die Priesterin einen großen Schluck aus dem Becher und prustete die Flüssigkeit in drei Ecken des Raumes. Dann murmelte sie einige kehlige Worte und beendete die Zeremonie mit einem Schluck aus der Flasche.

Zum Abschluss überreichte sie mir feierlich ein dünnes aus Bast geflochtenes Armband. Sie rollte es zusammen, pustete viermal durch die zusammengeführten Enden und band es mir um das Handgelenk.

»Du sollst das Band an deinem Körper tragen, bis du zurück bist in deiner Heimat. Das Band wird dich vor dem Fluch beschützen.«

Maman Kponou überreichte mir ein zweites, kürzeres Band und Banjoko übersetzte.

»Den kleinen Teil des Schutzbands sollst du an dein Fahrrad binden. Dann wird auch deinem Fahrrad im weiteren Verlauf deiner Reise nichts geschehen.«

Euphorisiert von der Zeremonie und dem mächtigen Schutz dankte ich Maman Kponou, und nach einigen Verbeugungen und nachdem ich meine Kleidung wieder am Leib hatte, verließen Banjoko und ich das Ortszentrum.

* * *

Vor lauter Aufregung über die Voodoozeremonie hatte ich das Band in meiner Hosentasche ganz vergessen und mein Fahrrad war ordentlich zusammengelegt im Pappkarton, aber ohne schützendes Voodooband zurück nach Deutschland geflogen.

Als ich mein Rad zwei Wochen nach meiner Rückkehr aus dem zerschlissenen Pappkarton befreien wollte, kamen mir die Einzelteile des gebrochenen Tretlagers entgegen. Die Tretlagerachse war in der Mitte durchgebrochen, das zwei Zentimeter dicke Stahlrohr war einfach abgeknickt. Ich konnte es kaum fassen, das Tretlager, die Kurbel, der komplette Antrieb meines Fahrrads, einfach so zerbrochen!

Vorsichtig holte ich die restlichen Teile des Fahrrads aus dem Karton, sie waren unversehrt. Ich wandte mich wieder dem zerstörten

Tretlager zu und griff nach der gebrochenen Achse. Als ich das Metall berührte, blitzte vor meinen Augen das Antlitz der Hexe aus der Elfenbeinküste auf. Ich ließ die Teile fallen. Der Fluch war kein Hirngespinst gewesen, er war real! Was mir wohl passiert wäre, wenn ich nicht in Togo bei der Schamanin gewesen wäre?

Die Stimme meiner Mutter riss mich zurück in die Realität. Vom Balkon aus rief sie in den Garten hinunter:

»Lass das schmutzige Fahrrad da liegen, das kannst du später noch auspacken. Jetzt reicht es mal mit deinen seltsamen Abenteuern. Komm hoch, ich habe Kaffee gemacht.«

Genervt blickte ich nach oben.

»Ja, ist ja schon gut. Ich komme gleich!«

»Beeil dich gefälligst. Und wasch dir die Hände!«

ZURÜCK ZU HAUSE

EMMENDINGEN, DEUTSCHLAND, JUNI 2013

Zurück in der Heimat wurde ich von meiner Familie und meinen Freunden herzlich empfangen. Viele Abende saß ich im Kreise meiner Lieben, berichtete von meinen Erlebnissen und hörte zu, was während meiner Abwesenheit zu Hause geschehen war – obwohl Letzteres meist in wenigen Sätzen abgehandelt wurde.

Schnell fühlte ich mich wieder geborgen und genoss die Tage ohne die unerträgliche Hitze und ohne die staubigen roten Sandpisten. Seltsamerweise waren meine Nächte ungeahnt unruhig. Zwar lag ich nicht mehr schwitzend auf meiner Isomatte und lauschte leise in die Dunkelheit, ob sich Moskitos in mein Zelt verirrt hatten oder sich gefährliche Tiere näherten, trotzdem schreckte ich oft schweißgebadet aus einem intensiven Traum auf und fragte mich, wo ich gerade war. Es dauerte über zwei Monate, bis ich wieder ruhig und sorglos durchschlief. Offenbar hatte auch mein Inneres nach meiner Rückkehr mehr zu verarbeiten gehabt, als mir anfänglich bewusst war.

Glücklicherweise schien mir die Reise körperlich weniger zugesetzt zu haben als zwischenzeitlich befürchtet. Ein Besuch beim Tropenarzt gab weitgehende Entwarnung. Trotz Malaria und Denguefieber hatte ich keine wirklich bleibenden Schäden davongetragen. Zwar bestand weiterhin die Gefahr eines Malariarückfalls, und auch bei Reisen nach Asien musste ich die Dengueinfektion im Hinterkopf behalten, aber fleischfressende Bandwürmer und andere fiese Parasiten waren mir erspart geblieben.

Die Tage nach meiner Rückkehr vergingen wie im Flug. Hier eine Party, da ein Familiengeburtstag, und schnell hatte mich der Trott des Alltags eingeholt. Auch an die Selbstverständlichkeiten des westlichen Lebens hatte ich mich bald wieder gewöhnt. Für eine Tasse Kaffee musste ich nicht mehr den Kocher zusammenschrauben und mit

Diesel an den schmutzigen Fingern einen Windschutz errichten, um dann geduldig zu warten, bis das Wasser brodelte. Nein, heißes Wasser gab es auf Knopfdruck, genau wie es Bankautomaten in Hülle und Fülle gab, Pizzabringdienste, Waschmaschinen, Zebrastreifen oder elektrische Zahnbürsten.

Und so ertappte ich mich immer seltener dabei, dass ich zurück in Deutschland den Belag der Straße mit meinem Fuß kritisch prüfte oder mitten in meiner Heimatstadt nach einem guten Unterschlupf Ausschau hielt, an dem ich mein Zelt aufschlagen konnte. Immer seltener musste ich mich bremsen, fremden Menschen hinterherzurufen, die mit Fahrrädern und Packtaschen an mir vorbeiradelten, und mit jedem Tag kehrte der Alltag zurück in mein Leben.

Nach einigen Wochen begann ich mangels Alternativen und aufgrund einer gewissen Trägheit sogar wieder in meinem alten Job zu arbeiten. Abermals streifte ich Anzug und Krawatte über, stieg mit einem Kaffeebecher in der Hand in den vertrauten ICE und machte mich auf den Weg in die Frankfurter Welt der Banken.

Das Ganze ging einige Wochen gut, doch tief in meinem Inneren kochte bereits der Konflikt. Tief in meinem Inneren wusste ich, dass Togo nicht das eigentliche Ziel meiner Reise gewesen war. Nach vier Wochen in meinem alten Job zog ich Konsequenzen und setzte meine letzte Unterschrift als Prokurist der großen Beratungsfirma unter einen wichtigen Vertrag. Meine Kündigung.

EPILOG

Und jetzt?

Inzwischen sind drei Jahre vergangen, ich habe meine Geschichte aufgeschrieben und mich erneut in ein Abenteuer gestürzt. Um genau zu sein, in zwei Abenteuer.

Zum einen habe ich direkt nach meiner Kündigung einen neuen Job angenommen, und erneut arbeite ich als Manager in einer Unternehmensberatung – allerdings in einer besonderen: Unser Unternehmen stellt ausschließlich Menschen ein, die in der Arbeitswelt schwer Fuß fassen und gleichzeitig oft überdurchschnittlich begabt sind. So kann ich die Welt der Banken mit talentierten Menschen erfrischen, die, bevor sie zu uns kamen, meist arbeitslos waren. Ein Job, in den ich mein Wissen als Berater einfließen lassen kann und der deutlich mehr Sinn stiftet.

Zum anderen ist auch in meinem Privatleben viel passiert. Das jüngste Abenteuer war die Geburt meines Sohnes, und mittlerweile kann ich nachvollziehen, warum meine Mutter während meiner Reise so viele schlaflose Nächte durchleben musste. An meine Mutter, meinen Vater, meine Freundin und den Rest meiner Familie daher von ganzem Herzen meinen Dank!

Noch immer denke ich regelmäßig über meine vergangenen Abenteuer nach, obwohl meine Reise im Nachhinein betrachtet wohl etwas anders verlaufen wäre. Bereits vor der Haustüre hat sich einiges geändert: die Menschen machen sich Sorgen über Flüchtlingsströme und die Dominanz des FC Bayerns in der Bundesliga. Tine Wittler ist mit ihrer Kneipe in die Gärtnerstraße umgezogen und Österreich betreibt seit Monaten eine besonders grantige Asylpolitik. Kroatien ist inzwischen Mitglied der Europäischen Union und Großbritannien auf dem besten Wege bye-bye zu sagen.

Die rumänische Regierung hat das Töten von wilden Hunden veranlasst und die Bevölkerung dazu aufgerufen, sich der herrenlosen Tiere zu entledigen. Grund waren die zahlreichen blutigen Überfälle auf Menschen in Dörfern und Städten und der tragische Tod eines vierjährigen Jungen, der mitten in Bukarest von einem Rudel Streuner totgebissen wurde. Die Ukraine hat sich mit Russland angelegt, in Odessa haben Straßenschlachten zum Brand im Gewerkschaftshaus und zum Tode dutzender Menschen geführt, und in der Türkei sehen sich die Menschen einem zunehmend diktatorischen Staatsapparat gegenüber.

Auch Afrika hat es in die Schlagzeilen der europäischen Presse geschafft. In Westafrika ist das Ebolavirus ausgebrochen – genau in den Gebieten, die ich einige Monate zuvor noch besucht hatte. Länder, die sich gerade von ihren größten Krisen zu erholen schienen, wurden nun von der Infektion schwer gebeutelt. Guinea, Sierra Leone oder Liberia hätten so viel mehr Glück verdient!

War die Welt zu Zeiten meiner Reise eine bessere? Mit Sicherheit nicht. Trotz der Geschehnisse glaube ich noch immer fest an das Gute. Denn auch auf meiner Reise wurde ich mit viel Leid und Ungerechtigkeit konfrontiert, und trotzdem wurde ich gerade in den ärmsten Regionen mit Freude und Gastfreundschaft empfangen.

Und die Begleiter?

Auch von meinen Reisebegleitern gibt es Neuigkeiten. Rudi, mein erster längerer Weggefährte, ist immer noch unterwegs. Nachdem ich gemeinsam mit ihm das Atlasgebirge in Marokko, die Sahara im Bus und das winzige Gambia bereist hatte, war er zurück nach Deutschland geflogen und von dort aus alleine weitergeradelt. Er ist ganz schön herumgekommen, hat bereits 60.000 Kilometer auf seinem Tacho und nach unserer Trennung Osteuropa, Thailand und Australien bereist. Inzwischen ist er über die USA nach Mexiko geradelt. Auf Fotos habe ich bemerkt, dass seine kleine Wohlstandsplauze nun vollends verschwunden ist, und auch seine bunten Trekkingshirts sind von der Sonne verblichen und wirken deutlich abenteuerlicher als damals, als ich ihn in Rabat kennengelernt habe. Nur seine Dicke Berta ist beladen wie eh und je. Vermutlich zählt er noch immer die Anstiege, die Stunden bis zum Sonnenuntergang und den Kalorienverbrauch mit seinem Navi – aber er hat sein Abenteuer fortgesetzt und ich habe größten Respekt vor ihm und seiner Reise.

Mit Pablo, meinem argentinischen Kumpel, bin ich regelmäßig in Kontakt. Auch er ist noch immer unterwegs. Von Ghana aus war er zu einem Freund in Italien geflogen und wollte von dort nach Asien radeln. Kurz nach meiner Rückkehr in Deutschland erhielt ich folgende Zeilen von ihm:

German amigo,

Du wirst es nicht glauben, Francisco, mein italienischer Kumpel, und ich waren schon aufgebrochen. Er hatte Sponsoren für eine Weltumrundung gefunden und Zelt und Fahrrad parat. Wir waren keine drei Wochen unterwegs und hatten Italien gerade verlassen, da hat ihn ein Mädchen angerufen und gemeint, er müsse sofort umkehren, sie sei schwanger! Er kannte sie kaum, und nun hocken wir in Kroatien an der Grenze und überlegen, wie es weitergeht.

Pablo und das Abenteuerleben! Nach der E-Mail waren die beiden irgendwann doch weitergefahren, weil sich herausgestellt hatte, dass Francisco nicht der Vater des Kindes war. Pablo war daraufhin mit seinem neuen Kumpan durch die Türkei, den Iran und bis nach Indien gereist. Nun befindet er sich kurz vor seiner argentinischen Heimat. Mein junger Freund hat mir versprochen, auf den letzten Kilometern besonders auf sich aufzupassen, da er mir noch eine Einladung zu einem riesigen argentinischen Steak schuldig ist.

Jon, unser spanischer Begleiter, war von Abidjan sicher zurück nach Europa geflogen. Heute bin ich unregelmäßig mit ihm in Kontakt und verfolge auf Facebook seine kleinen Abenteuer, wenn er in den Bergen kraxelt oder auf einem Surfbrett an der spanischen Costa del Sol steht – der Küste, die ich damals auf meiner Fahrt durch Spanien so verflucht habe.

Isabelle und Matthew, meine kanadischen Gastgeber, sind nach ihrem einjährigen Arbeitsaufenthalt in Liberia zurück nach Kanada gereist. Auch die beiden haben Nachwuchs bekommen, ihre Tochter Mara ist heute ein Jahr alt. Und auch sie sind weiter vom Abenteuerfieber gepackt. Im September werden sie heiraten und planen, für eine längere Fahrradreise nach Europa zu kommen. Wer weiß, vielleicht kann ich mich als Gastgeber revanchieren, und das gesammelte Couchsurfingkarma zahlt sich aus.

Von Monty und seinen Schulbüchern habe ich leider nichts mehr gehört. Ich hatte seine E-Mail-Adresse auf einem Zettel notiert, der irgendwann auf meiner Reise verschwunden ist. Schade, von dem verrückten Lehrer aus den USA hätte ich gerne gewusst, in welches Projekt er sich nach seinem Aufenthalt in Klay gewagt hat.

Von Christoph und seinem Hund Kongo, unseren Globetrottern aus Baden, habe ich auch nichts mehr gehört. Auch nicht von Franc, dem französischen Vagabunden aus Spanien. Ich wünsche Ihnen, dass sie fröhlich und gesund weiter um die Welt reisen und ihr großes Abenteuer weitergeht.

Emma, die blonde Radfahrerin, die ich im Senegal getroffen hatte, war im Herbst 2013 sicher in Johannesburg angelangt. Sie war im Alleingang durch Nigeria, Kamerun, Gabun, Angola und die Wüste von Namibia geradelt. Den Rekord, als erste Frau die Westküste Afrikas mit dem Fahrrad komplett entlanggefahren zu sein, konnte sie allerdings nicht für sich verbuchen, da sie für die Republik Kongo und die Demokratische Republik Kongo keine Visa bekommen hatte und ein Stück mit der Fähre zurücklegen musste. Zurück in Schweden hielt ihre Ruhepause nicht lange an. Zuerst wollte sie Boxprofi werden, musste dann aber aufgrund einiger fieser Verletzungen ihre Boxhandschuhe an den Nagel hängen. Kürzlich habe ich auf Facebook ein Foto von ihr in einem Kanu gesehen. Vermutlich plant sie gerade die Atlantiküberquerung oder ein anderes verrücktes Abenteuer.

Die Reutlinger und der Freundeskreis St. Camille sind immer noch aktiv und sammeln Spenden, um die Einrichtung des Therapiezentrums für psychisch Kranke in der Elfenbeinküste zu unterstützen. Als ich selbst vor Ort war, haben mich Menschen wie Eric überzeugt, dass die Hilfe aus Deutschland gebraucht wird und dass sie ankommt. Aus diesem Grund kann ich nur jeden animieren, sich über die Kettenmenschen zu informieren und zu spenden: www.kettenmenschen.de.

Und der Kaffee?

Richtig, der Kaffee. Im Nachgang meiner abenteuerlichen Expedition kann ich den Kaffeegenuss in Westafrika in einem Satz zusammenfassen: Egal, welchen Kaffee man in Togo trinkt und egal, ob er in einer Tasse mit nostalgischem Goldrand, in einem großen Keramikbecher oder im Plastikbeutel serviert wird, wie in allen anderen westafrikanischen Ländern handelt es sich meist um Nescafé mit zu wenig Kaffeepulver und viel zu viel gezuckerter Kondensmilch.

Die feierliche Kaffeezeremonie mit dem togolesischen Kaffee hat sich auch nicht gelohnt. Der Klosterkaffee aus Togo hatte eine kräftige Mokkanote und schmeckte im Nachgang streng nach alten Socken. Er besaß eine intensive Säure und war in etwa vergleichbar mit dem furchtbaren und viel zu starken Gesöff, das man bekommt, wenn man am späten Nachmittag bei Starbucks, Le Crobag oder McCafé einen Filterkaffee bestellt. Der zähflüssige Inhalt der Kanne von der Warmhalteplatte, der sich seit dem frühen Morgen durch die Verdunstung des Wassers langsam reduziert hat, kommt dem echten togolesischen Kaffee aus dem Benediktinerorden Danyi-Dzogbégan schon sehr nahe.

Die Chance, dass es sich wirklich um einen echten Kaffee aus Togo handelt, ist allerdings gering. Wer ein wirklich authentisches Coffee-Togo-Trinkerlebnis erfahren möchte, muss sich schon selbst auf sein Fahrrad schwingen und nach Togo radeln. Der Kaffee ist es zwar nicht wert, das Abenteuer aber allemal!

Und was nun?

Nach meinem Abenteuer gehe ich es etwas langsamer an und habe mit dem neuen Job und meiner Familie neue Verantwortung. Im Frühjahr bin ich zurück in meine Heimat nach Freiburg gezogen und genieße das Leben mit meinem Sohn.

Doch trotz Familienglück juckt es mich tief in meinem Inneren noch immer nach Abenteuern. Und nach Monaten auf einer komfortablen Schaumstoffmatratze und mit einem behütenden Dach über dem Kopf fehlen mir manchmal doch die Sterne am Himmel.

Kürzlich war ein Freund bei mir zu Besuch. Irgendwie kamen wir erneut auf mein Togo-Abenteuer zu sprechen.

»Sag mal, was sind nun eigentlich deine Pläne für die Zukunft«, fragte er mich. »Denkst du nicht mal über eine Fortsetzung der Reise nach?«

Ich antwortete mit einem Lächeln.

»Ach, weiß auch nicht. Vielleicht bin ich ein wenig sesshaft geworden. Aber so ganz weiß man das ja nie.«

Dann holte ich mit einem verstohlenen Grinsen das Backblech aus dem Ofen. Es musste mehr als ein Zufall sein, dass es an diesem Abend Toast Hawaii gab.

Kapstadt in Sicht
Fotograf: KE Adventure Travel

Go Mountainbike

Von den Victoria Fällen nach Kapstadt –
Overland per Mountainbike.

Hauser Exkursionen

Erleben Sie 1136 Kilometer lang die Bike-Expedition ihres Lebens.

Erkunden Sie 14 Tage auf dem Bike Sambia, Botswana, Namibia und
Südafrika. Der Weg ist das Ziel auf dieser Tour von Highlight zu High-
light und zu den schönsten Landschaften Afrikas.

Unsere Reisen finden Sie im Web unter
www.hauser-exkursionen.de oder fordern Sie
unsere Kataloge an unter Telefon: 089 / 23 50 06 - 80
Hauser Exkursionen international GmbH,
Spiegelstraße 9, 81241 München

Zertifiziert bis 07/2017

Ausgezeichnet mit dem CSR-Siegel
für Nachhaltigkeit im Tourismus

hauser-exkursionen.de

Wigges härteste Challenge:
50 US-Staaten in 50 Tagen!

Michael Wigge
Fifty States of Wigge
50 Staaten – 50 Tage – 50 Challenges

ISBN 978-3-95889-119-7
ISBN 978-3-95889-148-7

**Er will innerhalb von 50 Tagen alle
50 Staaten der USA durchqueren,
und das ganz allein in einem Campervan –
verrückt oder genial oder beides?**

Nachdem er ohne Geld bis ans Ende der Welt
gereist ist, sich vom Apfel zum Eigenheim
hochgetauscht hat und auf einem Tretroller
durch Deutschland gefahren ist, stellt Michael
Wigge sich seiner neuen Herausforderung.
Innerhalb von 50 Tagen will er alle 50 Staaten
der USA durchqueren. Insgesamt 25.000 Kilometer bestreitet er dabei ganz allein in seinem
Campervan.

Das wäre ja noch eine halbwegs machbare
Aufgabe, würde sich Wigge nicht auf einer
ganz besonderen Kulturmission befinden:
In 50 schrägen Challenges will er jedem der
amerikanischen Bundesstaaten auf den Zahn
fühlen und herausfinden, was wirklich typisch
für Land und Leute ist.

Entdeckt Wigge einen bekennenden Repu-
blikaner unter all den Demokraten im Staat
Washington? Wie werden die Bewohner des
Filmhauses von Texas Chainsaw Massaker
reagieren, wenn Wigge dort nach einer Motor-
säge fragt? Wird er es in Oregon schaffen, die
Stadt Boring an einem Abend in ein Partymek-
ka zu verwandeln? Und wie schafft Wigge es,
in den letzten Stunden seiner Reise einen Toast
Hawaii in Hawaii aufzutreiben?

US-Kultur im Schnelldurchlauf – geht das?
Michael Wigge findet es heraus. Denn wo ein
Wigge ist, ist auch ein Weg!

CONBOOK
www.conbook-verlag.de

»Wer mir einen nachvollziehbaren Grund nennen kann, erwachsen zu werden, bekommt sämtliches Gold der Welt, einen Oscar in allen Kategorien und sei gleichzeitig in die Hölle verbannt.«

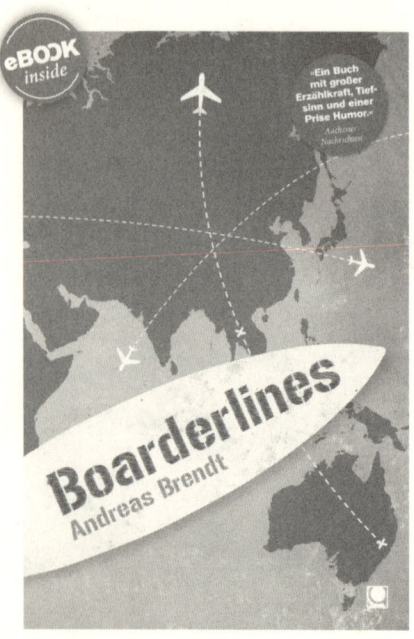

»Ein Buch mit großer Erzählkraft, Tiefsinn und einer Prise Humor.« (Aachener Nachrichten)

»Ein Buch zum Runterlesen. Die Geschichten sind witzig und man erwischt sich sehr schnell dabei, seine Sachen packen und die Welt erleben zu wollen.« (Radio Köln)

»Unglaublich witzig und unterhaltsam und gleichzeitig mit Tiefgang. Vorsicht: Suchtgefahr.« (active woman)

....

Andi ist ein pflichtbewusster VWL-Student, dem eine lukrative Zukunft winkt. Doch dann entscheidet er spontan, sein Konto zu plündern und nach Asien aufzubrechen. Auf Bali wird er mit dem Surfvirus infiziert, und von nun an ist das Wellenreiten seine lebensbestimmende Leidenschaft, die ihn vor eine große Entscheidung stellt: Gibt er dem inneren Feuer Zündstoff oder ebnet er den Weg für die geplante Managerkarriere?

Boarderlines ist ein autobiografischer Reise-Roman über die schönsten Wellen dieses Planeten, die Sinnsuche und die Sehnsucht nach Abenteuer. Über ein Leben zwischen Pistolen, Edelsteinen, Malaria, einer entlegenen Insel, gemeinen Ganoven, allwissenden Professoren, und deutschen Bierdosen. Über Freundschaft und natürlich über die Liebe – zum Surfen, zu Menschen, zum Leben.

Andreas Brendt
Boarderlines

Ein autobiografischer Reiseroman über die aufregendsten Wellen der Welt

ISBN 978-3-943176-99-5
ISBN 978-3-95889-086-2

CONBOOK
www.conbook-verlag.de

AUCH IN DER HEIMAT IST ES SCHÖN –
ZWISCHENSTOPP AM BAYRISCHEN SIMSSEE

AN DER DONAUQUELLE BEGINNT MEINE
ERSTE ETAPPE: 2.840 KM ZUM WARMRADELN

Bis zum Meere
2840 Kilometer

DER EUROVELO 6 IN UNGARN –
EIN TRAUM FÜR JEDEN RADLER

KIVÉVE
VIZÜGYI
SZOLGÁLAT

KIVÉVE

6

ZEICHEN DES BÜRGERKRIEGS
IN VUKOVAR, KROATIEN

ERFRISCHUNGSSTOPP AN EINEM
BULGARISCHEN DORFBRUNNEN

DER EU-BEITRITT BULGARIENS HAT ORDNUNG GEBRACHT:
SOGAR ESELKARREN TRAGEN NUMMERNSCHILDER

RUMÄNISCHE LOGISTIK

HUNDEATTACKE BEIM ZELTAUFBAU

Хлебный квас

MOLDAWIEN: EINE BEZAUBERNDE DAME ZAPFT BIER DIREKT VOM ANHÄNGER

STRASSENHÄNDLER IN DER UKRAINE

ISTANBUL: START MEINER ZWEITEN ETAPPE

BREAKFAST OF THE CHAMPIONS – MEIN FRÜHSTÜCK AN DER TÜRKISCHEN ÄGÄISKÜSTE

GRIECHENLAND: EINE KLEINE STEINKIRCHE SOLL VERKEHRSTEILNEHMER SCHÜTZEN

40 KILOMETER ENTLANG DER AUTOBAHN – MEINE FAHRT AN DER COSTA DEL SOL HATTE ICH MIR ANDERS VORGESTELLT

MEIN LEBEN ALS VAGABUND: IN SPANIEN NÄCHTIGE ICH IN VERLASSENEN HÜTTEN

MAROKKO, DAS TOR ZU AFRIKA

MEIN HERZ SCHLÄGT HÖHER IN DER MEDINA IN TANGER: ESSEN IN HÜLLE UND FÜLLE

MEIN RADELNDER KOLLEGE SCHEINT MEHR AUF BEINE ALS AUF PACKTASCHEN SPEZIALISIERT

ENDLICH KAFFEE: WENN AUCH NUR DIE INSTANTVERSION IN DER MAROKKANISCHEN OASE AIT MANSOUR

AKUTE ENTFÜHRUNGSGEFAHR ZWINGT MICH PER ANHALTER DURCH DIE SAHARA

EINE NAGELNEUE TEERSTRASSE VON MAROKKO BIS ANS ENDE VON MAURETANIEN

NIEMANDSLAND: DAS GRENZGEBIET ZWISCHEN MAROKKO UND MAURETANIEN

IM SENEGAL BEGINNT AFRIKA, WIE ICH ES MIR VORGESTELLT HATTE

IM SENEGAL BEGINNEN AUSSERDEM DIE ROTEN SANDPISTEN – MEINE NUN STÄNDIGEN BEGLEITER

EIN IMPROVISIERTES STRASSENCAFÉ AUS EINEM ALTEN ÖLFASS – SERVIERT WIRD DOSENKAFFEE

ÜBER DEN SENEGAL RIVER GEHT ES PER MOTORTAXI

IN GAMBIA TREFFE ICH MEINEN NEUEN BEGLEITER PABLO

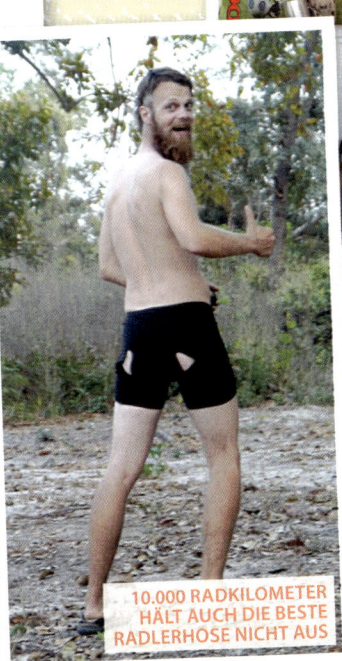

10.000 RADKILOMETER HÄLT AUCH DIE BESTE RADLERHOSE NICHT AUS

WATER TO GO IN GUINEA – LEICHT GEKÜHLT IN PLASTIKTÜTEN

AFRIKANISCHE KÜHLKETTE: SOLLTEN DIE LEBEND AM HECKSCHEIBEN-
WISCHER BEFESTIGTEN HÜHNER UNTERWEGS ABLEBEN, SIND SIE BEI
DER ANKUNFT NOCH IMMER RECHT FRISCH

AFRIKANISCHE SCHULKINDER MACHEN GROSSE
AUGEN, ALS ICH SCHWER BEPACKT VORBEIRADLE

IN GUINEA WIRD'S HART: ROTE SANDPISTEN UND HÜGELIGE
LANDSCHAFTEN OHNE SCHUTZ VOR DER SONNE

SNACK IN SIERRA LEONE: CHAI UND BANANENKUCHEN. DER KUCHEN WIRD AUF EINEM ALTEN ZEUGNIS AUS DEN 90ERN ÜBERREICHT. UNTEN NOCH ZU ENTZIFFERN: »A WEAK RESULT, NEEDS IMPROVEMENT.«

MEIN BESONDERES HOME-OFFICE: UMLAGERT VON BEWUNDERERN

MIT UNSEREM NEUEN FAHRRADKUMPEL JON STOSSEN WIR AUF DIE ERSTEN REGENWOLKEN SEIT MONATEN AN

AUS DEN STAUBIGEN PISTEN IN LIBERIA WERDEN SCHLAMMIGE WEGE UND TEICHGROSSE PFÜTZEN

ZUM GLÜCK GIBT'S AM WEGESRAND GENUG ESSEN – DAS HILFT DER MOTIVATION

EINE GOLDWÄSCHERIN BEI BO IN SIERRA LEONE

IN EINEM SIERRA-LEONISCHEN DORF ÜBERNACHTEN WIR IM POLITBÜRO DER OPPOSITIONSPARTEI »ALL PEOPLE'S CONGRESS«

PRESIDENT
ERNEST BAI KOROMA & SAM ANSUMANA
VICE

IN LIBERIA SCHLAGEN WIR UNSERE ZELTE IM HOF EINER SCHULE AUF

DIE SCHÜLER SIND BEGEISTERT VON UNSEREM BESUCH

IM IVORISCHEN MAN WIRD DIE VIELFALT GRÖSSER: SPAGHETTI MIT BOHNEN, EI, KÄSE UND BAGUETTE

PABLO UND ICH AUF UNSERER FAHRT DURCH DAS LIBERISCHE HINTERLAND

NOCH AHNT DAS CHAMÄLEON NICHT, WAS DIE ZUKUNFT BRINGEN WIRD: EIN JUNGER AFRIKANER LIEST DAS TIER WENIG SPÄTER AUF, UM ES EINEM SCHAMANEN ZU BRINGEN – FÜR EINEN ZAUBERTRANK

NUR MIT WESTLICHER MEDIZIN UND OBAMA-KEKSEN ÜBERSTEHE ICH DAS DENGUEFIEBER – UND DEN FLUCH

IN GHANA BIN ICH WIEDER GANZ DER ALTE

DIE ENDGÜLTIGE TRENNUNG VON MEINEM
TREUEN RADFAHRFREUND PABLO

OLUFEMI BEREITET MIR EINEN ECHTEN
TOGOLESISCHEN KAFFEE ZU

GESCHAFFT: MEIN ERSTER KAFFEE IN TOGO

HIER IST DIE ANTWORT AUF DIE FRAGE: GIBT ES COFFEE TO GO IN TOGO? JA. UND SO SIEHT ER AUS!